ARKANA

Matthieu Ricard
Trinh Xuan Thuan

Quantum und Lotus

Vom Urknall zur Erleuchtung

Aus dem Französischen übertragen
von Elisabeth Liebl

Arkana
Goldmann

Die französische Originalausgabe erschien 2000
unter dem Titel »L'infini dans la paume de la main«
bei NiL éditions/Librairie Fayard, Paris

Umwelthinweis:
Dieses Buch und der Schutzumschlag
wurden auf chlorfrei gebleichtem Papier gedruckt.
Die Einschrumpffolie (zum Schutz vor
Verschmutzung) ist aus umweltfreundlicher
und recyclingfähiger PE-Folie.

1. Auflage

Lektorat: Ralf Lay
Satz: Uhl+Massopust, Aalen
Druck: GGP Media, Pößneck
Printed in Germany
ISBN 3-442-33639-2
www.goldmann-verlag.de

Inhalt

Einführung

von Matthieu Ricard

Wonach soll ich mein eigenes Leben ausrichten? Wie gestalte ich das Zusammenleben mit meinen Mitmenschen? Wo finde ich verlässliche Wahrheiten? Dies sind zweifellos die grundlegenden Probleme unserer Existenz. Idealerweise sollten wir unser Leben so leben, dass jeder Augenblick unserer Existenz Fülle ausstrahlt, sodass wir in der Stunde unseres Todes nichts zu bedauern haben. Unsere Beziehung zur Gesellschaft sollte von einem tief empfundenen Verantwortungsgefühl geprägt sein; unsere Erkenntnisfähigkeit sollte uns in die Lage versetzen, die Natur unserer Umwelt und die unseres Geistes zu verstehen. Diese drei Fragen haben zur Entstehung unterschiedlicher Betätigungsfelder des menschlichen Geistes geführt, in denen der Mensch nach Antworten sucht: Naturwissenschaft, Philosophie, Politik, Kunst, soziales Handeln und Spiritualität. Arbeiten diese Bereiche aber getrennt, ohne jeden Kontakt untereinander, so führt dies letztendlich nur zu einem allmählichen Verkümmern der menschlichen Existenz. Denn wenn die Klugheit nicht mit Altruismus gepaart ist, werden Wissenschaft und Politik schnell zu zweischneidigen Schwertern, die Ethik bleibt blind, die Kunst oberflächlich, die Emotionen ungezähmt, und die Spiritualität schafft Illusion um Illusion. Ohne innere Erkenntnis aber büßt die Intelligenz ihre Lebendigkeit ein; ohne wohlfundierte Ethik werden all die Errungenschaften der Wissenschaft zu gefährlichem Werkzeug; ohne spirituelle Dimension verlieren sie ihre Sinnhaftigkeit.

Für die Mehrzahl der Menschen gilt die Naturwissenschaft seit dem ausgehenden 17. Jahrhundert bis zum heutigen Tag als Synonym für das Wissen schlechthin. Im Übrigen wächst der Drang, eine immer größere Menge von Informationen zu sammeln, nahezu exponentiell an. Parallel dazu verliert in den nicht religiös geprägten, demokratischen Gesellschaftsformen die religiöse Praxis immer mehr an Stellenwert. In den Gesellschaften, in denen es eine erklärte Staatsreligion gibt, radikalisiert sich diese dagegen mehr und mehr. Das Herzstück jeder spirituellen Praxis aber – die Entwicklung von Liebe und Mitgefühl – geht in den Wirren von Politik und Geschichte verloren.

Ob die großen spirituellen Traditionen nun dogmatisch oder offen waren, sie boten über ihre metaphysischen Konzepte hinaus auf jeden Fall ein Geflecht von ethischen Regeln, das – mehr oder weniger einleuchtend bzw. mehr oder weniger erzwungen – zumindest Anhaltspunkte für das eigene Verhalten lieferte. Heute sind diese Regeln durchweg außer Kraft gesetzt. Die Mehrzahl der Menschen gründen weder ihr Denken noch ihr Verhalten auf religiöse Vorschriften, auch wenn sie der Tradition halber noch einer religiösen Gemeinschaft angehören. Sehr viel lieber verlässt man sich in unseren Tagen auf die »großen Geister« der Wissenschaft und auf die Effektivität der Technik. Sie sind die Sinnstifter, denen man heute die Lösung künftiger Probleme zutraut.

Viele aber halten den Anspruch der Wissenschaft, alles wissen und erklären zu können, für illusorisch: Die Erkenntnismöglichkeit jeder einzelnen wissenschaftlichen Disziplin findet ihre Grenzen schon dort, wo ihr Fachbereich, den sie selbst definiert, endet. Und auch wenn die Technik uns unvorstellbare Wohltaten beschert hat, so ist sie bekanntermaßen doch genauso verantwortlich für eine Unmenge schrecklicher Verwüstungen. Im Übrigen weiß die Wissenschaft uns nichts darüber zu sagen, wie wir unser Leben denn nun gestalten sollen.

Für sich gesehen ist wissenschaftliches Denken nicht mehr als ein Instrument, das zunächst weder gut noch schlecht ist. Es in den Himmel zu heben, wäre genauso widersinnig, wie es zu dämonisieren. Es ist nicht besser und nicht schlechter als die Kraft unseres Armes. Auch die Wissenschaft kann entweder töten oder Leben retten. Wissenschaftler sind weder bessere noch schlechtere Menschen als der Durchschnitt. Wie alle Welt haben auch sie Schwierigkeiten mit den ethischen Konsequenzen, die ihre Entdeckungen manchmal mit sich bringen.

Wissenschaft führt nicht automatisch zur Weisheit. Sie hat bewiesen, dass sie die Welt beeinflussen kann. Die Welt zu beherrschen, ist sie allerdings nicht in der Lage. Genauso wenig können wir aber die Wissenschaft steuern: Ihre Anwendungsmöglichkeiten entwickeln eine Art Eigenleben, ähnlich den Elementen, die zusammengenommen mehr ergeben als die Summe ihrer Teile. Auf unsere Frage nach dem Umgang mit unserer Umwelt bleibt also bloß eine Antwort: Nur unsere menschlichen Qualitäten können hier sinnvolle Anhaltspunkte liefern. Doch diese Qualitäten müssen entwickelt werden, in einer Art »Wissenschaft des Geistes«. Der spirituelle Ansatz ist daher alles andere als ein Luxus. Er stellt vielmehr eine tiefe Notwendigkeit dar.

Jahrhunderte des Studiums und der Forschung bringen uns einer wirklich besseren Lebensqualität nicht einen Schritt näher, wenn wir das Studium nicht speziell diesem Zweck widmen. Der Weg der Spiritualität sollte zwar mit derselben Beharrlichkeit verfolgt werden, wie wir sie Wissenschaft und Forschung widmen, doch trägt die Wissenschaft deshalb noch lange nicht den Keim zu einer entwickelten Spiritualität in sich.

In unserer Zeit wendet sich das Interesse wieder mehr den Formen der Spiritualität zu, die sich ganz pragmatisch mit der Erfahrung der Kontemplation auseinander setzen und sich nicht mit Dogmen beschweren. Das Interesse, das der Westen dem Buddhismus entgegenbringt, erweckt die Neugier der Medien. Ganze Studien widmen sich dieser neu erwachten Begeisterung und den Konsequenzen, die sie mit sich bringen könnte. Dazu zählen vor allem die Werke von Frédéric Lenoir: *La Rencontre du bouddhisme et de l'Occident* und *Le Bouddhisme en France*[1], aber auch die Interviews, die ich mit meinem Vater, dem Philosophen Jean-François Revel, geführt habe.[2]

Darüber hinaus hat sich, angeregt vom Dalai-Lama und anderen buddhistischen Gelehrten, in den letzten zwanzig Jahren ein Dialog zwischen dem Buddhismus und den Wissenschaften entwickelt. Adam Engle und Francisco Varela zeichnen für die fruchtbaren Begegnungen verantwortlich, die seit 1987 zwischen diesen beiden Disziplinen immer wieder stattfinden und bei denen der Dalai-Lama sich mit berühmten Wissenschaftlern (Neurologen, Biologen, Psychiatern, Physikern und Philosophen[3]) zum Gespräch trifft.

Diese Gespräche, die unter dem Stichwort *Mind and Life* (Geist und Leben) stattfinden, wurden in mehreren Büchern festgehalten. Einige davon sind auch in Deutsch erhältlich: *Gewagte Denkwege* und *Traum, Schlaf und Tod* sowie *Die heilende Kraft der Gefühle.*[4] Sehr umfassend berichtet Alan Wallace darüber.[5] Ziel dieses geistigen Austausches ist es, weder die unterschiedlichen Wissensgebiete künstlich zu harmonisieren noch sie in einen unversöhnlichen metaphysischen Zwiespalt zu treiben. Hier geht es einzig darum, das gegenseitige Wissen über die Natur der Phänomene und des Bewusstseins kontinuierlich miteinander zu teilen. In diesem Geist des Dialoges fanden auch die folgenden Gespräche statt.

Der wesentliche Unterschied zwischen Buddhismus und Wissenschaft liegt in der jeweiligen Zielsetzung. Der Erwerb von Wissen hat im Buddhismus eine eindeutig *therapeutische* Ausrichtung. Es geht darum, sich vom Leiden zu befreien, dessen Ursache eine ganz spezielle Form der Unwissenheit ist: eine falsche Konzeption der äußeren Realität und des »Ich«, welches wir uns als Zentrum unseres Seins vorstellen.

Der Buddhismus ist jederzeit bereit, seine Denkweise zu überprüfen, wenn bewiesen wird, dass sie falsch ist. Nicht weil er etwa an der tiefen Wahrheit seiner Erkenntnisse zweifelt oder gar erwartet, dass die Resultate, die in 2500 Jahren kontemplativer Wissenschaft angesammelt wurden, durch eine unvermittelte Entdeckung plötzlich gänzlich entwertet werden könnten, sondern weil die Lehren Buddhas nicht den Status eines Dogmas genießen. Buddhas Lehre stellt vielmehr so etwas wie eine Straßenkarte dar, auf der ein Führer bestimmte Wege bereits eingezeichnet hat. Buddhas Lehren beruhen ausschließlich auf gelebter Erfahrung und nicht auf Offenbarungen. Der Dalai-Lama stellt dies so dar: »Sich mit den Erkenntnissen der Wissenschaft auseinander zu setzen, bedeutet nicht, dass man am Buddhismus zweifelt, sondern dass man ihn in neuem Lichte wahrnimmt.«[6] Auf seiner Suche nach Erkenntnis geht der Buddhismus dem Widerspruch nicht aus dem Weg. Ganz im Gegensatz dazu sucht er ihn sogar und gewinnt dadurch an Stärke. So gehören zur buddhistischen Tradition auch die metaphysischen Debatten mit hinduistischen Philosophen der Frühzeit und der Dialog, den der Buddhismus heute noch mit der Wissenschaft und den anderen großen Weltreligionen führt. Dieser Austausch erlaubt der buddhistischen Philosophie, ihre Logik und ihre Sicht der Welt ständig zu verfeinern, zu präzisieren und so ihren Horizont kontinuierlich zu erweitern.

Diese Offenheit hat nichts mit billigem Opportunismus zu tun. Die Philosophie des Buddhismus weist eine bemerkenswerte Komplexität auf, und seine Texte über das kontemplative Leben sind zutiefst inspirierend. Diese spirituelle Praxis erfordert eine unermüdliche Hingabe. »Hoffe nicht auf schnelle Erleuchtung, sondern meditiere bis zum letzten Atemzug«, riet der große Yogi Milarepa seinen Schülern.

Die innere Transformation auf dem Weg zur Erleuchtung hat mit dem Studium des Philosophen oder der Forschung in den deskriptiven Wissenschaften wenig zu tun. Der Buddhismus ist vor allem eine Wissenschaft der Erleuchtung, und von diesem Standpunkt aus gesehen ändert die Frage, ob die Erde rund oder flach ist, nichts an den grundlegenden Problemen.

Die folgenden Gespräche verfolgen nicht das Ziel, die Wissenschaft in einen Schleier des Mystizismus zu hüllen oder die Erkenntnisse des Buddhismus durch wissenschaftliche Resultate zu untermauern. Es geht hier nicht um mehr oder weniger oberflächliche Ähnlichkeiten zwischen dem kontemplativen Ansatz des Buddhismus und den Theorien der Wissenschaft, die notwendigerweise ständigen Veränderungen unterworfen sind. Unser Ziel ist vielmehr, der Wissenschaft in einem größeren Ganzen den ihr gebührenden Platz zuzuweisen. Darüber hinaus wollen wir zeigen, dass die gedanklichen Modelle des Buddhismus in der Lage sind, zwischen einer so genannten »realistischen« Weltsicht (die den Phänomenen der Wahrnehmung genau den Wirklichkeitsgehalt zubilligt, den sie dem äußeren Anschein nach zu haben scheinen) und den Erkenntnissen der modernen Naturwissenschaft zu vermitteln, die ebendiese »Realität« der Dinge in Zweifel zieht. Dadurch vermag der Buddhismus einen philosophischen Rahmen für eine zeitgemäße Weltsicht zu liefern.

Werner Heisenberg, einer der Väter der Quantenphysik, schreibt: »Ich denke, dass das Bemühen, die Gegensätze zu überwinden, zu einer Synthese von rationellem Verstehen und mystischer Einheitserfahrung zu gelangen, der grundlegende *Mythos* unseres Zeitalters ist, nach dem – bewusst oder unbewusst – alle suchen.«[7]

Auch das vorliegende Buch spiegelt zwei verschiedene Lebensräume wider: den eines Astrophysikers, der als Buddhist zur Welt kam und nun seine wissenschaftlichen Kenntnisse seinen philosophischen Wurzeln gegenüberstellt; und den eines westlichen Wissenschaftlers, der buddhistischer Mönch wurde und so aus eigener Erfahrung diese zwei verschiedenen Wege der Realitätserforschung vergleichen kann.

Trinh Xuan Thuan ist »Produkt« dreier Kulturen: der vietnamesischen, der französischen und der amerikanischen. Er wird 1948 in Hanoi geboren, als der Kolonialkrieg gerade in vollem Gang ist, sechs Jahre vor der französischen Niederlage in Dien Bien Phu. In Saigon besucht er französische Schulen und beschließt 1966 auf Grund dieser tiefen Verbundenheit mit der französischen Kultur, nach Frankreich zu gehen und Physik zu studieren. Nur diese Wissenschaft scheint ihm in der Lage, die Fragen befriedigend zu beantworten, die er sich über die Natur der Welt stellt. Doch im selben Jahr noch durchkreuzt die berühmte Rede General de Gaulles in Phnom Penh, in der dieser den Abzug aller amerikanischen Truppen aus Südvietnam fordert, seine Pläne. Die südvietnamesische Regierung bricht sämtliche diplomatischen Kontakte zu Frankreich ab, was bedeutet, dass die französischen Universitäten Vietnamesen nicht mehr offen standen. Nach einem Jahr in der Schweiz, an der Polytechnischen Hochschule der Universität Lausanne, zieht es Thuan in die USA, ans Caltech (California Institute of Technology), das Mekka der Astrophysiker. Das Caltech verfügt im Besonderen über ein Teleskop von 5 Metern Durchmesser, das am Mount Palomar steht – 1967 das größte Teleskop der Welt. Der Geist von Edwin Hubble, der die Theorie von der Ausdehnung des Universums aufstellte und die Existenz großer Galaxien außerhalb der Milchstraße nachwies, schwebte über dem Campus. Die Zeit, in der Thuan studierte, war für die Astrophysik eine besonders aufregende Periode, da damals viele neue Phänomene am Himmel entdeckt wurden. Er selbst drückt das so aus: »In dieser anregenden intellektuellen Atmosphäre musste ich einfach Astrophysiker werden.« Seit diesem Zeitpunkt hat er nicht aufgehört, das Universum zu beobachten. Er zählt heute zu den großen Spezialisten auf dem Gebiet der Entstehung von Galaxien. Die Bücher, in denen er sein Wissen allgemein verständlich darstellt, sind auf der ganzen Welt geschätzt.[8] Im Augenblick unterrichtet er an der Universität von Virginia.

Auch ich habe eine naturwissenschaftliche Ausbildung genossen und dann einige Jahre am Institut Pasteur als Forscher gearbeitet, und zwar am Institut für Zellgenetik unter Prof. François Jacob, der den Nobelpreis für Medizin erhalten hatte. Auch dort herrschte eine intellektuell außergewöhnlich stimulierende Atmosphäre. 1967 reiste ich dann zum ersten Mal nach Indien, um ein paar große tibetische Meister kennen zu lernen. Einer von ihnen, Kangyur Rinpoche, nahm mich als Schüler auf. Jahrelang begab ich mich dann jeden Sommer in das Kloster des Weisen in Darjeeling und genoss die inspirierende Stimmung an diesem einsam gelegenen Ort, während ich ansonsten mein Leben als Wissenschaftler weiterführte. Nachdem ich 1972 meine Doktorarbeit vollendet hatte, ging ich für immer in den Himalaja. Ich habe zuerst in Indien gelebt, dann in Bhutan und schließlich in Nepal, wo ich zwölf Jahre bei meinem zweiten Meister, Dilgo Khyentse Rinpoche, studiert habe. Einige Male reisten wir auch nach Tibet und konnten uns von den tragischen Problemen überzeugen, welche die chinesische Besatzung dort mit sich brachte. Im Augenblick lebe ich im Kloster Shechen in der Nähe von Katmandu.

Thuan habe ich 1997 auf der Sommeruniversität in Andorra kennen gelernt, wo wir, in leidenschaftliche Diskussionen versunken, lange Spaziergänge durch die grandiose Landschaft der Pyrenäen machten. Aus diesen freundschaftlichen Diskussionen, in denen wir manchmal geteilter und manchmal einer Meinung waren, ist nun ein Buch geworden.

1

Wege, die sich kreuzen

Welchen Sinn hat ein Dialog zwischen Buddhismus und Naturwissenschaft? Um diese Frage zu beantworten, müssen zunächst die Erkenntnisbereiche dieser beiden Disziplinen definiert werden. Danach gilt es herauszufinden, ob der Buddhismus (und der spirituelle Ansatz im Allgemeinen) in der Lage ist, dort, wo die Wissenschaft an ihre Grenzen stößt, weitergehende und gültige Antworten zu liefern. Diese Grenzen werden vor allem dort deutlich, wo es um Ethik, um persönliche Wandlung, die genaue Kenntnis unseres Geistes und das Erreichen einer authentischen spirituellen Verwirklichung geht. Kann das Interesse, das der Buddhismus seit jeher bestimmten grundlegenden Problemen entgegenbringt, die sich auch in der modernen Physik stellen, für die naturwissenschaftliche Erkenntnis von Bedeutung sein? Kann die moderne Physik bei der buddhistischen Erforschung der Wirklichkeit wesentliche Elemente beisteuern?

THUAN Meine Arbeit konfrontiert mich ständig mit Fragen hinsichtlich des Erlebens so zentraler Begriffe wie »Wirklichkeit«, »Materie«, »Zeit« und »Raum«. Jedes Mal, wenn ich mich mit diesen Begriffen auseinander setzen muss, frage ich mich, wie der Buddhismus diese Dinge sieht und ob die von der Ratio wahrgenommene Realität etwas mit der Wirklichkeit zu tun hat, die der kontemplative Geist sieht. Wie stehen diese beiden Herangehensweisen zueinander? Bestätigen sie sich gegenseitig, schließen sie einander aus, oder haben sie ganz einfach überhaupt nichts miteinander zu tun? Da ich nie buddhistische Texte studiert habe, kann ich diese Fragen für mich alleine nicht beantworten.

Die 60er-Jahre waren mehr oder weniger das goldene Zeitalter der Astrophysik. Man entdeckte die kosmische Hintergrundstrahlung (Reststrahlung des Urknalls) und die Quasare (Sterne von außergewöhnlicher Leuchtkraft, die sich an den Grenzen des Universums befinden und mehr Energie als eine ganze Galaxie ausstrahlen, obwohl sie kaum größer als unser Sonnensystem sind). Als ich in den USA ankam, war die Erforschung des Sonnensystems mit Raumsatelliten gerade in vollem Gange. Ich erinnere mich noch gut, mit welcher Ehrfurcht ich die ersten Bilder von der Marsoberfläche betrachtete, die die Raumsonde »Mariner« auf die Bildschirme aller Kursteilnehmer übermittelte. Die Bilder von der trockenen, unfruchtbaren Oberfläche des Mars bewiesen der Menschheit ein für alle Mal, dass es kein Leben auf dem Mars gab: Die Kanäle, welche die Forscher des 19. Jahrhunderts gesehen zu haben glaubten, waren nichts als optische Täuschungen, die durch Sandstürme entstanden. In dieser anregenden intellektuellen Atmosphäre musste ich einfach Astrophysiker werden. Seitdem habe ich niemals aufgehört, durch die besten Teleskope der Welt, ob auf dem Boden oder in der Erdumlaufbahn, den Weltraum zu beobachten, über seine Natur, seinen Ursprung, seine Entwicklung und seine voraussichtliche Zukunft nachzudenken.

Was war es denn eigentlich, was dich an deinem Weg als Wissenschaftler unbefriedigt ließ? Schließlich ist es nicht gerade alltäglich, dass ein Mann sein Forschungslabor in Paris verlässt, um sich in ein tibetisch-buddhistisches Kloster in Nepal zurückzuziehen?

MATTHIEU Für mich war diese Entwicklung nur folgerichtig. Meine Forschungsarbeiten waren immer schon dem Sinn unserer Existenz gewidmet. Sie sind im Laufe der Zeit nur intensiver geworden. Ich bin sozusagen immer nur von Stein zu Stein gehüpft, habe verschiedene Täler durchquert, von denen eines immer schöner als das andere war. Ich habe jeden Augenblick meines Lebens das getan, was mich am meisten anzog, und habe nur mit aller Kraft versucht, keinen Augenblick dieses kostbaren menschlichen Lebens zu vergeuden. Ich hatte das sagenhafte Glück, jahrelang mit außergewöhnlichen Menschen zusammenzuleben. Diese Erfahrung war zugleich sehr einfach und direkt, und doch auch so tief gehend und subtil, dass ich sie mit Worten nie so recht beschreiben konnte. Sicher kann man menschliche und spirituelle Vollendung erkennen, wenn man sie sieht, aber man wird ihr nicht gerecht, wenn man sie auf die Worte begrenzt, die gewöhnlich für den Geist gebraucht werden: Weisheit, Erkenntnis, Güte, Edelmut, Einfachheit, Disziplin und Aufrichtigkeit...

Ich glaube, jeder von uns sollte sich, ohne zu zögern, dem widmen, was ihn im Leben wirklich begeistert. Und so interessant die wissenschaftliche Forschung auch war, ich hatte immer nur das Gefühl, ein winziger Farbtupfer in einem pointillistisch-impressionistischen Bild zu sein, der auf die Komposition des Ganzen keinerlei Einfluss hatte. Und so fragte ich mich: War es das wirklich wert? Sollte ich wirklich diesen Schatz an Möglichkeiten, den eine menschliche Existenz bietet, für die Wissenschaft opfern? Im Buddhismus hingegen ist alles sonnenklar: der Ausgangspunkt, das Ziel, das es zu erreichen gilt, die Mittel, die dazu eingesetzt werden, und die Hindernisse, die man dabei zu überwinden hat. Es genügt, den Geist zu beobachten, festzustellen, dass er meist vom Egoismus beherrscht wird und dass dieser Egoismus seine Wurzel in unserer tief greifenden Unwissenheit über die Natur des Selbst und der uns umgebenden Welt hat. Da diese Sachlage nur eines zur Folge haben kann, nämlich das eigene Leiden und das anderer, ist es die edelste Aufgabe jedes Menschen, diesem Zustand ein Ende zu setzen. Dies funktioniert nur, wenn man Liebe und Mitgefühl entwickelt und so auf dem Weg zur Erleuchtung die Wurzel der Unwissenheit beseitigt. Nach langen Tagen und Jahren der Praxis stellt man auf einmal fest, dass sich etwas ändert, dass eine seltene Freude aufkommt, die von Hoffnung und Furcht vollkommen frei ist. Diese Freude hat meinen Enthusiasmus immer wieder genährt.

T. Warum dann dieser Dialog mit einem Wissenschaftler?

M. Weil die Erforschung der Natur der Wirklichkeit eine der Hauptaufgaben buddhistischer Philosophie ist. Das soll nicht heißen, dass ich ein qualifizierter Wissenschaftler oder gar gewohnheitsmäßiger Interpret buddhistischer Schriften bin. Ich möchte nur einfach Ideen, die mich begeistern, in diesen Dialog einbringen.

T. Die Astrophysik ist mittlerweile ja davon überzeugt, die Geschichte des Universums bis hin zu seinen Ursprüngen oder zumindest nahe daran nachzeichnen zu können. Die Entstehung des Kosmos wird von zwei großen physikalischen Theorien beschrieben, die zu Anfang des 20. Jahrhunderts entwickelt wurden. Das unendlich Kleine ist Gegenstand der Quantenphysik, eine Disziplin, die in den 20er-, 30er-Jahren entstand. Sie bringt uns die atomare und subatomare Welt auf eine Weise nahe, die unser Alltagsverständnis von Materie zutiefst erschüttert hat. Das unendlich Große hingegen, die Struktur des Universums, erklärt die allgemeine Relativitätstheorie[1], die Einstein 1915 entworfen hat. Diese wiederum hat unsere Vorstellungen von Raum und Zeit in Frage gestellt.

Und doch hat mich etwas in der Welt der Wissenschaft immer schon enttäuscht. Wie du ja weißt, bin ich im Alter von neunzehn Jahren ans Caltech gegangen, das damalige Mekka der Wissenschaft. Dort hielten sich alle großen Köpfe der Naturwissenschaft auf. Es wimmelte nur so von Nobelpreisträgern und Mitgliedern der Akademie der Wissenschaften. Naiverweise glaubte ich damals, dass ihre Kompetenz und ihre Kreativität sie auch zu höher entwickelten menschlichen Wesen machen würde. In dieser Hinsicht wurde ich bitter enttäuscht. Man kann durchaus ein genialer Wissenschaftler sein, ein wahres Genie seines Fachs, und gleichzeitig im Alltagsleben menschlicher Beziehungen versagen. Dieses Ungleichgewicht hat mich zutiefst schockiert. Daher glaube ich, dass der Buddhismus und andere

Formen der Spiritualität die Wissenschaft dort ergänzen können, wo sie an ihre Grenzen gelangt, vor allem auf dem Gebiet der Ethik.

M. Einfach nur Wissen anzuhäufen, genügt auf keinen Fall. Mein Meister, Dilgo Khyentse Rinpoche, schreibt dazu: »Wenn wir uns lediglich etwas aneignen wollen, um andere Menschen damit belehren zu können – ähnlich einem Bettler, der sein Lied spielt, um danach Geld einzusammeln –, nützt unser Wissen weder uns noch den anderen. [...] Das Sprichwort sagt: ›Je größer das Wissen, desto größer der Hochmut.‹ Wie können wir denn anderen helfen, wenn wir nicht zuvor unsere verborgenen negativen Neigungen gezähmt haben? Das wäre doch ein Witz, ein mittelloser Schlucker, der davon spricht, das ganze Dorf zu ernähren!«[2]

Es gibt eine Vielzahl von Zeichen, die anzeigen, dass ein Mensch erfolgreich den kontemplativen Weg geht. Das Wichtigste ist aber zweifellos, dass nach einigen Monaten oder Jahren unser Egoismus schwächer und unser Mitgefühl für andere stärker wird. Wenn Fixiertheit, Hass, Hochmut und Neid nicht geringer werden, dann hat man seine Zeit verloren, ist vom Weg abgekommen und täuscht damit sich und andere. Andererseits ist das Wissen, das die Naturwissenschaft erwirbt, auf das Meistern der Welt ausgerichtet. Es kann zwar in konstruktiver oder destruktiver Weise verwendet werden, führt aber aus sich heraus nicht zu mehr persönlicher Entwicklung. Daher ist es klar, dass die Wissenschaft, da sie nicht per se auf die Entwicklung von Güte oder Altruismus abzielt, nicht unbedingt zur Erkenntnis moralischer Werte führt.

T. Die Wissenschaftsgeschichte ist voll von Beispielen großer Geister, deren Verhalten in menschlichen Beziehungen nicht gerade als Exempel dienen kann. Das gilt etwa für Newton, der, zusammen mit Einstein, vermutlich der größte Physiker aller Zeiten ist. Innerhalb der Royal Society (der englischen Akademie der Wissenschaften, die seit 1660 besteht) aber hat er sich wie ein Despot benommen. Er hat Leibniz zu Unrecht beschuldigt, ihm den Beweis der Infinitesimalrechnung gestohlen zu haben, den dieser völlig unabhängig von Newton entwickelt hatte. Und er hat sich seinem Rivalen John Flamsteed gegenüber völlig unfair verhalten. Und es gibt noch schlimmere Fälle: Die deutschen Physiker Philipp Lenard und Johannes Stark, die beide Nobelpreisträger für Physik waren, setzten sich beispielsweise aktiv für den Nationalsozialismus und seine antisemitische Politik ein, indem sie die Überlegenheit der »deutschen Wissenschaft« über die »jüdische Wissenschaft« verkündeten.

Von Zeit zu Zeit, allerdings viel zu selten, vereinen sich in einer Persönlichkeit wissenschaftliches Genie und ein hoch entwickelter Sinn für Moral und Ethik. Dies war zum Beispiel bei Einstein der Fall, den das amerikanische *Time*-Magazin zur bemerkenswertesten Persönlichkeit des 20. Jahrhunderts erklärte. Einstein zögerte nicht einen Augenblick, während des Ersten Weltkrieges den Zorn des deutschen Kaisers herauszufordern, indem er einen Antikriegsaufruf unterzeichnete. Während ganz Deutschland im Nationalsozialismus aufging, wurde Einstein zum erklärten Zionisten, der allerdings die Rechte der Araber in einem jüdischen Staat niemals zu erwähnen vergaß. Als Hitler an die Macht kam, emigrierte er in die USA, wo er – als erklärter Pazifist – den Eintritt der USA in den Krieg gegen Nazideutschland forderte. 1939 verfasste er zusammen mit anderen Wissenschaftlern einen Brief an Präsident Roosevelt, der den Bau der ersten Atombombe anmahnte, mit dem Hinweis darauf, dass dies sonst von deutscher Seite geschehen könne. Daraufhin unterstützte die amerikanische Regierung mit Nachdruck das Manhattan Project, an dem Einstein nicht beteiligt war. Nach der Verwüstung von Hiroshima und Nagasaki hingegen setzte sich Einstein leidenschaftlich für das Verbot von Atomwaffen ein. Er sprach sich mit deutlichen Worten gegen die Auswüchse der McCarthy-Ära aus und setzte sein immenses Prestige weltweit dafür ein, Rassismus und Fanatismus zu geißeln, wo immer sie auftraten. Doch auch in Einsteins Leben gibt es Schattenseiten: Er stand seiner Familie ziemlich gleichgültig gegenüber und war nicht gerade ein beständiger Ehemann. Von seiner ersten Frau, mit der zusammen er unter anderem ein behindertes Mädchen hatte, ließ er sich scheiden. Das Mädchen wurde zur Adoption freigegeben. Wie er selbst bemerkt, kommt es in seinem Leben zu Brüchen auf der persönlichen Ebene: »Für einen Mann meiner Art ist ein ganz entscheidender Wendepunkt erreicht, wenn er allmählich aufhört, sich für alles Vergängliche und Persönliche zu interessieren, um all seine Kräfte der intellektuellen Durchdringung der dinglichen Welt zu widmen.«

M. Es hat, glaube ich, nicht viel Sinn, den einen Wissenschaftler zu tadeln und den anderen lobend herauszustellen. Ich denke, dass es zwischen wissenschaftlichem Genie und der Entwicklung menschlicher Werte einfach keinen notwendigen Zusammenhang gibt. Erst wenn man sich dies verdeutlicht, kann die Wissenschaft den Platz einnehmen, der ihr angemessen ist. Nur so erhalten wir die richtige Perspektive auf das, was sie zu leisten vermag. Gleichzeitig stellt sich damit natürlich die Frage nach den ethischen Kriterien bei der praktischen Nutzung wissenschaftlicher Erkenntnisse in schärferer Form. Spiritualität jedenfalls ist für mich ein Weg zu persönlicher Entwicklung und nicht nur Ergänzung zum wissenschaftlichen Denken. Meiner Auffassung nach ist Spiritualität eine grundlegende Bedingung der Existenz, die auch die Wissenschaft beeinflussen sollte.

Doch hier liegt das eigentliche Problem der Wissenschaft. Eine persönliche Entwicklung hin zu mehr Ethik ist schon für jene nicht einfach, die ihr alle Energie widmen. Für diejenigen, die ihr aber keinerlei oder nur sekundäre Bedeutung einräumen, ist sie nahezu unmöglich. Man hat wenig Chancen auf Wandlung, wenn man so handelt. Die Tatsache aber, dass das, was im Zentrum unseres Seins stehen sollte, hier nur zweitrangig ist, wirft einen dunklen Schatten auf die ganze wissenschaftliche Denkweise. Die Folge sind unklare Zielsetzungen, schlecht entwickelte Mittel und zweideutige Resultate. Ohne eine wirklich positive, erleuchtete Motivation als Grundlage obsiegt häufig die Faszination, bei der Forschung bis an die Grenzen des Machbaren zu gehen, über das hinaus, was wirklich wünschenswert und notwendig gewesen wäre.

Viele Wissenschaftler denken, dass ihre Arbeit vor allem der Erforschung und Entdeckung neuer Tatbestände dient und dass der Gebrauch, den die Welt von ihren Ergebnissen macht, nicht mehr in ihrer Verantwortung liegt. Diese Haltung ist geprägt von Illusion, von Blindheit, letztlich vielleicht sogar von Böswilligkeit. Wissen verleiht nämlich Macht, und Macht verlangt Verantwortungsbewusstsein, das Gefühl, für die direkten oder indirekten Folgen unseres Tuns die Konsequenzen tragen zu wollen. Ständig beobachten wir, wie wissenschaftliche Resultate, die von ihren Entdeckern in bester Absicht publiziert wurden (auch wenn das nicht immer zutrifft), in die Hände von Politikern, Militärs oder Geschäftsleuten fallen, die sie dann für ihre höchst zweifelhaften Zwecke benutzen. Man kann diese Verflechtung zwischen Wissenschaft, Macht und Wirtschaft nicht einfach ignorieren. Aber nur sehr wenige Wissenschaftler ziehen die Legitimität bestimmter Forschungsvorhaben in Zweifel, obgleich deren »Missbrauch« bereits im Vorfeld abzusehen ist. Meist werden sie sich erst angesichts bereits eingetretener Schäden der Tragweite ihres Handelns bewusst, wie dies beispielsweise bei den Vätern der Atombombe der Fall war. Andere versuchen nicht einmal mehr, sich hinter der vorgeblichen Neutralität der Grundlagenforschung zu verstecken, und arbeiten bewusst bei der Fertigung bakteriologischer Waffen oder anderer Instrumente des Leidens mit.

T. Ich denke, für einen Wissenschaftler ist es absolut unentschuldbar, wenn er, obwohl er den Zweck seiner Forschung kennt, an der Entwicklung von derartigen Todes- und Massenvernichtungswerkzeugen mitarbeitet. Ich kann mich noch gut daran erinnern, wie schockiert ich war, als ich während des Vietnamkrieges erfuhr, dass einige berühmte amerikanische Wissenschaftler, darunter sogar verschiedene Nobelpreisträger, in der »Jackson Division« mitarbeiteten, einem Komitee zur Entwicklung neuer Waffen, welches das Pentagon aufgestellt hatte. Die

Idee, dass diese großen Geister sich jeden Monat versammelten, um Waffen zu ersinnen, die so viele Menschen als möglich töten konnten, erschütterte mich wirklich.

M. Zwischen 1936 und 1976 ließ die schwedische Regierung 60 000 Menschen sterilisieren, weil sie als »minderwertig« eingestuft wurden. Und zwischen 1932 und 1972 wurden 400 amerikanische Bürger im Staate Alabama, die alle arm und schwarz waren, ohne ihr Wissen als Versuchskaninchen benutzt, um die Langzeitwirkung unbehandelter Syphilis studieren zu können. Der Public Health Service (das amerikanische Gesundheitsamt) versprach den Leuten kostenlose medizinische Versorgung und ein paar andere Dinge (unter anderem 5000 Dollar für die Beerdigung), wenn sie sich regelmäßig untersuchen ließen. Tatsächlich aber wurden sie nie medizinisch behandelt Es ging einfach nur darum, herauszufinden, welche Schäden die Syphilis anrichtete, wenn die Erkrankten nicht medizinisch versorgt werden. Dieses »Forschungsvorhaben« wurde von durchaus achtbaren Medizinern und Wissenschaftlern durchgeführt, die ihre Ergebnisse regelmäßig in ebenso respektablen medizinischen Fachzeitschriften veröffentlichten. 28 Patienten starben an der Krankheit, hundert an durch sie verursachten Komplikationen. Vierzig Ehefrauen und neunzehn Babys wurden dabei angesteckt. Die Studie fand ein jähes Ende, als die Journalistin Jean Heller den Skandal aufdeckte. Keiner der an der Studie beteiligten Mitarbeiter des Public Health Service fand je Worte der Reue für diese Tat. Und dabei handelte es sich hier nicht um Nazi-Ärzte, sondern um brave Beamte und Wissenschaftler, freie Bürger eines freien Landes. Die Opfer erhielten schließlich eine geringe Summe als Schadensersatz. Keiner der Ärzte wurde jemals von der Justiz verfolgt. Und erst im Jahr 1997 fand ein amerikanischer Präsident, Bill Clinton, den Mut, sich im Namen des amerikanischen Volkes öffentlich für diesen Skandal zu entschuldigen.

1978 erhielt Dr. Hisato Yoshimura die höchste Auszeichnung des japanischen Staates für seine Arbeiten zur »Anpassung des

Menschen an Umweltbedingungen«. Während des Zweiten Weltkriegs war Dr. Yoshimura leitender Wissenschaftler der Einheit 731, die Experimente mit alliierten und chinesischen Kriegsgefangenen durchführte. Seine Studien über die Anpassung des Menschen an seine Umweltbedingungen bestanden vor allem darin, diese Kriegsgefangenen in eiskaltes Wasser zu tauchen und danach mit einem Hammer auf ihre Gliedmaßen einzuschlagen, um festzustellen, wann sie vor Kälte steif wurden. Weitere Forschungsarbeiten bestanden darin, chinesischen Kindern Schokolade zu geben, die Milzbranderreger enthielt. Dr. Yoshimura wollte feststellen, wie lange die Kinder zum Sterben brauchten. Diese Beispiele stellen angesichts der enormen Anstrengungen, welche die Wissenschaft darauf verwendet, das Leben der Menschheit zu verbessern, natürlich die Ausnahme dar. Doch sie zeigen eindeutig, dass Wissenschaft nur so viel Ethik besitzt, wie die Verantwortlichen mitbringen.

T. Auch ich bin davon überzeugt, dass ein Wissenschaftler den Konsequenzen seiner Forschungsarbeit nicht ungerührt gegenüberstehen kann. Er muss die Verantwortung übernehmen, vor allem, wenn Militärs, Politiker und Geschäftsleute sich seiner Resultate bedienen, um Krieg zu führen, ihre Position zu stärken oder mit Umweltzerstörung und Ausbeutung der Mittellosen ihre Geschäfte zu machen.

M. Dazu gehört beispielsweise der Waffenhandel, eine der krassesten Formen von Heuchelei, die es in den reichen Ländern gibt: 95 Prozent aller Waffen weltweit werden in den fünf Ländern hergestellt und vertrieben, die ständige Mitglieder des Sicherheitsrats der Vereinten Nationen sind! Auch hier fehlt es vollkommen an ethischen Grundlagen und Verantwortungsbewusstsein.

Und das Gleiche gilt für die Verschwendung von Rohstoffen seitens der reichen Industrieländer. Sechs Milliarden amerikanische Dollar würden reichen, um Menschen in aller Welt eine gewisse grundlegende Bildung zu verschaffen und so ihre Situation zu verbessern. Stattdessen gibt man in Europa und den

Vereinigten Staaten jährlich zwölf Milliarden Dollar für Parfüm aus, 400 Milliarden Dollar für Beruhigungsmittel und 700 Milliarden Dollar für das Militär.[3]

T. Aber für diese Fehlleistungen kann man nicht das wissenschaftliche Denken verantwortlich machen, zumindest nicht mehr als die menschliche Intelligenz im Allgemeinen. Beide sind nicht mehr als Werkzeuge.

M. Natürlich. Die Schaden bringende oder zumindest leichtsinnige Verwendung wissenschaftlicher Resultate spiegelt letztlich nur einen Mangel in der ethischen Haltung wider. Aber das ist schließlich keine Entschuldigung. Obwohl weite Teile der Bevölkerung auf bestimmte wissenschaftliche »Errungenschaften« wie die Gentechnik oder die Atombombe mit leidenschaftlicher Ablehnung reagieren, spielt die Ethik im Leben jedes Einzelnen doch eher eine geringe Rolle. Viele kluge Köpfe diskutieren zwar ununterbrochen über ethische Fragen, doch hat dies keinerlei Auswirkungen mehr, vor allem nicht, wenn die Interessen der Politik oder die sakrosankten Imperative des Marktes bedroht sind.

Ein höchst aktuelles Beispiel ist die amerikanische Pharmafirma Glaxo, welche den Regierungen von Südafrika und Thailand mit rechtlichen Schritten droht, falls diese weiterhin die Medikamente, die zu der von Glaxo entwickelten »Tritherapie« (eine Form der Kombinationstherapie bei Aids) nötig sind, selbst herstellen. Denn Glaxo verlangt für die von der Pharmafirma selbst hergestellten Medikamente Preise, die diesen beiden Ländern einfach zu hoch sind. So beraubt Glaxo Millionen von Kranken der Möglichkeit, ein paar Jahre länger zu leben. Hier wird der Altruismus offen mit Füßen getreten. Dazu sollte man noch wissen, dass die Aidsforschung in den Industrieländern keineswegs an Mittelknappheit leidet und dass es an den Geschäftszahlen des Glaxo-Konzerns überhaupt nichts ändern würde, wenn die armen Länder diese Medikamente selbst herstellen könnten, denn die Kranken in Asien und Afrika können sich die für sie zu teuren amerikanischen Produkte ohnehin nicht leisten.

In Nepal, wo ich lebe, sind nach offiziellen Schätzungen etwa 5 bis 10 Prozent der Bevölkerung HIV-positiv, doch niemand wird dort mit den aktuellen therapeutischen Methoden behandelt. Die entsprechenden Wirkstoffe werden nicht einmal importiert. Und warum? Die Behandlung, auf die Glaxo das Monopol besitzt, kostet 600 Euro pro Monat. Ein Arbeiter aber verdient im Durchschnitt umgerechnet 60 Euro pro Monat. Ich kann mir vorstellen, dass ein ehrenhafter Wissenschaftler diese ökonomischen Winkelzüge ebenfalls abstoßend findet. Denn schließlich ist das nichts anderes als unterlassene Hilfeleistung.

Ein anderes schlagendes Beispiel ist die Ohnmacht der Regierungen, endlich den Ausstoß von Kohlendioxid und anderen Gasen in die Atmosphäre zu reduzieren, obwohl mittlerweile bewiesen ist, dass sich dadurch die Lebensbedingungen auf der Erde gravierend verschlechtern werden. Nur eine von der Entschlossenheit jedes Einzelnen geprägte weltweite Aktion könnte dieses Phänomen eindämmen. Und an diesem Punkt kann ein nicht dogmatisches, spirituelles Denken, wie der Buddhismus es pflegt, vielleicht von entscheidender Bedeutung sein.

T. Inwiefern?

M. Nun, »nicht dogmatisch« ist für mich in diesem Fall eine Haltung, welche das Streben nach »Fortschritt« nicht im Namen einer naiven Rückkehr zu so genannten »alten« Werten pauschal verdammt, die andererseits aber auch das Credo von unbegrenztem, in jährlichen Zuwachsraten messbarem wirtschaftlichen Wachstum mit dem dazugehörigen technischen Schnickschnack kritisch hinterfragt. Wenn es unser Ziel ist, ein erfülltes und befriedigendes Leben zu führen, dann gibt es Dinge, die zu diesem Zweck unbedingt erforderlich sind, und andere, auf die wir gut und gern verzichten können. Der Blickwinkel, den der Buddhismus eröffnet, erlaubt uns, unsere Ziele in eine Hierarchie einzuordnen, sodass wir unser Handeln und unser ganzes Leben besser in den Griff bekommen. Die buddhistische Analyse der Mechanismen von Glück und Leiden zeigt uns ganz deutlich, wohin Egoismus bzw. Altruismus führen.

T. Aber was hat das mit Ethik zu tun?

M. Die Grundlagen der Ethik sind letztendlich ziemlich einfach. Es gibt kein »Gut« oder »Schlecht« an sich, denn »gut« ist etwas, wenn es zur Verminderung des Leidens bei sich selbst und bei anderen führt, und »schlecht« ist es, wenn Leiden dadurch vergrößert wird. Wenn wir also das Mitgefühl in uns so anwachsen lassen, dass das Wohl und Wehe der anderen uns tatsächlich am Herzen liegt, dann wird diese Haltung des Altruismus uns bei allen Entscheidungen zum sicheren Führer. Auf diese Weise schaffen wir es, im Alltagsleben ohne größere Schwierigkeiten festzustellen, was zu mehr Glück führt und das Leiden vermindert. Und dabei handelt es sich um eine direkte, praktische Erfahrung und nicht nur um eine verordnete Moral mit ihren vorgefertigten Regeln. Diese Erfahrung erfordert eine andauernde Achtsamkeit im Hinblick auf die Gedanken, die unser Handeln lenken. Der Geist wird im Buddhismus häufig mit einem klaren Kristall verglichen, der die Farbe seiner Umgebung annimmt, je nachdem, wo man ihn hinlegt. Er selbst ist ganz neutral. Dasselbe gilt für unsere Handlungen, deren wahrer Charakter von unseren Absichten bestimmt wird, ganz egal, wie wir letztlich handeln.

Es geht dabei nicht darum, diejenigen, die voller Hass, Neid, Hochmut oder Missgunst handeln, zu verdammen. Andererseits können diese destruktiven Emotionen auch nicht einfach als Teil des Lebens akzeptiert werden. Der Buddhismus sieht sie wie die Symptome einer Krankheit, die man durchaus loswerden kann, wenn man sich die Mühe macht. Der buddhistische Ansatz ist sehr pragmatisch. Die wissenschaftliche Forschung verschafft uns zwar eine Menge Informationen, aber sie führt letztlich nicht zu einer inneren Wandlung. Jede spirituelle oder kontemplative Bemühung aber hat eine tief greifende Wandlung unserer Weltsicht und unseres Handelns zum Ziel. Es reicht also nicht, zu *wissen*, dass – wie zum Beispiel die Quantenphysik erklärt – unser Bewusstsein nicht von der Welt der Phänomene zu trennen ist. Es geht darum, aus *eigener Erfahrung* zu erkennen, dass diese beiden Bereiche ineinander verwoben sind. Und dieser Schritt von der theoretischen Kenntnis, die häufig nur scheinbar Wirkung zeigt, hin zur direkten Erfahrung ist der Schlüssel zum Problem der ethischen Haltung. Wenn die Ethik unsere inneren Qualitäten widerspiegelt und dergestalt unser Handeln beeinflusst, dann wird sie sich ganz spontan in dem ausdrücken, was wir sagen oder tun, und so zur Inspiration für andere werden.

T. Das bedeutet, dass Theorie und Leben miteinander in Einklang gebracht werden?

M. Ja. Dies ist es doch letztlich, was der Erfahrung ihren Wert verleiht. Es genügt nicht, mit wissenschaftlichen Mitteln festzustellen, dass alle Phänomene voneinander abhängig sind[4]: Unser Geist muss auch erkennen, was das für unser Leben bedeutet, und muss dieses seinen Erkenntnissen entsprechend anders gestalten. Ein Mensch, der die buddhistische Praxis vollkommen verinnerlicht hat, weiß, dass die gelebte Erfahrung der gegenseitigen Vernetztheit aller Phänomene schließlich zu einem unbezwingbaren Mitgefühl mit allen Wesen führt. Dadurch wird seine Existenz bis in die letzte Faser seines Wesens hinein verändert. Jeder, der dem Dalai-Lama schon einmal begegnet ist, weiß, dass einige Augenblicke in seiner Gegenwart uns mehr über Liebe und Mitgefühl sagen als alle gelehrten Reden, die über das Thema je gehalten wurden.

Die Methode, die zu diesem Zustand führt, ist im Allgemeinen eine Art Stufenweg. Man beginnt mit Hören und Studieren, dann folgt das Nachdenken über das Aufgenommene, und schließlich wird mithilfe der Meditation die neue Sicht der Dinge Teil unseres alltäglichen Verhaltens. Meditation ist dabei nichts anderes als das Vertrautwerden mit der neuen Weltsicht. Sie entsteht aus dem tiefen Verständnis des Kontemplationsgegenstandes und drückt sich klar in unserem Handeln aus. So gibt es zwischen Erkenntnis, innerer Integration derselben und daraus entstehender gelebter Ethik keinen Bruch.

Unsere Gesellschaft bringt leider ziemlich wenige Weise hervor. Stattdessen entstehen immer neue Gremien, in denen kluge

Köpfe über Ethik debattieren. In der tibetischen Gesellschaft, in der ich im Moment lebe, wäre es undenkbar, in solche Komitees Personen zu berufen, deren menschliche Qualitäten sich nicht *auf alle Lebensbereiche* erstrecken. Dass ein spiritueller Meister zwar höchste Erkenntnisse erlangt hat, gleichzeitig aber egoistisch, zornig, eitel und ein schlechter Familienvater ist, kann sich dort schlichtweg niemand vorstellen. Kein Mensch würde ihn jemals als Lehrer betrachten oder um Rat bitten.

T. Im Westen werden die »Weisen« in den entsprechenden Gremien immer nur nach ihrem beruflichen Erfolg ausgewählt. Ihre menschlichen Qualitäten zählen weniger. Dabei sollte es eigentlich klar sein, dass ein »wahrer« Meister die Qualitäten von Geist und Herz gleichermaßen entwickelt haben sollte.

Außerdem bietet uns der spirituelle Ansatz eine Art roten Faden, an dem wir unser Leben ausrichten können. Die Wissenschaft steht heute vor einer Menge von ethischen Problemen enormer Tragweite, die sich im 21. Jahrhundert noch verschärfen werden: die sich ausbreitende atomare Verseuchung, die Zerstörung der Umwelt, das Klonen und andere Genmanipulationen, die am Ende vielleicht zur Selektion eines bestimmten Menschentyps führen. Müssen wir die Wissenschaft kontrollieren? Die Antwort darauf ist gar nicht so einfach, denn auch die Freiheit der Schöpfung und Forschung muss gewährleistet bleiben. Wenn die Phantasie sich nicht ohne Schranken ausbreiten kann, stirbt sie bald ab. Die Erfahrungen in totalitären Staaten wie in China oder der ehemaligen Sowjetunion haben gezeigt, was ein Übermaß an Kontrolle in der Forschung anrichten kann. Ein schlagendes Beispiel dafür ist der Fall Lyssenko in den früheren Sowjetstaaten. Mithilfe Stalins und der kommunistischen Partei gelang es Trofim Lyssenko – ohne jeden experimentellen Beweis – von 1932 bis 1964, die Vorstellung durchzusetzen, dass es keine Gene gibt. Damit warf er die biologische und genetische Forschung in Russland um Jahrzehnte zurück.

Andererseits muss die Gesellschaft sich immer bewusst sein, dass bestimmte Forschungsvorhaben schnell negative Konsequenzen nach sich ziehen können. So könnte beispielsweise das »Basteln« an den Genen zu einem Wiederaufleben der Theorie vom »lebensunwerten« Leben führen, die den so genannten »überlegenen« Rassen das Überleben sichert, indem sie angeblich »minderwertige« oder »abweichende« Individuen zum Tode verurteilt. William Shockley, der 1956 den Nobelpreis für Physik für seine Entwicklung des Transistors erhielt, verbrachte die letzten Jahre seines Lebens damit, Sterilisationsprogramme zu entwerfen, die auf dem Intelligenzquotienten beruhten.

Meiner Ansicht nach dürften sich Wissenschaftler auf bestimmte Forschungsvorhaben gar nicht einlassen, ohne deren moralische Implikationen gründlich überprüft zu haben. Was wären dafür wohl geeignete Kriterien? Ich denke wie du, dass Altruismus und Verantwortungsbewusstsein, wie der Buddhismus sie propagiert, dabei eine entscheidende Rolle spielen müssten: Jeder Wissenschaftler müsste seine Forschungsarbeit so ausrichten, dass dadurch keinem Wesen Schaden entsteht. Unglücklicherweise ist dies leichter gesagt als getan, denn für einen Forscher ist es ziemlich schwierig, die Tragweite seiner Ergebnisse richtig einzuschätzen. Um ein bekanntes Beispiel zu nennen: Als Einstein während seiner Arbeit an der speziellen Relativitätstheorie erkannte, dass Materie und Energie dasselbe sind, konnte er sich sicher nicht vorstellen, dass diese Entdeckung einmal zum Bau der Atombombe und zur Zerstörung von Hiroshima und Nagasaki führen würde.

M. Ein anderes Beispiel: der wenig reflektierte Jubel, der die erfolgreiche Klonung des Schafes Dolly begleitete. Und auch hier sind es nicht die Genetik bzw. die Atomphysik selbst, die Probleme bereiten, sondern die mögliche Nutzung ihrer Resultate. 1952 hielt der Vizepräsident der USA, Adlai Stevenson, eine interessante Rede zu diesem Thema, in der er meinte: »Die Natur ist unparteiisch. Der Mensch hat ihr die Macht entrissen, die Welt in eine Wüste zu verwandeln oder die Wüsten der Welt zum Erblühen zu bringen. Das Böse sitzt also nicht im Atom, sondern im Geist des Menschen.« Die Wissenschaft kann das Leben schützen, sie kann aber auch Waffen erfinden, um es zu zerstören. Es geht also nicht darum, der Wissenschaft einen Maulkorb umzubinden, was wenig wünschenswert und sehr wahrscheinlich auch unmöglich wäre. Unser Ziel muss es sein, mehr Wert auf die Entwicklung menschlicher Qualitäten zu legen, von denen unsere Forscher, Führungskräfte und Entscheidungsträger inspiriert sein sollten. Das trifft aber auch auf die Intelligenz, den Reichtum, die physische Kraft, die Macht und die Schönheit zu: Sie alle sind Instrumente, die für sich genommen weder gut noch böse, aber hochgradig abhängig von der Intention derer sind, die darüber verfügen. Daher ist die Entwicklung von Mitgefühl einer der Hauptakzente in der buddhistischen Praxis.

T. Die Wissenschaft selbst trägt also keinerlei moralische Wertung in sich. Erst der Gebrauch, den man von ihren Ergebnissen macht, wirkt sich positiv oder negativ aus. Daher ist auch das Klonen für sich noch nichts Schlechtes. Tatsächlich kann es dazu dienen, unermessliche Leiden zu lindern. Man kann damit beispielsweise neue Zellen züchten, um die Haut von Verbrennungsopfern zu regenerieren, Alzheimer- oder Parkinsonpatienten neue Gehirnzellen einzupflanzen und bei Krebspatienten nach einer Chemotherapie das Knochenmark wieder aufzubauen.

Aber geht diese vergleichsweise liberale Haltung des Buddhismus gegenüber dem Klonen nicht einfach darauf zurück, dass der Buddhismus die Vorstellung von einem Schöpfergott nicht kennt? Die anderen großen Religionen lehnen nämlich den Vorgang des Klonens einstimmig ab. Der Katholizismus, der Protestantismus, der Islam und das Judentum sehen im Klonen den prometheischen Versuch des Menschen, sich an die Stelle des Schöpfers zu setzen.

M. Ich glaube nicht, dass die Haltung des Buddhismus dem Klonen gegenüber als liberal bezeichnet werden kann. Ich halte sie einfach für »nicht dogmatisch«. Das Problem des Klonens berührt die Frage nach dem Grundrecht aller Wesen, sei es nun Mensch oder Tier, auf ein glückliches, von Leiden freies Leben.

Ein Klon ist nichts anderes als ein Zwilling, der nicht dasselbe Alter hat wie das geklonte Wesen. Daher ist die Vorstellung, Klone nach irgendwelchen Nützlichkeitserwägungen zu schaffen, mindestens ebenso barbarisch wie die Idee, Kinder als Organbank zu benutzen. Der Gedanke, sich selbst klonen zu lassen, um seine Persönlichkeit weiterleben zu sehen, ist doch nichts anderes als die lächerliche Ausgeburt eines völlig überbewerteten Egos. Seinen Lieblingssportler, Lieblingsstar oder seinen Hund klonen zu lassen, um immer bei ihm sein zu können, ist ein absolut kindischer Traum, der mit Liebe und Mitgefühl gar nichts mehr zu tun hat. Wir sollten endlich lernen, den ungeheuren Wert der menschlichen Existenz richtig einzuschätzen. Die Welt ist von Natur aus vergänglich. Das verzweifelte Klammern an die Illusion der Ewigkeit kann daher nur zu sinnlosen Frustrationen führen. Andererseits bin ich davon überzeugt, dass die Forschung rund um das Klonen zu völlig neuen Techniken der Gewebe- oder Organerneuerung führen wird, die viele Leiden lindern werden. Warum sollte man die Leber eines Kranken nicht durch eine andere ersetzen, die aus seinen eigenen Zellen geschaffen wurde? Die Fortschritte der Genetik oder anderer Zweige der Wissenschaft sind also letztlich nicht halb so Furcht erregend wie die konfusen und unverantwortlichen Vorstellungen derer, die über ihre Verwendung entscheiden.

T. Ich dachte oft, dass der Buddha vor allem eine sehr praxisorientierte Philosophie geschaffen hat: Bei ihm ist das oberste Ziel des Menschen das, sich im Laufe seines Lebens immer weiter zu vervollkommnen, ohne sich um den Ursprung des Universums oder die Beschaffenheit der Materie Gedanken zu machen.

M. Als ein Zuhörer den Buddha einmal aus reiner Neugierde fragte, wie das Universum entstanden sei, und ihn mit weiteren Fragen bedrängte, die auf den spirituellen Fortschritt keinerlei Einfluss haben, schwieg er einfach. Da es im Buddhismus vor allem um den Weg zur Erleuchtung geht, sind hier Fragen, die diesem Zweck dienen, natürlich wichtiger als andere, die vielleicht ganz interessant sein mögen, mit diesem Ziel aber überhaupt nichts zu schaffen haben.

T. Was versteht der Buddhismus eigentlich unter Erleuchtung?

M. Das Ende des negativen Denkens und die Entwicklung grenzenlosen Mitgefühls. Eine Erkenntnis, die nicht – wie in der Wissenschaft – auf der Ansammlung von Fakten beruht, sondern auf dem tief greifenden Verständnis der relativen Existenz (das heißt der Art und Weise, in der die Realität uns erscheint) und der absoluten Existenz (so wie sie wirklich ist). Diese Erkenntnis ist das grundlegende Gegenmittel gegen die Unwissenheit. Wobei Unwissenheit nicht einfach nur mangelnde Information bedeutet, sondern eine falsche Sicht der Realität, die uns glauben lässt, dass die Dinge dauerhaft und von bestimmter Gestalt sind und dass unser Ich wirklich existiert. Auf Grund dieser falschen Interpretation der Wirklichkeit verwechseln wir flüchtiges Glück oder die momentane Erlösung von einem Leiden mit dauerhaftem Glück. Wir klammern uns an alles, was unserem Ich gefällt, und empfinden Abneigung gegenüber allem, was unserem Ich angeblich schadet. Stück für Stück greifen diese gedanklichen Ereignisse dann ineinander, sodass wir sie nicht mehr als einzelne identifizieren können. Daraus entsteht zunehmende Verwirrung und am Ende ein vollkommen egozentrisches Verhalten. Die Unwissenheit breitet sich immer mehr aus und zerstört unseren inneren Frieden. Daher ist die Erkenntnis der wahren Natur der Dinge das beste Heilmittel gegen das Leiden. In dieser Hinsicht kann man wohl kaum umhin, einzugestehen, dass die Helligkeit der Sterne oder die Distanz zwischen ihnen nicht von ausschlaggebender Bedeutung für unser Leben ist, da wir uns mit diesen Informationen noch lange nicht zu besseren Menschen entwickeln.

T. Genau aus diesem Grund dachte ich immer, dass der Buddhismus jede Erkenntnis vernachlässigt, die nicht direkt unser moralisches und spirituelles Fortkommen beeinflusst und uns bei unserem Leben im Alltag nicht dienlich ist: Kann denn das

Wissen um Ursprung und Schicksal des Universums, um die Natur von Zeit und Raum uns helfen, das Nirwana zu erlangen?

M. Es gibt da das Beispiel eines Mannes, der den Buddha zu bestimmten Aspekten der Kosmologie befragte. Daraufhin nahm dieser eine Hand voll Blätter und fragte seinen Besucher: »Was ist mehr – die Blätter in meiner Hand oder die im Wald?« Der antwortete: »Die im Wald natürlich.« Daraufhin fuhr der Buddha fort: »Nun, die Blätter in meiner Hand stehen für das Wissen, das nötig ist, um das Leiden zu beenden.« Auf diese Weise zeigte der Buddha, wie sinnlos manche Fragen sind. Die Welt ist ein Feld, in dem sich unbegrenzt Wissen ansammeln lässt, die möglichen Antworten sind mindestens so zahlreich wie die Blätter im Wald. Wenn man in seinem Leben jedoch die Erleuchtung als höchstes Ziel sieht, dann ist es sinnvoller, seine ganze Kraft darauf zu verwenden, in seinen Händen die wenigen Kenntnisse zu vereinen, die der Erfüllung dieses Wunsches dienen.

Die Erfahrung zeigt uns, dass wir, um die Unwissenheit aufzulösen, die *Natur* des Ich und der Welt um uns herum verstehen müssen, das also, was wir »Realität« nennen. Aus diesem Grund ist dies auch der zentrale Punkt in den Lehren des Buddha. Darüber hinaus hat er mehrfach die Vorstellung von einer primären und einzigen Ursache, die der Welt der Phänomene zu Grunde liegt, zurückgewiesen. Andererseits wurde er nicht müde zu betonen, dass zwischen der Art, wie wir die Phänomene wahrnehmen, und ihrer wahren Natur ein großer Unterschied besteht und dass diese falsche Sicht der Dinge sich auf unser Leben sehr negativ auswirkt. Dazu ein Beispiel: Wenn man im Halbdunkel ein Seil für eine Schlange hält, entsteht aus diesem Irrtum sinnlose Furcht. Sobald man aber das Licht einschaltet und die wahre Natur des Seils erkennt, verschwindet die Furcht von selbst. Die buddhistische Erforschung der Welt führt letztlich zu der Feststellung, dass das Ich und die äußeren Phänomene nicht unabhängig voneinander existieren, dass die Einteilung in »ich« und »andere« nichts weiter als ein auf Illusion beruhendes Etikett ist, das wir der Welt aufkleben. Der Buddhismus nennt dies »Leerheit«[5] oder Freisein von einer unabhängigen Existenz. Will man daher um jeden Preis eine erste Ursache aller Phänomene finden, so spiegelt dieses Verhalten nur die Tendenz unseres Geistes wider, allem, was wir wahrnehmen, eine Wirklichkeit zu verleihen, eine ihm innewohnende Eigennatur, eine Realität also, die dem entspricht, was wir mit unseren Sinnen aufnehmen. Aber diese Vorstellung von einer »ersten Ursache« hat das religiöse, wissenschaftliche und philosophische Denken des Abendlandes mehr als 2000 Jahre lang stark beeinflusst.

T. Tatsächlich stellte die klassische Wissenschaft sich bis zum 19. Jahrhundert vor, dass die Dinge eine ihnen innewohnende Eigennatur hätten, die von den rigiden Gesetzen von Ursache und Wirkung bestimmt wurde. Man nannte diese Form der Wissenschaft »leçons de choses« (Lektionen über die Dinge), das hieß nichts anderes als »Naturkunde«. Die Anfang des 20. Jahrhunderts entstandene Quantenmechanik hat diese Vorstellung von der genauen Bestimmbarkeit der elementaren Bausteine der Materie erschüttert und auch bestimmte Formen der Kausalität in Frage gestellt. Doch lässt das buddhistische Konzept der Leere nicht automatisch an ein Nichts denken, das von allem leer ist? Wie aber sollen die Dinge funktionieren, wenn sie »leer« sind?

M. Wenn der Buddhismus behauptet, dass die Leerheit die letztendliche Natur der Dinge ist, dann bedeutet dies, dass die Phänomene und die Funktionen, die sie erfüllen, kein dauerhaftes und unabhängiges Eigenleben haben. Die Leerheit ist also ebenso kein Phänomen mit Eigennatur. Sie bezeichnet die Seinsweise der Dinge, so wie eine genaue Analyse sie enthüllt. Mit einem »Nichts«, in dem alle Phänomene abwesend sind, wie die ersten abendländischen Kommentatoren des Buddhismus glaubten[6], hat dies überhaupt nichts zu schaffen. Die Vorstellung von der Leerheit sollte nicht zur Idee einer Leerheit führen, die eine eigene Existenz besitzt. Aus diesem Grund hat der Buddha vorsichtshalber auch von der »Leerheit der Leerheit« gesprochen. Tatsächlich haben die Vorstellungen von Sein oder Nichtsein nur Sinn, wenn man sie aufeinander bezieht. Wenn man aber schon von einem realen Sein nicht sprechen kann, macht es noch viel weniger Sinn, sich über ein nicht reales Gedanken zu machen. Im *Grundlegenden Traktat von der Vervollkommnung der Weisheit* heißt es: »Die, deren Anhaftung sich an die Leerheit klammert, sind unheilbar.«[7] Weshalb unheilbar? Weil die Meditation über die Leerheit das Heilmittel ist, mit dem wir uns von unseren irrigen Vorstellungen über die Natur der Dinge befreien können, von unserem fixen Glauben an eine bestimmte Form der Realität. Wenn nun dieses Heilmittel selbst zum Gegenstand der Anhaftung wird, ist eine Heilung nicht mehr möglich. Derselbe Traktat meint übrigens: »Folglich ist der Weise weder seiend noch nicht seiend.«

Vor diesem Hintergrund analysiert der Buddhismus die Existenz oder Nichtexistenz von unteilbaren Materiepartikeln ebenso wie von bestimmten Augenblicken in unserem Bewusstsein. Diese Form der Analyse, die auf die Irrealität der Dinge abzielt, gilt im Buddhismus als unverzichtbarer Bestandteil des spirituellen Weges, da nur sie uns erlaubt, unseren festen Glauben an die Eigennatur der Phänomene zu erschüttern.

T. Ist somit das Ziel der Welterkenntnis die Erkenntnis des eigenen Selbst?

M. Die beiden sind eng miteinander verknüpft, da sich in diesem Ansatz die Dualität zwischen Selbst und Welt in der Nichtrealität der Phänomene auflöst. Wenn wir die Natur unseres Geistes sowie die Natur der Phänomene erkennen, erhellen und verstärken sich diese beiden gegenseitig, so lange, bis das letztendliche Ziel der Freiheit vom Leiden erreicht ist.

T. Erklärt das nicht das Interesse, das der Westen dem Buddhismus entgegenbringt?

M. Das liegt vielleicht daran, dass die Analyse- und Kontemplationstechniken des Buddhismus sehr klar sind und sich nicht zur Konstruktion nebulöser Theorien und Philosophien missbrauchen lassen, die nur immer neuen Spekulationen Vorschub leisten. Sie dienen im Wesentlichen dazu, uns von der geistigen Konfusion zu befreien, welche die Wurzel unseres Leidens ist. Dieses Wissen ist ungeheuer praxisorientiert und bringt tatsächlich eindeutige Verhaltensänderungen hervor.

Die Neugier, welche die buddhistische Philosophie seit einigen Jahren im Westen hervorruft, erscheint mir nur natürlich. Das ist ein wenig, als würde man plötzlich eine Truhe mit bislang unbekannten Schriften der griechischen Philosophen entdecken. Ich glaube auch nicht, dass dieses Interesse eine Modeerscheinung ist. Es entspringt vielmehr einer legitimen Suche nach Wissen. Wie Roger-Pol Droit in *L'Oubli de l'Inde, une amnésie philosophique* (Vergessenes Indien – eine philosophische Amnesie[8]) gezeigt hat, wurde der Buddhismus zusammen mit anderen Denkmodellen des Ostens von den Denkern des Westens ohnehin viel zu lange ignoriert, weil man glaubte, dass es außerhalb Europas sowieso keine ernst zu nehmende Philosophie geben konnte. Warum unterrichtet man an unseren Schulen nicht auch andere Denker, so wie man die griechischen Philosophen unterrichtet, denen sie in nichts nachstehen? Gibt es eine Wirklichkeit hinter der Welt der Erscheinungen? Wo liegt der Ursprung der Welt der Phänomene? In welchem Zusammenhang stehen Belebtes und Unbelebtes? Gibt es die Zeit, den Raum und die Naturgesetze wirklich? Die buddhistischen Philosophen setzen sich mit diesen Fragen schon seit über 2500 Jahren auseinander. In der buddhistischen Literatur gibt es tausende von Traktaten zur Logik, zur Theorie der menschlichen Wahrnehmung und zur Analyse der Wirklichkeit auf ihren verschiedenen Ebenen. In den Aufsätzen zur Psychologie wird eine umfassende Typologie »mentaler Ereignisse« und anderer Aspekte des Geistes erstellt. Die Weisen des Ostens träumen schon seit geraumer Zeit nicht mehr unter Mangobäumen.

T. Du siehst den Buddhismus also als Wissenschaft des Geistes? Eine Wissenschaft, die wie eine Naturwissenschaft auf Beobachtung und Messen der Phänomene basiert? Deren Ergebnisse in mathematischen Gleichungen ausgedrückt werden können?

M. Die Authentizität einer Wissenschaft hängt ja nicht notwendig von physikalischen Messungen und komplexen mathematischen Ausdrücken ab. Eine Hypothese kann schließlich auch durch innere Erfahrung überprüft werden, ohne dass es ihr deshalb an Gültigkeit fehlt. Die buddhistische Methode setzt an bei der Analyse und greift häufig auf das Mittel des »Gedankenexperiments« zurück, das gedanklich schlüssig ist, obwohl es in der Realität nicht durchgeführt werden kann. Auch die Naturwissenschaft setzt ja dieses Instrument gezielt ein.

T. Ja, in der Physik spielen Gedankenexperimente tatsächlich eine bedeutende Rolle. Vor allem Einstein hat sie gerne benutzt, aber auch andere große Physiker. Meist wurden damit aber nicht nur physikalische Prinzipien bewiesen. Sie dienten auch zum Nachweis der paradoxen Konsequenzen, die eine bestimmte Interpretation physikalischer Gegebenheiten nach sich zog. So hat Einstein, um die Natur von Zeit und Raum zu studieren, sich vorgestellt, er würde auf einem Lichtteilchen reiten. Um den Einfluss der Schwerkraft zu klären, stellte er sich vor, er befinde sich in einem Aufzug, der sich in freiem Fall nach unten bewegte.

Ich stelle immer wieder fest, dass die moderne Physik mit ihren Entdeckungen und den unweigerlich daraus folgenden metaphysischen Fragestellungen im Buddhismus (oder in anderen Religionen und Philosophien) häufig ein unerwartetes Echo findet. Warum aber interessiert sich der Buddhismus nun für die moderne Wissenschaft, vor allem für die Physik und die Astrophysik, wo er sich doch mit technologischem Fortschritt eher weniger befasst?

M. Dem Buddhismus geht es dabei natürlich nicht um die moderne Wissenschaft an sich. Das Interesse rührt weitgehend daher, dass der Buddhismus sich in seiner Analyse der Realität seit langer Zeit dieselben Fragen stellt, wie sie in diesem Jahrhundert die moderne Physik aufgeworfen hat: Gibt es unabhängige, unteilbare Partikel, welche quasi als »Bausteine« die makroskopische Welt formen? Besitzen diese Partikel eine Eigennatur oder sind sie nicht mehr als Produkte des Geistes? Haben die Naturgesetze ein Eigenleben in der Art von Platons Ideen? Für den Buddhismus beschreibt die gegenseitige Abhängigkeit der Phänomene die Natur unserer Realität am besten. In den letzten 20 Jahren wurde die so genannte »Ganzheitlichkeit des Quantenphänomens« (das heißt die gegenseitige Abhängigkeit der Phänomene voneinander und von ihrem Beobachter), ein Konzept von Niels Bohr und Werner Heisenberg, den Vätern der Quantenmechanik, mehrfach experimentell bestätigt.[9] Diese Vorstellung war eine der grundlegendsten Entdeckungen der modernen Physik. Wenn wir nun die Fallen der oberflächlichen Ähnlichkeiten vermeiden, könnte die genauere Untersuchung dieser beiden Ansätze uns helfen, ganz essenzielle Aspekte unserer Weltsicht weiter zu vertiefen.

Die buddhistische Herangehensweise basiert vor allem auf der direkten Erfahrung. Das buddhistische Denken ist nicht in Dogmen befangen, die es auf eine bestimmte Denkweise festnageln, weil es sonst seine Grundlagen verlieren würde. Es kann daher jede Art von Weltsicht akzeptieren, wenn sie die Kriterien einer authentischen Wahrheit erfüllt. Der Buddha selbst forderte seine Schüler auf, die gegenseitige Abhängigkeit von Bewusstsein und Welt durch eigene Erfahrung neu zu entdecken, um so ihr Bild von der Wirklichkeit zu verändern. Er warnte sie mehrfach vor den Gefahren eines blinden und dogmatischen Glaubens: »Überprüft die Gültigkeit meiner Lehren ebenso, wie ihr die Reinheit eines Goldklumpens überprüfen würdet, indem ihr ihn gegen einen Stein reibt, mit einem Hammer bearbeitet oder zum Schmelzen bringt. Glaubt nicht, was ich sage, aus Achtung vor meiner Person.« Es geht also nicht um Glauben, sondern um *Wissen*. Die auf Innenschau beruhende persönliche Erfahrung führt uns vor allem zu der Erkenntnis, dass das Ich nichts weiter ist als die Verdinglichung einer Gruppe von dynamischen, vergänglichen und ungreifbaren Beziehungen, die keinerlei reale Grundlage hat.

T. Diese undogmatische Haltung des Buddhismus hat immer schon meine Bewunderung erregt. Nur dieser Geist der Toleranz und der Offenheit hat es dem Buddhismus schließlich ermöglicht, in den verschiedenen Gesellschaften, die ihn im Laufe der Jahrhunderte angenommen haben, friedlich mit anderen Religionen zu koexistieren. Gibt es solche Analysen, von denen du sprichst, in tibetischen Texten?

M. Du findest sie beispielsweise in den umfangreichen Lehrreden Buddhas, die seine Schüler gesammelt haben, aber auch in den indischen Kommentaren dazu, die vom 9. Jahrhundert an vom Sanskrit ins Tibetische übersetzt wurden (insgesamt 213 Bände). Und natürlich auch in den tibetischen Kommentaren[10], die einige tausend Bände umfassen. Der Buddha lebte etwa fünf Jahrhunderte vor Jesus Christus.[11] In Indien verlor der Buddhismus ab dem 7. Jahrhundert nach Christus immer mehr an Anhängern, bis er gegen Ende des 12. Jahrhunderts fast völlig ausgelöscht war. Doch während dieser Zeit fasste er in beinah allen Ländern Asiens Fuß. In Tibet entstand so eine reiche Tradition buddhistischer Lehre und Kontemplation. Nach der (klassischen) indischen und der chinesischen Literatur ist die tibetische die bedeutendste buddhistische Literatur im Osten. Zu diesen Kommentarwerken kommen noch die Aufzeichnungen über die metaphysischen Debatten zwischen hinduistischen und buddhistischen Gelehrten. Dabei geht es vor allem um die Existenz eines Schöpfergottes, einer ewigen Seele, die Existenz von Ideen wie die Platons et cetera. Diese Art von Wortgefecht wird auch heute noch in den Klöstern abgehalten und trägt schon seit Jahrhunderten dazu bei, die Position des Buddhismus im Hinblick auf die Fragestellungen zu klären, mit denen wir uns in der Folge beschäftigen werden. Trotzdem möchte ich hier noch einmal betonen, dass alle diese Spekulationen nur wertlose Phrasen sind, wenn sie nicht von einem mitfühlenden Geist getragen werden, der sein Ziel darin sieht, die Grundlagen des Leidens an ihrer Wurzel zu packen und auszureißen.

2

Das Sein und das Nichtsein

Hat das Universum einen Anfang?

Die Frage, ob es einen Uranfang gibt, scheint Religion und Wissenschaft gleichermaßen zu beschäftigen. Die Theorie vom Urknall, nach der das Universum vor rund fünfzehn Milliarden Jahren gleichzeitig mit dem Raum und der Zeit entstand, bietet augenblicklich das beste Erklärungsmodell für die bisher beobachteten Phänomene im All. Der Buddhismus geht an dieses Problem ganz anders heran. Er stellt sich die Frage, ob es tatsächlich notwendigerweise einen Anfang gegeben haben muss, und fragt nach der Beschaffenheit dessen, was auf diese Weise entstand. Stellt der Urknall der Physiker eine uranfängliche Explosion dar oder handelt es sich vielmehr um den Beginn eines neuen Zyklus in einer zyklischen Reihe von Universen, die weder Anfang noch Ende haben? Können unsere gewöhnlichen Denkmuster die Vorstellung von einem Anfang oder vom Fehlen eines solchen überhaupt verarbeiten? Ist es nicht vielmehr so, dass die krampfhafte Suche nach einem Anfang unserem Drang entspringt, der Welt Substanz zu verleihen, sie so zu verdinglichen, wie unser Denken dies gerne haben möchte?

THUAN Wenden wir uns nun unserem Konzept von der Wirklichkeit zu. Zuerst würde ich gerne über den Makrokosmos sprechen, das unvorstellbare Große also. Im Moment ist die Theorie, welche die Entstehung des Universums am besten beschreibt, sicher die vom Urknall, vom Big Bang. Man glaubt, dass der Kosmos sich vor etwa fünfzehn Milliarden Jahren durch eine gigantische Explosion aus einem unvorstellbar heißen und unvorstellbar dichten, gedrängten Zustand bildete. In diesem Urknall entstanden gleichzeitig Raum und Zeit. Seitdem dehnt das Universum sich kontinuierlich aus, verliert dabei ständig an Dichte und kühlt sich immer weiter ab.

Diese Theorie wurde aufgestellt, nachdem Edwin Hubble 1929 entdeckte, dass der Großteil der Galaxien sich von der unseren, der Milchstraße, wegbewegte, und das mit einer Geschwindigkeit, als hätten wir die Pest! Und was noch seltsamer war: Je weiter die Galaxien von der Milchstraße entfernt waren, umso schneller schienen sie sich zu entfernen: Eine Galaxie, die zehnmal soweit von der Milchstraße weg war wie eine andere, entfernte sich auch mit der zehnfachen Geschwindigkeit der anderen. Daraus schloss man, dass alle Galaxien vom Ursprungspunkt ihrer Bewegung bis zu dem Punkt, an dem sie sich heute befinden, genau dieselbe Zeit gebraucht hatten. Stellen wir uns nun einmal vor, was geschieht, wenn wir diese Bewegung umkehren: Dann würden sämtliche Galaxien sich im selben Augenblick am selben Punkt wieder treffen. Daraus entstand die Vorstellung von einer gewaltigen Explosion, dem Urknall eben, aus einem Zustand unvorstellbar hoher Dichte. Dem folgte eine kontinuierliche Ausdehnung des Universums. So fand die Vorstellung von einem Anfang Eingang in die Wissenschaft. Der Urknall ersetzte auf gewisse Weise die religiöse Vorstellung von einer Schöpfung der Welt.

Die Urknalltheorie hatte es zu Anfang nicht leicht. Nur wenige Wissenschaftler konnten sich zunächst mit der Idee anfreunden, dass eine Explosion der Anfang von allem sein sollte. Dazu gehörte der belgische Priester Georges Lemaître zum Beispiel, der von einem »Uratom« sprach. Dann fand der amerikanisch-russische Physiker George Gamow heraus, dass der Kosmos während der ersten 300 000 Jahre seines Bestehens nur Elementarteilchen und Licht enthielt, da während dieser Zeit Temperatur und Dichte so hoch waren, dass keine der heute bekannten Strukturen (Sterne, Galaxien et cetera) sich hätte bilden können. Gamow stellte die These auf, dass dieses ursprüngliche, heiße und energiegeladene Licht auch heute noch in unserer Galaxie vorhanden ist, nur entsprechend abgekühlt, da es während der fünfzehn Milliarden Jahre, seit denen der Kosmos in etwa besteht, viel Energie verloren hat.

MATTHIEU Das ist die so genannte Hintergrundstrahlung, nicht wahr?

T. Ja. Es handelt sich dabei tatsächlich um die Restwärme vom ursprünglichen Feuer der »Schöpfung«. Aber bis 1965, als diese Strahlung durch Zufall entdeckt wurde, machte sich niemand die Mühe, nach ihr zu suchen. Das hatte vor allem zwei Gründe: Zum einen wurden die Wissenschaftler mit dem Urknall auf Grund seiner theologischen Implikationen nicht so recht warm. (1951 beispielsweise setzte Papst Pius XII. den Urknall mit dem »Fiat Lux« der Bibel gleich.)

M. Das ist witzig. Als ich einmal einem tibetischen Gelehrten, mit dem ich befreundet bin, vom Urknall erzählte, rief er aus: »Das Universum, der Raum und die Zeit sollen mit einem gigantischen ›Bumm‹ begonnen haben, *ex nihilo,* ohne jede vorausgehende Ursache? Aber das hieße ja, dass es einen Schöpfergott gibt, der seine eigene Ursache ist!«

T. Der andere Grund für diese verspätet begonnene Forschungsarbeit zur Hintergrundstrahlung liegt in einer damals weit verbreiteten kosmologischen Theorie, die von drei britischen Astronomen aufgestellt worden war. Der Ansatz von Hermann Bondi, Thomas Gold und Fred Hoyle ging der Falle »Schöpfung« elegant aus dem Weg. Man nannte dieses Konzept die Steady-State-Theorie, weil sie davon ausgeht, dass das Universum weder Anfang noch Ende hat und sich im Großen und Ganzen zu allen Zeiten mehr oder weniger gleich ist.

Die mit dem Teleskop gemachten Beobachtungen widerlegten diese Theorie recht schnell. Zu Beginn der 60er-Jahre entdeckte man die Quasare (an den Rändern des Universums gelegene Sterne, die extrem kompakt sind und eine enorme Helligkeit ausstrahlen) und die Radiogalaxien (die ihre Energie in Form von Radiowellen abstrahlen). Die Zahl der Quasare und Radiogalaxien scheint mit zunehmendem Alter des Universums immer stärker abzunehmen. Diese Entwicklung aber ist mit der Annahme eines sich ständig gleichen Universums unvereinbar. Den Todesstoß erhielt die Steady-State-Theorie aber durch die Entdeckung der fossilen Hintergrundstrahlung. Die Theorie Hoyles und seiner Kollegen schloss die Möglichkeit eines extrem heißen und dichten Anfangszustandes des Kosmos von vornherein aus und konnte daher die Reststrahlung dieser »Urwärme«, die sich im ganzen Universum findet, nicht erklären. So wurde die Theorie vom Urknall zur einzigen, die für den Anfang des Universums befriedigende Antworten liefert, da nur sie so unterschiedliche beobachtbare Phänomene wie die Bewegung der Galaxien, die kosmische Hintergrundstrahlung und die chemische Zusammensetzung der Sterne bruchlos zu integrieren vermag.

M. Doch so überzeugend diese Theorie auch sein mag, wenn es um die Entwicklung des Universums geht, so löst sie doch nicht die Frage nach der Ursache für den Urknall. Im Buddhismus gelten Raum und Zeit nur als Vorstellungen, mit denen wir die Welt zu erfassen suchen. Sie haben keine ihnen innewohnende Existenz. Daher kann auch der *scheinbare* Beginn von Zeit und Raum nicht ohne Ursache und Existenzbedingungen sein. Anders gesagt: Nichts kann aus der Nichtexistenz in die Existenz übergehen und umgekehrt. Auch der Urknall ist daher nichts anderes als eine Episode in einem Kontinuum ohne Anfang und ohne Ende.

T. Du bringst das Problem zur Sprache, was »vor« dem Urknall war. Ich spreche von diesem »vor« nur unter Vorbehalt, denn wenn die Zeit mit dem Urknall entsteht, kann man über ein zeitliches Vorher nicht sprechen, es ist nicht definiert. Daher das »vor« in Anführungszeichen.

M. Auch wenn es nicht definiert ist, kann es nicht ohne Ursache entstanden sein.

T. Da stellt sich die Frage, ob wir mit wissenschaftlichen Mitteln überhaupt bis zum Augenblick der Schöpfung vordringen können? Die Antwort ist Nein. Für den Augenblick können wir über eine bestimmte Schwelle nicht hinausgelangen. Diese Schwelle nennen wir die »Planck-Zeit«, nach dem deutschen Physiker Max Planck, der das Problem als Erster aufgeworfen hat. Diese Schwelle liegt beim unvorstellbar geringen zeitlichen Wert von 10^{-43} Sekunden, diesen Zeitpunkt nennt man die Planck-Zeit. Die Ziffer 1 taucht hier erst nach 43 Nullen hinter dem Komma auf. Das Universum war zu diesem Zeitpunkt zehn Millionen Milliarden Milliarden mal kleiner als ein Wasserstoffatom. Sein Durchmesser entsprach der Planck-Länge von 10^{-33} Zentimetern.

M. Woher stammt dieser genaue Wert? Stellt er eine Grenze dar oder einen Wendepunkt? Hat diese Art von »Grenze« einen absoluten Wert? Man hat nämlich den Eindruck, dass es sich dabei um eine feste »Schwelle« mit einer ihr innewohnenden Eigennatur handelt.

T. Planck-Zeit und Planck-Länge stellen keine festen »Schwellen« dar. Letztendlich bezeichnen sie nichts anderes als den Punkt unserer Unkenntnis. Im Augenblick weiß die moderne Physik nicht, wie sie die beiden großen physikalischen Theorien des 20. Jahrhunderts, die Quantenmechanik und die Relativitätstheorie, unter einen Hut bekommen soll. Erstere beschreibt das unvorstellbar Kleine. Sie beschäftigt sich mit dem Verhalten von Atomen und Licht, wenn die Schwerkraft keine bestimmende Rolle spielt. Die Zweite behandelt das unvorstellbar Große. Sie erlaubt uns, das Universum und seine Strukturen im kosmischen Maßstab zu verstehen, wo die beiden Kernkräfte und die elektromagnetische Kraft nur von untergeordneter Bedeutung sind. Aber – und das ist der springende Punkt – wir können das Verhalten von Materie und Licht nicht beschreiben, wenn die vier grundlegenden Kräfte der Natur[1] im Gleichgewicht sind. Und genau das ist zur Planck-Zeit der Fall, also 10^{-43} Sekunden nach dem Urknall.[2]

M. Warum sollte es einen wesentlichen Unterschied zwischen

dem Mikro- und dem Makrokosmos geben, wo Letzterer doch nur eine Erweiterung des Ersteren ist? Meiner Ansicht nach ist dies nur ein Problem der Perspektive.

T. Ich stimme dir zu. Die Planck'sche Schwelle stellt keine fundamentale Grenze für das menschliche Wissen dar. Sie zeigt eigentlich nur, dass wir im Moment nicht in der Lage sind, Quantenmechanik und Relativitätstheorie auf einen Nenner zu bringen. Hinter der Planck'schen Schwelle verbirgt sich eine Wirklichkeit, die den Physikern noch verborgen ist. Einige glauben daher, dass das Raum-Zeit-Kontinuum, das so fest in unserer alltäglichen Wahrnehmung der Wirklichkeit verankert ist, dort aufbricht und die Zeit aufhört zu existieren. Daher verlieren Begriffe wie »vorher«, »nachher« und »jetzt« in diesem Zusammenhang ihren Sinn. Von seiner engen Partnerin, der Zeit, getrennt, ist der Raum nicht mehr als unförmiger »Quantenschaum«. Seine Krümmung und seine ganze Topologie verlieren jede Ordnung und können nur noch als Wahrscheinlichkeiten beschrieben werden. Nichts ist dann mehr mit Sicherheit bestimmbar.

Andere Physiker, die an der Superstring-Theorie arbeiten, glauben, dass es den Quantenschaum nicht gibt. Dieser Theorie zufolge entstanden die Elementarteilchen der Materie aus der Schwingung von unendlich kleinen »Fäden« oder »Saiten«, die ebenso groß sind wie die Planck'sche Länge. Da nichts kleiner ist als diese Superstrings, ist damit auch das Problem des Raumverhaltens unterhalb dieser Schwelle vom Tisch. Diese Theorie scheint einen gangbaren Weg aufzuzeigen, wie Quantenmechanik und Relativitätstheorie vereinheitlicht werden können, gleichzeitig aber ist sie von einem dichten Schleier mathematischer Geheimnisse umhüllt und konnte bisher experimentell nicht bewiesen werden.[3] Wie immer die Wirklichkeit letztlich auch aussieht, sehr wahrscheinlich war es eine dieser beweglichen Formen im Quantenschaum, aus der vor etwa fünfzehn Milliarden Jahren unser Universum und sein Raum-Zeit-Gefüge entstanden sind. Vor diesem Zeitpunkt jedenfalls kann man nicht sagen, dass der Raum soundso viel Zeit in dieser oder jener Form zugebracht hat, denn die Zeit existierte vorher nicht. Daher kann sich hinter der Planck'schen Schwelle durchaus eine unendliche zeitliche Ausdehnung verbergen.

M. Wenn du von »unendlicher zeitlicher Ausdehnung« sprichst, meinst du damit unter Umständen auch eine Ausdehnung »ohne Anfang«?

T. Hier sind alle Hypothesen erlaubt. Die Planck-Zeit von 10^{-43} Sekunden stellt nur einen durch Extrapolierung unserer physikalischen Gesetze gegen die Zeit null gewonnenen Wert dar. Hinter dieser Schwelle des Wissens haben unsere physikalischen Gesetze keine Gültigkeit mehr. Die uns bekannte Physik beginnt mit der Planck-Zeit, also 10^{-43} Sekunden nach dem Urknall.[4] Die Physiker behaupten, dass das Universum aus dem Nichts entstanden sei. Aber dieses Nichts ist nicht etwa ruhig und gemäßigt, bar jeder Substanz und Aktivität, wie wir uns das vielleicht vorstellen. Das Quantennichts brodelt nur so von Energie, auch wenn es noch keinerlei Materie gibt. Der Raum, den wir für leer halten, wird von Energiefeldern durchzogen, die wir als Wellen beschreiben können.[5]

Die Energie der uranfänglichen Leere stößt also in einem unvermittelten Ausbruch, den die Astrophysiker »Inflation« nennen, das Universum aus. Die Inflation bewirkt ein geradezu Schwindel erregendes Anwachsen des kosmischen Volumens in unglaublich kurzer Zeit. In dem unvorstellbar kurzen Zeitraum zwischen der 10^{-35}. Sekunde und der 10^{-32}. Sekunde nach dem Urknall wächst das Universum von einem Größenwert, der dem zehnmillionstel Milliardstel von einem Milliardstel der Größe eines Wasserstoffatoms entspricht, exponentiell bis zur Größe einer Orange an.

In derselben Zeit verliert das Universum an Dichte und kühlt sich erheblich ab, was zu einem Komplexitätsschub führt. Die ganze Geschichte unseres Universums ist ein Fortschreiten hin zu immer größerer Komplexität. Anfangs war es heißer als jede Hölle, die sich Dante jemals vorstellen konnte, sodass darin keinerlei Struktur entstehen konnte. Erst durch die Abkühlung wurde die Herausbildung von Strukturen möglich. Und hier greift nun wieder die Energie in die Leere ein: Sie bringt die Materie hervor. Einstein hat uns mit der zweifellos berühmtesten Formel aller Zeiten zu diesem Mechanismus den Schlüssel geliefert: $E = mc^2$. Eine bestimmte Menge Energie kann in ein Materiepartikel umgewandelt werden (dessen Masse m gleich der Energie E ist, die durch das Quadrat der Lichtgeschwindigkeit geteilt wird).

Auf diese Weise entstehen aus der anfänglichen Leere Elementarteilchen (wie Quarks, Elektronen et cetera) und verbinden sich zu Atomen, Molekülen und schließlich zu Sternen. Die Sterne »klumpen« sich zu abertausenden von Galaxien zusammen. Und diese unendliche Zahl von Galaxien machen aus dem Kosmos unseren gewaltigen Sternenhimmel. So bringt das unendlich Kleine das unendlich Große hervor.

In mindestens einer dieser Galaxien, der Milchstraße nämlich, fügen sich in der Nähe eines Sonne genannten Sterns auf einem Planeten namens Erde Moleküle zu DNS-Ketten zusammen, die schließlich das Leben, das Bewusstsein und den Menschen hervorbringen, der in der Lage ist, sich Fragen zu stellen über die Welt, die ihn umgibt, und das Universum, das ihn geboren hat. Das ist – kurz gesagt – die Geschichte des Universums, wie sie ein Astrophysiker heute sieht.[6] Gibt es auch im Buddhismus eine Art Kosmologie?

M. Im Buddhismus betrachtet man die Phänomene nicht als »geboren«, in dem Sinne, dass sie aus der Nichtexistenz in die Existenz übergegangen sind. Sie existieren auf der Ebene der »relativen Wahrheit«, haben aber keine letztendliche Realität. Die Ebene der relativen oder konventionellen Wahrheit entspricht unserer empirischen Weltsicht, das heißt, der Art und Weise, wie wir unsere Umwelt gewöhnlich wahrnehmen. Wir ordnen ihr eine objektive Realität zu. Im Buddhismus gilt diese Wahrnehmung als trügerisch. Bei einer genaueren Analyse nämlich stellt man fest, dass die Phänomene keine ihnen innewohnende Eigenexistenz haben. (Dies ist die Ebene der »absoluten Wahrheit«.) Vor diesem Hintergrund aber ist das Problem der Schöpfung eigentlich gar keines. Oder zumindest stellt es sich nicht in derselben Schärfe, weil die *Creatio ex nihilo* kein Universum hervorbringt, das über eine ihm innewohnende Eigenexistenz verfügt. Die Schöpfung wird nur dann zum Problem, wenn man die Phänomene *verdinglicht.* Das bedeutet aber nicht, dass sich die Welt der Phänome nicht entwickeln kann. Es ist offenkundig, dass die Phänomene existieren, aber wenn man die Art und Weise, in der sie existieren, genauer betrachtet, stellt man fest, dass es sich dabei nicht um eine Ansammlung von unabhängigen Einheiten handelt, die aus sich selbst heraus bestehen. Die Phänomene existieren folglich, so wie ein Traum existiert oder eine Illusion, eine Fata Morgana. Sie sind sichtbar und haben doch keine vom Beobachter unabhängige Eigenexistenz. Wie ein Bild im Spiegel sind sie zwar anschaulich vorhanden, haben aber keine eigenständige Realität. Der große indische Philosoph des 2. Jahrhunderts Nagarjuna beschrieb diesen Zustand so: »Die Natur der Phänomene ist von wechselseitiger Abhängigkeit bestimmt. Sie existieren nicht aus sich selbst heraus.« Ihre Entwicklung ist daher weder willkürlich noch von einer göttlichen Instanz gesteuert. Sie folgt den Gesetzen von Ursache und Wirkung, die in ein größeres Ganzes eingebettet ist, in ein Netz von wechselseitigen Kausalitäten und Abhängigkeiten.

Das Problem des »Anfangs« stellt sich also nur, wenn man an die Wirklichkeit der Phänomene und an die reale Existenz von Zeit und Raum glaubt, während es vom Standpunkt der absoluten Wahrheit aus gesehen weder Schöpfung noch Dauer noch Ende gibt. Dieses Paradox zeigt deutlich den illusorischen Charakter der Erscheinungswelt. Diese kann sich in zahllosen Formen zeigen, da ihre letztendliche Natur die Leerheit ist. Auf der Ebene der relativen Wahrheit der Phänomene hingegen heißt es, dass die bedingte Welt, die man auch »Samsara« nennt, »anfangslos« ist, weil ja jeder Zustand konsequenterweise durch einen anderen, vorhergehenden bedingt sein muss. Daher würde ich gerne wissen, ob die Theorie des Urknalls auf eine *Creatio ex nihilo* hinausläuft oder ob sie auch eine Art von Potenzialität ausdrücken kann? Gilt der Urknall als tatsächlicher Anfang oder als *eine* Etappe in der Entwicklung des Universums?

T. Wie gesagt, die Physik, wie wir sie kennen, verfügt jenseits der Planck'schen Schwelle über keinerlei Erkenntnismöglichkeit mehr. Vor dem Urknall könnte es eine unendliche Zeit ebenso gegeben haben wie eine vollkommene Abwesenheit von Zeit. Sollte die Entwicklung unseres Universums zyklisch verlaufen, so kann der Urknall auch der Beginn eines neuen Zyklus in einer endlosen Abfolge gewesen sein. In diesem Fall gäbe es keine Schöpfung aus dem Nichts, keinen Nullpunkt, an dem alles begann. Auf diese Art geht man auch dem Problem des Schöpfergottes aus dem Weg. Aber all diese Gedankenspiele sind nichts als reine Spekulation, weil sie weder durch Beobachtungen noch durch Experimente gestützt werden können.

M. Man kann sich den Urknall also durchaus als Entstehen der Welt der Phänomene vorstellen, die aus einer unendlichen, bislang nicht manifestierten Welt der Möglichkeiten heraustreten, die der Buddhismus als »Raumteilchen« beschreibt. Dieser Begriff bezeichnet keine konkreten Teilchen, sondern eine potenzielle Fähigkeit des »Raumes«, den man vielleicht mit dem energiegeladenen Nichts der Physiker gleichsetzen könnte, wenn man sich davor hütet, dieses Nichts zu einer »Sache« zu machen. Doch eine *Creatio ex nihilo* ist nicht möglich. Shantideva schrieb schon im 7. Jahrhundert:

»Wenn das Seiende zur Zeit des Nichtseienden nicht ist, wann wird das Seiende entstehen?

Dieses Nichtseiende wird nämlich nicht verschwinden, solange das Seiende nicht entstanden ist.

Und das Seiende kann nicht eintreten, wenn das Nichtseiende nicht verschwunden ist.

Ebenso wenig wird ein Seiendes nicht seiend, weil [daraus] folgte, dass es zwei Wesen hat.«[7]

Der Grund, warum ein »Nichts« nicht einfach zu einem »Etwas« werden kann, ist, dass dieses Nichts sich nicht verwandeln kann, ohne seinen Zustand des Nichtseins hinter sich zu lassen, und sobald es diesen Zustand verlässt, ist es kein Nichts mehr.

T. Die Physik meint, dass dieses Potenzial der Manifestation aus der Energie der Leere kommt.

M. Das würde bedeuten, dass diese Energie sich in einer Erscheinung konkretisiert.

T. Die Frage ist also: Wie kommt es zu diesem Nichts? Gab es zunächst die Leere, dann eine abrupte Diskontinuität (Zustandswechsel), mit der zugleich Raum, Zeit und eine Leere voller Energie entstanden?

M. Eine Diskontinuität ohne jede Ursache, die in etwas stattfindet, das nicht existiert? Das wäre ein seltsamer Anfang!

Der Urknall beziehungsweise jede andere Art von »Anfang« des Universums kann nicht ohne Ursache und ohne Bedingungen entstehen. Das bedeutet aber nicht, dass die Erscheinungswelt notwendigerweise eine erste und einzige Ursache haben muss, sondern dass sie nicht einfach aus dem Nichts hervorgehen kann. Außerdem können die Phänomene und mit ihnen die Zeit nicht einfach als unabhängige Einheiten »beginnen« oder »enden«, da sie ja keine ihnen innewohnende Realität haben. Wenn wir von einem Anfang sprechen, denkt unser Geist sofort an den Anfang von »etwas«. Die Vorstellungen von Beginn und Ende sind untrennbar mit der Ebene der relativen Wahrheit verbunden. Auf der Ebene der absoluten Wahrheit machen sie keinen Sinn. Wenn wir auf der Leinwand einen Brand sehen, fragen wir uns ja auch nicht, wer ihn gelegt haben könnte. Nur der naive Wilde, der nicht weiß, was ein Film ist, würde Wasser auf die Leinwand schütten. Alle Religionen und Philosophen halten immer wieder hartnäckig an der Vorstellung von einer »Schöpfung« fest. Die Wissenschaft hat sich aus dem Dilemma gezogen, indem sie den Schöpfergott selbst aus ihren Ideen verbannte. Der Buddhismus hingegen wendet sich gegen die Vorstellung von einem Anfang als solchem.

T. Erinnerst du dich an die berühmte Anekdote über den großen Mathematiker und Physiker des 18. Jahrhunderts Pierre Simon de Laplace? Als er Napoleon ein Exemplar seines *Traité de mécanique céleste* (Traktat über die Mechanik der Himmelskörper) überreichte, warf ihm der Kaiser vor, dass er nicht ein einziges Mal den großen Architekten erwähnt habe. Laplace antwortete: »Sire, ich brauche die Hypothese nicht.« Aber eine Frage bleibt trotzdem bestehen: Warum gibt es das Universum? Warum gibt es die Naturgesetze? Warum überhaupt ein Urknall? Diese Frage stellte bereits Leibniz: »Jetzt wird es nötig, sich zur Metaphysik zu erheben, indem wir uns des bedeutenden [...] Prinzips bedienen, wonach nichts ohne zureichenden Grund geschieht. [...] Ist dieses Prinzip aufgestellt, so wird die erste Frage, die man mit Recht stellen darf, die sein, warum es eher Etwas als Nichts gibt. Denn das Nichts ist einfacher und leichter als irgendetwas. Setzt man ferner voraus, dass es Dinge geben muss, so muss man einen Grund dafür angeben können, weshalb sie so existieren müssen, wie sie sind, und nicht anders.«[8]

M. Auf diese Frage könnte man mit einem berühmten Ausspruch von Nagarjuna antworten: »Da alles leer ist, kann alles sein.« Das Prajnaparamita-Sutra wird hier noch präziser: »Im Erscheinen ist alles leer. Da alles leer ist, erscheint es.« Im Buddhismus wird die Leerheit nicht nur als letzte Wirklichkeit der Phänomene betrachtet, sondern auch als Potenzialität, die eine unendliche Zahl an Erscheinungen hervorbringen kann. Vereinfacht gesagt, bedeutet dies, dass die Kontinente, die Bäume, die Wälder sich manifestieren, weil der Raum es ihnen erlaubt. Wenn der Himmel aus Stein wäre, würde auf der Welt nicht viel passieren. Dasselbe gilt für die Wirklichkeit: Wenn sie tatsächlich unveränderlich und beständig wäre, wenn ihre Eigenschaften sich niemals wandelten, dann gäbe es nicht die geringste Veränderung in der Welt. Folglich könnten die Phänomene nicht erscheinen. Nur da die Dinge keine inhärente Existenz besitzen, können sie sich unbegrenzt manifestieren. Wenn man erst einmal verstanden hat, dass alles in sich selbst leer ist, dann versteht man die Funktionsweise der konventionellen oder relativen Wirklichkeit viel besser. Dieser Prozess läuft nämlich keineswegs willkürlich ab. Denn die Gesetze der Kausalität besagen, dass es zwischen Ursache und Wirkung einen inneren Zusammenhang gibt. So sieht die buddhistische Vorstellung von der Leerheit aus. Kein Nichts also, sondern das Fehlen einer beständigen und unabhängigen Existenz der Phänomene.

T. Es gibt tatsächlich viele Menschen, die Leerheit und Nichts miteinander verwechseln. Im 19. Jahrhundert bezichtigte man im Westen den Buddhismus nihilistischer Auffassungen.

M. Das ist ein wirklich gravierendes Missverständnis. In Wahrheit gelten beide Extreme im Buddhismus als irrige Anschauung: Nihilismus und realistisch-materialistische Weltsicht. Letztere bezeichnet der Buddhismus als »Ewigkeitsdenken«, da sie davon ausgeht, dass die Welt aus unveränderlichen, beständigen Komponenten besteht. Diese Sicht ist extrem verdinglichend. Wenn sich andererseits Leibniz fragt, warum das Etwas wahrscheinlicher ist als das Nichts, dann setzt bereits diese Frage voraus, dass es wirklich *etwas* gibt. Der erste Schritt wäre es daher, sich zu fragen, ob eine objektive Realität existiert. Der Buddhismus, den man auch als »Mittleren Weg« bezeichnet, weil er den Weg zwischen den Extremen sucht, geht davon aus, dass weder das *Nichts* (Nihilismus) noch das *Etwas* (materialistischer Realismus) wirklich existiert. Man hätte Leibniz daher eine Gegenfrage stellen können: »Woher soll das Nichts kommen, da doch die Phänomene existieren?« Die Natur der Phänomene, die nicht autonom existieren und mit den Sinnen zwar wahrgenommen werden können, trotzdem aber keine ihnen innewohnende Realität besitzen, widerspricht dem gesunden Menschenverstand, weil man sie weder als existent noch als nicht existent einstufen kann. Der Intellekt stößt hier an seine Grenzen. Er kann mit seinen simplen Denkstrukturen die Natur der Wirklichkeit nicht erfassen. Hier hilft nur die unmittelbare Erfahrung, die über das begriffliche Denken hinausgeht. Nur sie kann die Natur der Erscheinungen auf nicht duale Weise erfassen; das heißt, sie verzichtet auf Erkenntniskategorien wie Subjekt und Objekt.

T. Auf dieses interessante Problem werden wir noch einmal zurückkommen, wenn wir über die philosophischen Implikationen der Quantenmechanik sprechen. Aber nachdem ich dir jetzt die wissenschaftliche Version von der Entstehung des Universums geschildert habe, würde ich gerne wissen, welche kosmologischen Vorstellungen der Buddha hatte.

M. Als Buddha Shakyamuni geboren wurde, galt die mythologische und symbolische Kosmologie des Hinduismus sozusagen als »herrschende Lehre«. Als der Buddha jedoch 528 vor Christus die Erleuchtung erlangte, erkannte er im Lichte seiner kontemplativen Erfahrung, dass die Welt von der wechselseitigen Abhängigkeit der Phänomene geprägt ist und dass deren Natur leer von jeder autonomen und beständigen Realität ist. Diese gegenseitige Abhängigkeit bezieht sich natürlich auch auf das Bewusstsein. Diese Einsicht aber hat enorme Auswirkungen auf unsere Vorstellung von der Existenz, auf unser Glück und unser Leiden. Die Auffassung, dass die flüchtigen Beziehungen zwischen den Erscheinungen beständige Wesenheiten sind, ist letztlich die Grundlage für unseren fest verwurzelten Glauben an ein »Ich« und an die eigenständige Natur der Phänomene. Diese Verdinglichung führt zu den ununterbrochenen Impulsen, die uns ständig nach etwas verlangen oder etwas ablehnen lassen. Das wiederum ist die Quelle für unsere dauernde Unzufriedenheit. Zwischen der wahren Natur der Dinge und der Art, wie wir sie wahrnehmen, tut sich so ein immer tiefer werdender Abgrund auf. Die Vorstellung von einem »Ich« ist nämlich nichts als eine momentane Verirrung des Geistes. Hat man jedoch verstanden, dass die Erscheinungswelt nur in dieser flüchtigen und abhängigen Weise existiert, dann haftet man nicht mehr mit derselben Beharrlichkeit an ihr. Man macht sich vielmehr von dieser falschen Anschauung frei. Daher gilt die Erkenntnis auch als Befreiung. Was man allgemein »Nirwana« nennt, ist nichts anderes als das Sich-Erschöpfen des in seiner Täuschung befangenen Denkens. Oder wie man im *Schmuck der Sutren* lesen kann: »Die Befreiung ist das Sich-Erschöpfen des Irrtums.«

T. Auch die Wissenschaft des 20. Jahrhunderts kennt diese Vorstellung des abhängigen Entstehens. Aber ich möchte nochmals auf meine ursprüngliche Frage zurückkommen: Beschreibt der Buddhismus die Entstehung unseres Universums?

M. Ja, aber diese Vorstellung gilt nicht als sakrosanktes Dogma. Einige Aspekte buddhistischer Kosmologie sind mittlerweile überholt, da sie jedoch auch eine symbolische Bedeutung für die Meditationspraxis haben, werden sie immer noch gelehrt. In ihrer »äußeren« Form entsprechen diese Ideen den historischen Auffassungen, auf die der Buddhismus bei seinem Entstehen traf und die er übernahm. Buddha selbst stellte keine Kosmologie auf. Die buddhistische Vorstellung von der Entstehung der Welt stellt die buddhistische Ansicht von der Wirklichkeit nicht in Frage, da sie auf die Ebene der relativen Wahrheit, also in die Erscheinungswelt gehört. Von dieser Ebene aus gesehen spricht der Buddhismus von »Raumteilchen«, die allerdings keine Objekte darstellen, sondern ein gewisses Manifestationspotenzial. Diese »volle Leere« bringt sodann fünf »Atemzüge« oder Energien hervor – was man im Sanskrit »Prana« nennt. Diese Energien manifestieren sich als fünffarbiges Licht, das nach und nach zu den fünf Elementen wird: Luft, Wasser, Erde, Feuer und Raum. Deren Kombination wiederum bringt eine Art »Suppe« hervor, einen Ozean der Elemente, der von der Urenergie »gebuttert« wird und so die Himmelskörper, die Kontinente, die Berge und schließlich die Lebewesen hervorbringt. Auf diese Weise entsteht also ein Universum unter den vielen anderen, die existieren. Es gibt keine uranfängliche Schöpfung, da die Idee einer *Causa prima* keinen Bestand haben kann.

T. Obwohl die Sprache, in die diese Entstehung der Welt gekleidet ist, sehr bildhaft klingt, weist die Geschichte selbst doch erstaunliche Ähnlichkeiten mit den modernen Vorstellungen von der Geburt des Universums auf. Natürlich stellen wir uns die Entstehung der Erde heute nicht mehr als Ergebnis der Zu- und Abneigungen von Göttern vor. Aber die Idee einer »vollen Leere« gibt es in der wissenschaftlichen Sichtweise ebenfalls.

M. Sicher, aber Vorsicht! Es gibt da einen bedeutenden Unterschied. Die Wissenschaft spricht von einem Objektuniversum. Der Buddhismus hingegen betrachtet, wie wir noch sehen werden, das Universum nicht als getrennt vom Bewusstsein. Er teilt zwar nicht die idealistische Position (nach der die Welt nur eine Projektion des Bewusstseins ist), geht aber davon aus, dass Subjekt und Objekt sich gegenseitig gestalten. Auf der Ebene der relativen Wahrheit sieht der Buddhismus das Universum als zyklisch (nicht aber als zirkulär und repetitiv, wie die Stoiker es tun). Ein Zyklus besteht aus vier aufeinander aufbauenden Perioden: die der Bildung, des Andauerns, der Zerstörung und der Nichtmanifestation (der Zustand der Leere zwischen zwei Universen). Diese Zyklen befinden sich in einer kontinuierlichen Abfolge ohne Anfang und ohne Ende.

T. Ist diese Weltsicht nicht auch vom Hinduismus inspiriert, der davon ausgeht, dass das Universum »atmet«, wobei das Ausatmen der Expansion und das Einatmen der Kontraktion entspricht?

M. Das Bild ist sehr schön, doch verschiedene hinduistische Schulen proklamieren in diesem zyklischen Universum auch eine oder gar mehrere unveränderliche Schöpferwesen, was für den Buddhismus inakzeptabel ist.

T. Die Vorstellung von einem zyklischen Universum gibt es auch in der modernen Kosmologie. Falls unser Universum genügend Materie enthält, könnte es nämlich eines Tages dazu kommen, dass die von dieser Materie ausgehende Schwerkraft die kontinuierliche Ausdehnung des Kosmos zum Stillstand bringt und die im Moment von uns weggerichtete Bewegung der Galaxien umkehrt. Dann käme es zu einem Urknall unter umgekehrten Vorzeichen, einem Endknall oder Big Crunch. Die Sterne würden dann in der enormen Hitze verdampfen, sodass die Materie wieder in Elementarteilchen zerfiele. Schließlich würde das Universum sich in einer phantastischen Apotheose aus Licht auflösen, in einem Zustand extremer Dichte, Hitze und Kompaktheit. Zeit und Raum würden ihre Bedeutung wieder verlieren. Kann ein Universum, das in sich selbst zusammengestürzt ist, sich wieder erheben wie Phönix aus der Asche, um einen neuen Zyklus mit – unter Umständen – ganz neuen physikalischen Gesetzen zu beginnen? Niemand vermag dies mit Sicherheit zu sagen, denn wie wir oben bereits erwähnten, verliert die moderne Physik an der Planck'schen Schwelle, in einem Zustand enormer Hitze und enormer Dichte, ihre Geltung.

M. In buddhistischer Sicht verpufft das Universum am Ende eines Zyklus regelrecht. (Man spricht von sieben Feuersbrünsten, von denen jede noch schrecklicher ist als ihre Vorgängerin. Sie verschlingen das sichtbare Universum.) Dann wird das Universum sozusagen von der Leere absorbiert. Aus dieser »vollen Leere« entsteht sodann ein neuer Zyklus.

T. In der modernen Theorie vom zyklischen Universum geht man davon aus, dass die Zyklen zwar aufeinander folgen, dass sie sich aber nicht ähneln. Da das Universum immer mehr Energie aufnimmt, würde jeder Zyklus immer länger dauern als der vorhergehende. Auch die maximale Größe des Universums würde ständig zunehmen. Dieses Modell wäre also dem sich nicht wiederholenden zyklischen Universum ähnlich, das du beschreibst. Enthält unser Universum aber nicht genügend Materie, so ist die Schwerkraft nicht in der Lage, seine Ausdehnung zu stoppen. Dann wird es sich bis ans Ende aller Zeiten ausbreiten und sich nicht zyklisch umkehren. Früher oder später hätten dann sämtliche Sterne ihren Kernbrennstoff aufgebraucht, würden erlöschen und könnten das All somit nicht mehr erleuchten. Die Welt würde in eine lange, kalte Dunkelheit eintauchen, aus der Stück für Stück jegliche Wärme entschwände. Die Temperatur würde sich immer mehr dem Nullpunkt nähern, ohne ihn je zu erreichen. Da keine Energie mehr da wäre, die das Leben, wie wir es kennen, erhielte, würde es gänzlich verlöschen. In dieser noch weit entfernten Zukunft wäre das Universum nur noch ein gigantischer Ozean voller Strahlung und Elementarteilchen. Der angloamerikanische Physiker Freeman Dyson hat ein Modell entworfen, in dem Wolken von Elektronen und Antielektronen als materielle Basis für das Bewusstsein dienen könnten. Nach den letzten Forschungsergebnissen wäre etwa fünfmal mehr Materie nötig, als uns bisher bekannt ist, um die Ausdehnung des Universums umzukehren. Aber es ist natürlich alles andere als einfach, die vorhandene Materie zahlenmäßig zu erfassen, da es eine enorme Menge so genannter »dunkler Materie« gibt (90 Prozent oder mehr der Gesamtsumme). Diese Materie heißt »dunkel«, weil sie keinerlei Strahlung aussendet und sich nur durch die Auswirkungen der von ihr ausgehenden Schwerkraft auf ihre Umgebung bemerkbar macht. Und ganz ohne Licht tappt der Astronom buchstäblich … im Dunkeln.

Jüngere Beobachtungen an Supernovä (Sternexplosionen) in weit entfernten Galaxien scheinen jedoch anzudeuten, dass die Ausdehnung des Universums sich keineswegs verlangsamt, wie dies der Fall wäre, wenn nur die Schwerkraft auf die Raumzeit einwirkt. Man hat ganz im Gegenteil eine Beschleunigung der Galaxienbewegung festgestellt, was hieße, dass im Kosmos eine Art Antischwerkraft am Werk ist. Wenn diese Schlussfolgerung stimmt, dann würde das Universum sich ewig ausdehnen, wenn es nicht auf andere Weise zu einem neuen Urknall kommt. Ein Endknall käme danach jedenfalls nicht in Frage. Andererseits sind die Merkmale der Supernovä bisher kaum bekannt, sodass die obige Schlussfolgerung noch ziemlich umstritten ist.

M. Die Vorstellung von einem zyklischen Universum von Metamorphosen ohne Beginn bezieht sich aber nicht nur auf die Welt der Materie. Auch das Bewusstsein hat schließlich keinen Anfang. Der Buddhismus betrachtet die Trennung von Materie und Bewusstsein als Täuschung, da ja weder die Materie noch das Bewusstsein eine eigene Wirklichkeit besitzen. Das Problem, dass weder die Erscheinungswelt noch die Welt des Bewusstseins einen »ersten Ursprung« hat, beschreibt der Buddhismus letztlich als »unvorstellbar«. Das bedeutet nicht, dass man angesichts des Unbegreiflichen resigniert und sich eingesteht, dass die Lösung dieses Geheimnisses die eigenen Fähigkeiten definitiv übersteigt. Der Begriff signalisiert, dass wir den Inhalt nicht mit unseren gewöhnlichen Denkstrukturen erfassen können. Die Idee von einem Anfang gilt nicht etwa als »unvorstellbar«, weil sie in Raum und Zeit so weit zurückliegt, sondern weil das begriffliche Denken Teil der kausalen Wirklichkeit ist, aus ihr entsteht und sich aus ihr nährt. Es kann sich also nicht »außerhalb« der kausalen Kette platzieren, um seinen eigenen Ursprung zu erkennen.

T. Das hört sich an wie der Gödel'sche Unvollständigkeitssatz. Der österreichische Mathematiker Kurt Gödel bewies nämlich, dass man die Schlüssigkeit eines Systems nicht beweisen kann, wenn man innerhalb des Systems bleibt. Um dies zu tun, muss man das System verlassen. Zu dem Postulat, dass Bewusstsein und Materie seit anfangsloser Zeit nebeneinander existieren, hat die moderne Wissenschaft allerdings nichts weiter beizutragen.

M. Das »Unvorstellbare« ist eng mit der letztendlichen Natur der Phänomene, also der Leerheit beziehungsweise der abhängigen Existenz, verbunden. Es hilft uns, uns aus der Illusion der Verdinglichung zu befreien, die uns die Erscheinungswelt als etwas unabhängig Existierendes wahrnehmen lässt. Da man an diesem Punkt das begriffliche Denken hinter sich lässt, kann die letzte Natur der Dinge durchaus als »unvorstellbar« bezeichnet werden. Ohne diese Präzisierung nämlich wäre der Begriff ein Synonym für die Unwissenheit. Doch das Unvorstellbare führt uns direkt in die Erkenntnis durch nicht duale Erfahrung, die über alle Begriffe hinausgeht. Daher ist das Unvorstellbare eines der Charakteristika der Erleuchtung selbst.

Eine bestimmte Form der buddhistischen Lehre (das Tantra) untersucht die Manifestation der Erscheinungen mehr auf einem kontemplativen, nach innen gerichteten Weg. Ihr zufolge liegt die uranfängliche Natur der Phänomene jenseits von Vorstellungen wie Subjekt und Objekt, Zeit und Raum. Da jedoch die Welt der Erscheinungen aus dieser uranfänglichen Natur entsteht, verliert der Geist seine ursprüngliche Einheit mit der Leerheit aus den Augen und zieht eine künstliche Grenze zwischen Bewusstsein und Welt. Diese Trennung in Ich und Nicht-Ich bestätigt er sich dann immer und immer wieder. Auf diese Weise entsteht die Welt der Unwissenheit, die im Sanskrit *Samsara* heißt. Die Geburt von Samsara lässt sich aber nicht auf eine bestimmte Zeit datieren. Sie spiegelt in jedem Augenblick des Seins, bei jedem einzelnen unserer Gedanken die Manifestation der Unwissenheit wider, welche die Welt zu einem aus sich selbst heraus existierenden Objekt macht.

3

Auf der Suche nach dem großen Uhrmacher

Gibt es ein schöpferisches Prinzip, das die Welt organisiert?

Es ist sehr verführerisch, sich ein schöpferisches Prinzip vorzustellen, das den Ablauf der Schöpfung und der darauf folgenden Entwicklung perfekt steuert. Seine Allmacht würde einfach alles erklären. Wir müssten uns daher nicht mehr über die ungeheure Komplexität des Universums, des Lebens und der erstaunlichen Harmonie dieser beiden wundern. Die Frage nach unserem Ursprung und unserem Schicksal wäre ein für alle Mal gelöst. Die Haltung in der Frage, ob es einen Schöpfergott gibt oder nicht, kann als grundlegendes Unterscheidungsmerkmal zwischen den großen spirituellen Traditionen der Welt gelten. Für den Buddhismus gibt es keine erste Ursache des Universums. In der Wissenschaft hingegen wird die außerordentliche Feinabstimmung der physikalischen Konstanten und der Entstehungsbedingungen des Universums von einigen Forschern als purer Zufall betrachtet, von anderen hingegen als Indiz für ein allwissendes Organisationsprinzip. Hält diese Vorstellung einer genaueren Analyse stand? Ist sie logisch und ist sie notwendig?

THUAN Seit dem 16. Jahrhundert verliert der Mensch im All kontinuierlich seine Mittelpunktstellung. 1543 vertreibt der polnische Kleriker Nikolaus Kopernikus die Erde von ihrem zentralen Platz im Sonnensystem und macht sie zu einem einfachen Planeten, der um die Sonne kreist. Und das kopernikanische Gespenst geht weiter um. Wenn schon unser Planet nicht die Mitte der Welt ist, so doch sicherlich die uns wärmende Sonne. Aber nein, der amerikanische Astronom Harlow Shapley findet heraus, dass die Sonne nur ein weniger bedeutender Randstern in unserer Galaxie ist, in der noch Milliarden andere Sterne existieren. Und damit nicht genug. Auch die Milchstraße ist – wie man mittlerweile weiß – nur eine von unzähligen Galaxien im beobachtbaren Universum, dessen Radius etwa fünfzehn Milliarden Lichtjahre beträgt. An diesem gigantischen kosmischen Strand ist der Mensch nur ein winziges Sandkorn. Doch der Mensch ist auch in der Zeit sozusagen »geschrumpft«. Wenn man die fünfzehn Milliarden Jahre in unserem Kalender als ein Jahr markiert, würden die ersten menschlichen Zivilisationen erst am 31. Dezember um 23.59 Uhr auftauchen.

Dass der Mensch dergestalt an Bedeutung verlor, veranlasste Pascal im 17. Jahrhundert zu seinem berühmten Ausspruch: »Das ewige Schweigen dieser unendlichen Räume macht mich schaudern.«[1] Fast 300 Jahre später antwortete der Biologe Jacques Monod darauf Folgendes: »Der Mensch weiß endlich, dass er in der teilnahmslosen Unermesslichkeit des Universums allein ist, aus dem er zufällig hervortrat«.[2] Und der amerikanische Physiker Steven Weinberg kommentierte: »Je besser wir das Universum verstehen, umso weniger Sinn können wir darin entdecken.«[3]

Meiner Auffassung nach ist der Mensch nicht durch Zufall in eine ihm indifferente Welt gekommen. Ganz im Gegenteil: Der Mensch und das Universum hängen eng voneinander ab: Wenn das Universum so groß ist, dann nur, um unser Hiersein zu ermöglichen.

MATTHIEU Vorsicht, Vorsicht! Das erinnert ein wenig an das, was Bernardin de Saint-Pierre sagte: »Der Kürbis hat Schnitze, weil er geschaffen wurde, um Familien mit mehreren Personen als Nahrung zu dienen.«

T. Selbstverständlich sollte man sich vor dieser Art von simplem Zweckdeterminismus hüten. Die Wissenschaft ist ja letztlich aus der systematischen und kategorischen Ablehnung finaler Begründungen für die Existenz der Phänomene entstanden, die eher dem Bereich des religiösen Denkens angehören. Und trotzdem hat die moderne Kosmologie entdeckt, dass die Existenz des menschlichen Wesens in den Eigenschaften jedes Atoms, jedes Sterns und jeder Galaxie in diesem Universum eingeschrieben scheint, dass sie sich in jedem Naturgesetz wiederfindet, das je den Kosmos regiert hat. Wäre einer dieser Tatbestände, seien es nun die Eigenschaften der Elemente oder der Naturgesetze, von den vorhandenen Werten auch nur minimal abgewichen, wären wir nicht hier und könnten uns nicht unterhalten. Das hieße also, dass das Universum schon von Anfang im Keim all die erforderlichen Bedingungen bereitgehalten hatte, um ein beobachtendes Bewusstsein zu schaffen. Oder wie der angloamerikanische Physiker Freeman Dyson das ausdrückte: »Irgendwie wusste das Universum, dass der Mensch kommen würde.«[4]

M. Wenn unsere Existenz in jedes Element des Universums eingeschrieben ist, dann zeigt das nur, dass diese beiden Dinge unauflösbar miteinander verbunden sind. Mit einer auf den Menschen hin ausgerichteten Zweckbestimmung des Universums hat dies noch gar nichts zu tun.

T. Und doch scheint das Universum perfekt auf lebende Wesen abgestimmt zu sein. Wie man das festgestellt hat? Nun, wir können den Urknall zwar nicht im Labor nachstellen, doch die Astrophysiker spielen gerne ein bisschen Schöpfung, indem sie mit ihren Gleichungen und mit ihren Computern Spielzeugwelten nachbauen, also verschiedene Modelle des Universums erstellen. Dazu muss man wissen, dass die Entwicklung unseres Kosmos und jedes anderen physikalischen Systems von dem abhängt, was man »Ausgangsbedingungen« nennt, und von einem guten Dutzend von Zahlen, den »physikalischen Konstanten«.

Die Kurve, die ein eben geschleuderter Ball im Raum beschreibt, bevor er wieder zur Erde fällt, kann so sehr präzise wiedergegeben werden. Dazu würde ein Physiker das Newton'sche Gravitationsgesetz und seine Kenntnis der Ausgangsbedingungen einsetzen, das heißt in diesem Fall die Geschwindigkeit des

Balles und die genaue Position, von der aus er geworfen wurde. Das Gesetz Newtons wiederum beruht auf einer festen Zahl, die immer gleich bleibt, die so genannte »Gravitationskonstante«, welche die Wirkung der Schwerkraft ausdrückt. Weitere Konstanten beziehen sich auf die starke und die schwache Kernkraft sowie auf die elektromagnetische Kraft. Außerdem gibt es da noch die Lichtgeschwindigkeit und das Planck'sche Wirkungsquantum oder die Planck-Konstante, welche die Größe von Atomen bestimmt. Dazu kommen die Zahlen, welche die Masse der Elementarteilchen festlegen: der Protonen, der Elektronen und so weiter. All diese Konstanten verändern sich – wie der Name sagt – unter unterschiedlichen Zeit- und Raumbedingungen nicht. Dies konnte man durch genaueste Beobachtung an sehr weit entfernten Galaxien feststellen, allerdings gibt es noch keine physikalische Theorie, die erklären würde, weshalb diese Konstanten genau diesen Wert und nicht einen anderen annehmen. Diese Zahlen sind, wie sie sind, und wir müssen mit ihnen arbeiten.

M. Gibt es dafür wirklich keine Erklärung?

T. Gut, neben dem reinen Zufall, auf den wir noch zu sprechen kommen, gibt es natürlich die Theorie der Superstrings, die besagt, dass die Elementarteilchen aus der Schwingung unendlich kleiner Fäden oder »Saiten« entstanden sind. Die Masse oder die Ladung des Teilchens wird dann vom Schwingungsmodus der Strings bestimmt. Allerdings ersetzt man damit nur ein Problem durch ein anderes, denn die Theorie erklärt nicht, weshalb diese Schwingung nun genau diesen Wert annimmt und nicht einen anderen.[5]

M. Könnten diese physikalischen Konstanten in einem anderen Universum andere Werte haben?

T. Im Lichte der modernen Physik gibt es nichts, was einer Veränderung der Werte in einem anderen Universum entgegenstünde. Die Fundamentalkonstanten spielen bei der Entwicklung eines Universums ohnehin eine ganz entscheidende Rolle. Sie bestimmen ja nicht nur die Masse und Größe von Galaxien,

Sternen und der Erde selbst. Auch für Masse und Größe der Lebewesen sind sie verantwortlich: für die Höhe der Bäume, die Form eines Rosenblattes, für Gewicht und Größe der Ameisen, der Giraffen und der Menschen. Die Wirklichkeit um uns herum hätte eine ganz andere Gestalt, wenn diese Konstanten andere Werte aufwiesen. Die Ausgangsbedingungen des Universums wiederum umfassen solche Dinge wie die Menge der vorhandenen Materie oder den ursprünglichen Ausdehnungsfaktor. Die Astrophysiker nun haben durch zahlreiche Computersimulationen zweifelsfrei festgestellt, dass es im Universum kein Leben geben könnte, würde man auch nur eine dieser Fundamentalgrößen um ein weniges verändern.

M. Wie groß müsste diese Veränderung denn sein?

T. Das hängt von der in Frage stehenden Konstante oder Ausgangsbedingung ab. Doch in jedem Fall würde eine minimale Veränderung genügen, um das Universum unfruchtbar zu machen. Betrachten wir beispielsweise die anfängliche Materiedichte im Kosmos. Von der Materie geht eine gravitative Anziehungskraft aus, die dem Bewegungsimpuls des Urknalls entgegenwirkt und so die Ausdehnung des Universums verlangsamt. Ist die anfängliche Materiedichte zu hoch, stürzt das Universum früher oder später in sich zusammen. Dieser Prozess kann eine Million Jahre dauern, aber auch nur ein Jahrhundert oder ein einziges Jahr. Auf jeden Fall wäre dieser Zeitraum zu kurz. Die Kernreaktionen innerhalb der Sterne hätten nicht genug Zeit, um schwere Elemente wie Kohlenstoff zu bilden, die für die Entstehung von Leben unumgänglich sind. Wäre hingegen die anfängliche Materiedichte zu niedrig, dann wäre die davon ausgehende Schwerkraft nicht ausreichend, um die Bildung von Sternen zu unterstützen. Ohne Sterne aber gäbe es wiederum keine schweren Elemente und folglich kein Leben! Alles hängt also von der Aufrechterhaltung eines höchst empfindlichen Gleichgewichts ab.

Das beeindruckendste Beispiel ist vielleicht die Dichte des Universums an seinem Beginn (beziehungsweise zur Planck-

Zeit): Sie dürfte bis zu einem Wert von 10^{-60} nicht abweichen. Anders gesagt: Wenn man eine Ziffer nach sechzig Nullen hinter dem Komma abänderte, wäre der Kosmos steril. Es gäbe weder Leben noch Bewusstsein, und wir beide wären nicht hier, um über diese Dinge zu sprechen. Diese umwerfende Präzision, mit der die anfängliche Dichte des Universums abgestimmt ist, ist vergleichbar mit der Zielgenauigkeit, die ein Bogenschütze braucht, um seinen Pfeil in ein Ziel mit einem Quadratmeter Seitenlänge zu platzieren, das sich an den Grenzen des Universums befindet – fünfzehn Milliarden Lichtjahre entfernt. Und auch wenn die Feinabstimmung für die restlichen Konstanten beziehungsweise Ausgangsbedingungen nicht dasselbe Ausmaß an Präzision erreichen muss, so bleibt der Schluss doch derselbe: Sie mussten mit ungeheurer Feinabstimmung geregelt sein, damit Leben und Bewusstsein entstehen konnten.

Auf diese Weise scheint der Mensch (oder jede andere mit Bewusstsein ausgestattete Lebensform) wieder in den Mittelpunkt zu rücken, zwar nicht in die Mitte des Sonnensystems, in den Ort, den er vor der kopernikanischen Wende einnahm, doch zumindest in die Mitte der universellen Bestimmung. Er muss das ewige Schweigen dieser unendlichen Räume nicht mehr fürchten, da ebendiese seine Existenz erst ermöglichen. Das Universum ist unvorstellbar groß (man schätzt es wie gesagt auf einen Radius von fünfzehn Milliarden Lichtjahren), da es sich während der gesamten Zeit seiner Entstehung immer ausgedehnt hat. Und es ist notwendigerweise so alt, weil sonst die für das Leben nötigen chemischen Elemente durch Kernreaktionen in den Sternen nicht hätten entstehen können. Auch die immer komplexere biologische Organisation der Lebewesen bis hin zum Menschen erforderte eine gewisse Zeit. (Dafür sind mindestens einige Milliarden Jahre nötig.)

Die Feinabstimmung des Universums scheint also darauf abgestellt zu sein, Leben und Bewusstsein hervorzubringen, einen Beobachter eben, der die Komplexität und Harmonie des Ganzen bewundern kann. Diese Auffassung nennt man das »anthropische Prinzip«, von griechisch *ánthropos*, der Mensch. Was ich dir eben erläutert habe, ist die »starke« Form dieses Prinzips. Es gibt auch eine »schwache« Form, die keine Intentionalität von Seiten der Natur voraussetzt. Die schwache Form des anthropischen Prinzips ist allerdings ziemlich nichts sagend, fast schon tautologisch: »Die Eigenschaften des Universums müssen mit der Existenz des Menschen kompatibel sein.«[6] Tatsächlich ist der Begriff »anthropisch« meiner Ansicht nach schlecht gewählt, weil er suggeriert, dass das Universum sich ausschließlich auf den Menschen ausrichtet. In Wirklichkeit aber lassen sich die Argumente seiner Verfechter auf jede Form von Intelligenz im Kosmos anwenden. Die moderne Kosmologie entdeckt also die tiefe Verbundenheit von Mensch und Universum wieder. Konsequenterweise antwortet Paul Claudel auf den Angstschrei Pascals mit einem Ruf der Hoffnung, in dem diese neuerliche Verzauberung des Universums fühlbar wird: »Das ewige Schweigen der unendlichen Räume erschreckt mich nicht mehr. Ich bewege mich darin vielmehr mit familiärer Vertrautheit. Wir leben ja nicht in irgendeinem verlorenen Winkel inmitten einer unwegsamen und grausamen Wüste. Heute ist uns die ganze Welt geschwisterlich vertraut.«

M. Als Buddhist kann ich im anthropischen Prinzip nicht viel Sinn entdecken. Im Buddhismus ist es schlichtweg nicht nötig, ein Prinzip einzuführen, welches das Weltall ordnet, oder diesem eine wie auch immer geartete Finalität unterzuschieben, die eine so perfekte Feinabstimmung bewirkt, dass das Bewusstsein entstehen kann. Dass die unbelebte Welt und das Bewusstsein perfekt aufeinander abgestimmt sind, liegt einfach daran, dass sie seit anfangsloser Zeit im Universum nebeneinander existieren. Damit möchte ich nicht sagen, dass das Universum sich ewig gleich bleibt, wie es die Steady-State-Theorie voraussetzt, sondern dass das, was wir für seinen Beginn halten, der Urknall zum Beispiel, nichts weiter ist als eine Episode in einem kontinuierlichen Werden und Vergehen. Die Bedingungen unseres gegenwärtigen Universums harmonieren mit denen der vorangegangenen und denen der künftigen Welt, da die Ereigniskette notwendigerweise von der Kontinuität und der inneren Übereinstimmung zwischen Ursache und Wirkung geprägt ist.

Kein großer Uhrmacher (oder eine große Uhrmacherin) hat das Universum so präzise geregelt, *auf dass* darin Bewusstsein entstehen möge. Bewusstsein und Universum existieren gemeinsam seit anfangsloser Zeit und können sich gegenseitig gar nicht ausschließen. Und ihre Feinabstimmung ist ganz einfach die Grundbedingung ihrer Koexistenz. Das Problem des anthropischen Prinzips und jeder Form von finalem Determinismus ist es doch, dass sie immer ein Element vor das andere stellen müssen und die Existenz des einen zur Bedingung für die des anderen machen. Wenn man die Gesamtheit des Universums betrachtet und sich die wechselseitige Abhängigkeit aller Erscheinungen bewusst macht, wird klar, dass die Beziehung zwischen Universum und Bewusstsein mehr von Einheit als von Determinismus geprägt ist. Es ist daher nicht weiter erstaunlich, dass die Bedingungen, die im Universum beobachtet werden, mit denen, die Voraussetzung für die Entstehung des Lebens und des Bewusstseins sind, übereinstimmen. Wollte man das anthropische Prinzip in dieser Form akzeptieren, so hieße das beispielsweise, dass man sich angesichts der beiden Hälften einer Walnuss sagen müsste: »Es ist unglaublich, aber man könnte fast glauben, dass die erste Hälfte nur geschaffen wurde, damit die zweite sich ihr vollkommen anpassen kann.«

T. Mir leuchtet ein, dass der Buddhismus mit seiner Hypothese, dass Materie und Bewusstsein seit anfangsloser Zeit gemeinsam existieren, kein anthropisches Prinzip braucht, um die Entstehung des Lebens und des Bewusstseins zu erklären. Aber nehmen wir einmal an, diese Hypothese würde nicht gelten und man müsste diese unglaubliche Feinabstimmung der Fundamentalkonstanten und der Ausgangsbedingungen des Universums erklären. Man müsste sich doch auf jeden Fall fragen, ob diese Abstimmung auf reinem Zufall oder auf Notwendigkeit beruht, um den Ausdruck von Jacques Monod aufzugreifen.

Betrachten wir zuerst einmal die Hypothese vom Zufall. Um diese Feinabstimmung zu erklären, müsste man sich zunächst eine unendliche Menge anderer Universen vorstellen, in denen Ausgangsbedingungen und physikalische Konstanten alle möglichen Werte annähmen. All diese Universen wären »Verlierer« der Evolution, nur unseres wäre ein »Gewinner«. Wenn du unendlich oft Lotterie spielst, wirst auch du einmal das große Los ziehen.

M. Diese anderen Universen sind das, was die Physiker »parallele Universen« nennen?

T. Ja. Die merkwürdige Vorstellung von den parallelen Universen taucht in der Physik an mehreren Stellen auf. Ein auf der Quantenmechanik fußendes Erklärungsmodell stammt von dem amerikanischen Physiker Hugh Everett und besagt, dass das Universum sich jedes Mal, wenn eine Entscheidung getroffen wird oder eine Alternative zur Wahl steht, in zwei nahezu identische Exemplare teilt. Einige dieser Universen würden sich von unserem nur durch die Position eines einzigen Elektrons oder eines einzigen Atoms unterscheiden. Andere würden gravierendere Unterschiede aufweisen. Es gäbe beispielsweise ein Universum, in dem du dich entschieden hättest, spazieren zu gehen, statt hier mit mir zu diskutieren. Und es gäbe Universen, in denen China nicht in Tibet eingefallen und der Mensch niemals auf den Mond gelangt wäre. Wieder andere würden sich von unserem auf fundamentale Weise unterscheiden, dann nämlich, wenn die Ausgangsbedingungen, die Fundamentalkonstanten und die Naturgesetze andere wären. Jedes Mal, wenn das Universum sich verdoppelt, würden auch wir beide uns verdoppeln. Natürlich bestünde zwischen den parallelen Universen keinerlei Kontakt, sodass eine Kommunikation niemals möglich wäre.

M. Für Wesen mit Bewusstsein würde dies bedeuten, dass der Bewusstseinsstrom sich jedes Mal teilen würde, wenn sich ein Gedanke formt beziehungsweise ein Atom in unserem Gehirn bewegt. Damit hätte der Begriff des Bewusstseinsstromes aber jeden Sinn verloren.

T. Das ist ein interessantes Argument gegen die Hypothese von den parallelen Universen! Ich selbst finde die Idee, dass das Universum sich jedes Mal zweiteilt, wenn es eine Wahl oder Entscheidungsmöglichkeit gibt, eher bizarr. Es gibt nicht den geringsten Anhaltspunkt dafür, dass eine solche Teilung von Körper und Geist geschehen könnte, ohne dass wir das Geringste davon merken.

M. Dann würde jeder Entscheidung, jedem einzelnen Gedanken die Fähigkeit innewohnen, ein ganzes Universum zu erschaffen. Es gäbe also ein Universum, in dem ich mich entschieden hätte, rechts abzubiegen, was für »mein« Universum gilt, und ein Universum, in dem ich nach links gegangen wäre, was hier nicht der Fall ist. Das hieße aber, dass die nicht in die Tat umgesetzte Idee »Ich hätte nach links gehen können« ein ganzes Universum zu generieren vermag. Ist das nicht genauso irreal wie der Sohn einer sterilen Frau?

Der Buddhismus geht zwar von einer Pluralität der Welten beziehungsweise der Existenzzustände aus, lehnt aber die Vorstellung von parallelen Universen, zwischen denen es keinerlei Beziehung gibt, ab. Der Grund dafür ist, dass diese Vorstellung der grundlegenden gegenseitigen Bedingtheit der Phänomene widersprechen würde. Wenn in jedem Augenblick so viele Welten entstünden, wie es Partikel im Universum gibt (da diese Partikel ihren Zustand ununterbrochen ändern, müssten bei jeder Zustandsänderung zwei Universen entstehen), dann würde dieser Prozess jede Kausalität zunichte machen, da dieselben Ursachen und dieselben Ausgangsbedingungen *gleichzeitig* zu zwei verschiedenen Resultaten führen würden.

T. Genau das ist es, was die Quantenmechanik besagt. Die Theorie der parallelen Universen beruht auf dem »wahren Zufall«, das heißt auf der angenommenen Abwesenheit einer Ursache-Wirkung-Beziehung.[7] Wenn sämtliche Wahlmöglichkeiten realisiert werden, gibt es keine wirkliche Wahl mehr. Jede Idee von persönlicher Verantwortung verlöre damit ihre Existenzberechtigung. Ein Krimineller hätte somit auch alles Anrecht der

Welt auf die Milde des Gesetzes, denn wenn er auch in diesem Universum ein Verbrechen begangen hätte, so gibt es doch mindestens ein weiteres, in dem sein Double sich gegen eine solche Handlung entschieden hätte.

M. Außerdem darf in dieser Hypothese keine Verbindung zwischen den Paralleluniversen möglich sein, da anderenfalls inkompatible Informationen nebeneinander existierten: Ich wäre in einem Universum tot, im anderen noch am Leben. Doch diese Unmöglichkeit einer Beziehung zwischen den Paralleluniversen würde die Ganzheitlichkeit des Universums unwiderruflich zerstören. Und die Nichtseparabilität der Phänomene wurde von der Quantenphysik mittlerweile eindeutig bewiesen (speziell durch das Bell-Theorem und das EPR-Gedankenexperiment). Auch der Buddhismus geht davon aus, dass die Phänomene in Abhängigkeit voneinander entstehen. Beide Theorien widersprechen also einer solch grundlegenden Trennung. Was bedeutet es, dass die unendliche Vielfalt der Erscheinungen seit anfangsloser Zeit unauflöslich miteinander vernetzt ist? Wenn die Phänomene nur in Abhängigkeit voneinander existieren, können sie nicht getrennt werden, ohne dass sie verschwinden. Im Schoße dieser unendlichen Ganzheitlichkeit können beziehungslose Universen jedoch nicht bestehen. Andererseits kann es Phänomene auch nicht unabhängig voneinander geben, da sie ja keine inhärente Existenz haben.

Die Manifestation aller Möglichkeiten, die in der Hypothese von den Paralleluniversen zum Ausdruck kommt, beruht auf der Herrschaft des Zufalls. Wenn die Erscheinungen aber ohne jede Ursache entstünden, dann könnte alles aus jedem entstehen. Geht man hingegen davon aus, dass es keinen Zufall gibt und die Erscheinungswelt von wechselseitiger Abhängigkeit geprägt ist (was keinesfalls auf einen absoluten Determinismus hinausläuft, da die Anzahl der möglichen Ursachen und Ausgangsbedingungen unbegrenzt ist), dann können nicht alle Möglichkeiten manifest werden.

T. Ich stimme dir zu. Ich finde die Vorstellung von den parallelen Universen auch nicht sehr plausibel. Wie sollte es möglich sein, dass unsere Person und unser Bewusstsein sich ununterbrochen in zahllose Kopien aufspalten, ohne dass wir davon etwas bemerken? Aber es gibt diese Hypothese noch in einem etwas anderen Kontext. Ich habe bereits die Theorie eines zyklischen Universums erwähnt, die ja auch mit der buddhistischen konform geht, also ein Universum, in dem auf den Urknall ein Endknall folgt, dann wieder ein Urknall und so fort.

Diese Universen existieren zwar nicht parallel in der Zeit, sondern in Folge (wenn man einmal annimmt, dass es zwischen Endknall und neuem Urknall eine Zeitkontinuität gibt). Jedes Mal, wenn das Universum gleichsam aus seiner eigenen Asche wieder entsteht, nähme es seinen Lauf mit einer neuen Kombination der Fundamentalkonstanten und der Ausgangsbedingungen wieder auf. Annähernd die Gesamtheit dieser Zyklen brächte nur sterile Universen hervor, in denen es kein Leben und kein Bewusstsein gäbe. Nur hin und wieder käme es zur Ausbildung eines Universums, in dem diese Werte – wie in unserem Fall – einen »Hauptgewinn« hervorbrächten. Doch den jüngsten Forschungsergebnissen zufolge scheint es im Universum nicht genügend Materie zu geben, sodass die Gravitationskraft nicht stark genug wäre, um die Ausdehnung des Kosmos anzuhalten und umzukehren. Dann gäbe es keinen Endknall. Bis auf weiteres scheint das Universum ewig zu sein.

Allerdings haben die Physiker, denen es ja nur selten an Vorstellungskraft fehlt, ein neues Szenario erdacht, das ohne Endknall auskommt und doch zu einem neuen Urknall führt. Der Amerikaner Lee Smolin ließ sich von der Tatsache inspirieren, dass sowohl beim Urknall als auch im Zentrum eines schwarzen Lochs[8] die Materie sich durch eine unvorstellbar große Dichte auszeichnet. Seine Idee war es nun, sich vorzustellen, dass ein Urknall auch aus einem schwarzen Loch heraus erfolgen kann und dass dieser dann ein neues Raum-Zeit-Kontinuum schaffen würde, wie es zu Beginn unseres Universums geschah. Dieses Universum stünde zu unserem in keiner wie auch immer gearteten Beziehung, da aus dem schwarzen Loch keine Information in unseren Kosmos dringen könnte. Im Augenblick allerdings kann dieses Szenario durch nichts experimentell bewiesen werden und ist mehr Fiction als Science, das heißt mehr Spekulation als Wissenschaft.

M. Dieses neue Universum wäre vielleicht von unserem als getrennt zu betrachten, was den Informationsfluss angeht, in kausaler Hinsicht aber wäre es ihm trotzdem verbunden, da es schließlich aus einem schwarzen Loch unseres Kosmos hervorgeht. Und damit wäre auch schon eine Kontinuität gegeben.

T. Auch die Theorie vom Urknall erlaubt eine Variante der parallelen Universen. Der russische Physiker Andrej Linde hat ein Szenario beschrieben, in dem aus jeder Blase des anfänglichen Quantenschaums ein eigenes Universum entsteht, sodass unser Kosmos nur eine Blase in einem gigantischen Meta-Universum wäre, das aus einer unendlichen Vielfalt weiterer Blasen bestünde, die allerdings kein bewusstseinsfähiges Leben enthielten, da nur unsere Blase so geregelt ist, dass die Feinabstimmung der physikalischen Konstanten und der Naturgesetze zur Entstehung des Lebens führte.

So viel zum reinen Zufall als Generator unseres Lebens. Ich persönlich kann mich mit der Idee der parallelen Universen nicht so recht anfreunden. Dass sie nicht beobachtbar sind und ihre Existenz somit nicht bewiesen werden kann, widerspricht meiner durch die ständige Beobachtung des Universums geschulten Auffassung von der Wissenschaft. Ohne experimentellen Beweis wird aus der Wissenschaft schnell pure metaphysische Spekulation.

M. Und trotzdem spielen metaphysische Vorstellungen in der wissenschaftlichen Praxis keine geringe Rolle! Wenn es mehrere Hypothesen gibt, die sich zwar gegenseitig ausschließen, aber jede für sich genommen durchaus in der Lage ist, bestimmte Beobachtungen zu erklären, dann ist es häufig seine metaphysische Neigung, die den Physiker bewegt, sich für eine von ihnen zu entscheiden. Denn bereits wenn du erklärst, dass alles, was der Beobachtung nicht zugänglich ist, nicht existiert, ist dies schon eine Form der Metaphysik, denn die Richtigkeit dieses Postulats müsste erst noch bewiesen werden.

T. Ich gebe zu, dass dies eine metaphysische Position ist. Aber in der Wissenschaft hat letztendlich immer die Beobachtung über das Schicksal der Theorien entschieden. So hat beispielsweise Einsteins Theorie von der Gravitation diejenige Newtons ersetzt, weil die Einstein'sche beobachtbare Phänomene erklären konnte, für die sich im Newton'schen Konzept keine brauchbare Deutung fand. Und so elegant und überzeugend die Relativitätstheorie auch ist, so hätte sie sich doch ohne experimentelle Bestätigung niemals durchsetzen können. In gewisser Weise ist dies meine Pascal'sche Wette. (In seiner *Apologie* versucht Pascal mithilfe der Wahrscheinlichkeitsrechnung zu beweisen, dass man ebenso gut auf die Annahme der Existenz Gottes setzen könne, da man dabei nichts zu verlieren, aber unendlich viel zu gewinnen habe. Diese Aussage fand in die Literatur Eingang als Pascal'sche Wette.) Motiviert ist dieses Bekenntnis unter anderem vom Ockham'schen Ökonomieprinzip, das man auch »Ockhams Rasiermesser« nennt. Wilhelm von Ockham war ein Theologe und Philosoph des 14. Jahrhunderts. Sein Ökonomieprinzip besagt, dass eine einfache Erklärung in jedem Fall mehr Chancen auf die Wahrheit hat als eine komplizierte. Daher trennt man sich dabei systematisch von allen Hypothesen, die für die Erklärung einer Tatsache nicht unbedingt notwendig sind. Was sollte es also für einen Sinn haben, unendlich viele sterile Universen zu schaffen, damit ein einziges daraus hervorgehe, in dem Leben möglich ist?

M. Du redest, als hätte ein Schöpfergott eine gewisse Anzahl Fehlversuche gehabt, bevor er endlich zu einem positiven Ergebnis gekommen sei, nämlich dem Universum, in dem wir heute leben. Das würde aber schon wieder bedeuten, dass das Leben und das Bewusstsein aus einer Zielvorstellung heraus geschaffen worden wäre. Wessen Zielvorstellung sollte das sein? Die eines bewussten Wesens? Woher würde ein solches kommen?

Gäbe es dann sozusagen den Schöpfer eines Schöpfers? Oder hat er seinen Ursprung außerhalb seiner selbst? Existiert er schon seit jeher, ohne eine Ursache zu haben? Aber wenn schon die Ursache keinen Anfang besitzt, wie sollte dann die Wirkung einen haben? Der einzige Ausweg aus all diesen logischen Sackgassen ist es doch anzunehmen, dass es keinen ersten Willen gibt. Dass belebte und unbelebte Phänomene seit anfangsloser Zeit nebeneinander koexistieren und dass sie deshalb seit jeher auf elementare Weise voneinander abhängig sind.

T. Du stellst hier Fragen, welche die Theologen und Philosophen in aller Welt schon seit urvordenklichen Zeiten beschäftigen, Fragen, auf die ich natürlich auch keine Antwort weiß. Daher ist dies tatsächlich eine metaphysische Annahme. Aber ich habe noch einen anderen Grund, weshalb ich nicht glaube, dass das ganze Universum nur durch Zufall entstanden sein soll. Ich kann mir nicht vorstellen, dass all die Schönheit, die Harmonie und die Einheit der Welt nur auf ein simples Lotteriespiel zurückgehen. Das Universum ist wunderschön: Der rötliche Schimmer des Sonnenuntergangs, die zarten Konturen eines Rosenblattes, die prächtigen Bilder bei der Entstehung von Sternen, die eleganten Spiralarme der Galaxien – all das berührt uns tief im Innersten. Das Universum ist voller Harmonie, weil die Gesetze, die es steuern, durch Zeit und Raum hindurch die gleichen bleiben.

M. Das Argument der Schönheit ist aber nicht sehr stichhaltig. Was jemand für schön hält, ist absolut relativ! Ein Rosenblatt ist schön für den Dichter, nahrhaft für das Insekt und absolut bedeutungslos für den Wal. Die Spiralarme der Galaxien wurden jahrhundertelang nicht als schön betrachtet, bis sie im 20. Jahrhundert von einer Hand voll Menschen mit dem Teleskop entdeckt wurden. Wenn das Universum darauf abgestimmt wäre, einen Beobachter hervorzubringen, der in der Lage ist, seine Schönheit zu schätzen, würde es völlig genügen, wenn da oder dort im Universum ein paar intelligente Wesen säßen. Denn wozu sollte wohl die Schönheit unbewohnter oder unbewohnbarer Planeten gut sein? Oder die Harmonie von Galaxien, die nie jemand wird sehen können? Verzehren diese sich dann vor Sehnsucht nach einem Betrachter?

T. Gut, auf den ersten Blick scheint dieser Ansatz sich gegen das Ockham'sche Rasiermesser zu sträuben. Doch grundsätzlich könnten diese Planeten oder Galaxien zu irgendeinem Zeitpunkt von uns oder einer extraterrestrischen Intelligenz bewundert werden.

M. Und trotzdem scheint mir diese zweckgerichtete Ordnung des Universums an den Haaren herbeigezogen.

T. Und noch ein letztes Argument gegen den Zufall: Das Universum ist von einer tief greifenden Geschlossenheit. Je größer die Fortschritte in der Physik waren, umso deutlicher trat zu Tage, dass Phänomene, die man als völlig getrennt voneinander sah, in Wirklichkeit miteinander verbunden waren. Im 17. Jahrhundert verband Newton Himmel und Erde, indem er nachwies, dass es dieselbe Kraft, nämlich die Schwerkraft, ist, welche den Fall eines Apfels im Obstgarten und die Bewegung des Mondes um die Sonne diktiert. Im 19. Jahrhundert bewies James Clerk Maxwell, dass Magnetismus und Elektrizität nur zwei verschiedene Ausdrucksformen derselben Kraft waren. Bald darauf wurde ihm klar, dass Lichtwellen elektromagnetische Wellen sind. Und Anfang des 20. Jahrhunderts kam Einstein, der Raum und Zeit miteinander verband. Die Forschung des beginnenden 21. Jahrhunderts hingegen arbeitet eifrig daran, die vier fundamentalen Kräfte der Natur in einer einheitlichen Feldtheorie zusammenzufassen. Das Universum strebt also einer immer größeren Vereinheitlichung zu.

M. Dass das Universum keiner Zweckbestimmung folgt, bedeutet ja nicht, dass es keine Harmonie geben kann und dass der Mensch sich »in den gleichgültigen Weiten des Universums« verliert. Auch nicht, dass das Universum ohne Sinn ist. Die gegenseitige Abhängigkeit von Bewusstsein und Welt ist es ja, die uns erlaubt, mithilfe unseres Bewusstseins auf dem Weg zur Erkenntnis voranzuschreiten, wodurch das Ganze auch einen Sinn erhält.

T. Dazu möchte ich nur bemerken, dass ich den Menschen nicht für Ziel und Zweck des Universums halte. Der Kosmos wird sich weiterentwickeln und der Mensch mit ihm. Das Leben hat sicherlich noch nicht die höchste Stufe der Komplexität erreicht. Trotzdem fällt es mir schwer zu glauben, dass die ganze kosmische Evolution, die zur Entstehung des Menschen geführt hat, nichts weiter war als eine Kette von Zufällen, ein Würfelspiel, das ebenso gut zu nichts hätte führen können. Der Zufall, von dem ich spreche, unterscheidet sich von dem Jacques Monods. Monods Zufall bezog sich auf das Aufeinandertreffen von Quarks, aus denen Atomkerne entstanden, auf Atome aus dem Herzen der Sterne, die sich zu interstellaren Molekülen und schließlich zu Planeten zusammenballten, und auf die organischen Moleküle im Urozean, die sich am Ende zu einer Doppelhelix fanden und so die DNS, den grundlegenden Baustein des Lebens, schufen. Für mich sitzt der wahre Zufall in der Abstimmung der physikalischen Konstanten und der Anfangsbedingungen des Universums, nicht in der Begegnung zwischen Teilchen und Molekülen. Denn sobald die physikalischen Konstanten festgelegt sind, enthält die Materie bereits den Keim des Lebens und damit des Bewusstseins, sodass die Entwicklung des Kosmos ganz unvermeidlich zu uns führt.

Ich stelle mir also keineswegs ein vollkommen deterministisches Universum vor wie Newton und Laplace. Es wäre absurd zu glauben, die Tatsache, dass wir hier sind und miteinander sprechen, sei bereits in den ersten Sekunden des Universums festgelegt worden. Ich sage nur, dass in dem Moment, in dem die physikalischen Gesetze feststanden, sie einen roten Faden formten, mit dem die Natur in der Folge zu Werke gehen konnte. Der Quantenfluss auf der Ebene der Atome, das Chaos auf der Ebene des Makrokosmos und kontingente Ereignisse (wie zum Beispiel der Einschlag des Meteoriten vor 65 Millionen Jahren, der die Dinosaurier tötete und so unseren Vorfahren, den Säugetieren, erlaubte, sich auf der Erde auszubreiten) befreien die Natur aus ihrem deterministischen Panzer und erlauben ihr, sich kreativ zu zeigen und die Komplexität der vorhandenen Strukturen immer weiter zu steigern. Wie der Jazzer, der um sein musikalisches Thema herum je nach Lust und Publikumsreaktion immer neue Melodien spinnt, so spielt auch die Natur spontan mit den Naturgesetzen, seitdem das Universum besteht. So entsteht alles Neue.[9]

Ergo: Wenn man den Zufall beiseite lässt und die Theorie der parallelen Universen ablehnt, wenn man also davon ausgeht, dass es nur ein Universum gibt, nämlich das unsere, dann würde ich, wie Pascal, darauf setzen, dass es ein schöpferisches Prinzip gibt.

M. Sehr gut. Sehen wir uns dieses Prinzip doch einmal genauer an. Punkt eins: Setzt es einen Schöpferwillen voraus?

T. Es hätte die Fundamentalkonstanten und die Ausgangsbedingungen des Universums so geregelt, dass sie auf jeden Fall zu einem Universum führen, das sich seiner selbst bewusst ist. Ob wir es Gott nennen oder nicht, bleibt uns selbst überlassen. Ich denke dabei nicht an einen personifizierten Gott, sondern mehr an ein allgegenwärtiges pantheistisches Prinzip, das sich in der Natur offenbart. Einstein hat dies so beschrieben: »Die Überzeugung, dass die Welt rational oder zumindest in verstehbarer Weise geordnet ist, liegt – zusammen mit einer gewissen religiösen Empfindung – jeder anspruchsvolleren wissenschaftlichen Arbeit zu Grunde. In dieser Auffassung spiegelt sich meine Konzeption von einem Gott wider. Es ist die Auffassung Spinozas.«

Die moderne Naturwissenschaft hat sich im Übrigen mit bestimmten Argumenten, die Philosophen und Theologen des Abendlandes immer wieder zum Beweis eines »klassischen« Gottes heranzogen, intensiv auseinander gesetzt. Das Argument der Komplexität beispielsweise besagt, dass nur ein Schöpfergott für ein so komplex strukturiertes Universum wie das unsere verantwortlich sein könne: Eine Uhr könne schließlich auch nur das Werk eines Uhrmachers sein und sich nicht selbst zusammensetzen. Und ein Buch könne nicht geschrieben werden, indem man ein Tintenfass, eine Feder und Papier auf einen Tisch werfe. Doch dieses Argument greift nicht mehr, da die moderne

Wissenschaft bewiesen hat, dass auch komplexe Systeme durch Selbstorganisation entstanden sein können, durch eine ganz natürliche, den bekannten biologischen und physikalischen Gesetzen folgende Entwicklung. Ein Gott als Uhrmacher ist somit überflüssig geworden.

Oder das kosmologische Argument, wie es von Platon, Aristoteles, Thomas von Aquin und Kant gebraucht wurde: Alles hat eine Ursache. Da es aber keine unendliche Kette von kontingenten Ursachen gibt, muss die Entwicklung des Universums notwendig auf eine erste Ursache, nämlich Gott, zurückzuführen sein.

M. Das ist ja eine höchst eigenartige Argumentation. Weshalb sollte die Kette von Ursachen in Zeit und Komplexität nicht unendlich sein können? Widerspricht das irgendeinem Naturgesetz? Und welche Anzahl von Ursachen müssten wir erreichen, um sagen zu können: »Jetzt ist Schluss. Ich gehe jetzt nicht mehr *ad infinitum* in der Zeit zurück. Lasst uns hier einen Schöpfer ohne Ursache annehmen?«

T. Das kosmologische Argument beruht auf einer linearen Auffassung der Zeit. Andere wiederum nahmen ihre Zuflucht zu einer zirkulären Zeit, um dem Problem der ersten Ursache aus dem Weg zu gehen. Anstatt mit einem linearen Schema, innerhalb dessen A auftaucht, was wiederum B hervorbringt und schließlich zur Entstehung von C und so weiter führt, haben wir in bestimmten philosophischen Ansätzen mit einem zyklischen Schema zu tun: A verursacht B, B führt zu C, und dieses bringt wiederum A hervor. Die Schlange beißt sich in den Schwanz, und die Kurve kehrt zu ihrem Ausgangspunkt zurück. Schon ist keine erste Ursache mehr nötig.

M. Schon wieder eine dieser bizarren Ideen. Wie die Vorstellung von einer ersten Ursache, so ist auch dies nichts weiter als ein Hintertürchen für all jene, welche die Unendlichkeit nicht ertragen.

T. In der Physik hat das Aufkommen der Quantenmechanik ein für alle Mal mit der Vorstellung aufgeräumt, dass alles eine

Ursache haben müsse. Mit seiner berühmten »Unschärferelation« bewies Werner Heisenberg 1927, dass die subatomare Welt von Unsicherheit und Verschwommenheit charakterisiert ist. Diese Unbestimmtheit verhindert, dass wir gleichzeitig den Energiebetrag und die Lebensdauer eines Teilchens feststellen können. Für ein Teilchen mit sehr kurzer Lebensdauer (ein so genanntes »virtuelles« Teilchen also) wächst die Unsicherheit hinsichtlich seines Energiebetrages ins Unendliche. Es leiht sich also Energie von der Bank Natur und materialisiert sich spontan und unvorhersehbar, ohne dass es dafür eine Ursache gibt.

M. Auch hier kommt die Aussage, dass ein Teilchen sich ohne Ursache materialisiert, dem Festhalten an einer einfachen, linearen Kausalität gleich: A führt zu B. Es ist aber doch ebenso möglich, dass A gar nicht erfassbar ist, weil es sich dabei um eine Anzahl von Faktoren handelt, die nicht so einfach analysiert werden können. Kein Phänomen kann jemals von der Gesamtheit der Erscheinungen vollkommen isoliert sein. Wenn durch das Phänomen des abhängigen Entstehens der Erscheinungen, das Phänomen B aus der Präsenz des gesamten Kosmos resultiert, also aus einer unendlichen Menge von Ursachen und ständig wechselnden Beziehungen hervorgeht, dann kann man doch nicht behaupten, dass es spontan und einfach so entstanden sei, nur weil man nicht problemlos eine einzige Ursache ausmachen kann.

T. In jedem Fall fließt jetzt in diesem Augenblick, in dem ich mit dir spreche, der Raum, der uns umgibt, von virtuellen Teilchen über, die eine so flüchtige Existenz haben, dass sie fast phantomhaft wirken. Wie ein solches Teilchen, so könnte theoretisch auch das Universum spontan aus der Leere entstanden sein, ohne erste Ursache, einfach nur als Ergebnis einer Schwankung im Quantenfluss. Denn die Beziehung zwischen Ursache und Wirkung verliert ihren Sinn, wenn es um das Universum geht. Diese Beziehung setzt einen Zeitfluss voraus: Die Ursache geht immer der Wirkung voraus. Nun sind aber Zeit und Raum im selben Augenblick entstanden. Was bedeutet also der Satz

»Und Gott erschuf die Welt«, wenn es keine Zeit gibt? Der Schöpfungsakt selbst ist nur innerhalb der Zeit möglich. Ist Gott also in der Zeit oder außerhalb der Zeit? Wie Einstein uns sagte, gibt es keine absolut gültige Zeit. Sie ist vielmehr elastisch. Was bedeutet, dass ein Gott innerhalb der Zeit nicht mehr allmächtig wäre, weil er den Zeitkrümmungen unterworfen wäre, die eine starke Beschleunigung oder ein intensives Gravitationsfeld verursacht, zum Beispiel um ein schwarzes Loch herum. Ein Gott außerhalb der Zeit hingegen wäre zwar weiterhin allmächtig, könnte uns aber nicht mehr zu Hilfe kommen, da unser Handeln sich ja innerhalb der Zeit abspielt. Wenn Gott die Zeit transzendiert, kennt er die Zukunft. Wenn er aber die Zukunft schon im Voraus kennt, weiß er auch, wie der Kampf des Menschen gegen das Böse ausgeht. Weshalb also sollte er sich für diesen Kampf interessieren?

M. Entweder ist Gott ewig und unveränderlich, dann kann er kein Schöpfer sein. Oder er ist innerhalb der Zeit, dann allerdings ist er Veränderungen unterworfen. Dies ist ein klassischer Widerspruch, den die Theorie von einer *Causa prima* aufwirft.

T. Aus diesem Grund unterscheidet sich das schöpferische Prinzip Spinozas doch sehr von einer »klassischen« Gottesvorstellung. Ich spreche hier von einem Prinzip, welches das Universum an seinem Beginn abstimmt und regelt, nicht von einem personifizierten Gott.

M. Aber wenn man von einem schöpferischen Prinzip spricht, muss man es doch irgendwie beschreiben können. Man kann es doch nicht einfach so im Dunkeln lassen.

T. Ich wiederhole: Dies ist eine metaphysische Annahme. Die Wissenschaft sagt über dieses Thema nichts aus. Sie kann uns bei der Entscheidung für den Zufall oder für die Notwendigkeit nicht helfen.

M. Trotzdem kann man nicht einfach etwas postulieren, ohne darüber eine Aussage machen zu können. Wenn das schöpferische Prinzip keinerlei Merkmale hat, macht es keinen Unterschied, ob es ein solches Prinzip gibt oder nicht. Dann kann man aber genauso gut darauf verzichten, sich mithilfe des Ockham'schen Rasiermessers seiner entledigen. Ist dieses schöpferische Prinzip aus sich selbst entstanden? Hatte es Ursachen? Ist es beständig? Allmächtig?

T. Du nennst hier die Eigenschaften eines Gottes: Allwissenheit, Allmacht und dergleichen. Tatsächlich neigt man dazu, dieses Organisationsprinzip mit einem Gott zu identifizieren. Meist sprechen die Physiker allerdings nicht von einem Gott, sondern von den Naturgesetzen. Doch diesen Naturgesetzen werden Eigenschaften zugewiesen, die man generell einem Gott zuschreibt. Sie sind universell und gelten zu jeder Zeit und in jeder Form des Raumes, ob es sich nun um unsere kleine Erde handelt oder um eine gigantische Galaxie. Sie sind absolut, da sie von ihrem Entdecker unabhängig sind. Ein Vietnamese und ein Amerikaner würden haargenau dieselben Gesetzmäßigkeiten erkennen. Und sie sind zeitlos: Ob sie nun eine Welt beschreiben, die dem Zeitverlauf unterworfen ist, oder sich kontinuierlich verändernde Phänomene, sie selbst verändern sich in der Zeit kein bisschen. Wir leben in einem zeitbestimmten Universum, das von zeitlosen Gesetzen gesteuert wird. Sie sind allmächtig, da sie auf alles anwendbar sind und überall gelten. Und sie sind allwissend, denn sie wirken auf materielle Objekte, ohne vorher über deren Zustand »informiert« zu sein. Sie »wissen« alles im Voraus. Daher kann man sagen, dass die Charakteristika der Naturgesetze mit denen Gottes übereinstimmen.

M. Ich sehe nicht, wie die Naturgesetze auf ein schöpferisches oder organisatorisches Prinzip hinweisen oder gar ein solches zwingend nötig machen sollten. Es gibt keinerlei Grund, ihnen eine Zweckbestimmung zuzuschreiben. In ihnen spiegelt sich einfach nur die gegenseitige Abhängigkeit der Phänomene wider.

T. Ich gebe ja zu, dass das Konzept der wechselseitigen Bedingtheit der Erscheinungswelt die extrem präzise Feinabstimmung der physikalischen Gesetze und der Ausgangsbedingungen des Universums erklären kann. Aber für mich löst sich dadurch die Frage noch nicht, weshalb es überhaupt etwas gibt und das Universum nicht für das Nichts votiert hat.

M. Aber an diesem Problem ändert doch das Postulat eines schöpferischen Prinzips überhaupt nichts. Warum sollte ein schöpferisches Prinzip wahrscheinlicher sein als das Nichts? Und was verstehst du überhaupt unter Organisationsprinzip? Ist dies eine unabhängige Wesenheit, die das Ganze so konzipiert hat, dass es funktioniert?

T. Das einzig Wichtige ist doch, dass dieses Prinzip ein Universum schaffen wollte, das einen Beobachter enthält.

M. Wollte? Dieses schöpferische Prinzip müsste also alle Macht in sich enthalten?

T. Ja, das denke ich.

M. Es ist also keiner anderen Macht außer seiner eigenen unterworfen?

T. Wenn es einer anderen Macht gehorcht, wäre es nicht mehr allmächtig.

M. In diesem Fall: Entscheidet es sich für die Schöpfung oder nicht?

T. Nehmen wir einmal an, es entscheidet sich dafür.

M. Wenn es sich für die Schöpfung entscheidet, dann ist es nicht mehr allmächtig, da es von seinem Wunsch, etwas zu erschaffen, abhängig ist. Außerdem würde es sich auch verändern: Vorher hatte es diesen Wunsch nicht, jetzt hat es ihn plötzlich. Wenn es aber die Welt erschafft, ohne sich für die Schöpfung zu entscheiden, ist es ebenfalls nicht mehr allmächtig, da es nicht über die Freiheit des Schöpfers verfügt. Es ist also in keinem Fall allmächtig. Zweitens: Ist dieses Prinzip ohne Ursache entstanden oder ist es seine eigene Ursache?

T. Meiner Ansicht nach ist es seine eigene Ursache. Aber, und das möchte ich betonen, wir bewegen uns hier nicht mehr auf dem Gebiet der wissenschaftlichen Aussage.

M. Wenn es seine eigene Ursache ist, muss es unveränderlich sein. Eine Wesenheit, die aus sich selbst heraus existiert, hat keinen Grund, sich zu verändern. Ändern können sich nur Phänomene, die aus anderen Phänomenen entstehen. Aber wenn es unveränderlich ist, kann es nicht schöpferisch sein. Weshalb? Weil etwas Beständiges nicht Ursache von etwas Veränderlichem sein kann. Außerdem: Wenn es schöpferisch ist, ist es nicht mehr unveränderlich, weil die Schöpfung eine Änderung des Bestehenden einschließt: Dies ist der Schöpfungsakt. Und nach der Schöpfung kann es nicht mehr dasselbe sein: Vor dem Schöpfungsakt war es nicht schöpferisch, danach ist es zum schöpferischen Prinzip geworden. So verliert es seine Unveränderlichkeit. Die Vorstellung von Beständigkeit schließt eine Abfolge von Ereignissen und Zustandsänderungen aus: Ein unveränderlicher Schöpfer kann nicht zwei verschiedene Zustände aufweisen. Wenn das Prinzip aber schöpferisch tätig wird, dann wird es von seiner Schöpfung beeinflusst werden, denn jede Aktion löst eine Reaktion aus. Da eine Ursache nicht nur in eine Richtung wirkt, ist Kausalität notwendig ein reziproker Prozess. Auch hier verliert das schöpferische Prinzip seine Unveränderlichkeit und somit seine Ewigkeit. Etwas Ewiges, Unveränderliches kann nämlich nicht verändert werden, ebenso wenig wie man mit Farbe den Raum kolorieren kann. Kurz gesagt: Etwas, das seine Ursache in sich selbst trägt, kann buchstäblich mit nichts interagieren.

T. Dann hätte also jedes Ereignis eine Ursache. Aber das wäre eine unendliche Kette …

M. Genau diese Unendlichkeit ist es, die den metaphysischen Vorstellungen des Westens, seien sie nun religiöser oder wissenschaftlicher Natur, so sehr zuwiderläuft. Aus ebendiesem Grund sucht der Westen für alles einen »Anfang«. Diese Sehnsucht nach einem Beginn ruht auf der Überzeugung, dass alle Phänomene genauso wirklich und fest sind, wie unser Alltagsgeist sie wahrnimmt.

T. Ich habe bereits erläutert, wie die Quantenmechanik erlaubt, die Vorstellung von einer ersten Ursache des Universums zu umgehen. Damit muss die Erscheinungswelt nicht mehr zwingend einen »Anfang« haben.

M. Wenn ein Anfang nicht mehr zwingend notwendig ist – womit ich übereinstimme –, dann ist es auch das schöpferische Prinzip nicht. Wie sollte es Phänomene ohne Beginn organisieren? Es könnte höchstens den Ablauf entsprechend beeinflussen. Und wenn dieses schöpferische Prinzip die Gesamtheit der Erscheinungswelt organisiert, müsste es sämtliche Ursachen der Welt in sich enthalten. Anderenfalls gäbe es Dinge außerhalb seiner Schöpfung.

T. Das ist logisch.

M. Nun, das Gesetz der Kausalität besagt, dass ein Ereignis nicht stattfindet, wenn bestimmte Ursachen oder Bedingungen nicht gegeben sind. Wenn ein Korn nicht keimt, dann deshalb, weil es einen Fehler hat, weil es an Feuchtigkeit, Hitze et cetera fehlt. Wenn also nicht sämtliche Ursachen und Bedingungen für ein Ereignis zusammenkommen, kommt die entsprechende Wirkung nicht zu Stande. Und umgekehrt: Wenn *alle* Ursachen und Bedingungen gegeben sind, *muss* es notwendig zu der einschlägigen Wirkung kommen.[10] Tritt diese Wirkung nicht ein, heißt das, dass etwas fehlt. Trägt ein schöpferisches Prinzip also alle Wirkungen und Bedingungen des Universums in sich, so müsste es die Gesamtheit der Schöpfung immer wieder neu hervorbringen. In gewisser Weise käme dies einem ununterbrochenen Urknall gleich.

T. Es könnte also nicht einen Augenblick innehalten.

M. Exakt: Würde es stoppen, so hieße das, dass es nicht mehr sämtliche Ursachen der Schöpfung in seiner Essenz enthielte. Es wäre also auf die Hilfe eines anderen Prinzips angewiesen, das den fehlenden Teil der Ursachen enthält, oder auf ein regulatorisches Prinzip, das diese Art der Dauerschöpfung bremst. In beiden Fällen würde es seine Allmacht verlieren. Es gibt also nur zwei Möglichkeiten: Entweder enthält es nicht alle Ursachen und Bedingungen und kann daher niemals schöpferisch werden. Oder es enthält sie alle und kann nicht mehr aufhören, schöpferisch zu sein.

T. Was ebenso paradox ist.

M. Man kann dieses Argument so zusammenfassen: »Wären Ursachen und Bedingungen vollständig vorhanden, könnte der Schöpfer, auch wenn er es wollte, die Schöpfung nicht aufhalten: Ohnmächtig müsste er erschaffen. Ohne die Gesamtheit der Ursachen und Wirkungen aber könnte er auch dann nichts schaffen, wenn er es wollte…«[11] Und: »Wenn der Schöpfer Wirkungen wie das Leiden der Hölle schafft, ohne dies zu wollen, dann ist er nicht frei, sondern abhängig. Und auch wenn er es wollte, wäre er von seinem Willen abhängig und seine Freiheit wäre eingeschränkt. Wenn er aber all diese Leiden schafft, wie kann man ihn da noch als heilig bezeichnen, denn anderen Wesen Leiden zu verursachen, ist wohl kaum das Werk eines Heiligen?«[12]

Es gibt auch noch die These, dass der Schöpfer sein Werk nach und nach erschafft. Aber auch dies impliziert doch, dass die Ursachen des Universums vielfältig sind und dass der Schöpfer zu Beginn der Schöpfung nicht vollständig darüber verfügte. Woher aber sollte er die noch fehlenden Ursachen später nehmen?

Manche behaupten, dass der Akt der Schöpfung zeitlos ist, dass der Schöpfer die Welt ständig neu erschafft, so wie er sie in der Vergangenheit schuf und in Zukunft schaffen wird. Man stellt sich also die Schöpfung als eine Abfolge von Ereignissen vor, die aus der Sicht des Schöpfers gleichzeitig sind. Auch diese Position hält den Argumenten gegen ein schöpferisches Prinzip nicht stand, das in sich alle Ursachen des Universums trägt und daher die Gesamtheit der Schöpfung ununterbrochen neu schafft. Außerdem wäre der Lauf der Welt vorbestimmt, wenn für den Schöpfer alle vergangenen, gegenwärtigen und zukünftigen Momente gleichzeitig wären. Damit wäre auch die Suche nach persönlichem Wachstum, nach dem Ablegen der Unwissenheit und dem Erlangen der Erleuchtung sinnlos.

Umgekehrt entgeht die Erscheinung der Phänomene im Spiel sich gegenseitig bedingender Beziehungen ohne Anfang oder Ende dem Zugriff eines absoluten Determinismus, da die Ursachen und Bedingungen, welche diesen Beziehungen zu Grunde liegen, unzählig sind und nicht auf eine erste und einzige Ursache zurückgeführt werden können.

T. Ja, chaotische und zufällige Erscheinungen wie die Quantenunbestimmtheit sind mit der Idee von einem absolut vorherbestimmten Universum unvereinbar.

M. Wenn außerdem nicht nur sämtliche Ursachen, sondern auch sämtliche Bedingungen schon im Schöpfer selbst präsent waren, dann kann man nicht einmal mehr von Schöpfung sprechen, da ja alles bereits vorhanden war. Außerdem lassen sich alle bisher eingesetzten Argumentationsstränge auch auf einen Verwirklichungs- oder Manifestationsprozess dieser Wirkungen anwenden.

Einige hinduistische Philosophen gehen davon aus, dass der Schöpfer in jedem Augenblick des Schöpfungsaktes zu der entsprechenden Ursache werde, wobei er seine unveränderliche Identität beibehält. Wie ein Tänzer, der in den unterschiedlichsten Kostümen seine Figuren ausführt, sich letztlich auch immer gleich bleibt. Das widerspricht aber der Vorstellung von einer einzigen Ursache des Universums, denn eine einzelne Ursache kann nicht verschiedene Wirkungen haben. Und eine Einheit mit wechselnden Aspekten kann weder als wirkliche Einheit noch als unveränderlich betrachtet werden. Wenn die Wirkung diskontinuierlich ist, kann die Ursache nicht ewig sein.

Um das Ganze noch einmal zusammenzufassen: Auf der Ebene der Erscheinungen ist jeder Augenblick Ende und Anfang gleichermaßen, sodass diese Kette endlos ineinander greift. Das liegt an der grundlegenden Vergänglichkeit der Erscheinungen, die sich als Ursache und Wirkung miteinander verketten. Auf der Ebene der absoluten Wahrheit sind alle vergangenen, gegenwärtigen und zukünftigen Ereignisse identisch, da sie keine eigene Existenz haben. In Wirklichkeit haben sie also keinen Anfang und kein Ende. Wenn es aber nichts gibt, was »geschieht«, hat es keinen Sinn, sich zu fragen, ob etwas enden kann. Das bedeutet, dass die Vorstellung von einem schöpferischen Prinzip, das allmächtig und seinerseits nicht von etwas geschaffen ist, einfach überflüssig ist.

T. Der Buddhismus lehnt also die Vorstellung von einem Schöpfergott kategorisch ab und steht somit im Gegensatz zu den monotheistischen Religionen. Stört das nicht ein wenig das Bild von der religiösen Toleranz, das der Buddhismus normalerweise pflegt? Wie kann man diese Position mit der Achtung anderen Auffassungen gegenüber vereinen?

M. Toleranz kann, so groß sie auch sein mag, nicht gleichbedeutend sein mit dem Akzeptieren metaphysischer Positionen, die man nicht teilt. Toleranz bedeutet, Respekt für die verschiedenartigen Wege persönlicher Wandlung zu haben, die aus den Unterschieden in Natur und Veranlagung der Menschen entstehen. Letztlich hängt alles vom Gottesbegriff ab. Hören wir, was der Dalai-Lama dazu sagt: »... einen Weg, Gott nicht so sehr unter dem Aspekt einer persönlichen Gottheit zu sehen, sondern eher als Seinsgrund. Doch eine Eigenschaft wie Mitgefühl kann auch diesem göttlichen Seinsgrund zugesprochen werden. Nun, wenn wir Gott in diesem Sinne verstehen können – als letztendlichen Seinsgrund –, dann wird es möglich, Parallelen zu gewissen Elementen im buddhistischen Denken und in der buddhistischen Praxis zu ziehen.«[13] Natürlich geht es dabei nicht darum, aus religiösen, spirituellen und wissenschaftlichen Vorstellungen, aus den diversen Humanismen und Agnostizismen der Welt ein unentwirrbares Konglomerat zu schaffen! Schließlich fährt der Dalai-Lama fort: »Wie ich schon erwähnte, bin ich persönlich nicht dafür, eine Universalreligion anzustreben. Das ist meiner Meinung nach nicht ratsam. Wenn wir solche Parallelen zu weitgehend ziehen und die Unterschiede außer Acht lassen, tun wir möglicherweise am Ende genau das.«[14]

Die einzelnen metaphysischen Positionen müssen so deutlich wie möglich klargestellt werden; es gibt schließlich keinen Grund, hier um den heißen Brei herumzureden. Wenn sie falsch sind, dann muss das bewiesen werden. Der Buddhismus ist bereit, eventuelle Irrtümer einzugestehen. Intoleranz hingegen bedeutet, dass man von einer Wahrheit so überzeugt ist, dass man sie allen aufzwingen will, sei es im Guten oder – leider auch – im Bösen. Unser Geist muss offen genug sein, um den Gedanken zuzulassen, dass das, was für uns richtig ist, nicht notwendigerweise auch für alle anderen das Maß der Dinge sein muss: »Es macht keinen Sinn, wenn jemand – bloß weil er eine bestimmte Nahrung zu sich nimmt – sagt: ›Das ist für mich nahrhaft. Darum müssen es alle essen.‹ Jeder Mensch muss die Speisen essen, die in Entsprechung zu seiner oder ihrer körperlichen Konstitution der eigenen Gesundheit am zuträglichsten sind.«[15]

Was die spirituelle Praxis angeht, so fühlt der eine sich vielleicht in einem Glauben an Gott aufgehoben, der ihm ein Gefühl der Vertrautheit mit seinem Schöpfer gibt und ihn so zur Entwicklung von Liebe und Mitgefühl anregt. Denn er möchte auf diese Weise seine Dankbarkeit ausdrücken und die Liebe Gottes mit allen Wesen teilen. Ein anderer wieder findet im Verständnis des abhängigen Entstehens und der Gesetze von Ursache und Wirkung sowie im festen Wunsch, Erleuchtung zu erlangen, um anderen besser helfen zu können, die nötige Inspiration für die Entwicklung einer liebevollen, altruistischen Haltung.

Ich möchte noch ein weiteres Zitat des Dalai-Lama anführen: »Wenn Sie sich auf den spirituellen Weg begeben, so ist es wichtig, dass Sie einen für Ihre geistige Entwicklung, Ihre geistige Veranlagung und Ihre spirituellen Neigungen besonders geeigneten Übungsweg beschreiten. [...] Dadurch kann man eine innere Wandlung zu Wege bringen und jene innere Ruhe bewirken, die den betreffenden Menschen zu spiritueller Reife kommen lässt, ihn zu einer warmherzigen, ganzen, guten und liebenswürdigen Person macht. Dies muss man bei der spirituellen Nahrungssuche in Betracht ziehen.«[16]

4

In einem Sandkorn die ganze Welt

Wechselseitige Abhängigkeit und Vernetztheit der Phänomene

Die Vorstellung von der wechselseitigen Abhängigkeit der Erscheinungen erschüttert unser Wirklichkeitsverständnis bis ins Mark. Die sich ergebenden Konsequenzen sind enorm und konfrontieren uns mit der entscheidenden Frage: Kann eine Sache – besser gesagt ein Phänomen – autonom existieren? Wenn nicht, auf welche Weise und bis zu welchem Punkt sind die Erscheinungen der Welt miteinander verknüpft? Von der physikalischen Seite her zeigen das EPR-Paradoxon und die mit dem Foucault'schen Pendel gewonnenen Erkenntnisse eindeutig, dass die gegenseitige Verbundenheit der Phänomene die wahre Natur unserer Wirklichkeit ausmacht. Wenn die Phänomene aber nicht »aus sich selbst heraus« existieren, welche Folgen hat dies für unser gewohntes Weltbild? Der Buddhismus kommt in Beantwortung dieser Frage zu folgendem Ergebnis: Alle Erscheinungen, das menschliche Bewusstsein eingeschlossen, sind in Abhängigkeit von anderen Faktoren entstanden. Unsere Vorstellungen von einem Ich und der Beständigkeit der Realität, die uns umgibt, sind unhaltbar, und somit ist jedes Haften daran sinnlos.

THUAN Der Buddhismus lehnt also die Vorstellung von einem schöpferischen Prinzip genauso ab wie den Gedanken der parallelen Universen. Er erklärt die Feinabstimmung der Fundamentalkonstanten und der Ausgangsbedingungen des Universums, welche die Entstehung von Leben und Bewusstsein überhaupt erst möglich gemacht haben, mit dem Konzept des »abhängigen

Entstehens«. Könntest du dieses Konzept ein wenig näher erläutern?

MATTHIEU Im Buddhismus bezeichnet man die Vorstellung, die wir uns von der Welt machen, also die Tatsache, dass wir sie als aus getrennten Phänomenen bestehend wahrnehmen, die aus ebenso isolierten Ursachen und Bedingungen hervorgegangen sind, als »relative« oder »illusorische« Wirklichkeit. Unsere alltägliche Erfahrung verführt uns zu dem Glauben, dass die Dinge eine objektive und eigenständige Realität haben, so als ob sie aus sich selbst heraus existierten und über eine ihnen innewohnende Existenz verfügten. Aber diese Erfahrung der Realität, diese intersubjektive Übereinkunft bezüglich der alltäglichen Wahrnehmung denkender Wesen, ist einfach ein Konstrukt unseres Geistes, das – obwohl es von unseren Sinnen bestätigt wird – einer genaueren Analyse nicht standhält.

Der Buddhismus lehnt die Vorstellung von der Existenz unabhängiger Entitäten ab und kommt zu dem Schluss, dass wir in einem Geflecht von Beziehungen und gegenseitigen kausalen Verknüpfungen leben: Einzig und allein in Verbindung mit und in Abhängigkeit von anderen Faktoren kann es zu einem Ereignis kommen.[1] Diese Vorstellung von der reziproken Bedingtheit ist gleichbedeutend mit dem Begriff der Leerheit. Mit diesem Begriff wird nämlich die Erscheinungswelt keineswegs geleugnet. Er bezieht sich vielmehr darauf, dass die Welt nicht aus unabhängigen Entitäten mit einer autonomen Existenz besteht. Man kann ein Phänomen nämlich sehr wohl erfahren, ohne dass dies dazu über eine inhärente Existenz verfügen muss. Somit ist der Buddhismus keineswegs nihilistisch in seinen Auffassungen. Er geht nur einfach davon aus, dass die Welt ein Fluss von Ereignissen ist, die alle miteinander verbunden sind und sich gegenseitig bedingen. Unsere Art der Wahrnehmung hingegen friert gewisse Aspekte dieses Flusses in einer Illusion ein und macht uns glauben, dass sie als voneinander unabhängige Wesenheiten existieren, von denen wir getrennt sind.

T. Diese Vorstellung von einem »Ereignisfluss« passt zu einer

Theorie der modernen Kosmologie: Vom kleinsten Atom bis hin zum gesamten Universum fließt und verändert sich alles, ob es sich dabei nun um Galaxien, Sterne oder den menschlichen Körper handelt. Nichts ist ewig und unveränderlich. Durch die Urknalltheorie hat sogar das Universum eine Geschichte bekommen.

M. Aber es geht nicht nur darum, dass die Dinge in Bewegung sind, sondern darum, dass wir sie als »Dinge« wahrnehmen, weil wir die Phänomene unter einem bestimmten Blickwinkel betrachten. Wir sollten uns also hüten, der Welt feste Eigenschaften zuzuschreiben, die nichts weiter sind als temporäre Erscheinungen und als solche aus dem Zusammenspiel zwischen der Gesamtheit des Universums und dem Bewusstsein entstehen, das wiederum Teil dieser Gesamtheit ist. Die Phänomene sind simple Ereignisse, die sich abhängig von den Umständen manifestieren. Der Buddhismus leugnet also die Ebene der relativen Wirklichkeit nicht, die wir tagtäglich wahrnehmen und die Wissenschaftler mit ihren Instrumenten untersuchen. Er bezweifelt die kausale Kette von Ursache und Wirkung nicht, noch die Gültigkeit von physikalischen oder mathematischen Gesetzen. Er geht nur davon aus, dass bei genauerem Hinsehen zwischen der Art und Weise, in der die Welt uns erscheint, und ihrer wahren Natur, die ohne inhärente Existenz ist, ein Unterschied besteht.

T. Was hat nun diese wahre Natur der Erscheinungen mit dem Konzept des bedingten Entstehens zu tun?

M. Der Begriff »bedingtes Entstehen« ist eine Übersetzung aus dem Sanskrit. *Pratitya samutpada* bedeutet »Sein durch Entstehung in wechselseitiger Abhängigkeit«. Die beiden Möglichkeiten der Deutung ergänzen sich gegenseitig: »*Dies* entsteht, weil *jenes* ist«, meint, dass nichts aus sich selbst heraus entsteht. Und: »Da *dies* bedingt entstanden ist, bedingt es *jenes*« heißt, dass nichts seine eigene Ursache sein kann. Wenn man sagt, dass ein Phänomen »in Abhängigkeit von…« entsteht, vermeidet man damit zwei extreme Geisteshaltungen, den Nihilismus und den materialistischen Realismus. Da die Erscheinungswelt entsteht, kann man sie keineswegs als nicht existent betrachten. Da sie in Abhängigkeit entsteht, hat sie keine eigenständige, monolithische Realität. Wir müssen begreifen, dass abhängiges Entstehen mit Extremen, wie sie sich in Begriffen von Ewigkeit, Nichts, Anfang, Ende, Existenz und Inexistenz von Dingen äußern, nicht vereinbar ist.

Ein Phänomen kann nur entstehen, wenn es mit einem anderen verbunden oder von ihm bedingt ist beziehungsweise es selbst bedingt, also nur in gemeinsamer Präsenz, in Kooperation sozusagen. Und es ist in ununterbrochener Wandlung begriffen. Der Begriff des bedingten Entstehens steht in engem Zusammenhang mit der Vergänglichkeit der Erscheinungswelt. Sie bietet uns ein Modell der Wandlung an, in dem kein Eingreifen eines organisatorischen Prinzips mehr nötig ist. Kein Fluss entsteht aus einem einzigen Tropfen, kein Fachwerk aus einem Balken. Alles hängt von unendlich vielen anderen Elementen ab. Dieser Sinn steckt auch im Ausdruck »Tantra«: eine Art Kontinuität und die »Tatsache, dass alles mit dem Ganzen verbunden ist, sodass nichts getrennt entsteht«.[2] Zusammengefasst kann man sagen, dass ein Phänomen niemals aus sich selbst heraus entsteht oder existiert, da es sonst aus dem Nichts kommen müsste. Doch Shantideva sagt: »Selbst durch Milliarden Ursachen kann ein Nichtseiendes nicht zum Seienden werden.«[3] Das Nichts kann niemals etwas hervorbringen.

Betrachten wir doch einmal den Fall eines Phänomens, das unabhängig von allen anderen Erscheinungen existiert. Das würde bedeuten, dass es keine äußere Ursache hätte. Es müsste entweder schon seit ewigen Zeiten existieren, oder es hätte gar keine Existenz. Unveränderlich und autonom wäre dieses Gebilde nicht in der Lage, auf etwas einzuwirken, und könnte seinerseits nicht Gegenstand einer äußeren Entwicklung sein. Das bedingte Entstehen ist unabdingbar für die Manifestation der Erscheinungen. Dieses Argument gilt sowohl für die angeblich autonomen Teilchen, aus denen die Welt bestehen soll, wie auch für die allmächtige, ewige Schöpferinstanz, die selbst keinerlei Ursache haben soll. Natürlich bezieht die gegenseitige Abhängigkeit auch die Ebene des Bewusstseins mit ein: Ein Objekt braucht ein Subjekt, um Objekt sein zu können. Der österreichische Physiker Erwin Schrödinger erkannte dieses Problem im Übrigen recht deutlich: »Ohne es uns ganz klarzumachen und ohne dabei immer streng folgerichtig zu sein, schließen wir das Subjekt der Erkenntnis aus dem Bereich dessen, was wir an der Natur verstehen wollen. Wir treten mit unserer Person zurück in die Rolle eines Zuschauers, der nicht zur Welt gehört, welch letztere eben dadurch zu einer objektiven Welt wird.«[4]

T. Der Buddhismus vertritt also die Auffassung, dass Leben und Bewusstsein in unserem Universum auf Grund der gegenseitigen Abhängigkeit aller Phänomene entstanden sind. Und man hat wirklich kein anthropisches Prinzip mehr nötig?

M. Das anthropische Prinzip verleiht einer gegenseitigen Abhängigkeit, die eben kein Ziel hat und nicht auf etwas Bestimmtes ausgerichtet ist, plötzlich ein Ziel und einen Zweck. Die schwache Version des anthropischen Prinzips besagt eigentlich nur, dass »das Universum da ist, weil wir da sind«.[5] Diese schwache Form setzt keine Zweckgerichtetheit des Universums voraus und ist der Vorstellung von der gegenseitigen Abhängigkeit schon sehr ähnlich. Die gegenseitige Bedingtheit bedeutet, dass die »äußeren« Phänomene und das Bewusstsein in wechselseitiger »Teilhabe« existieren, um einen Begriff aufzugreifen, den Alan Wallace[6] geprägt hat. Die Abfolge verschiedener Universen hat aus buddhistischer Sicht weder Anfang noch Ende, und dasselbe gilt für die damit verbundene Entstehung von Leben, die sich ebenfalls wiederholt. Das Universum und das Leben sind also seit jeher nebeneinander möglich, ebenso wie das Universum und das Bewusstsein. Doch nicht einmal in der ganzen Entwicklungsgeschichte des Universums konnte das Leben in jedem Augenblick, jederzeit und an jedem Ort entstehen. Die Tatsache, dass das Leben sich in einem bestimmten Augenblick der Geschichte unseres Universums formte, lässt die

Annahme durchaus zu, dass es in den Universen, die dem unseren vorausgingen, ebenfalls Leben gegeben hat. Kontinuität kann es sogar über ein so spektakuläres und dramatisches Ereignis wie den Urknall hinaus geben. Die Harmonie, die notwendigerweise zwischen Ursache und Wirkung besteht, stellt die Kontinuität von einem Zyklus zum anderen sicher. So bilden sich komplexe Organisationsformen aus dem Chaos, ohne dass man zu ihrer Erklärung auf eine Wesenheit zurückgreifen müsste, die hinter der Bühne die Fäden zieht.

Doch die gegenseitige Abhängigkeit zeigt sich auch in der Beziehung zwischen den Erscheinungen (»unserer« Welt) und dem Subjekt (dem Bewusstsein), das sie wahrnimmt. Diese Beziehung ist geprägt vom Verhältnis zwischen dem Ganzen und seinen Teilen: Die Teile gehören untrennbar zum Ganzen, und das Ganze wiederum ist in all seinen Teilen präsent…

T. Diese Beziehung der Teile zum Ganzen ist die Wurzel für die Schönheit und Harmonie des Universums…

M. Und der subtilste Aspekt des bedingten Entstehens ist die Beziehung zwischen der »Begriffsgrundlage« und dem »Begriff« eines Phänomens. Ort, Form, Maße, Farbe und alle anderen wahrnehmbaren Charakteristika eines Phänomens sind nichts anderes als Grundlagen für die Zuordnung eines Begriffes zu diesem Phänomen. Ihre Gesamtheit ergibt kein autonomes Objekt, kein »Gebilde«. Dieser Begriff ist nichts weiter als ein mentales Konstrukt, das dem Phänomen eine gewisse Dinglichkeit verleiht. In unserer alltäglichen Erfahrung erscheint uns ein Phänomen in seinem dinglichen Aspekt und nicht als Begriff.[7] Doch wenn wir dieses »Objekt« analysieren und auf seine vielfältigen Ursachen und Bedingungen hin betrachten, können wir keine autonome Identität ausmachen. Wir können nicht behaupten, dass das Phänomen nicht existiert, da wir es ja erfahren. Aber wir können ebenso wenig sagen, dass das Phänomen unabhängig existiert. Daraus schließen wir, dass das Objekt zwar existiert (wir geben uns also nicht einer nihilistischen Anschauung hin), aber dass seine Art der Existenz eine begriffliche, von Konventionen geprägte ist (womit wir dem anderen Extrem, dem Glauben an autonome, unveränderliche Wesenheiten, aus dem Weg gehen). Ein Phänomen, das zwar keine unabhängige Existenz besitzt, das aber auch nicht völlig inexistent ist, kann handeln, kann Funktionen ausüben, die den Gesetzen von Ursache und Wirkung gehorchen und daher positive oder negative Effekte haben können. So können wir die Resultate unseres Handelns vorhersehen und unsere Beziehung zur Welt organisieren. Ein tibetischer Vers sagt:

»Die Leerheit ist nicht leer von Funktion.
Sie ist leer von Realität, von einer absoluten Existenz.
Abhängiges Entstehen bedeutet nicht, dass eine inhärente Realität entsteht,
sondern eine Welt aus Illusionen.
Wenn man den Sinn der Leerheit und des abhängigen Entstehens begreift,
versteht man auf dieser Grundlage,
dass gleichzeitig und ohne Widerspruch
Leerheit und Erscheinungswelt existieren.«

T. Was du über die Abhängigkeit der Erscheinungen sagst, finde ich wirklich hochinteressant, denn die Wissenschaft hat – mit ihren Mitteln – ebenfalls entdeckt, dass die Wirklichkeit unteilbar ist und ihre Phänomene miteinander verbunden sind, und zwar sowohl auf der subatomaren als auch auf der makrokosmischen Ebene. Der Beweis, dass die subatomaren Phänomene voneinander und von ihrem Beobachter abhängig sind, wurde erbracht, als Albert Einstein und zwei seiner Forscherkollegen in Princeton, Boris Podolsky und Nathan Rosen, 1953 ein Gedankenexperiment durchführten, das man das EPR-Paradoxon nennt, wobei EPR für die Anfangsbuchstaben der Forscher steht. Dieses Gedankenexperiment führt nur deshalb zu paradoxen Ergebnissen, weil Einstein sich die Wirklichkeit als aus festen, unteilbaren Partikeln bestehend vorstellte. Sobald man die

Wirklichkeit als Ganzes ansieht, dessen Teile miteinander kommunizieren, ist das Experiment nicht mehr paradox. Um dieses Experiment zu verstehen, muss man wissen, dass das Licht, wie die Materie auch, eine Doppelnatur hat. Was wir in der materiellen, von Abhängigkeit geprägten Welt *»Photon«*, *»Elektron«* oder *»Materie«* nennen, hat wie der römische Gott der Türschwellen Janus eine Doppelgestalt: Es erscheint manchmal als Welle und manchmal als Teilchen. Solange ich kein Messinstrument einsetze, entflieht das Phänomen *Photon* (Lichtteilchen) der Rigidität der deterministischen Welt und ihrer fest definierten Bahnen und zeigt sich als Welle. Diese Welle breitet sich im Raum nach allen Richtungen aus wie die kreisförmigen Wellen, die entstehen, wenn man einen Stein in einen Teich wirft. Wie diese nehmen sie bald den gesamten Raum ein. Das heißt also, dass das Photon zugleich überall im Raum ist. Die Quantenmechanik besagt nun, dass ich – ohne spezielle Beobachtung – niemals sagen kann, wo das Photon sich zu einem bestimmten Zeitpunkt befindet. Ich kann höchstens eine gewisse Wahrscheinlichkeit angeben, mit der das Photon sich da oder dort aufhält. Wie die Wellen im Ozean hat auch diese zum Photon gehörige »Wahrscheinlichkeitswelle« (für die Schrödinger 1926 die nach ihm benannte Gleichung erstellte) an verschiedenen Orten verschiedene Amplituden. Die Wahrscheinlichkeit, auf das Photon zu treffen, ist bei hoher Amplitude erhöht, bei schwacher verringert. Aber sogar bei hoher Amplitude kann man niemals sicher sein, dass das Photon sich wirklich an diesem Ort befindet. Es kann sich dort beispielsweise in drei von vier oder gar in neun von zehn Fällen aufhalten. 100 Prozent erreicht die Wahrscheinlichkeit aber nie. Vor dem Akt der Beobachtung besteht die Wirklichkeit der Quantenwelt also nur aus Wahrscheinlichkeiten. Einstein, der ein überzeugter Determinist war, konnte die herausragende Rolle, welche die Quantenmechanik dem Zufall einräumte, einfach nicht akzeptieren. »Gott würfelt nicht«, ist einer seiner berühmtesten Aussprüche. So versuchte er ständig, einen Fehler in der Theorie von der Quantenmechanik und in ihrem auf Wahrscheinlichkeiten beruhenden Wirklichkeitsbild zu finden. Aus diesem Grund ersann er das EPR-Experiment.

Stellen wir uns doch einmal vor, so die drei Wissenschaftler, dass ein Teilchen sich in zwei Photonen, A und B, teilt. Aus Symmetriegründen bewegen sich diese beiden Photonen in entgegengesetzte Richtungen des Raumes. Wir stellen also unsere Messinstrumente auf und beobachten. Wenn A sich nach Norden bewegt, finden wir B im Süden. Bis hierher gibt es, so möchte man meinen, nichts Außergewöhnliches. Aber wir haben die bizarren Merkmale der Quantenwelt vergessen: Bevor Photon A vom Messinstrument eingefangen wird, lag es als Welle vor, nicht als Teilchen. Da diese Welle keinen genauen Ort hat, befindet sich Photon A mit einer bestimmten Wahrscheinlichkeit überall im Raum. Erst wenn es vom Messinstrument festgehalten wird, wandelt es sich zum Teilchen und »erfährt«, dass es sich in Richtung Norden bewegt. Aber wenn A, bevor es festgesetzt wurde, noch nicht »wusste«, wohin es sich bewegte, wie sollte dann B das Verhalten von A »erraten« und sich in der entgegengesetzten Richtung einfangen lassen? Das ergab keinen Sinn, wenn man nicht annahm, dass A das Photon B unverzüglich von der Richtung, die es einschlug, informierte. Die Relativitätstheorie aber, die Einstein teuer war, besagt, dass nichts schneller sein kann als Licht. »Gott schickt keine telepathischen Signale«, sagte er. Daraus schloss er, dass die Quantenmechanik keine vollständige Beschreibung der Wirklichkeit liefern konnte. Nach Einstein musste Photon A wissen, welche Richtung es einschlagen würde, und diese Information an B weitergeben, noch bevor die beiden Teilchen getrennt wurden. Also musste Photon A über Eigenschaften verfügen, die vom Akt des Messens und Beobachtens unabhängig waren. Die probabilistische Auffassung der Quantenmechanik, nach der A sich überall befinden konnte, musste folglich falsch sein. Hinter dem Schleier der Quantenunbestimmtheit musste sich eine deterministische, messbare Realität verbergen. Nach Einstein sind Geschwindigkeit und Ort eines Teilchens, die beide seine Bahn bestimmten, sogar im Teilchen *lokalisiert* und vom Akt der Beobachtung völlig unabhängig. Damit unterstützte er eine Forschungsrichtung, die man »lokalen Realismus« nannte. Die Quantenmechanik konnte seiner Ansicht nach die Bahn eines Teilchens nicht beschreiben, weil sie bestimmte zusätzliche Parameter, die »verborgenen Variablen«, nicht beachtete. Daher musste sie unvollständig sein.

Aber Einstein hatte Unrecht. Seit sie entworfen wurde, hat die Quantenmechanik – mit ihrer auf Wahrscheinlichkeiten gegründeten Weltsicht – noch nie versagt. Die entsprechenden Experimente haben sie ausnahmslos bestätigt, und bis zum Bekanntwerden neuer Sachverhalte bleibt sie die beste Theorie für das Verständnis der Vorgänge in der atomaren und subatomaren Welt.

M. Zu Einsteins Zeiten konnte der EPR-Effekt auch noch nicht experimentell überprüft werden.

T. Lange Zeit blieb das EPR-Schema ein pures Gedankenexperiment. Man wusste einfach nicht, wie man den Versuch praktisch durchführen sollte. 1964 stellte der irische Physiker John Bell vom CERN (Europäisches Kernforschungszentrum) ein mathematisches Theorem auf, das man als »Bell'sche Ungleichungen« kennt. Diese sollten experimentell beweisen, dass es keine verborgenen lokalen Variablen gab, wie Einstein dachte. Dieses Theorem erlaubte nun, die im Wesentlichen metaphysische Ablehnung Einsteins in einem Test zu überprüfen. Im Jahr 1982 führte dann eine Gruppe um den französischen Physiker Alain Aspect an der Universität von Orsay Versuchsreihen mit Photonenpaaren durch, um den EPR-Effekt zu testen. Sie fanden heraus, dass die Bell'schen Ungleichungen dabei systematisch verletzt wurden. Einstein hatte sich geirrt, und die Quantenmechanik hatte Recht behalten. Im Aspect-Experiment sind die Photonen A und B zwölf Meter voneinander getrennt, und trotzdem »weiß« B immer *unverzüglich*, welchen Weg A nimmt.

M. Woher weiß man, dass die Signalübermittlung unverzüglich erfolgt und dass ein Lichtsignal, das die Information von A zu B transportiert, nicht schnell genug wäre?

T. Die Ankunft der Photonen am Messgerät wird von Atomuhren gemessen, die ungeheuer genau sind. Die Differenz zwischen den Ankunftszeiten der Partikel ist geringer als einige zehntelmilliardstel Sekunden. (Sie liegt vielleicht sogar bei null, doch die Atomuhren sind nicht in der Lage, Zeitintervalle von weniger als 10^{-10} Sekunden zu messen.) Licht aber durchmisst in 10^{-10} Sekunden nur eine Distanz von 3 Zentimetern, also wesentlich weniger als die 12 Meter, die A von B trennen. Außerdem verändert sich das Resultat nicht, auch wenn man die Entfernung zwischen den Photonen vergrößert. Obwohl sicher ist, dass Licht nicht genügend Zeit hat, um die Distanz zwischen den Teilchen zu überwinden und als Signalträger zu wirken, ist das Verhalten von A und B immer so, dass eine unverzügliche Korrelation zwischen den beiden bestehen muss.[8]

In einem jüngeren Experiment zu diesem Problem, das 1998 von dem Schweizer Nicolas Gisin und seinen Mitarbeitern in Genf durchgeführt wurde, stellt man zunächst ein Photonenpaar her. Dann schickt man über ein optisches Kabel eines davon in den Norden von Genf, das andere in den Süden. Die beiden Messstationen sind 10 Kilometer voneinander getrennt. Am Ende des optischen Kabels muss sich jedes Photon per Zufall für einen bestimmten Weg entscheiden. Der eine davon ist kurz, der andere lang. Bei diesem Experiment wurde festgestellt, dass die Photonen in absolut allen Fällen dieselbe Wahl treffen. Im Durchschnitt wählten sie in der Hälfte der Fälle den langen Weg, in der anderen den kurzen, aber in allen Fällen fiel die Entscheidung der beiden Photonen identisch aus. Die Schweizer Physiker konnten völlig sicher sein, dass keinerlei Information mit Lichtgeschwindigkeit ausgetauscht wurde, denn die zeitliche Differenz zwischen den Entscheidungen betrug weniger als drei Zehntelmilliardstel einer Sekunde. In diesem unendlich kleinen Zeitraum hätte das Licht höchstens 9 Zentimeter zurücklegen können. Die beiden Photonen aber waren 10 Kilometer voneinander getrennt.

Die klassische Physik nimmt an, dass die Entscheidung von A und B völlig unabhängig voneinander erfolgt, da die beiden Photonen ja nicht kommunizieren können. Mittlerweile ist deutlich, dass dies nicht stimmt. Die Korrelation zwischen den beiden Ereignissen ist immer hundertprozentig perfekt. Wie erklären wir also das Faktum, dass B immer und ohne Zeitverzögerung »weiß«, was A tut? Dieses Paradox lässt sich nur aufrechterhalten, wenn man – wie Einstein – annimmt, dass die Realität unabhängige Entitäten umfasst, die in unserem Fall auf dem Photon lokalisiert sind. Nimmt man hingegen an, dass beide Teilchen zu einer Wirklichkeit gehören, in der alles miteinander verbunden ist, wie groß auch die Distanz sein mag, die sie räumlich trennt, dann ist dieser Effekt geklärt. A muss B gar kein Signal übermitteln, denn die beiden Lichtteilchen (beziehungsweise die Phänome, welche das Messgerät als Lichtteilchen wahrnimmt) bleiben immer miteinander in Verbindung – nur auf welche Weise, wissen wir noch nicht. Wo auch immer B sein mag, es gehört zur selben Realität wie A.

M. Auch wenn die beiden Teilchen sich an den entgegengesetzten Enden des Universums aufhielten…

T. Ja. So zerstört die Quantenmechanik jede Vorstellung von Lokalität. Sie verleiht dem Raum eine nie da gewesene Ganzheitlichkeit. Die Idee eines »Da« oder »Dort« verliert vollkommen ihren Sinn, da das Da mit dem Dort identisch ist. Die Physiker nennen dies die Nichtseparabilität.

M. Diese Feststellung dürfte auf das Wirklichkeitsverständnis der Physiker und auf unser gewöhnliches Weltbild enorme Auswirkungen haben.

T. Das ist richtig. Viele Physiker hatten gewaltige Probleme mit der Vorstellung, dass die Wirklichkeit unteilbar ist. Sie haben immer und immer wieder versucht, in den Experimenten oder im Bell'schen Theorem Fehler zu finden. Bisher ist es ihnen nicht gelungen. Die Quantenmechanik konnte niemals widerlegt werden, und der EPR-Effekt sagt uns, dass die Welt ganzheitlichen Charakter hat.[9]

M. In einer seiner Lehrreden beschrieb Buddha die Welt wie ein architektonisches Flechtwerk aus Perlen: In jeder einzelnen Perle spiegeln alle anderen sich wider, aber auch der Palast, dessen Fassade sie schmücken, und das gesamte Universum. Das bedeutet, dass in jedem Element der Realität alle anderen Elemente präsent sind. Dieses Bild macht deutlich, was mit gegenseitiger Abhängigkeit gemeint ist: dass es im ganzen Universum, gleichgültig, in welcher Entfernung, nicht eine Einheit gibt, die getrennt vom Ganzen existiert.

Trotzdem sollte man sich davor hüten, eine zu realistische Sprache zu benutzen. Der EPR-Effekt zum Beispiel bezieht sich auf »Teilchen« – was letztlich nur unser ewiges Haften an der dinghaften Realität der Erscheinungswelt belegt. Dabei beschreibt das Experiment nur miteinander korrelierte *Phänomene*, die aus der Interaktion zwischen der mikrophysischen Welt, unseren Messapparaten und unseren Ideen entstehen. Daran sieht man, dass Physiker, sogar wenn sie von der Ganzheitlichkeit der Welt sprechen, auf eine Sprache zurückgreifen, die letztlich doch die verdinglichte Welt wieder aufleben lässt. Was normal ist, denn schließlich sind sie auch nur normale Menschen und hängen ebenso an ihrer Auffassung von der Welt als einem Ort fester Existenz.

T. Auf der subatomaren Ebene scheinen die Phänomene »gegenseitig bedingt« zu sein, um auf diesen buddhistischen Begriff zurückzukommen. Nun möchte ich dir aber von den Experimenten mit dem Foucault'schen Pendel berichten, die beweisen, dass die gegenseitige Abhängigkeit sich nicht auf die Welt der Teilchen beschränkt, sondern das ganze Universum prägt, im Mikrokosmos wie im Makrokosmos.

Der französische Physiker Léon Foucault wollte beweisen, dass die Erde sich um sich selbst dreht. Aus diesem Grund brachte er im Jahr 1851 ein Pendel am Gewölbe des Pantheons in Paris an. Dieses Experiment hat mittlerweile Berühmtheit erlangt und wird in vielen Museen der Welt nachgestellt. Sobald das Pendel in Bewegung gesetzt wird, zeigt es uns etwas Außergewöhnliches: Die Ausrichtung seiner Schwingungsebene ändert sich im Verlauf der Zeit. Wenn man es in Nord-Süd-Richtung schwingen lässt, schwingt es nach ein paar Stunden in Ost-West-Richtung. Wären wir am Nordpol, so würde das Pendel in 24 Stunden eine genaue Umdrehung vollführen. Auf Grund des Breitengrades macht das Pariser Pendel nur einen Bruchteil einer Umdrehung.

Und warum ändert sich nun die Ausrichtung der Schwingungsebene? Foucault meinte, dass dies nur zu offensichtlich sei: Die Schwingungsebene des Pendels bleibt gleich, die Erde ist es, die sich dreht. Auf diese Weise hatte er die Umdrehung der Erde bewiesen und ließ es dabei bewenden. Doch die Antwort Foucaults war nicht vollständig, denn eine Bewegung kann immer nur in Bezug auf einen Fixpunkt beschrieben werden: Eine absolute Bewegung gibt es nicht. Galilei hatte dies bereits begriffen, als er sagte: »Die Bewegung an sich ist nichts.« Die Bewegung existiert nicht aus sich selbst heraus, sondern nur relativ zu etwas anderem. Die Erde kann sich nur »drehen« im Hinblick auf etwas anderes, das sich nicht bewegt. Aber was könnte das sein? Um zu testen, ob ein Stern sich bewegt, muss man nur ein Pendel in seine Richtung in Bewegung setzen. Ist der Stern unbeweglich, wird die Schwingungsebene, die ja fix ist, auch nach einiger Zeit noch auf ihn zeigen. Bewegt der Stern sich aber, weist die Schwingungsebene nicht mehr auf ihn.

Versuchen wir es einmal mit den uns bekannten astronomischen Objekten, von denen, die uns am nächsten sind, hin zu den am weitesten entfernten. Wenn wir die Schwingungsebene unseres Pendels auf die Sonne ausrichten, ist diese nach einigen Wochen unmerklich aus der Ebene gewichen. Die nächstliegenden Sterne weisen eine ähnliche Abweichung nach mehreren Jahren auf. Der Andromedanebel, der zwei Millionen Lichtjahre entfernt liegt, weicht weniger ab, aber er tut es. Die Zeit, in der die Schwingungsebene unverändert bleibt, wird immer länger, und die Abweichung geht gegen null, je weiter im Weltraum unsere Versuchsobjekte liegen. Erst die am weitesten entfernten

Galaxienhaufen, die sich Milliarden Lichtjahre entfernt an den Grenzen unseres Universums befinden, weichen von der ursprünglichen Ausrichtung der Schwingungsebene nicht ab.

M. Warum sollte es eine dergestalt privilegierte Ebene geben?

T. Nein, es gibt keine privilegierte Ebene. Alle Richtungen sind sich gleich. Gleichgültig in welche Richtung man das Pendel anfangs in Bewegung setzt, seine Schwingungsebene bleibt nur in Bezug auf die Galaxienhaufen fix, die man in dieser Richtung feststellen kann, nicht etwa im Hinblick auf die näher liegenden Objekte. Das lässt nur einen ziemlich außergewöhnlichen Schluss zu: Das Verhalten des Foucault'schen Pendels hängt nicht etwa von seiner lokalen Umgebung ab, sondern von den fernsten Galaxien. Das heißt letztlich vom ganzen Universum, denn fast die gesamte Masse des sichtbaren Universums findet sich in diesen weit entfernten Galaxien und nicht etwa in den uns nahen Sternen. Mit anderen Worten: Was bei uns geschieht, entscheidet sich in den unendlichen Weiten des Kosmos. Die Geschehnisse auf unserem winzigen Planeten sind von der Gesamtheit der universellen Strukturen abhängig.

Warum aber verhält das Foucault'sche Pendel sich so? Gegenwärtig kennen wir die Antwort noch nicht. Der österreichische Physiker und Philosoph Ernst Mach (nach dem die Einheit benannt wurde, in der man Überschallgeschwindigkeiten misst) sah darin eine Art von Allgegenwärtigkeit der Materie und ihrer Kräfte. Ihm zufolge ist die Masse eines Körpers – also die Größe, die seine Trägheit, das heißt seinen Widerstand gegenüber jeder Bewegung, angibt – das Resultat eines Einflusses, den das gesamte Universum auf diesen Körper ausübt. Dies nennt man das Mach-Prinzip. Wenn man also schwitzend sein Auto anschiebt, dann kommt der Widerstand, den der Wagen unseren Bemühungen entgegensetzt, aus der Gesamtheit des Universums. Mach hat diese mysteriöse universelle Kraft, die sich von der Schwerkraft unterscheidet, niemals detailliert beschrieben. Niemand hat das bisher vermocht. Wie der EPR-Effekt in der subatomaren Welt zeigt uns das makrokosmische Experiment mit dem Foucault'schen Pendel, dass es im Universum eine Art von Interaktion gibt, die wir mit den Mitteln der klassischen Physik nicht beschreiben können. Eine Interaktion, bei der keine Kräfte wirksam sind und es zu keinem Energieaustausch kommt, die aber das ganze Universum miteinander verbindet. Jeder Teil trägt in sich das Ganze, daher hängt das Ganze auch von jedem seiner Teile ab.

M. Genau dieselbe Definition würde der Buddhismus von der wechselseitigen Abhängigkeit geben. Sie hat nichts mit Nähe in Raum oder Zeit zu tun, noch ist sie von physikalischen Kräften oder von der Schnelligkeit der Kommunikation abhängig, die ja mit der Entfernung abnehmen: Die Phänomene sind voneinander abhängig, weil sie im Schoße einer unteilbaren Welt koexistieren. Und diese Welt funktioniert nach dem Muster einer wechselseitigen Kausalität. Damit sind wir wieder beim »*Dies* kann nur bestehen, wenn *jenes* besteht. *Dies* kann sich nur verändern, wenn *jenes* sich verändert.« So nähert man sich langsam der Erkenntnis an, dass auf die eine oder andere Weise alles miteinander in Verbindung steht. Aus diesen Beziehungen besteht unsere Realität. Sie bestimmen die Bedingungen unserer Existenz, die der Teilchen und die der Galaxien.

T. Diese Vorstellung von wechselseitiger Abhängigkeit steht im Einklang mit dem, was die eben beschriebenen Experimente uns sagen. Weder der EPR-Effekt noch das Foucault'sche Pendel oder die Trägheit Machs kann mit den vier Fundamentalkräften der Physik erklärt werden. Die Physiker finden diese Tatsache ziemlich beunruhigend.

M. Ich glaube, dass man hier den Unterschied zwischen dem wissenschaftlichen und dem buddhistischen Ansatz sehr gut erkennen kann. Für viele Wissenschaftler hat die Erkenntnis, dass die Wirklichkeit nicht teilbar ist, keinerlei Auswirkungen auf ihren Lebensweg. Auch wenn diese Einsicht noch so verstörend sein mag, sie ist nur eine von vielen Informationen, die höchstens als intellektuell stimulierend betrachtet wird. Für den Buddhisten hat die wechselseitige Abhängigkeit der Erscheinungen enorme Auswirkungen. Sie bringt ihn dazu, sein bisheriges Weltbild in Frage zu stellen und sich das Neue ständig vor Augen zu führen, um sich von der Anhaftung an Ängste, Gier und Abneigungen zu lösen. Das Verständnis des bedingten Entstehens reißt die Mauern der Illusion nieder, die unser Geist zwischen dem »Ich« und dem »Anderen« errichtet hat. Damit werden Regungen wie Hochmut, Neid, Gier und Böswilligkeit absurd. Wenn nämlich nicht nur alle trägen Körper, sondern auch alle Wesen miteinander verbunden sind, dann müssten uns Glück und Leiden anderer wirklich am Herzen liegen. Sein eigenes Glück auf das Leiden anderer gründen zu wollen, ist dann nicht nur unmoralisch, sondern auch völlig illusorisch. Das Gefühl von universeller Liebe (die der Buddhismus definiert als den Wunsch, dass alle Wesen das Glück und die Ursachen des Glücks erfahren mögen) und Mitgefühl (der Wunsch, dass alle Wesen frei vom Leid und den Ursachen des Leides sein mögen) sind eine direkte Konsequenz aus der Erkenntnis der wechselseitigen Abhängigkeit der Phänomene. Sobald man sie verstanden hat, setzt ein Prozess inneren Wandels ein, der uns auf dem spirituellen Weg zur Erleuchtung begleitet. Setzen wir unsere Erkenntnis nämlich nicht in die Tat um, so ähneln wir einem tauben Musiker oder einem Schwimmer, der inmitten des Wassers vor Durst stirbt, weil er Angst hat, beim Trinken unterzugehen.

T. Wechselseitige Abhängigkeit der Erscheinungen gleich universelle Verantwortung. Eine wunderschöne Gleichung! Sie erinnert mich an etwas, das Einstein einmal sagte: »Der Mensch ist ein Teil des Ganzen, das wir Universum nennen, ein Teil, der in Zeit und Raum begrenzt ist. Er erfährt sich selbst, seine Gedanken und seine Gefühle, als wären sie von allem anderen getrennt. Doch dies ist nichts weiter als eine optische Illusion seines Bewusstseins. Dieses Bewusstsein ist wie ein Gefängnis für uns, weil es uns fest an unsere persönlichen Wünsche schmiedet und uns zwingt, unsere Zuneigung jenen vorzubehalten, die zu unserer unmittelbaren Umgebung gehören. Unsere Aufgabe sollte es sein, uns aus diesem Gefängnis zu lösen, unser Mitgefühl soweit auszudehnen, dass es alle lebenden Kreaturen auf der Erde und die ganze Natur in all ihrer Schönheit umfasst.«

Tatsächlich kann die Sprache der Physik die Vorstellung von einer ganzheitlichen, unteilbaren Welt noch nicht richtig ausdrücken. Einige sprechen sogar von einer anderen Realität, einer »verborgenen Wirklichkeit«, um auf einen Terminus des französischen Physikers Bernard d'Espagnat zurückzugreifen.[10]

M. Wenn man dabei nicht glaubt, dass diese »verborgene Wirklichkeit« eine feste, unveränderliche Realität ist, die sich bisher hinter der Welt der Erscheinungen verborgen hat. Wenn »verborgen« gleichbedeutend ist mit »trügerisch« oder »dem begrifflichen Denken nicht zugänglich«, dann hätte der Buddhismus nichts dagegen einzuwenden.

T. Ich glaube nicht, dass d'Espagnat seine Realität als »trügerisch« bezeichnen würde. Er versteht darunter vielmehr eine Wirklichkeit, die sich unserer Sinneswahrnehmung und unseren Messinstrumenten entzieht. Ich für meinen Teil kann mich der Vorstellung von einem Fundamentalgesetz der wechselseitigen Abhängigkeit nur anschließen. Nur dass die Physik es im Moment einfach noch nicht beschreiben kann.

M. Gegenseitige Bedingtheit hat nichts mit Kräften oder Übertragungen zu tun. Sie geht einzig und allein auf die Koexistenz der Erscheinungen zurück. Und sie ist nicht nur eine Art Interaktion zwischen den Phänomen, sondern macht ihr Erscheinen überhaupt erst möglich. Im Gegensatz dazu führt die Idee von substanziellen, fest lokalisierten Einheiten, die nicht miteinander verbunden sind, nur zu der Vorstellung von einem kausalen Prozess, in dem diese Einheiten sich gegenseitig mittels fester, ihnen innewohnender Eigenschaften beeinflussen. Dies aber widerspricht dem Gedanken von der Unteilbarkeit der Welt.

T. Heisenberg drückt dasselbe aus, wenn er sagt: »Die Welt erscheint in dieser Weise als ein kompliziertes Gewebe von Vorgängen, in dem sehr verschiedenartige Verknüpfungen sich abwechseln, sich überschneiden und zusammenwirken und in dieser Weise schließlich die Struktur des ganzen Gewebes bestimmen.«[11] Außerdem hat die Wissenschaft noch einen anderen Aspekt dieser wechselseitigen Verbundenheit entdeckt: Wir alle bestehen aus Substanzen, die während des Urknalls entstanden sind. Die Wasserstoff- und Heliumatome, die zusammen 98 Prozent der gesamten Masse der sichtbaren Materie ausmachen, sind in den drei Minuten nach dem Urknall entstanden. Die Wasserstoffatome im Ozean und in unserem Körper stammen alle aus dieser Ursuppe. Wir haben also alle dieselbe Abstammung. Was die schweren Elemente betrifft, die etwa 2 Prozent der gesamten Materie ausmachen und die für die Herausbildung komplexer Formen und damit für das Leben verantwortlich sind, so sind sie das Produkt von Kernreaktionen im Inneren der Sterne und von Supernovaexplosionen. Wir bestehen also alle aus Sternenstaub. Wir sind Schwestern der wilden Tiere und Brüder der Feldblume. So tragen wir alle die Geschichte des Kosmos in uns. Der simple Akt des Einatmens verbindet uns mit sämtlichen Wesen, die je auf unserer Erdkugel gelebt haben. So atmen wir auch heute noch Millionen Atomkerne ein, die aus der Verbrennung Jeanne d'Arcs im Jahr 1431 stammen, und einige Moleküle der letzten Atemzüge Cäsars.

M. Für den Buddhismus zählen diese molekularen Verbindungen weniger, denn letztendlich haben sie auf unser Glück oder Unglück keinen Einfluss. Wichtig ist die Tatsache, dass alle Wesen, denen wir ja entsprechend nahe stehen, denselben Wunsch wie wir haben, Glück zu erlangen und Leiden zu vermeiden.

Aber um auf den EPR-Effekt zurückzukommen: Da alle »Teilchen« – gleichgültig wie man sie sieht – in der Singularität des Urknalls (und seiner Vorgänger beziehungsweise Nachfolger) eng miteinander verbunden waren, müssen sie dies auch heute noch sein. Die wechselseitige Verbundenheit ist also seit jeher und für immer der natürliche Zustand der Phänomene.

T. Das ist eine interessante Interpretation zum EPR-Effekt. Auf jeden Fall ist sicher, dass wir alle genetisch miteinander verbunden sind. Wir stammen alle vom Homo habilis ab, der vor etwa 1,8 Millionen Jahren in Afrika auftauchte. Und dies gilt für alle Rassen und für alle Hautfarben. Als Kind der Sterne hat der Mensch seine Verbundenheit mit dem Kosmos vielleicht in dem Augenblick erkannt, als er in diesem Jahrhundert zum ersten Mal die bewegenden Bilder von unserem blauen Planeten sah, wie er – schön und zerbrechlich zugleich – in der dunklen Unendlichkeit des Raumes treibt. Die Unteilbarkeit der Welt zeigt uns, dass wir alle für unsere Erde verantwortlich sind und sie vor der ökologischen Verwüstung, der wir sie aussetzen, schützen müssen. William Blake hat für die kosmische Ganzheitlichkeit wunderbare Worte gefunden:

»Die Welt sehen in einem Körnchen Sand,
den Himmel in einem Blütenrund,
die Unendlichkeit halten in der Hand,
die Ewigkeit in einer Stund.«[12]

Tatsächlich ist das ganze Universum in einem einzigen Sandkorn enthalten, denn schon bei der Erklärung des simpelsten Phänomens spielt die Geschichte des gesamten Universums eine Rolle.

M. Dieses Gedicht von William Blake erinnert mich an einen Vierzeiler aus einem Sutra Buddhas:

»Siehst du in einem Atom,
und in jedem Atom,
die gesamte Welt,
so hast du das Unbegreifliche erlangt.«[13]

Die buddhistischen Schriften sagen, dass der Buddha jeden Augenblick die Natur und die Vielfalt der Phänomene in Zeit und Raum kannte, und zwar so klar, als hielte er sie in der Hand. Und dass er einen Augenblick in die Ewigkeit verwandeln konnte und die Ewigkeit in einen Augenblick. Man fühlt sich regelrecht versucht zu fragen, ob William Blake wohl diese Texte gekannt hat oder ob ihr Geist einfach die Jahrhunderte überdauerte! Wenn man über den Sinn dieser Worte nachdenkt, wird klar, dass die Allwissenheit Buddhas gleichbedeutend ist mit einer vollkommenen Wahrnehmung der Ganzheitlichkeit der Welt. Das bedeutet, dass man den Buddha keineswegs als Gott sehen muss. Es reicht aus, wenn wir verstehen, dass der Erwachte die Unteilbarkeit der Welt verstanden hatte und sich in jedem Augenblick der Gesamtheit der Erscheinungen sowie ihrer Natur bewusst war. Die wechselseitige Verbundenheit ist es also, welche seine Allwissenheit möglich macht. Ein buddhistischer Philosoph und Dichter aus Indien, Asvaghosa, drückte dies so aus: »In der vollkommenen Kontemplation entsteht jener Klarblick, der die absolute Einheit des Universums enthüllt.«[14] Die grundlegende Unwissenheit hingegen zeigt sich in der Vereinzelung, der Bruchstückhaftigkeit des Bewusstseins, die uns einschränkt. Wir nehmen nur einige Aspekte der Realität wahr, und ihre letztendliche Natur entgeht uns.

T. Die Unendlichkeit der Welten bewegt mich dazu, auch an andere Formen von Intelligenz zu denken, die vielleicht im Kosmos existieren. Das beobachtbare Universum enthält hundert Milliarden Galaxien, die wiederum Milliarden Sternen Raum bieten. Wenn der Großteil dieser Sterne einen Hof von etwa zehn Planeten besitzen wie unsere Sonne, dann bedeutet dies, dass es etwa 100 000 Milliarden Milliarden Planeten gibt. Es ist fast unvorstellbar, dass unter dieser großen Zahl von Planeten nur der unsere Heimat für Leben und Bewusstsein sein sollte. Die Existenz außerirdischer Kulturen würde vom theologischen Standpunkt aus interessante Fragen aufwerfen. Geht man einmal vom Christentum aus, so hat Gott seinen Sohn Jesus Christus auf die Erde gesandt, um die Menschen zu retten. Müsste es dann nicht eine Vielzahl von Christusfiguren geben und müssten sie nicht auf jeden bewohnten Planeten herabgestiegen sein, um die Lebewesen zu retten, die sich dort entwickelt haben?

M. Der Buddhismus spricht ohnehin von Milliarden Welten, auf denen sich die verschiedensten Wesen entwickeln. In den meisten dieser Welten gibt es einen Buddha, der den Wesen den Weg zur Erleuchtung zeigt. Ein Buddha rettet die Wesen nicht. Das wäre, als würde man Eulen nach Athen tragen. Er lehrt sie die Mittel, mithilfe derer sie die Wurzeln des Leidens erkennen und sich davon befreien können.

T. Der italienische Philosoph Giordano Bruno hat diese Fragen bereits gegen Ende des 16. Jahrhunderts gestellt. Er postulierte ein unendliches Universum mit einer unendlichen Anzahl von Welten, die von zahllosen Wesen bewohnt sein sollten. Diese Kühnheit musste er mit dem Leben bezahlen, weil ihn die Kirche im Jahr 1600 zum Tod auf dem Scheiterhaufen verurteilte. Ich finde es höchst interessant, dass der Buddhismus sich diese Fragen bereits vor mehr als 200 Jahren stellte …

M. Man sagt auch, dass in jedem Grashalm, in jedem Staubkorn, in jeder Pore jedes einzelnen Buddhas eine Unzahl von Welten steckt, ohne dass dies notwendigerweise bedeutet, dass die Welten winzig klein oder die Poren unendlich groß sein müssten. Anders gesagt sorgt das bedingte Entstehen dafür, dass jedes Element alle anderen in sich enthält, ohne dass es deshalb andere Dimensionen annehmen müsste.

T. Das ist ein erstaunliches Bild. Während unserer Gespräche begeistert mich die Fähigkeit des Buddhismus immer mehr, schwer verständliche Konzepte, die mitunter der landläufigen Weltsicht zuwiderlaufen und daher in keinen »normalen« sprachlichen Rahmen passen, durch poetische und klare Bilder auszudrücken.

Geht der Buddhismus davon aus, dass es eine Welt gibt, wenn sie nicht von einem Bewusstsein wahrgenommen wird?

M. Natürlich. Die Welt, die uns umgibt, verschwindet nicht einfach, nur weil wir uns ihrer gerade nicht bewusst sind. Trotzdem ist diese Frage falsch gestellt, denn einerseits existiert das Bewusstsein und ist Teil der wechselseitigen Abhängigkeitsbeziehung, andererseits kann man ohne Bewusstsein eine Realität weder denken noch beschreiben. Daher ist die Frage, was das Bewusstsein ist, von vornherein zum Scheitern verurteilt, denn in dem Augenblick, in dem das Bewusstsein sich dieser Frage widmet, ist es Teil der gegenseitigen Bedingtheit, der wechselseitigen Konditionierung: Im selben Augenblick wird die Realität zu *unserer* Realität. Daher unterscheidet sich die buddhistische Position sowohl von dem, was wir Idealismus, als auch von dem, was wir Nihilismus nennen: Er bestreitet keineswegs die Existenz der konventionellen Realität, die wir wahrnehmen. Und trotzdem ist er auch nicht materialistisch beziehungsweise realistisch orientiert, da eine Realität, die ganz für sich existiert, ebenfalls keinen Sinn macht. Der Buddhismus nennt diese Haltung den Mittleren Weg. Ein tibetischer Kommentator erläutert dies so:

»So wie das Feuer, das aus dem Aneinanderreiben zweier Holzstöckchen gewonnen wird, diese letztlich verzehrt, so verzehrt das Feuer der transzendierenden Weisheit, welches die Unwirklichkeit aller Dinge verstanden hat, restlos den dichten Wald unserer Konzepte von Wirklichkeit und Unwirklichkeit. Wenn alle Spielarten dieser Konzepte ihr Ende in der Weisheit finden, dann ist der große Mittlere Weg erreicht, der von allen irrigen Anschauungen frei ist.«[15]

Nagarjuna fasst denselben Tatbestand in seinem wichtigsten Werk, dem *Madhyamak Pranjnamula* (Traktat vom Mittleren Weg) zusammen:

»Sein oder Eternalismus
Nichtsein oder Nihilismus:
Der Weise hält sich weder
ans Sein noch ans Nichtsein.«[16]

Das *Saganagaraja-paripriccha Sutra* (Lehrrede, die von Sagara erfragt wurde) wiederum gibt die Worte des Buddha zu diesem Thema wieder:

»Der Weise erkennt direkt das bedingte Entstehen
Und verlässt sich nicht mehr auf extreme Standpunkte.
Er weiß, dass die Erscheinungen bedingt sind
Und dass nichts ohne Ursache oder Bedingung entsteht.«[17]

Und Nagarjuna fährt fort:

»Was abhängig von einem anderen entsteht,
Das ist nicht dasselbe wie dieses
Und ist auch nicht verschieden davon.
Daher wird es nicht zum Nichts,
Ist aber auch nicht ewig.«[18]

Dem Buddha zufolge ist die letztendliche Natur der Phänomene die Einheit von Erscheinungswelt und Leerheit:

»Wie in einem vollkommen reinen Spiegel
Reflexe ohne Substanz erscheinen,
So wisse, ist diese Welt.«

5

Trugbilder der Wirklichkeit

Von der Existenz der Elementarteilchen

Weshalb interessiert der Buddhismus sich überhaupt für Elementarteilchen, da sie doch auf unser Alltagsleben keinen großen Einfluss zu haben scheinen? Wenn man sich jedoch über die Wirklichkeit oder Unwirklichkeit unserer Umgebung Gedanken macht, ist es vonnöten, sich über das Wesen dieser »fundamentalen Bausteine« klar zu werden. Der Buddhismus ist nämlich nicht die einzige Denkrichtung, welche die Substanzfähigkeit der Phänomene in Frage stellt. Die Quantenphysik im Sinne der Kopenhagener Deutung geht ebenfalls davon aus, dass die Atome keine »Dinge« sind, sondern vielmehr »beobachtbare Phänomene«. Diese Streitfrage erregt alle Gemüter, zielt sie doch direkt auf das Herz dessen, was wir Materie nennen: Wenn die »Dinghaftigkeit« der Materie in Frage gestellt ist, dann können und müssen auch andere Denkbarrieren fallen.

MATTHIEU Die wechselseitige Bedingtheit der Phänomene widerspricht der Auffassung von den Erscheinungen als begrenzte, voneinander getrennte Einheiten, die aus sich selbst heraus existieren und fest mit ihnen verbundene Eigenschaften aufweisen. Nehmen wir zum Beispiel das Licht. Es erscheint manchmal als Welle, manchmal als Teilchen: also unter zwei so verschiedenen Aspekten, wie es ein Stein und die von ihm in Wasser ausgelösten Wellen sind.

THUAN Tatsächlich waren die Physiker sehr überrascht, als die Zwitternatur des Lichts entdeckt wurde. Doch noch erstaunlicher ist die Tatsache, dass die Materie ebenfalls zwei Gesichter hat. Das, was wir ein Elektron nennen, kann – wie jedes Elementarteilchen – ebenfalls als Welle erscheinen.

M. Im täglichen Leben ist Licht das, was uns erlaubt, Farben und Formen zu sehen. Für jemanden aber, der sich mit geschlossenen Augen in die Sonne setzt, ist Licht nur Wärme. Der Physiker hingegen, der das Licht mit seinen Instrumenten einfängt, beschreibt es als mathematische Funktion, als eine Gruppe von Zahlen und Gleichungen. Jeder Ansatz bringt eine andere Form der Beschreibung hervor. Wo aber liegt die Realität? Hat es da nicht mehr Sinn, die Wirklichkeit als ein Nebeneinander von Beziehungen zu beschreiben, die vergängliche Erscheinungen hervorbringen? Schließlich haben wir keinerlei Grund, hinter diesem Strom von Wandlungen eine feste Realität anzunehmen, die sich durch sich selbst definiert.

T. Die verschiedenen Erscheinungsformen des Lichts lassen sich erklären, wenn man davon ausgeht, dass sich darin zwei komplementäre Aspekte zeigen: Welle und Teilchen. Niels Bohr hat dies das »Prinzip der Komplementarität« genannt. Er sah darin eine unausweichliche Konsequenz der Interaktion zwischen einem Phänomen und dem Apparat, der dieses Phänomen messen sollte. Für ihn ist also nicht die Realität »dual«, sondern die Resultate der experimentellen Interaktion.[1] Man kann daher sagen, dass die Welle kein eigenes Wesen hat, weil sie weder ganz Welle noch ganz Teilchen ist. Sie nimmt vielmehr – den Umständen entsprechend – den einen oder anderen Aspekt an.

Nehmen wir einmal die Beispiele auf, die du zitiert hast. Man kann beispielsweise die Farbigkeit eines Gegenstandes erklären, indem man auf einen der Aspekte des Lichts zurückgreift. Deine Mönchsrobe erscheint rot und gelb, weil die Atome, aus denen sie besteht, die Farben Blau und Grün absorbieren, Rot und Gelb aber reflektieren. Die Photonen, die deine Robe reflektiert, dringen also in unsere Augen mit einer Frequenz und Energie ein, die uns den Eindruck von Gelb und Rot vermitteln. Wenn deine Robe nur das Sonnenlicht reflektiert, ohne etwas daran zu verändern, dann würde sie weiß erscheinen – eben wie das Sonnenlicht.

Die Wärmewirkung hingegen kann man mit dem Teilchenmodell erläutern. Jedes Lichtteilchen hat eine bestimmte Energie, und an sonnigen Tagen treffen unzählige Lichtteilchen auf unsere Haut auf, geben dort ihre Energie ab, die dann in Wärme umgewandelt wird.

Was nun den Physiker mit seinen Messapparaten angeht, so sieht er das Licht sowohl als Welle wie auch als Teilchen. Wenn das Licht sich als Welle manifestiert, ist es durch eine bestimmte Wellenlänge (der Abstand zwischen zwei Wellenkämmen) und eine bestimmte Frequenz (Anzahl der passierenden Wellenkämme pro Sekunde an einem bestimmten Punkt) charakterisiert. Zeigt es sich hingegen als Teilchen, wird es durch seine Energie bestimmt.

M. Man tut aber hier doch nichts anderes, als etwas mithilfe von zwei beobachtbaren Eigenschaften[2] zu beschreiben, die darüber hinaus niemals zur gleichen Zeit auftreten können. Ein Photon ist niemals *zugleich* Welle und Teilchen. Shantideva schrieb schon vor fast 1300 Jahren: »Was durch die Gegenwart eines anderen beobachtet wird und nicht beobachtet wird, weil dieses fehlt, wieso ist Wirklichkeit in diesem Künstlichen, das einem Spiegelbilde gleicht?«[3] Daher gilt es, die Frage nach der inhärenten Existenz dieser Teilchen zu stellen. Kann man sagen, dass man die wahre Natur des Lichts erkannt hat? Gibt es eine solche Natur überhaupt? Entstehen die »Eigenschaften« des Lichtteilchens nicht erst durch die Wahrnehmung dieses vergänglichen Phänomens? Ist das Elektron seine Ladung, sein Spin (Rotationsmoment), seine Masse? Oder ist das Elektron die Summe seiner Teile? Liegt seine Natur außerhalb seiner Eigenschaften? Wenn es weder die eine noch die andere Eigenschaft ist, was bleibt dann vom Elektron noch übrig? Kurz gesagt: Sind seine Eigenschaften grundlegende Elemente des Elektrons oder erscheinen sie erst im Zusammenspiel mit der restlichen Welt, uns eingeschlossen?[4]

Eine der klassischen Fragen im Buddhismus ist: »Besitzt ein Teilchen seine Eigenschaften, wie der Bauer eine Kuh sein Eigen nennt oder ein Mensch seinen Körper?« Das würde im ersten Fall bedeuten, dass das Elektron und seine Eigenschaften voneinander verschiedene Elemente wären. Im zweiten Fall hieße dies, dass die Eigenschaften Teil des Elektrons wären. Geht man davon aus, dass es seine Eigenschaften besitzt, dann wäre das so, als hätte jemand zwei Körper: den Körper, der er ist, und den, den er besitzt. Geht man hingegen davon aus, dass das Elektron seine Eigenschaften ist, dann hätte das Elektron so viele Identitäten wie Eigenschaften. In diesem Fall wäre das Elektron nicht eines, sondern mehrere.

Darauf lässt sich die berühmte Argumentation Chandrakirtis[5] anwenden: Das Elektron hat keine wirkliche Existenz, denn: 1) Es ist nicht seine Eigenschaften; 2) es ist auch nichts anderes als seine Eigenschaften; 3) es ist nicht die Grundlage seiner Eigenschaften; 4) seine Eigenschaften sind nicht seine Grundlage; 5) es ist nicht der Besitzer seiner Eigenschaften; 6) es ist nicht die Summe seiner Eigenschaften; 7) es ist nicht die Form seiner Eigenschaften. Wenn das Elektron jedoch nicht seine Eigenschaften ist, aber auch von ihnen nicht getrennt ist, dann sind diese Eigenschaften nichts als geistige Etiketten, die nur auf der Ebene der konventionellen Wirklichkeit bestehen. Alan Wallace schreibt dazu: »Sie haben keine inhärente Existenz, was nicht bedeutet, dass sie gar nicht existieren. Die Phänomene, die wir wahrnehmen, existieren nur in Bezug auf uns und erfüllen die Funktionen, die wir ihnen zuschreiben. Da wir sie aber definieren, hängt ihre Existenz allein von den verbalen und begrifflichen Etiketten ab, die wir ihnen zuordnen.«[6]

T. Kommen wir doch nochmals auf die Ladung, den Spin oder die Masse eines Elektrons zurück, wenn wir sie messen. Messen wir sie nicht, so verhält das Elektron sich wie eine Welle und kann nicht als Teilchen beschrieben werden. Man kann ihm also weder eine Masse noch eine Ladung zuordnen.

M. Dann kann man auch nicht mit Sicherheit sagen, dass das

Resultat der Messung/Beobachtung ohne jeden Zweifel die inhärenten Eigenschaften des »Objekts« widerspiegelt, die durch unsere Beobachtung zu Tage gefördert werden.

T. Meinem Messgerät zufolge erscheint das Elektron sowohl als Teilchen mit einer Ladung, einem Spin und einer Masse wie auch als Welle, für die solche Beschreibungsmöglichkeiten keinen Sinn machen. Der Akt der Beobachtung ist für das verantwortlich, was wir die (von mir bereits erwähnte) Quantenunbestimmtheit nennen. Diese wiederum wird ausgedrückt durch die Heisenberg'sche Unschärferelation, das heißt die Unmöglichkeit, gleichzeitig Ort und Geschwindigkeit eines Teilchens zu bestimmen. Um den Ort eines Elektrons festzustellen, müssen wir es beleuchten. Die Energie des dazu benötigten Lichts hängt von seiner Wellenlänge ab, welche wiederum darüber bestimmt, wie genau wir das Elektron lokalisieren können. Wenn die Energie des Lichtes zunimmt, nimmt dabei seine Wellenlänge ab, und die Konturen des Elektrons werden klarer. Aber die Photonen des Lichts geben ihre Energie an das Elektron ab und machen es beweglicher, weil sie seine Energie erhöhen. Wir stehen also vor einem Dilemma: Je mehr wir die Unsicherheit über die genaue Position abbauen, indem wir es mit Photonen hoher Energie bestrahlen, umso mehr Energie führen wir ihm zu und erhöhen damit die Unsicherheit hinsichtlich seiner Bewegung/Geschwindigkeit. Umgekehrt: Wenn wir es mit Licht geringerer Energie beleuchten, dann erhöhen wir zwar seine Beweglichkeit in geringerem Ausmaß. Gleichzeitig aber erhöht sich die Unsicherheit in Bezug auf seine Position. Der Akt des Messens (Zuschreibens) also löst die Unsicherheit aus. Daher hat es keinen Sinn, von einer »objektiven« Realität jenseits aller Beobachtung zu sprechen, da man diese niemals wahrnehmen könnte. Man kann also nur eine subjektive Realität von unserem Elektron erkennen, die vollständig vom Beobachter und seinen Messinstrumenten abhängt. Die Form, die eine solche Wirklichkeit annimmt, ist untrennbar mit unserer Gegenwart verbunden. Wir sind also nicht mehr nur passive Zuschauer im Angesicht des dramatischen Welttheaters, sondern vollkommen integrierte Akteure.

M. Die Tatsache, dass man das Licht sowohl als Welle wie auch als Teilchen beschreiben kann, beweist daher zweifelsfrei, dass weder das eine noch das andere zwingend zu der Erscheinung gehört, die wir uns als Photon vorstellen. Nichts kann zugleich Stein und Welle sein, ein Objekt, das zweifelsfrei lokalisierbar ist, und ein Phänomen, dessen Ort im Raum sich nicht bestimmen lässt.

T. Oder genauer gesagt und mit Rückgriff auf Heisenbergs Worte: »Die beiden Bilder schließen sich natürlich gegenseitig aus, weil eine bestimmte Sache nicht gleichzeitig ein Teilchen (das heißt Substanz, beschränkt auf ein sehr kleines Volumen) und eine Welle (das heißt ein Feld, ausgebreitet über einen großen Raum) sein kann. Aber die beiden Bilder ergänzen sich.«[7]

M. Das sagt aber noch nichts über die letztendliche Natur dieses Teilchens aus, falls eine solche existiert. Weder das Teilchen noch die Welle noch irgendetwas anderes in unserem Universum existiert nämlich aus sich heraus. Man kann doch wohl nicht behaupten, dass das Licht schon vor der Messung als Teilchen vorgelegen hat?

T. Vor dem Akt der Messung kann man höchstens von einer Wahrscheinlichkeit sprechen, die als Welle beschrieben wird.

M. Wenn man das Teilchen als etwas begreift, was eine reale, also beständige Natur haben kann, und wenn dieses Teilchen vor der Messung nicht existierte, dann kann nichts es zur Existenz bringen. Wie sollte aber ein Element, dem alle Qualitäten eigen sind, die man gewöhnlich einem Teilchen zuschreibt, plötzlich von der Nichtexistenz in die Existenz übergehen? Wenn ein Teilchen erscheint, dann hat es entweder keine inhärente Existenz oder es gibt eine Schöpfung aus dem Nichts, *ex nihilo*.

T. Leider war aber eine Welle da. Es gab also schon etwas. Es herrschte keine vollkommene Leere, kein Nichts!

M. Der Buddhismus spricht niemals von einer vollkommenen Leere. Das wäre ein nihilistischer Standpunkt. Vielmehr geht es um die »Leerheit von einer Eigenexistenz«. Nur aus diesem Grunde kann – unter diesen Umständen, bei diesem Experiment – ein irreales Phänomen manchmal als Teilchen, manchmal als Welle erscheinen.

T. Unsere Debatte ist mehr oder weniger von denselben Argumenten geprägt, welche Einstein gegen die Kopenhagener Deutung der Quantenphysik ins Feld führte. Diese von Niels Bohr, Werner Heisenberg und Wolfgang Pauli vorgelegte Interpretation ist nach dem Ort benannt, an dem Niels Bohr Leiter des Instituts für Physik war. Heisenberg und Pauli waren dort häufig anzutreffen. Diese Deutung besagt im Wesentlichen, dass »die Welt der Atome eine der Möglichkeiten und Wahrscheinlichkeiten ist und keine der Dinge und Fakten«. Diese Theorie setzte sich gegen den dogmatischen Realismus Einsteins natürlich stark ab.

Heisenberg fasste Einsteins Kritik so zusammen: »...so erlaubt diese Deutung doch keine Beschreibung von dem, was tatsächlich geschieht, unabhängig von oder zwischen unseren Beobachtungen. Aber irgendetwas muss doch geschehen, daran können wir nicht zweifeln. [...] Der Physiker muss in seiner Wissenschaft voraussetzen, dass er eine Welt studiert, die er nicht selbst gemacht hat und die ohne ihn auch und im Wesentlichen genauso vorhanden wäre.«

Und antwortet darauf folgendermaßen: »Es ist leicht zu erkennen, dass diese Kritik einfach wieder die alte materialistische Ontologie fordert. Aber was kann man vom Standpunkt der Kopenhagener Deutung aus auf diese Kritik antworten? [...] Die Forderung, dass man beschreiben solle, was in einem quantentheoretischen Prozess zwischen zwei aufeinander folgenden Beobachtungen geschehe, ist eine *Contradictio in adjecto,* da das Wort ›beschreiben‹ sich eben auf die Verwendung der klassischen Begriffe bezieht, während diese Begriffe doch in dem Raum zwischen zwei Beobachtungen nicht verwendet werden können. [...] Die Ontologie des Materialismus beruhte auf der Illusion, dass man die Art der Existenz, das unmittelbar Faktische der uns umgebenden Welt, auf die Verhältnisse im atomaren Bereich extrapolieren könne. Aber diese Extrapolation ist unmöglich.«[8]

M. Als buddhistischer Philosoph kann ich letzterer Auffassung nur zustimmen.

T. Auch ich stimme mit Heisenberg überein. Wie ich bereits gesagt habe, haben die Versuchsresultate die Quantenmechanik immer unterstützt. Sie konnte niemals widerlegt werden. Einstein lag falsch, und seine realistisch-materialistische Auffassung ist heute unhaltbar. Nach Bohr und Heisenberg können wir uns Atome oder Elektronen nicht mehr als real existierende, feststehende Einheiten vorstellen, die genau bestimmbare Eigenschaften wie eine Geschwindigkeit oder eine bestimmte Position haben und sich auf ebenso real existierenden Bahnen bewegen. Der Begriff »Atom« ist nichts weiter als eine bequeme Möglichkeit, verschiedene Beobachtungen in ein kohärentes und logisches Schema zu packen. Auch Bohr erkannte, dass es unmöglich ist, über die Fakten und Ergebnisse von Versuchen und Messungen hinaus Antworten zu geben: »Unsere Beschreibung der Natur zielt nicht darauf ab, eine reale Essenz der Phänomene zu enthüllen. Wir versuchen nur, soweit als möglich herauszufinden, wie die verschiedenen Aspekte unserer Existenz miteinander verbunden sind.«[9]

M. Da liegt er mit François Jacob auf einer Linie, der schreibt: »Es ist daher klar, dass die Beschreibung des Atoms, die ein Physiker gibt, keineswegs der exakte und unveränderliche Reflex einer enthüllten Wirklichkeit ist. Es handelt sich dabei um ein Modell, eine Abstraktion, das Ergebnis jahrhundertelanger Anstrengungen von Seiten der Physiker, die sich auf eine kleine Gruppe von Phänomenen konzentrierten, um daraus eine kohärente Repräsentation der Welt zu schaffen. Daher ist die Aufstellung eines Atommodells keine Entdeckung, sondern ein Schöpfungsakt.«[10]

Leider hindert dies den Großteil der Menschen nicht daran, sich die Atome wie kleine Kügelchen vorzustellen, die man ergreifen könnte, wenn man nur entsprechend kleine Instrumente zur Verfügung hätte.

T. Auch Schrödinger warnt vor einer Materialisierung des Atoms und seiner Teilchen: »Es ist besser, sich Teilchen nicht als dauerhafte Einheiten vorzustellen, sondern eher als Augenblicksereignis. Mitunter formen diese Ereignisse Ketten, welche die Illusion erwecken, dass wir es mit einem dauerhaften Objekt zu tun haben.«[11]

M. Der Lichtkreis, der entsteht, wenn eine Taschenlampe im Kreis bewegt wird, ist kein »Objekt«. Die Welt der Erscheinungen besteht aus Ereignissen, die über zwei aufeinander folgende Augenblicke hinweg keine Identität aufrechterhalten können. Wie sollten sie da über längere Zeit beständig sein? Diese punktuellen Augenblicke sind nicht von Dauer. Auch diese Ereignisse besitzen keine Eigenexistenz. Daher ist es unmöglich, dass wir eines Tages die Gesamtheit der Eigenschaften des »Ereignisses Teilchen« kennen lernen, da dieses uns durch das Spiel der wechselseitigen Bedingtheit, die gleichbedeutend ist mit der Leerheit von einer Eigennatur, einmal so und einmal so erscheint.

T. Wechselseitige Abhängigkeit vom Akt des Beobachtens?

M. Gegenseitige Abhängigkeit zwischen Erscheinungswelt und beobachtendem Bewusstsein sowie zwischen allen Phänomenen des Universums. Hier geht es darum, dass die beobachtbaren Eigenschaften der Phänomene nicht fest zu ihnen gehören. Wenn man beispielsweise sagt, dass die Masse gleich der Energie ist und so zu Energie werden kann, dann heißt das, dass die Masse keine Eigenschaft ist, die fest zu einem bestimmten Teilchen gehörig ist.

T. Ja, die Natur der Materie ist genauso wenig ewig und dauerhaft wie die des Lichts. Energie kann in Materie verwandelt werden, wie das ständig in den Teilchenbeschleunigern geschieht. Diese Energie kann aus Masse stammen (wie in der berühmten Einstein'schen Formel $E = mc^2$) oder aus Bewegung. Ist das Letztere der Fall, so heißt das, dass die Eigenschaft eines Objekts wieder in ein Objekt verwandelt wird. Umgekehrt kann natürlich auch Materie in Energie verwandelt werden: Dies geschieht täglich in der Sonne. Unser Tagesgestirn nährt das Leben auf der Erde, indem es einen geringen Teil seines Wasserstoffgehaltes (0,7 Prozent) in Licht (Photonen) umwandelt.

M. Das bedeutet doch, dass weder die eine noch die andere dieser sich gegenseitig ausschließenden Eigenschaften grundlegender Bestandteil des Phänomens »Photon« oder »Teilchen« sein kann. Wenn dies nämlich der Fall wäre, müssten sie *immer* vorhanden sein. Was soll man von der Wirklichkeit eines Tieres halten, das – von rechts betrachtet – eine Katze ist, ein Hund, wenn man es von links betrachtet, und eine Welle, solange es überhaupt nicht beobachtet wird?

T. Unter diesem Gesichtspunkt hast du natürlich Recht!

M. Die Wirklichkeit stimmt also nicht mit den fixen Vorstellungen überein, die wir den Dingen zuordnen. Damit ein Phänomen sich manifestieren kann, ist keine verborgene Realität nötig, die eine Eigenexistenz aufweist. Wir müssen die Grenzen unseres Denkens überwinden, innerhalb deren wir ein Objekt nur entweder als dinghaft existierend oder als absolut nicht existent wahrnehmen können. Es gibt einen mittleren Weg, symbolisiert vom Bild des Traumes oder der Fata Morgana. Die Tatsache, dass es nur Illusionscharakter hat, verhindert ja nicht, dass ein Phänomen funktionieren kann. Das Bild in einem Spiegel kann schließlich auch auftauchen und verschwinden, sich wandeln und so die verschiedensten Informationen übermitteln, obgleich im Spiegel nichts entsteht oder »zur Welt kommt«.

T. Ein Platoniker würde dir jetzt antworten, dass die Welt im Spiegel nur ein Reflex der wirklichen Welt ist. Allerdings verhindert dies nicht, dass der Teilchenaspekt des Lichts ihm nicht wesentlicher ist als der Wellenaspekt. In diesem Sinne kann man sagen, dass weder das Licht noch die Materie unveränderliche, ihnen fest zugehörige Kennzeichen besitzen. Diese Eigenschaften hängen vollständig vom Beobachter und den Messgeräten ab. In diesem Sinne können sie als »illusorisch« bezeichnet werden, da sie unbeständig sind.

M. Könnte die Physik der Aussage zustimmen, dass ein Elektron nichts anderes ist als ein Zusammenspiel von Beziehungen und dass es *keine* einzige grundlegende Eigenschaft besitzt?

T. Wenn du unter Beziehungen die Interaktion zwischen Beobachter und beobachtetem Objekt, zwischen den Elementarteilchen (wo ein Proton und ein Elektron sich beispielsweise unter Freisetzung eines Neutrinos zu einem Neutron wandeln können) und zwischen Licht und Materie verstehst, dann bin ich einverstanden.

M. Auf keinen Fall verstehe ich unter Beziehung die Verbindungen zwischen voneinander getrennten Objekten, die mit einer inhärenten Existenz ausgestattet sind. Ich meine vielmehr ein unendliches Netz von Beziehungen und wechselseitigen Konditionierungen, innerhalb dessen die beobachtbaren Eigenschaften eines bestimmten Phänomens von der Gesamtheit der Erscheinungen abhängen, das Bewusstsein eingeschlossen.

T. Das erinnert mich an Heisenberg, der schreibt: »Die Welt erscheint als komplexes Geflecht von Ereignissen, in dem die unterschiedlichsten verschiedenen Wechselbeziehungen zusammenspielen, sich überlagern oder abwechseln. So entsteht schließlich das Gerüst des Ganzen.«[12]

M. Er spricht also ebenfalls von *Ereignissen* und nicht von objektiven Einheiten. Ein Teilchen erscheint uns von der Gesamtheit der Phänomene isoliert, weil wir es untersuchen und mithilfe einer bestimmten Versuchsanordnung einkreisen wollen, doch keine der Eigenschaften, die wir so aus der Gesamtheit der Erscheinungen herauslösen, ist wirklich grundlegend und konstitutiv, weil sie keine ihr fest zugehörigen Charakteristika hat.

T. Nichts gehört wirklich zu ihr, unabhängig von den Messungen. Die Phänomene lassen sich von den Versuchsbedingungen nicht trennen. Nach der Kopenhagener Deutung der Quantenmechanik macht es überhaupt keinen Sinn, von einer »objektiven Realität« zu sprechen.

M. Und genau das ist die Definition der Leerheit. Es gibt einen berühmten und grundlegenden Satz im Buddhismus:

»Form ist Leerheit, Leerheit ist Form.«[13] Unter »Leerheit« versteht man hier die Erscheinungswelt selbst. Die Natur der manifesten Erscheinungen ist die Leerheit. Nur dank dieser Leerheit, der Abwesenheit einer autonomen Eigennatur, können sie sich manifestieren und verändern. Siehst du darin einen Widerspruch zu dem, was die moderne Physik postuliert?

T. Nein, die beiden Standpunkte sind hundertprozentig miteinander kompatibel, auch wenn der Weg dorthin jeweils ein anderer ist. Was du sagst, erinnert mich an eine Theorie, die in den 60er-Jahren sehr beliebt war und die besagte, es gebe gar *keine* Elementarteilchen. Jedes Teilchen bestehe aus allen anderen und in jedem Teilchen finde sich ein kleiner Teil aller anderen Teilchen: A setzt sich aus B und C zusammen, B aus A und C, C aus A und B. Henry Stapp beschreibt diese Theorie so: »Ein Elementarteilchen ist kein analysierendes Gebilde mit einer autonomen Existenz. Im Wesentlichen ist es ein Spiel von Beziehungen, das sich auf andere Dinge erstreckt.«[14] Diese Theorie, die man Bootstrap-Theorie nannte, wird heute kaum noch vorgebracht, weil es ihr an Unterstützung durch das Experiment mangelt. Das Schema der Teilchenhierarchie, wie wir es jetzt kennen – Moleküle, Atome, Elektronen und Atomkerne, Protonen, Neutronen, Quarks –, scheint unsere Beobachtungen der atomaren und subatomaren Phänomene besser zu beschreiben.

M. Einige Forscher, die sich mit der Philosophie der Naturwissenschaften beschäftigen, wie Bernard d'Espagnat und Michel Bitbol, kritisieren dieses Schema als unzulässige Verallgemeinerung unserer noch recht groben Beobachtungen, das im Übrigen auch noch dazu tendiert, die beobachteten Phänomene zu verdinglichen. Bitbol meint ja, dass die Quantenphänomene »ebenso gut mit einem Substitutionsmodell erklärt werden könnten, das *keinerlei* Element vom Typus Korpuskel (Teilchen) voraussetzt.«[15] Auch Schrödinger glaubte ja, dass die »moderne Atomtheorie in eine bisher noch nie da gewesene Krise gestürzt«[16] sei. Und Bitbol setzt nach: »Weder was wir auf den Schirmen sehen noch die Spuren in den Nebelkammern noch die anregenden Bilder aus dem Tunneleffektmikroskop können belegen, was sie zu beweisen scheinen. […] Wir dürfen nicht vergessen, dass in der allgemeinen Quantenphysik die Möglichkeit, Objekte auf der atomaren Ebene wahrzunehmen, auf bestimmte, genau abgegrenzte experimentelle Situationen beschränkt ist. In dem Augenblick, wo diese Bedingungen nicht mehr gegeben sind, ist eine Beobachtung nicht mehr möglich. In bestimmten Situationen beispielsweise kann die Ladung eines Partikels nur so beschrieben werden, als wäre sie auf einen Punkt im Raum begrenzt.«[17] Außerdem zitiert er W. V. Quine, der sich fragt, ob die Quantentheorie der Physik nicht eine so radikale Kehrtwendung beschert habe, dass »dadurch nicht nur die heiß geliebte Ontologie der Teilchen in Frage gestellt ist, sondern die ontologische Frage schlechthin, die da heißt ›Was ist?‹«.[18]

Der Physiker Laurent Nottale bemerkt dazu: »Einige Philosophen sind noch weitergegangen und haben die Eigenexistenz aller Dinge, seien sie nun materieller oder geistiger Natur, vollkommen ausgeschlossen. Während wir im Westen den Gedanken der Relativität bis auf Kopernikus zurückführen können, scheint er im Denken des Ostens auf Siddharta Gautama zurückzugehen, der vor etwa 2500 Jahren gelebt hat. Man findet in der buddhistischen Philosophie eine authentische relativistische Reflexion über die Leerheit der Erscheinungen als Konsequenz ihrer fehlenden Eigennatur. Die Existenz der Phänomene wird dort als ausschließlich in den Beziehungen zu anderen Phänomen begründet betrachtet. Man kann eine solche Intuition nur bewundern. Sie ist wie eine innere Vision des zeitlich noch fernen, vielleicht völlig unerreichbaren Ziels, das sich eine auf dem Gedanken der Relativität beruhende Wissenschaft gesteckt hat. Es gibt dabei keinerlei nihilistischen Gedankengang. Die Realität der Existenz wird nicht geleugnet, sondern tief greifend in ihrer Natur wahrgenommen. Wenn die Phänomene zwar nicht absolut existieren, nichtsdestotrotz aber da sind, dann liegt ihr Wesen in den Beziehungen, die sie miteinander verbinden. Einzig diese Beziehungen zwischen den Objekten existieren, nicht die Objekte selbst. Diese sind wesentlich leer. Ihre Existenz reduziert sich auf die Gesamtheit ihrer Beziehungen zum Rest der Welt. Sie sind also diese Beziehungen. […] Wird die Physik der Zukunft das, was bisher nur eine rein philosophische Vision ist, einmal in Gleichungen ausdrücken können?«[19]

T. Man kann nicht leugnen, dass die reduktionistische Methode, die darauf abzielt, alle Phänomene der Welt mit der Teilchentheorie zu erklären, viele Erfolge zu verzeichnen hat. Einige Physiker wie Steven Weinberg verteidigen den Reduktionismus[20] leidenschaftlich. Aber diese Methode hat natürlich ebenfalls ihre Grenzen, vor allem dort, wo es um Eigenschaften von Systemen geht, die sich nicht mehr aus der simplen Addition der Bestandteile erklären lassen. Daher sind andere Vorstellungen von der Wirklichkeit, so wie du sie erläuterst, durchaus nötig.

Was das Fehlen einer objektiven Realität betrifft, so ist dazu zu sagen, dass diese sich vor allem auf der Ebene der Teilchen bemerkbar macht. Auch wenn die Welt auf atomarer und subatomarer Ebene nur noch in Wahrscheinlichkeitsgraden beschrieben werden kann, so verspüren wir diese Unbestimmtheit auf der Ebene des Alltagslebens nicht. Dabei bestehen die makroskopischen Objekte wie dieser Tisch oder dieses Buch aus Teilchen, die der Quantenunbestimmtheit unterliegen. Warum aber stürzt das Buch dann nicht durch den Tisch hindurch und wandert in den Garten hinaus? Die Gesetze der Quantenmechanik besagen, dass ein solches Ereignis zwar möglich wäre, doch seine Wahrscheinlichkeit ist so gering, dass es nur eintreten würde, wenn wir eine Ewigkeit zur Verfügung hätten. Weshalb eine so niedrige Wahrscheinlichkeit? Weil die makroskopischen Objekte aus einer so großen Anzahl von Atomen bestehen (ein Buch besteht aus etwa 10^{25}, die Erde aus 10^{50} Atomen), dass die Auswirkungen des Zufalls sich gegenseitig neutralisieren. Die Wahrscheinlichkeit, dass ich dieses Buch plötzlich im Garten finde, ist unendlich klein, weil eine große Anzahl von Atomen eine bedeutende Masse und folglich eine erhöhte Trägheit aufweist. Gewöhnliche Objekte werden von der Lichtenergie der zur Beobachtung nötigen Beleuchtung kaum verändert, weil der Impuls des Lichtes vernachlässigbar ist. Und dies wiederum bringt mit sich, dass die Geschwindigkeit und die Position dieser Objekte zugleich und mit maximaler Genauigkeit gemessen werden können. Die Quantenunbestimmtheit wird gedämpft. Wo liegt also die Grenze zwischen der mikroskopischen Welt, in welcher die Quantenunsicherheit herrscht, und dem makroskopischen Universum, wo die Unsicherheit beseitigt ist? Bis heute sind die Physiker nicht in der Lage, diese Grenze genau zu bestimmen, obwohl die Quantenmechanik auf immer mehr »Objekte« ausgedehnt wird. Die »Fullerene«, Moleküle, die aus sechzig Kohlenstoffatomen bestehen, sind die schwersten und komplexesten Objekte, die bisher Wellenverhalten an den Tag gelegt haben.[21]

M. Vielleicht wurde diese Grenze noch nicht gefunden, weil sie nicht existiert. Die Unsicherheit verschwindet nämlich nicht. Sie ist unter makroskopischen Bedingungen bloß nicht sichtbar. Genauso wie wir im gewöhnlichen Leben die Wirkungen der Relativität von Raum und Zeit nicht wahrnehmen können, weil wir uns im Vergleich zu anderen Dingen mit Geschwindigkeiten bewegen, die weit unterhalb der Lichtgeschwindigkeit liegen. Trotzdem verschwindet diese Relativität nicht: Unser Fahrrad beispielsweise verliert an Größe, wenn wir uns damit bewegen, doch diese Veränderung ist so gering, dass sie nicht wahrgenommen werden kann.

Die Möglichkeit, dass dieses Buch plötzlich vom Tisch verschwindet, besteht – und sei sie auch noch so klein. Dies zeigt doch, dass es keinen grundlegenden Unterschied zwischen Mikro- und Makrokosmos gibt. Auch wenn wir auf unserem Niveau im Augenblick nicht in der Lage sind, die Unbestimmtheit mit unseren Sinnen wahrzunehmen, stellt das die Quantennatur der Welt nicht in Frage. Henry Stapp, der große Theoretiker der Quantenmechanik, den du eben erwähnt hast, schreibt: »Das Wichtige an den Bell'schen Ungleichungen ist, dass sie das Dilemma, vor das uns das Quantenphänomen stellt, auf die makroskopische Welt ausdehnen. [...] Dies zeigt, dass die generellen

Vorstellungen, die wir uns von der Welt machen, zutiefst falsch sind – und zwar auch auf der Ebene des Makrokosmos.«[22]

Das Hauptproblem der »Realisten« ist es doch, die Entdeckungen der Quantenphysik mit der alltäglichen Realität der makroskopischen Welt in Einklang zu bringen Bisher springen die Physiker von einem Modell zum anderen, sprechen einmal von Teilchen und realen Objekten, dann wieder von Komplementarität und Nichtlokalität. Dabei würde es völlig genügen, wenn sie die Quantenmechanik ernst nähmen und ihre persönliche Weltsicht entsprechend veränderten.

Warum soll es einen wesensmäßigen Unterschied zwischen dem Makrokosmos und dem Mikrokosmos geben, aus dem Ersterer sich zusammensetzt? Schließlich ist der Makrokosmos nur eine Verlängerung der mikrokosmischen Welt! Was kommt hervor, wenn der Mikrokosmos zum Makrokosmos wird? Eine Struktur, das heißt ein Ensemble von Beziehungen, aus dem die Funktionen entstehen, die wiederum eine gewisse Dauer haben und in der Lage sind, die Phänomene zu verändern. Doch diese Funktionen verleihen weder der Struktur noch ihren Elementen eine zusätzliche Realität. Wenn schon Teilchen keine »Dinge« sind, dann ist die übergeordnete Welt ebenfalls nicht dinghaft, ganz egal, wie sie erscheint und wie groß sie sein mag.

T. In diesem Fall kann man sich fragen, warum und wie der Makrokosmos funktioniert. Wir sind von makroskopischen Objekten umgeben, die eine eindeutig bestimmbare Geschwindigkeit und eine ebenso eindeutige Position haben, die also dem Heisenberg'schen Unschärfeprinzip nicht unterworfen sind und keinerlei Welle-Teilchen-Dualität aufweisen, wie sie für die atomare und subatomare Welt charakteristisch ist. Auf der makroskopischen Ebene spielt der Zufall keine Rolle. Die makroskopischen Objekte können nicht überall zugleich sein wie eine Welle. Wie ich bereits bemerkt habe, ist die Gefahr, dass deine Uhr sich plötzlich in meiner Tasche befindet, minimal (wenn ich nicht ein wenig nachhelfe…). Auch werden wir kaum den Mond in der Nähe des Mars herumbummeln sehen.

M. Und doch ist ihre Festigkeit und Beständigkeit nichts als Täuschung: eine Frage des Maßstabs in Raum und Zeit. Der Buddhismus geht davon aus, dass es sich dabei nur um eine augenblickliche Konkretisation in einem Netzwerk von Beziehungen handelt. Ein Traum, der hundert Jahre dauert, weist auch nicht mehr Realität auf als einer von fünf Minuten.

Unsere Vorstellung von der Welt ist von der Tatsache geprägt, dass unsere Alltagserfahrung uns nur Wahrnehmungen auf der makroskopischen Ebene erlaubt, die über die größte Stabilität verfügt. Höchstwahrscheinlich würden wir der äußeren Welt keinerlei Beständigkeit zubilligen, wenn wir dauernd die subatomare Ebene vor Augen hätten. Die Wahrnehmung dieser Welt hängt vollkommen vom Blickwinkel ab, den man einnimmt. Einige Physiker wie Laurent Nottale glauben zum Beispiel, dass die scheinbare Inkompatibilität zwischen der klassischen Mechanik und der Quantenphysik nur eine Frage der »Relativität des Maßstabs« ist.[23]

Nehmen wir doch einmal ein in der buddhistischen Analyse verbreitetes Beispiel: ein Zelt. Wenn wir das Zelt abbauen, es in Zeltplane, Heringe und Seile zerlegen, haben wir kein Zelt mehr. Doch die Materialien sind ja immer noch da. Trennen wir also den Planenstoff auf. Zurück bleiben Fäden, die wir in Fasern zerlegen können, dann in Moleküle, die wiederum in Atome und Teilchen zerfallen, deren Masse am Ende einer ungreifbaren Energie gleich ist, die von mathematischen Formeln beschrieben wird, welche der Energie eine gewisse nominelle Existenz verleihen. Auch hier finden wir uns auf halbem Weg zwischen Sein und Nichtsein, sodass der Intellekt uns hier nicht weiterhilft. Sobald aber der Verstand daraus schließt, dass alle Dinge irreal sind, hat er keine Grundlage mehr, kein Objekt. Wenn der analytische Verstand weder Grundlage noch Objekt findet, an denen er sich festbeißen könnte, hört er auf, sich zu manifestieren. Die geistigen Konstrukte kommen zur Ruhe wie Wellen im stiller werdenden Ozean.

Dieser Übergang vom Zelt zu der irrealen Welt der Teilchen

oder umgekehrt, von den Teilchen zum Zelt, weist keinen Bruch auf, welcher auf einen fundamentalen Unterschied zwischen Mikrokosmos und Makrokosmos schließen ließe. Weshalb also glauben wir, dass das Zelt einen höheren Grad an Realität hat? Aus einer unüberlegten Verallgemeinerung heraus, die wir keiner gründlichen Analyse unterzogen haben. Die buddhistischen Texte sagen: »Weil wir sie nicht mit kritischem Geist untersucht haben, nehmen wir die Dinge so hin, wie sie uns erscheinen.«[24] Die Masse hat damit überhaupt nichts zu tun, denn eine Milliarde Teilchen haben nicht mehr Realität als ein einziges. Die Irrealität der Teilchen ist ein überzeugender Beweis für die Irrealität der makroskopischen Erscheinungswelt. Wenn jemand tot ist, wird er ja auch nicht ein zweites Mal getötet.

Nagarjuna erklärt im *Ratnamala*: »Je weiter wir von der Welt entfernt sind, umso wirklicher erscheint sie uns und umso ungreifbarer ist sie – wie eine Luftspiegelung, die sich nicht fassen lässt.« Die Festigkeit und Beständigkeit der Phänomene erscheint uns eindeutig, solange wir ihr nicht ins Gesicht sehen. Sobald man sie analysiert, löst sie sich in nichts auf. Wenn ein Elementarteilchen weder Plane noch Hering, weder Farbe noch Wärme ist, dann ist es auch weder »ich« noch etwas »anderes«. Es geht über unsere mentalen Konzepte hinaus, die uns das Leben in der Welt erschweren und uns Leiden verursachen, indem sie die Welt verdinglichen. Genau das meint Shantideva, wenn er über die Weisheit spricht, welche das begriffliche Denken transzendiert: »Wenn sich dem Geist nicht Sein noch Nichtsein bieten, dann findet er, anhaltslos, die Ruhe, denn eine andere Möglichkeit gibt es nicht.«[25]

T. Was die Realität der Elementarteilchen betrifft, sehe ich keine grundlegenden Differenzen zwischen wissenschaftlicher und buddhistischer Sicht. Wir sollten sie als Potenzialitäten betrachten, die sich in Abhängigkeit von der Beziehung zu einem Messinstrument oder zum Bewusstsein eines Beobachters manifestieren. Es gibt keine Realität, die vom Prozess der Beobachtung völlig unabhängig ist, und keine festen Eigenschaften, die unauflöslich zum beobachteten Objekt gehören. Die Wirklichkeit kann daher nicht in subjektiv und objektiv eingeteilt werden. Das sagt zumindest die Kopenhagener Schule, die vom Großteil der Physiker akzeptiert wird.

Aber die Vorstellung von Elementarteilchen lässt auch sofort an Atome denken. Hat der Buddhismus sich auch über die Atome Gedanken gemacht?

M. Der Buddhismus hat sich einige Jahrhunderte vor dem Aufkommen des Christentums, etwa zur Zeit der griechischen Philosophen, der logischen Analyse der Idee vom Atom, das heißt von einer »unteilbaren« Einheit gewidmet. Vielleicht könntest du uns ja kurz die Vorstellungen von Leukippos und Demokrit erläutern, den beiden Griechen, welche diese Idee als Erste formuliert haben.

T. Die Idee vom Atom gehört zu den Grundlagen der Wissenschaftsgeschichte. Der amerikanische Physiker Richard Feynman meinte sogar, dies sei das einzige Konzept, das man für künftige Generationen bewahren müsse, falls alles naturwissenschaftliche Wissen durch eine Naturkatastrophe zerstört würde: »Alles besteht aus Atomen, kleinen Teilchen, die sich unaufhörlich bewegen.«

Diese Vorstellung geht auf das 6. Jahrhundert vor Christus zurück, als die beiden griechischen Philosophen Leukippos und Demokrit auf die revolutionäre Idee kamen, dass alle Materie aus unteilbaren, ewigen Teilchen besteht, die sie »Atome« nannten (von griechisch *átomos* »unteilbar«). Da diese Idee nicht experimentell bewiesen werden konnte, blieb sie während der nächsten 21 Jahrhunderte eine rein metaphysische Spekulation, die noch dazu von der aristotelischen Lehre der vier Elemente in den Schatten gestellt wurde. Aristoteles beschrieb die Welt als bestehend aus Wasser, Luft, Erde und Feuer. Erst um etwa 1600 wurde die Vorstellung von den Atomen wieder aufgegriffen. 1869 hatte der Russe Dimitrij Mendelejew den genialen Einfall, die chemischen Elemente nach ihrem Atomgewicht zu ordnen. Wie durch Zauberhand ordneten sich die Elemente mit den gleichen chemischen Eigenschaften in Siebenergruppen untereinander. So entstand das Periodensystem der Elemente. Diese Anordnung lässt sich nur begreifen, wenn man davon ausgeht, dass jedes chemische Element nur aus einem Typ von Atomen besteht. Als Mendelejew seine Tafel aufstellte, kannte man erst 63 Elemente von den 92, die bis heute bekannt sind. Mendelejew aber hatte so viel Vertrauen in sein System, dass er einige Stellen freigelassen und die Entdeckung dieser Elemente vorhergesagt hatte. Die Geschichte gab ihm Recht: Nach und nach wurden die leeren Kästchen mit neuen Elementen gefüllt.

M. Die Vorstellung von unteilbaren und ewigen Teilchen, welche die letztendlichen »Bauteile« der Wirklichkeit sein sollten, hat zur Zeit der ersten griechischen Philosophen wahrscheinlich bereits in Indien existiert, da die buddhistischen Denker Zeit und Mühe darauf verwandten, sie zu widerlegen. Um unteilbar zu sein, sagten sie, muss ein Teilchen auf einen Punkt ohne Dimension reduziert werden.

T. Das kann aber nur ein sprachliches Bild sein, denn sicher kannten die buddhistischen Philosophen damals die Definition eines mathematischen Punktes nicht.

M. Und doch ist diese Vorstellung Teil ihrer Argumentation: Stellen wir uns vor, dass die Materie aus unteilbaren »letzten« Einheiten besteht. Dazu wäre es aber nötig – sagen sie –, dass diese Teile sich zusammenschließen. Können zwei unteilbare Partikel zueinander in Kontakt treten? Dabei muss man im Hinterkopf behalten, dass es sich hierbei auch um ein Gedankenexperiment handelt.

Stellen wir uns also vor, wie zwei unteilbare Partikel miteinander in Kontakt treten. Treten nun alle Teile des Partikels auf einmal in Kontakt oder geschieht dies nach und nach? In letzterem Fall würde sich also zunächst beispielsweise die Westseite eines Teilchens mit der Ostseite eines anderen verbinden. Aber wenn diese Partikel eine West- oder Ostseite haben, dann bestehen sie aus Teilen, was bedeutet, dass man nicht mehr von Unteilbarkeit sprechen kann. Wenn sie aber weder Teile noch Seiten haben, haben sie auch keine Dimensionen. In diesem Fall ist die einzige Kontaktmöglichkeit zwischen den Teilchen die Verschmelzung. Wenn aber zwei Teilchen miteinander verschmelzen können, warum dann nicht auch drei oder mehr? Das heißt, dass sogar ein Berg oder das ganze Universum zu einem Teilchen verschmelzen könnten. Die gesamte sichtbare Realität um uns herum könnte sich also weder zusammenschließen noch wieder teilen. Die Absurdität dieser Vorstellung führte dazu, dass die buddhistische Philosophie den Standpunkt vertritt, dass das Universum nicht aus punktförmigen, unteilbaren Einheiten besteht.

T. Dann treten die Partikel eben nicht in Kontakt, wenn sie die Materie formen.

M. In diesem Fall, so fahren die buddhistischen Denker fort, gibt es einen leeren Raum zwischen zwei Teilchen, und da sie keine Dimensionen haben, können sich unendlich viele Partikel, ja sogar das ganze Universum, zwischen diese beiden Teilchen schieben. Wenn wir uns auf diese Weise vom Konzept der unteilbaren Partikel verabschieden, öffnet sich in unserem Geist eine Tür, und wir erkennen, dass die Wirklichkeit keineswegs von »letzten« Einheiten geformt wird, die aus sich selbst entstehen, also unabhängig sind und eine dauerhafte Existenz haben.

T. Diese ausgefeilten Denkwege, die du hier aufzeigst, sind umso erstaunlicher, weil sie scheinbar unabhängig vom Denken der griechischen Philosophen entstanden sind. Vor ihnen oder nach ihnen?

M. Ungefähr zur selben Zeit, im 6. Jahrhundert vor Christus. Diese Sicht der Dinge wurde später, etwa bis zum 7. Jahrhundert nach Christus, weiter ausgearbeitet, vor allem in den gelehrten Debatten zwischen Hindus und Buddhisten oder zwischen den Weisen der verschiedenen buddhistischen Schulen. Tatsächlich hat der Buddha seine Belehrungen immer auf die Fähigkeiten seines Publikums abgestellt. Zu manchen Schülern sagte er, dass die Realität existiere, zu anderen, dass sie zwar »wahrnehmbar, aber irreal« sei. Immer jedoch stößt man bei diesen Denkwegen auf den therapeutischen Ansatz, den sie verfolgen. Es geht letztlich darum, uns von den Leiden zu befreien, die durch unsere Anhaftung an eine feste, beständige Realität entstehen. Daher ist diese Art von Argumentation ein wichtiger Bestandteil auf dem Weg zur Erleuchtung.

T. Wissenschaftlich ausgedrückt könnte man sagen, dass die Materie als »irreal« betrachtet werden kann, weil ihre Realität nicht beständig ist und sie jederzeit in Energie umgewandelt werden kann.

Da die Idee vom Atom in Griechenland und Indien etwa zur selben Zeit entstanden zu sein scheint: Weiß man, ob es Kontakte oder wechselseitige Einflüsse zwischen diesen beiden Kulturen gab? Und wer sind der Demokrit und Leukippos Indiens?

M. Zunächst der Buddha selbst, vor etwa 2500 Jahren. Und dann seine wichtigsten Exegeten: Nagarjuna und Aryadeva im 2. Jahrhundert, Vasubandhu im 4. Jahrhundert und Chandrakirti im 8. Jahrhundert wandten sich zu ihrer Zeit dieser Fragestellung zu. Vor ihrem Auftauchen betrachtete der Hinduismus die Welt als aus mikroskopisch kleinen, benachbarten Elementen zusammengesetzt. Andere wiederum – darunter auch Buddhisten mit einer materialistischeren Ausrichtung als die eben zitierten – dachten, dass die Atome wie die Körner in einer Hand voll Getreide angeordnet seien. Der Kontakt erfolge nur an einigen wenigen Stellen. Sie glaubten, dass uns die Materie nur deshalb ohne Brüche erscheine, weil die Mittel zu ihrer Untersuchung noch nicht ausreichend entwickelt seien. So wie eine Wiese, die man von weitem sehe, nichts weiter ist als ein grüner Fleck, kommt man aber näher, so kann man die Vielzahl der Gräser unterscheiden.

T. Die Idee von den benachbarten Atomen als Materiebausteinen ist gar nicht so weit weg von dem Standpunkt, den die moderne Physik vertritt. Wir wissen heute, dass ein Atom fast nur aus Leere besteht. Im Kern sitzen zwar 99,9 Prozent der Atommasse, aber gleichzeitig nimmt dieser nur ein Millionstel eines Milliardstels von seiner Ausdehnung ein. Der Rest ist nur eine

Wolke aus hin und her schießenden Elektronen. Die Materie erscheint uns als zusammenhängend, weil unser Auge auf der atomaren Ebene mit Abmessungen von einem milliardstel Millimeter nichts mehr wahrnehmen kann.

M. Was nun den Austausch zwischen buddhistischen und griechischen Philosophen betrifft, so gab es einen solchen ganz sicher. Bezeugt ist er auf jeden Fall für die Zeit von 163 bis 115 vor Christus zwischen Menander, dem griechischen König Baktriens, und Nagasena, einem buddhistischen Mönch.[26] Aber welcher Art und wie intensiv diese Kontakte waren, ist nicht leicht festzustellen. Auf jeden Fall ist das Konzept Demokrits von allen am wenigsten entwickelt. Er spricht sogar von Atomen mit »Häkchen«, die sich je nach Affinität aneinander heften. Der große buddhistische Logiker des 5. Jahrhunderts, Dignaga, würde hier sicher einwenden, dass die Atome, wenn sie Häkchen hätten, Teile hätten und somit nicht mehr unteilbar seien.

T. Die ursprünglich philosophische Idee vom Atom wurde also nach und nach zum wissenschaftlichen Konzept. Doch bis zur Mitte des 19. Jahrhunderts konnte sich die Wissenschaft nicht vom Postulat der beiden Griechen, Demokrit und Leukippos, lösen, das besagte, dass die Atome die körperhaften, unteilbaren Einheiten sind, aus denen die Materie besteht. Die Arbeiten Mendelejews aber schienen auf etwas anderes hinzudeuten. Allein die Tatsache, dass die chemischen Elemente im Periodensystem nach ihrem Atomgewicht in verschiedene Kategorien eingeteilt werden konnten, ließ vermuten, dass diese Atome einen unterschiedlichen Grad an Komplexität aufwiesen, wobei die schwersten gleichzeitig die komplexesten zu sein schienen. In diesem Fall aber musste das Atom eine innere Struktur haben, die aus noch kleineren Teilchen bestand. Die darauf folgenden Experimente bestätigten diese Ansicht. Der Engländer Joseph Thomson widmete sich der Untersuchung elektrischer Entladungen in Gasen und fand 1897 heraus, dass das Atom punktförmige Teilchen enthielt, von denen jedes eine negative Ladung trug und deren Anzahl ihrem Atomgewicht entspricht. Das neue

Teilchen nannte man »Elektron«, was im Griechischen für »Bernstein« steht. Die Griechen hatten nämlich entdeckt, dass der Bernstein eine seltsame Anziehungskraft entwickelt, wenn man ihn mit einem Wolltuch reibt.

Aber die erstaunlichsten Neuheiten kamen 1910 von Ernest Rutherford, einem anderen englischen Physiker. Er hatte hauchdünne Goldfolien mit hochenergetischen Teilchen beschossen und festgestellt, dass die meisten dieser Teilchen die Goldplättchen einfach durchquerten, als ob da gar nichts wäre. Ein winziger Bruchteil (0,01 Prozent) der Teilchen aber wurde abgelenkt und bewegte sich zum Ausgangspunkt zurück. Das war, als würde eine Gewehrkugel von einem Blatt Papier aufgehalten! Vor dem Rutherford'schen Experiment glaubten alle Physiker, dass die Atome bei einem festen Objekt fast den ganzen Rauminhalt einnehmen wie Äpfel in einer Kiste, die auch nur wenig Raum ließen. Wenn das aber tatsächlich stimmte, dann hätten alle Teilchen aus dem Rutherford'schen Experiment zurückprallen müssen. Daher musste es im Atom einen dichten, harten Kern geben, der einige der Teilchen abprallen ließ. Dieser Kern durfte aber nur einen geringen Teil des Gesamtvolumens einnehmen, da ja die meisten Teilchen einfach an ihm vorbeiflogen. Wir wissen heute, dass dieser Kern im Verhältnis zum gesamten Rauminhalt des Atoms vergleichbar ist mit einem Reiskorn, das man in ein Fußballstadion legt. Alle Materie, die uns umgibt, dieses Sofa, der Sessel, die Mauern, sind letztlich aus Leere aufgebaut. Der einzige Grund, warum wir wie bei Marcel Aymé nicht einfach durch die Wand gehen können, ist, dass die Atome durch elektromagnetische Kräfte aneinander gebunden sind.

Also haben wir es wieder mit dem Konzept von der Leerheit zu tun. Nicht mit der ursprünglichen Leere, von der wir bereits gesprochen haben, der Leere, aus der schließlich ein ganzes Universum mit all seinem materiellen Inhalt entstehen sollte, sondern der Leere in den Atomen. Das Erstaunlichste aber ist, dass Demokrit und Leukippos ebenfalls von der Leere gesprochen haben, als sie über das Atom nachdachten.

M. Ja, aber diese Leere ist sehr verschieden von der »vollen Leere« der modernen Physik und von der Leerheit des Buddhismus, denn Letztere bezeichnet nicht die Leerheit von »etwas«, sondern die Abwesenheit einer Eigennatur.

T. Nun, auch wenn die Idee vom Atom normalerweise nur zur Beschreibung der Realität auf der Ebene der Atome dient, so haben Demokrit und Leukippos sie doch immer als duales Modell dargestellt, das die ganze Welt erklärt: Die Teilchen und der von Materie leere Raum bilden ein einander ergänzendes Paar und formen untrennbar diese eine Realität. Der griechische Historiker Simplicius beschreibt ihre Vision wie folgt: »Leukippos und Demokrit sind der Auffassung, dass es unzählige Welten in der unbegrenzten Leere gibt, die aus einer unendlichen Anzahl von Atomen geschaffen wurden.«[27] Die griechischen Philosophen dachten, dass die Leere die Atome umgibt, wohingegen Rutherford herausfand, dass die Leere im Innern der Atome herrscht.

M. Das macht letztlich keinerlei Unterschied: Man muss nur das Wort »Atom« durch »Atomkern« austauschen. Der Atomkern ist aber doch auch nicht unteilbar.

T. Nein. Mittlerweile wissen wir, dass der Atomkern aus Protonen und Neutronen besteht, die durch die starken Kernkräfte zusammengehalten werden. Wenn man einmal von ihrer elektrischen Ladung absieht, sind Proton und Neutron sich sehr ähnlich. Das Proton trägt eine positive elektrische Ladung, deren Betrag der negativen Ladung des Elektrons entspricht. Das Neutron hingegen hat – wie sein Name sagt – keine Ladung. Proton und Neutron haben fast dieselbe Masse: Sie sind etwa 2000-mal schwerer als ein Elektron. Das Neutron verleiht der Materie eine gewisse Stabilität und sorgt dafür, dass die Dinge unseres Alltags sich nicht ständig verändern und vor unseren Augen zerfallen. Bestünde der Atomkern ausschließlich aus Protonen, würden die Atome auseinander fliegen, da Teilchen entgegengesetzter Ladung einander abstoßen. Die Bücher auf dem Tischchen hinter dir, die Teetasse auf dem Tisch und die Rosen im Garten würden sofort zerfallen.

Was also die buddhistische Ablehnung von unteilbaren Partikeln betrifft, so geht sie mit einigen Entdeckungen der modernen Physik konform, anderen wiederum läuft sie völlig zuwider. Es gibt zum Beispiel eine so genannte »Standardtheorie«, die für den Augenblick die Eigenschaften der Teilchen in der subatomaren Welt am besten beschreibt. Diese geht von der Existenz unteilbarer[28] Partikel aus, die sie »Quarks« nennt. Die Quarks sind – der Standardtheorie zufolge – die Bausteine der Teilchen. Ihr Entdecker, der amerikanische Physiker Murray Gell-Mann, hat sie 1963 nach James Joyce' Roman *Finnegans Wake* gekauft, weil er einen bestimmten Satz wegen seiner Sonorität liebte: *Three quarks for Muster Mark.* Wie für »Muster Mark«, so sind auch in der Standardtheorie drei Quarks nötig, um ein Proton oder Neutron zu bilden. Die elektrischen Ladungen der Quarks können nur in Bruchteilen angegeben werden ($\pm 1/3$ oder $\pm 2/3$), da ihre Summe ja der Ladung des Protons (+1) oder des Neutrons (0) entspricht.

Die Theorie von den Quarks wird allgemein akzeptiert, da sie die verschiedenen Eigenschaften der bekannten Elementarteilchen, deren Typenzahl mittlerweile in die hunderte geht, schlüssig erklärt. Die Mehrheit dieser Partikel lebt nicht länger als den Bruchteil einer Sekunde. In der uns umgebenden Welt kommen Quarks nicht frei vor. Sie entstehen nur bei Partikelkollisionen in Teilchenbeschleunigern. Wie Mendelejew, der mit seinem Periodensystem die Welt der chemischen Elemente ordnete, so konnte auch Gell-Mann mit seiner Theorie plötzlich Ordnung in den »Zoo« der Elementarteilchen bringen, der in den 60er-Jahren immer mehr ausuferte.

M. Mir scheint das von neuem auf eine verdinglichende Weltsicht hinauszulaufen, die mit der Komplementarität von Wellen- beziehungsweise Teilchennatur und mit der Kopenhagener Deutung der Quantenmechanik nicht mehr viel gemein hat.

T. Der Beweis, dass es Quarks wirklich gibt und dass sie nicht nur theoretische Einheiten sind, die Ordnung in der Welt der Elementarteilchen schaffen, steht allerdings noch aus. In den

60er-Jahren lief die Suche nach den Quarks auf Hochtouren, trotzdem konnte man die Existenz von Teilchen mit Bruchteilsladungen niemals belegen. 1968 beispielsweise benutzte man den 3200 Meter langen Linearbeschleuniger der Universität Stanford dazu, Protonen mit gebündelten, hochenergetischen Teilchen zu beschießen, in der Hoffnung, so endlich einige Quarks freizusetzen. Ohne jeden Erfolg. Doch die Art und Weise, in der diese Teilchen von den Protonen abprallen, lässt vermuten, dass Letztere eine Struktur haben, die aus drei punktförmigen Einheiten besteht.

Warum kann man aber freie Quarks nicht sehen? Stellen wir uns einmal vor, wie die drei Quarks im Proton durch Fäden zusammengehalten werden, die symbolisch für die Wirkung der starken Kernkräfte steht. Unsere Intuition sagt uns, dass, wenn wir an einem dieser Fäden ziehen, dieser reißen und eines der drei Quarks freisetzen wird. Doch damit haben wir vergessen, dass wir beim Ziehen dem Faden schließlich Energie zuführen, die frei wird, wenn er reißt. Da Energie und Materie dasselbe sind, entsteht aus der frei gewordenen Energie ein Paar Quark/Antiquark (das Antiquark besitzt dieselben Eigenschaften wie das Quark, nur seine elektrische Ladung ist entgegengesetzt). Dann geschehen zwei Dinge: 1) Das neue Quark ersetzt dasjenige, das sich losgerissen hat, um so das Proton wieder vollständig zu machen. 2) Das Antiquark tut sich mit dem losgerissenen Quark zusammen und bildet mit ihm ein neues Teilchen, ein so genanntes »Meson«. Wir haben also kein Quark freigesetzt, sondern ein Meson erzeugt. Quarks werden niemals in nicht gebundener Form vorliegen. Wir werden sie also niemals sehen können. Ein Quark aus einem Proton freisetzen zu wollen, wäre, als würde man versuchen, die beiden Pole eines Magneten zu isolieren: Schneidet man den Magneten in der Mitte durch, so liegen in den beiden Stücken keineswegs ein Süd- und ein Nordpol vor, sondern jedes der beiden Stückchen weist nun seinerseits zwei Pole auf.

M. Wenn ein Quark sich mit einem Antiquark zu einem Meson vereinigen kann, verliert es dabei seine Identität. Kann man es da denn als grundlegenden Baustein der Materie betrachten?

T. Genau das behauptet Gell-Mann. Du musst wissen: Um die Eigenschaften von Protonen, Neutronen und hunderten anderer Teilchen adäquat zu beschreiben und die Teilchenwelt logisch zu organisieren, ist es nämlich nicht nötig, noch kleinere Einheiten als die Quarks zu postulieren. Hier kommt wieder das Ockham'sche Rasiermesser zur Anwendung. Wissenschaftlich arbeiten bedeutet, ein Maximum an Fakten mit einem Minimum an Hypothesen zu erklären. Und eine neue Hypothese ist nur dann erlaubt, wenn durch die vorhandenen Theorien nicht alle Fakten erklärt werden können.

M. Für den Moment keine kleineren Einheiten als die Quarks zu brauchen, ist eine Sache; sie zu den fundamentalen »Bausteinen« der Materie zu erklären, die essenziell unteilbar sind, ist etwas ganz anderes. Mithilfe der von Mendelejew vorgenommenen Klassifikation der Elemente in einem Periodensystem kann man die Eigenschaften dieser Elemente mit einem logischen, simplen Schema erklären. Das bedeutet aber nicht, dass die Atome unteilbar sind. Mir scheint, alles, was man über Quarks sagen kann, ist, dass sie durch die Maßnahmen, die uns im Moment zur Verfügung stehen, nicht aus einem Proton zu lösen sind. Heißt das, dass das Quark wesensmäßig unteilbar ist? Hat es eine Dimension?

T. Man hat sie noch nie gesehen. Niemand weiß daher etwas über ihre Dimensionen. Außerdem ist ein Quark mit Sicherheit kleiner als ein Proton, das eine Größe von einem zehntausendstel Milliardstel (10^{-13}) Zentimeter hat. Dass Quarks unteilbar sind, ist natürlich eine Hypothese.

M. Diese Betrachtung des Atoms hat für die Anhänger des »Realismus/Materialismus« natürlich viele angenehme Seiten. Sie liefert eine Menge Erklärungen, die uns erlauben, unser Weltbild mit unserer gewöhnlichen Sicht der makroskopischen Welt in Einklang zu bringen. Doch man darf nicht vergessen, dass auch die Quarks der Welle-Teilchen-Dualität unterliegen. Was unsere Diskussion über den Realitätsstatus der Elementarteilchen betrifft, sind wir also genauso weit wie vorher.

Diese verdinglichende Einstellung, die auf unserer alltäglichen Erfahrung und dem »gesunden Menschenverstand« beruht, gilt im Buddhismus als Ursache für die Kluft, die zwischen der wahren Natur der Phänomene und der Art besteht, in der wir sie wahrnehmen. Viele Wissenschaftler und Philosophen haben immer wieder davor gewarnt. Unermüdlich betonen sie in ihren Schriften, dass eine vereinfachende Sicht der Wirklichkeit oder eine absolutistische Verallgemeinerung der Atomtheorien nicht angebracht ist. Heisenberg selbst sagte, dass die »Atome keine Dinge« sind und dass »die Ontologie des Materialismus auf der Illusion beruhte, dass man die Art der Existenz, das unmittelbar Faktische der uns umgebenden Welt, auf die Verhältnisse im atomaren Bereich extrapolieren könne. Aber diese Extrapolation ist unmöglich.«[29]

Bitbol schreibt, dass seiner Meinung nach alle Phänomene mit der Atomtheorie erklären zu wollen, keineswegs bedeute, dass man damit den Dingen wirklich auf den Grund geht; tatsächlich liefert das atomistische Weltbild nur ein Lektüreschema, das den Phänomenen vorgreift und die experimentellen Aktivitäten, die ihrer Definition der Realität zu Grunde liegen, entsprechend konditioniert«.[30] Und: »Das atomistische Weltbild ist ein spezieller Fall der immer wiederkehrenden Neigung, die Welt der Erscheinungen auf eine Vielzahl von Einzelformen zu gründen.«[31]

Ich zitiere diese Schriften, weil ich damit zeigen will, dass die Kritik am Materialismus/Realismus – wie sie der Buddhismus kennt – auch im wissenschaftlichen Denken eine Rolle spielt, wenn auch nicht die der herrschenden Lehrmeinung. Es ist klar, dass die meisten unserer Zeitgenossen mit der Kopenhagener Deutung der Quantenmechanik und der Nichtlokalität der Phänomene, wie sie sich im EPR-Effekt zeigt, Schwierigkeiten hätten. Wenn die Natur der Phänomene so wenig eindeutig ist, müsste unsere Vorstellung von der grobstofflichen Welt, von uns selbst und unserer Umgebung, sich grundlegend verändern.

Und darauf zielt der Buddhismus ab – nicht nur als Element des Wissens, sondern als Mittel zu einer profunden inneren Wandlung. Die Analyse, die uns die Leerheit der Phänomene aufzeigt, scheint auf den ersten Blick zwar nicht mehr zu sein als ein intellektuelles Spielchen, doch wenn wir das, worauf sie abzielt, erst in direkte Erfahrung umgesetzt haben, ist es uns gelungen, uns aus unserer Haftung an die Welt zu befreien. Dies aber wird die Art und Weise, wie wir unser Leben führen, stark beeinflussen.

6

Wie ein Blitz in einem Sommergewitter

Das Herz der Wirklichkeit ist Vergänglichkeit

Die Vergänglichkeit der Erscheinungen dient nicht nur als Meditationsobjekt, obgleich sie uns deutlich macht, dass wir die Zeit, die uns noch zum Leben bleibt, gut nutzen sollen. Sie ist ebenso ein essenzieller Teil unserer Wirklichkeit. Von ihr hängen letztlich unsere Sicht der Natur der Welt sowie unser Verhalten ab. Gibt es nun dauerhafte Einheiten im Universum? Gibt es sie nicht? Wenn nichts beständig ist, wie kann dann das, was wir die »Dinge« nennen, eine inhärente Existenz haben? Eine entsprechende Analyse muss natürlich bei den Elementarteilchen anfangen, die wir als die Bausteine der Materie betrachten. Diese Analyse muss dann auf den ganzen Kosmos ausgedehnt werden, da auch dieser mit den Urknall beziehungsweise der buddhistischen Theorie von der zyklischen Wiederkehr der Universen ohne Anfang oder Ende einen veränderlichen Charakter bekommt.

MATTHIEU Im buddhistischen Denken hängen die beiden Begriffe des wechselseitigen Entstehens und der Veränderlichkeit der Phänomene eng zusammen. Wir unterscheiden die Veränderlichkeit der grobstofflichen Welt – die Abfolge der Jahreszeiten, die Erosion der Berge, den Übergang von der Jugend zum Alter, die Flüchtigkeit unserer Emotionen – von der subtilen Veränderlichkeit, die sich in der kleinsten denkbaren Zeiteinheit zeigt. In jedem Augenblick, und sei er noch so klein, verändert sich alles, was zu existieren scheint. Wenn wir einsehen, dass Veränderungen dauernd geschehen und unabwendbar sind, dann begreifen wir endlich, dass das Universum nicht aus säuberlich voneinander getrennten, festen Einheiten besteht, sondern aus dynamischen Strömen, die in ständigem Austausch stehen. Wie wir bereits gesehen haben, kann das, was wir »Materie« nennen, verschiedene Aspekte annehmen – Welle, Teilchen oder Masse, Energie. Diese Aspekte schließen sich gegenseitig aus. Dies bedeutet, dass kein Element der Wirklichkeit eine dauerhafte Erscheinungsform hat. Was sagt zum Beispiel die Wissenschaft über die Beständigkeit von Quarks?

THUAN Um die erschreckende Vielfalt der Partikel zu erklären, mussten die Physiker zu verschiedenen Typen von Quarks Zuflucht nehmen. Man charakterisiert sie mit so poetisch klingenden Begriffen wie »Geschmack« und »Farbe«, wobei diese Wörter hier nichts anderes bezeichnen als sehr abstrakte Qualitäten. Sie haben nichts zu tun mit dem Geschmack eines Eintopfs oder dem Blau des Himmels. Man hätte sie genauso gut als »Mut« und »Harmonie« bezeichnen können. Es gibt drei Typen von Quarks. Jedes von ihnen kann zwei Geschmäcker und drei Farben annehmen. Das gibt also achtzehn Sorten Quarks. Die gewöhnliche Materie, aus der die Protonen und Neutronen des Atomkerns sind, also auch unsere Körper oder eine Blume, besteht nur aus zwei »Geschmäckern«, aus *up* (oben) und *down* (unten). Die anderen Typen tauchen nur im Hochenergiebeschleuniger auf. Um also auf deine Frage zu antworten: Die Quarks eines Typs können sehr wohl ihren »Geschmack« ändern. Ein Up-Quark kann zum Down-Quark werden und umgekehrt. Die Quarks können auch den Typ wechseln, aber nur, wenn sie damit auch die elektrische Ladung wechseln.

M. Ein Quark kann sich also verändern.

T. Ja. Und das führt zu entsprechenden Veränderungen in den Protonen und Neutronen, die sie bilden. Wenn ein Up-Quark sich in ein Down-Quark verwandelt, wird das Proton zum Neutron[1] und setzt ein Positron (Antiteilchen des Elektrons) und ein Neutrino frei (Teilchen mit einer Masse gleich null oder vernachlässigbar, das mit der gewöhnlichen Welt höchst selten reagiert; in dem Augenblick, in dem ich hier mit dir spreche, schießen uns Milliarden und Abermilliarden von Neutrinos durch den Körper, die es schon seit den ersten Sekunden des Universums gibt – sie durchqueren uns mehrmals pro Sekunde).

M. Ein Quark ist also weder von Natur aus unveränderlich, noch existiert es ewig. Somit sind wir aber von der Vorstellung eines »letzten« Bausteins schon weit entfernt. Und trotzdem denken die Physiker, dass einige Teilchen ewig wären, wenn man sie sich selbst überließe, eine Situation, die allerdings völlig theoretisch ist und sich in der Natur nicht realisieren lässt.

T. Damit schneidest du die Frage nach der Ewigkeit der Materie an. Tatsächlich kann man die wenigen unter den mehreren hundert bekannten Partikeln, die wirklich ewig »leben« könnten, an einer Hand abzählen. Wenn man sie sich selbst überließe, das heißt, wenn sie nicht ununterbrochen von anderen Teilchen bombardiert würden, könnten das Elektron, das Photon und das Neutrino ewig existieren.

M. Wie will man diese Ewigkeit beweisen?

T. Natürlich kann man die Ewigkeit nicht messen, aber man setzt so hohe Altersgrenzen, dass diese quasi einer Ewigkeit gleichkommen. Für die so genannte »Standardtheorie«, also die Theorie, welche augenblicklich die Welt physikalisch am besten erklärt, ist die Hypothese, dass Elektron, Photon oder Neutrino sterblich sind, nicht relevant. Jüngste Forschungsarbeiten nehmen für das Proton eine Lebensdauer an, die einige hundert Billionen mal höher liegt als das Alter des Universums. Niemand kann dies natürlich experimentell überprüfen, indem er 10^{+30} Jahre wartet, bis er endlich ein Proton »sterben« sieht. Aber die Quantenmechanik besagt auch, dass ein Proton jederzeit zerfallen kann. Wenn also die Lebensdauer des Protons 10^{+30} Jahre ist, braucht man nur 10^{+30} Protonen am selben Ort, so müssten täglich ein paar zerfallen. Zu diesem Zweck haben amerikanische und japanische Physiker ein gigantisches Gefäß mit 5 Tonnen Wasser gefüllt. (Wasser ist eine exzellente Protonenquelle.) Bisher aber hat noch niemand ein Proton von selbst zerfallen gesehen. Das bedeutet, dass es noch länger leben muss, als bisher angenommen wurde. Wenn man den Wert von 10^{+30} Jahren mit einem Menschenleben vergleicht, dann kommt das der Ewigkeit schon sehr nahe.

M. Trotzdem bleibt die Tatsache bestehen, dass es sich dabei nicht um eine wirkliche Ewigkeit handelt.

T. Der andere Bestandteil des Atomkerns, das Neutron, lebt nur etwa 15 Minuten. Dann zerfällt es spontan in ein Proton und setzt dabei ein Elektron und ein Antineutrino frei. Aber da es für immer in den Atomkern eingebunden ist, lebt auch das Neutron ewig. Für unser Wohlbefinden ist das nicht schlecht. Wenn dem nicht so wäre, würde unser Körper innerhalb einer Viertelstunde zerfallen! Die vielen anderen Elementarteilchen, die wir aus den Teilchenbeschleunigern kennen, sind instabil und leben meist nicht einmal so lange, wie es dauert, die Augen zu schließen: eine millionstel Sekunde vielleicht oder noch weniger.

M. Auch wenn das Elektron und das Neutrino theoretisch unsterblich sind, da sie nicht spontan zerfallen, so hindert sie dies doch nicht daran, sich zu verwandeln. Im Übrigen braucht man sie ja nur mit anderen Teilchen zu beschießen, die genügend Energie besitzen, damit sie ihre Natur verändern.

T. Das stimmt. Was ich bisher gesagt habe, bezog sich auf den spontanen Zerfall der Teilchen. Aber man kann diesen Zerfall jederzeit herbeiführen, indem man sie mit anderen Teilchen bombardiert und so eine Reaktion erzwingt. Ein Proton, das auf ein Elektron trifft, wird zum Neutron und setzt ein Neutrino frei. Stellen wir uns ein Photon vor, das von der Sonne stammt: Wenn es auf Materie trifft, auf diesen Tisch beispielsweise, kann es einen Teil seiner Energie verlieren (die in Wärme umgewandelt wird). Also verändert sich seine Natur. Es kann sogar all seine Energie verlieren und verschwinden, während der Tisch die Energie aufnimmt und sich aufheizt.

M. Es verschwindet? Damit erhält seine Unsterblichkeit quasi den Todesstoß! Dann sind doch alle Teilchen veränderlich und verschwinden früher oder später.

T. Ja, das kann man so sagen. Entweder sind die Materieteilchen instabil und zerfallen spontan, oder sie sind stabil, aber die Interaktion mit anderen Teilchen verändert sie oder lässt sie gar verschwinden. Trotzdem: Stabile Materie, die sich selbst überlassen ist, verändert sich nicht. Du wirst niemals erleben, dass sich diese Blumenvase unter deinem Blick in nichts auflöst.

M. Das ist aber letztlich nur eine Frage der Zeit und der Begrenztheit unserer Wahrnehmung. Die Materie, die du als stabil bezeichnest, ändert sich in Wirklichkeit unaufhörlich. Sonst würde ja nichts mehr altern.

T. Ja, tatsächlich. Jedes Ding, das sich selbst überlassen wird, altert mit der Zeit und nutzt sich ab: Der Lack auf den Möbelstücken verliert seinen Glanz, ein Schloss, um das sich keiner kümmert, verfällt zur Ruine. Das ist der berühmte zweite Hauptsatz der Thermodynamik. Er besagt, dass die absolute Menge der Unordnung im Universum immer größer wird oder zumindest nicht abnimmt.

M. Ohne diese Form subtilster Vergänglichkeit würde sich nie etwas ändern, weder jetzt noch in der Zukunft. Wenn ein Ding sich gleich bleibt, und sei dies auch nur für einen kurzen Augenblick, dann wäre es für immer in seinem Zustand festgefroren. Nichts könnte geschehen. Denn die Ursache für die Vernichtung eines Gegenstandes ist letztlich die Tatsache, dass er entstanden ist, dass es ihn gibt. Die Vergänglichkeit ist also Kernstück der Kausalität. Was zählt, ist die Tatsache, dass nichts, kein Elementarteilchen und keine andere Einheit in unserem Universum, von *absoluter* Beständigkeit ist. Das ist ein wichtiger Punkt, wenn man die Natur der Phänomene verstehen möchte. Denn letztlich geht es doch um die Frage, ob die Realität aus dauerhaften Elementen besteht, die aus sich selbst heraus entstanden sind. Wenn das Quark, das du als fundamentalen Baustein der Materie betrachtest (auch wenn es davon schon achtzehn verschiedene Arten gibt), dauerhaft wäre, dann bräuchte es keinen anderen Existenzgrund außer sich selbst. Aber wie Nagarjuna anmerkt: »Wenn die Erscheinungen voneinander unabhängig existierten, wären sie nicht von Ursachen und Bedingungen abhängig. Wären sie aber nicht von Ursachen und Bedingungen abhängig, verlöre das Gesetz von Ursache und Wirkung seine Geltung.« Nichts kann seine eigene Ursache sein, und was einer externen Ursache entstammt, kann keine dauerhafte Existenz haben. Der Buddhismus schließt daraus, dass die Wirklichkeit einem dauernden Wandel unterliegt, und dies nicht nur auf der Ebene der sichtbaren Welt, sondern auch auf der Ebene des unendlich Kleinen, der Zeit und des Raumes. Die Tatsache, dass man Quarks für »fundamentale Bausteine« hält, ist also nur ein mentales Konstrukt, da die Quarks letztlich genauso wenig unwandelbar sind wie das, was aus ihnen besteht.

T. Ich würde noch weitergehen und behaupten, dass die Quarks als Produkte des Geistes betrachtet werden können, die geschaffen wurden, um das Verhalten der Teilchen auf subatomarer Ebene zu erklären.

M. Folglich hat die Realität nicht die Festigkeit, die man ihr zuschreibt.

T. Ganz genau und das in mehrfacher Hinsicht. Zunächst ist die Materie fast leer. Dieser Tisch zum Beispiel erscheint in unseren Augen keineswegs leer und ziemlich solide. Und trotzdem besteht er fast ausschließlich aus Leere.

M. Im Buddhismus gibt es ein Gedankenexperiment, das mit einem Tisch zu tun hat. Dabei geht es aber nicht um die Leere *in* den Atomen, sondern um die Leerheit von einer Eigenexistenz, die *alle Phänomene* aufweisen, also auch der Atomkern. Dazu möchte ich die Worte meines Meisters, Khyentse Rinpoche (1910–1991), übersetzen, der – das sollte man wissen – nur Tibetisch sprach und mit Sicherheit nie auch nur eine Zeile aus einem Werk über moderne Physik gelesen hat: »Wenn wir diesen Tisch betrachten, dann nehmen wir ihn als eine ganz bestimmte und ziemlich solide Sache wahr. Aber ist diese Wahrnehmung mehr als ein simples Etikett, eine Zuschreibung, die unser Geist vornimmt? Nehmen wir also den Tisch und zerschlagen ihn mit dem Hammer unseres Geistes. Zunächst werden daraus eine

Platte und vier Füße, dann Sägespäne und irgendwann schließlich Atome. Diese Analyse der Atome (die wir bereits im letzten Kapitel durchgeführt haben) zeigt, dass es sich dabei nicht um autonome, dauerhafte Einheiten handelt. Wo ist also die Wirklichkeit unseres Tisches hingekommen? Wenn die Atome für sich genommen keine wirkliche Existenz aufweisen, wie können dann viele Atome eine solche haben? Daraus schließen wir, dass die Vorstellung, die wir von diesem Tisch haben, nichts weiter ist als ein geistiges Konzept, das sich nicht auf eine objektiv existierende Wirklichkeit bezieht. Der Tisch erscheint unseren Augen auf eine bestimmte Art und Weise, aber letztendlich hat er keine Eigenexistenz.«

Welche Konsequenzen kann man aus dieser Übung mit dem »geistigen Hammer« ziehen? Der Buddhismus verfolgt ein anderes Ziel als die Physiker. Es geht letztlich darum, unsere Anhaftung an die Wirklichkeit dessen zu verringern, was uns erscheint: die Wesen, die Ereignisse, die Dinge, uns selbst. Denn von dem Moment an, in dem wir an die dauerhafte, wesensmäßige Existenz der Dinge glauben, denken wir, dass sie in sich die Fähigkeit tragen, uns glücklich oder unglücklich zu machen. Wir ordnen Dingen und Wesen bestimmte Merkmale zu – mein oder nicht mein, schön oder hässlich, angenehm oder unangenehm. Diese Merkmale sind ebenfalls nur mentale Etiketten. Dharmakirti schreibt dazu:

> »Wo ein Selbst ist, ist auch das Bewusstsein vom anderen.
> Aus diesem Bewusstsein entstehen Anhaftung und Abneigung.
> Das Zusammenspiel dieser beiden
> bringt alles Übel hervor.«[2]

Vor diesem Hintergrund versucht der Buddhismus also nicht, Masse und Ladung von Teilchen zu bestimmen, sondern vielmehr unsere Vorstellung von Festigkeit und Dauerhaftigkeit der Erscheinungswelt zu erschüttern, um uns so aus der Verstrickung in unsere alltägliche Illusion zu befreien, die unser Leiden verursacht.

T. Zum Thema »Bausteine der Materie« möchte ich noch eine jüngere Theorie ins Spiel bringen, die es sich zum Ziel gesetzt hat, die beiden größten physikalischen Entdeckungen des 20. Jahrhunderts zu vereinen: die allgemeine Relativitätstheorie, die das unendlich Große erklärt, sowie die Quantenmechanik, die sich um das unendlich Kleine dreht. Die scheinbare Unvereinbarkeit dieser beiden Theorien ist eines der größten Hindernisse auf dem Weg zum Verständnis des Universums. Wir bräuchten also eine Theorie der Quantengravitation, die uns erlauben würde, die vier Fundamentalkräfte der Natur (die elektromagnetische Kraft, die starke und die schwache Kernkraft sowie die Schwerkraft) zu einer Superkraft zu vereinen. Diese letzte Theorie, die es uns erlauben könnte, alle Phänomene des Universums zu erklären, ist die von den »Superstrings«.

Diese Theorie besagt, dass die Elementarteilchen keineswegs die fundamentalen Elemente der Materie sind. Diese Rolle nehmen vielmehr winzig kleine »Fäden« ein, die wie Saiten schwingen. Sie haben eine Länge von maximal 10^{-33} Zentimeter, was der Planck'schen Länge entspricht. Vergleicht man die Länge eines solchen »String« (Saite) mit einem Atom, dann wäre das etwa so, als würden wir einen Baum mit dem gesamten Universum vergleichen. Die Materie- und Lichtpartikel transportieren Energie und verbinden so die einzelnen Elemente der Welt. (Das Photon zum Beispiel überträgt die elektromagnetische Kraft, das Graviton die Schwerkraft.) Die Teilchen bewirken, dass die Welt sich ändert. All das aber wäre letztlich nicht mehr als die verschiedenen Schwingungen der Strings. Wie die Schwingungen einer Geigensaite die unterschiedlichsten Töne hervorbringen, so erscheinen die Töne und Harmonien dieser Strings in der Natur, und wir erfassen sie mit unseren Messinstrumenten als Protonen, Neutronen, Elektronen et cetera.

Die Energie der Schwingung bestimmt die Masse des Teilchens. Je energiereicher die Schwingung ist, umso größer ist die

Masse. Die elektrische Ladung sowie die Wechselwirkung der starken und schwachen Kernkräfte hängen von der Art der Schwingung ab. Diese Strings sind grundlegend identisch. Nur ihre Schwingungen unterscheiden sich. So bestünde das Proton aus drei schwingenden Strings, die jeweils einem Quark entsprechen. Wie Musiker, die uns mit einem Stück von Brahms erfreuen, so ergeben die Schwingungen dieser drei Strings zusammen die Musik des Protons. Wenn diese Musik von unseren Messinstrumenten aufgefangen wird, übersetzen diese sie in eine Masse, eine elektrische Ladung und einen Spin. Ein Atom ist eine Kombination von Protonen, Neutronen und Elektronen und verfügt daher über mehr Musiker in seinem Orchester. Also schwingen und singen um uns herum die Saiten, und die Welt wird zur breit angelegten Symphonie.

M. Diese Veränderungen zeigen deutlich, dass die Strings weder Protonen noch Neutronen oder Elektronen sind. Das käme der buddhistischen Aussage über die Materie gleich: Die Merkmale eines Objekts sind diesem nicht eigen. Es existiert nichts weiter als ein sich ständig verändernder Strom, der sich in den verschiedensten Formen manifestiert.

T. Ja. In dieser Theorie haben die Partikel keine Eigenexistenz mehr, da ein einziges String uns verschiedene Gesichter zeigt, je nachdem, wie es schwingt. In einer bestimmten Schwingungsart erscheint es uns als Photon. Ändert es diese, so wird es zum Graviton.

M. Wenn die Teilchen nur noch Schwingungen von Saiten sind, wie sieht es dann mit den Strings selbst aus? Haben sie eine dauerhafte Existenz? Es scheint, als hätten auch die Strings selbst den komplementären Charakter von Welle und Teilchen.

T. Die Strings ersetzen die Quarks als fundamentale Einheiten, aber den experimentellen Bedingungen zufolge weisen auch sie die Welle-Teilchen-Dualität auf. Man denkt sie sich nicht als mathematische Punkte, sondern als unendliche kleine Gebilde mit einer Längendimension – wie extrem dünne Spagetti. Unsere besten Messgeräte zeigen sie nur als Punkt, so klein sind sie. Aber sie haben auch »verborgene« Dimensionen. Eine Version der Theorie besagt nämlich, dass sie in einem Universum mit zehn Dimensionen leben, neun räumlichen und einer zeitlichen. Eine andere Version stellt die Welt der Strings mit 26 Dimensionen dar, 25 räumlichen und einer zeitlichen. Da wir nur drei räumliche Dimensionen wahrnehmen können, nimmt man an, dass die restlichen Raumdimensionen um sich selbst gekrümmt und so klein (10^{-33} cm) sind, dass man sie nicht sehen kann.

M. Und wie stellt man sich die Natur dieser »Saiten« vor?

T. Man könnte sich vorstellen, dass sie durch ihre Energie (Frequenz) und ihre Spannung (wie der Spannung einer Geigensaite) charakterisiert sind. Zwei Strings, die zwar auf dieselbe Art schwingen, aber eine unterschiedliche Spannung haben, können daher zwei verschiedene Teilchen hervorbringen. Ihre Energie wäre nicht mehr dieselbe.

M. Betrachtet man diese Strings wieder als unteilbar oder können sie sich teilen und wieder zusammenschließen?

T. Die Strings führen ein ziemlich angeregtes gesellschaftliches Leben. Sie sind keineswegs isoliert, sondern bewegen sich, interagieren miteinander, schließen sich zusammen oder trennen sich. Dabei kann ihre Länge aber niemals die Planck'sche Länge von 10^{-33} Zentimeter unterschreiten. Die beiden Enden eines Strings können offen bleiben oder sich zu einer Schleife zusammenschließen. Auf diese Weise können sich auch zwei Strings zu einer Schleife zusammenfinden.

M. Führt dieser gedankliche Weg einmal zu einem Ende? Im Buddhismus verschwindet das Objekt am Ende in der Nichtrealität der isolierten Einheiten. Und mir scheint, auch die Vorstellung von den Strings impliziert ein Element der Lokalisierbarkeit, die Vorstellung einer greifbaren Welt, die aus sich selbst heraus und isoliert existiert.

T. Das stimmt. Sobald wir die Teilchen von ihrer inhärenten Existenz befreit haben, ist die Reihe an den Strings.

M. Ist es nicht so, dass man, um den Dingen ihre Wirklichkeit zurückzugeben, mathematischen Denkwerkzeugen wie den Strings eine dingliche Substanz verleiht?

T. Wir sollten nicht vergessen, dass die Theorie von den Superstrings bis jetzt wenig Chancen hat, jemals experimentell bewiesen zu werden, denn dazu wären noch wesentlich größere Energiemengen nötig, als wir sie in den besten Teilchenbeschleunigern erzeugen können. Andererseits ist die Theorie von einem täglich dichter werdenden mathematischen Schleier umgeben, sodass sie sich immer mehr von der Realität entfernt. Wenn die Physik aber nicht im Experiment verankert werden kann, wird sie zur reinen Metaphysik.

M. Ich hatte vor kurzem Gelegenheit, mit Brian Greene[3] zu sprechen, einem String-Spezialisten. Dabei stellte ich ihm die Frage, ob ein String aus sich selbst heraus existieren kann, ohne mit dem Universum verbunden zu sein. Er sagt, dass es »zweifellos keine wie auch immer geartete Form der Trennung zwischen den Strings und dem Universum, das sie bewohnen, gibt, da das Letztere nur ein Reflex des Ersteren ist.«

T. Wenn die Theorie stimmt, kann man sich ein Universum ohne Strings tatsächlich nicht vorstellen.

M. Man könnte sich allerdings fragen, weshalb diese Strings vibrieren.

T. Der Quantenunbestimmtheit zufolge kann ein String niemals völlig ruhen, da man sonst ja seinen Ort und seine Geschwindigkeit mit absoluter Präzision bestimmen könnte, was aber nicht sein kann.

M. Und wie ändert sich der Schwingungsmodus? Nachdem dies das einzige Charakteristikum der »Saiten« zu sein scheint, haben die Strings offensichtlich keine unveränderlichen Eigenschaften? Brian Greene meinte dazu, dass »die Strings aufeinander einwirken können und dass diese Interaktionen ihren Schwingungsmodus verändern«. Dann hängen die Eigenschaften eines Teilchens (Ladung, Masse, Spin) jedoch vom Schwingungsmodus der Strings ab und gehören nicht untrennbar zum Teilchen. Aber auch mit dem String scheinen sie nicht unauflösbar verbunden zu sein, da dessen Schwingungsmodus ja Veränderungen unterworfen ist. Auf diese Frage antwortete Brian: »Vielleicht hast du Recht. Das String ist wie ein Chamäleon. Es kann die Erscheinungsform jedes Teilchens annehmen, da dieses Teilchen ja nichts anderes ist als die Schwingung seines inneren Strings.«

Eine Realität aus Elementen, die nur sich selbst zur Ursache haben, bringt – ob es sich bei diesen nun um Teilchen oder Strings handelt – automatisch mit sich, dass es unveränderliche Entitäten gibt. Aber scheinbar vereinfachen die Strings die Situation ganz erheblich, da mit ihnen die Vorstellung von den festen Eigenschaften der Teilchen stirbt. Andererseits sind sie selbst ja keine »letzten elementaren Einheiten«, da sie ja veränderlich sind. Sie haben zwar die Planck'sche Länge als Eigenschaft, aber Greene meinte diesbezüglich, dass diese Konstante in einem anderen Universum auch andere Werte annehmen könne.

Mir will scheinen, dass die buddhistische Ablehnung eines geteilten, lokalisierbaren und fragmentarischen Universums sich auf unteilbare Einheiten genauso anwenden lässt wie auf Strings, wenn man diese als »letzte Einheiten« sieht. Insofern zeigt der Buddhismus, dass es den rettenden »letzten« Felsen in der Brandung der Wirklichkeit nicht gibt.

T. Diese Vorstellung von einer lokalisierbaren, fragmentarischen Wirklichkeit steht im Kontrast zu dem ganzheitlichen Ansatz der wechselseitigen Bedingtheit. Sie hat letztlich einen Reduktionismus hervorgebracht, der das wissenschaftliche Denken des Westens profund geprägt hat, zum Beispiel durch die Steady-State-Theorie.[4] Reduktionismus heißt, dass das Verhalten des gesamten Universums auf das von Elementarteilchen zurückgeführt wird, deren Existenz man annimmt. Man hofft, dass man das Ganze versteht, wenn man erst die Eigenschaften der Teile begriffen hat. Obwohl das reduktionistische Denken viele Erfolge verbuchen konnte und der Wissenschaft auch enorme Fortschritte gebracht hat, so hat dieser Ansatz doch auch seine Grenzen – wie wir das bei der Diskussion des EPR-Effektes sehen konnten.

Ich möchte aber noch einmal auf das Konzept der Vergänglichkeit zurückkommen. Bisher haben wir ja vor allem über den Aspekt des »Fehlens einer Eigenexistenz« der Materie gesprochen. Aber die Vergänglichkeit ist auch eine wesentliche Eigenschaft eines Universums, das in ununterbrochener Veränderung begriffen ist. Es ist charakteristisch für eine Welt, die nicht mehr aus statischen Objekten, sondern aus dynamischen Strömen besteht, die ständig miteinander interagieren. Diese Vorstellung von ständigem Wandel prägt die gesamte moderne Kosmologie.

Und doch wird diese Idee einer ständigen Entwicklung, die sich aus dem Urknall ergibt, erst seit 1965 akzeptiert, dem Jahr, in dem die fossile Hintergrundstrahlung entdeckt wurde. In den 50er-Jahren hingegen hatte die Vorstellung vom stationären Universum, einer Welt, die sich mehr oder weniger gleich blieb und sich weder in Zeit noch Raum veränderte, mehr Anhänger.[5] Dieser Widerstreit zwischen der Vorstellung von einer unbeweglichen Welt und der Idee kontinuierlicher Veränderung geht auf das 5. Jahrhundert vor Christus zurück. Damals stellten im alten Griechenland Heraklit und Parmenides entsprechende philosophische Theorien auf. Heraklit vertrat die Ansicht, dass das Universum in einem ständigen Werden begriffen ist, dass alles ohne Anfang oder Ende in dauernder Bewegung ist. Parmenides hingegen hielt die Idee des Wandels für unvereinbar mit dem Sein, das für ihn immer nur eines war und als solches ewig und dauerhaft.

M. Für Parmenides wäre daher die Geburt aus dem Nichts heraus möglich, wenn sich irgendetwas veränderte. Sonst könnte ja nichts entstehen, was nicht schon ist. Eine Veränderung ist also definitiv unmöglich. Dieser Standpunkt ist typisch für eine Art des Denkens, die sich an die wahre Existenz der Dinge klammert. Dieses Denken setzt voraus, dass alle Wirkungen bereits in ihrer Ursache vorhanden sind, da ja nichts Neues entstehen kann. Die Hindugelehrten, welche die buddhistischen Weisen mit ähnlichem Gedankengut konfrontierten, erhielten Folgendes zur Antwort: »Wenn die Wirkungen bereits in den Ursachen vorhanden sind, weshalb tragen wir dann nicht Kleider aus Baumwollkapseln?«

T. Aristoteles nahm in seine Kosmologie sowohl Elemente der Stabilität als auch solche des Wechsels auf. Die Veränderung ist für ihn mit der Erde (und dem Mond) verbunden, wo das Leben von Unvollkommenheit, Verschleiß und Tod geprägt war. Wohingegen die Stabilität zur Welt der anderen Planeten gehörte, zur Sonne und den Sternen, die über eine vollkommene, unveränderliche und ewige Welt herrschten. Erst Newton machte mit der Einführung der allgemeinen Gravitationslehre im 17. Jahrhundert endgültig Schluss mit der aristotelischen Trennung zwischen Himmel und Erde: Sowohl der Fall eines Apfels auf der Erde als auch die Bewegung der Himmelskörper um die Sonne folgt dem Gesetz der Schwerkraft. Somit ist der Himmel genauso veränderlich wie die Erde.

M. Was ihn nicht daran gehindert hat, in seiner *Optik* Folgendes zu schreiben: »Es scheint mir wahrscheinlich, dass Gott zu Beginn die Materie aus Teilchen geschaffen hat, die fest, massiv, hart, undurchdringlich und beweglich waren. Sie wiesen Charakteristika wie Form, Größe u. a. auf. […] und waren so hart, dass sie sich nicht abnutzen oder gar zerbrechen konnten. Und keine gewöhnliche Kraft war in der Lage, das, was Gott selbst in der Urschöpfung als ›eins‹ geschaffen hatte, zu teilen.«[6] Auch er hielt also die Idee einer gewissen Beständigkeit im Innern der Dinge aufrecht.

T. Stimmt. Die wichtigsten Protagonisten der westlichen Wissenschaft wie Galileo Galilei, Isaac Newton oder Johannes Kepler waren geprägt von der Idee eines Schöpfergottes, der für ein vollkommenes, unveränderliches und ewiges Universum verantwortlich zeichnete. Manchmal widersprachen ihre wissenschaftlichen Erkenntnisse auch ihrem Glauben. 1915 beispielsweise entdeckte Albert Einstein, dass die Gleichungen seiner Relativitätstheorie ein dynamisches Universum nahe legten, ein Universum, das sich ausdehnte oder zusammenzog, wie ein Stein, den man in die Luft warf und der zur Erde zurückkehren musste. Wenn wir ein statisches Universum annehmen, würde dies bedeuten, wir akzeptierten, dass der Stein in der Luft hängen bleibt. Aus diesem Grund führte Einstein in seine Theorie eine Antischwerkraft ein, um den Effekt der Schwerkraft zu neutralisieren, der für die Ausdehnung des Raumes verantwortlich war. 1929, als Edwin Powell Hubble die Expansion des Universums nachwies, bezeichnete er dies »als den größten Fehler seines Lebens«.

Je weiter die Wissenschaft fortschreitet, umso deutlicher offenbart sie uns, dass das Universum in permanenter Veränderung begriffen ist und dass die Vorstellung von einem unbeweglichen Universum nicht mehr haltbar ist. Der Urknall war es, der uns die Geschichte des Universums bescherte – mit einem Anfang und einem Ende, einer Vergangenheit, einer Gegenwart und einer Zukunft.

M. Natürlich scheint das Universum einen Anfang zu haben, doch wenn man von einer ununterbrochenen Abfolge der Universen ausgeht, dann haben diese einzelnen Universen eine Geschichte, ohne dass es notwendigerweise einen Anfang geben müsste.

T. Tatsächlich ist ein zyklisches Universum möglich. Doch in jedem Fall wurde die Newton'sche Theorie von einem unbeweglichen, unveränderlichen Kosmos mittlerweile als unbrauchbar ausrangiert. Die Sterne werden geboren, leben ihr Leben und verbrennen dabei ihren aus Wasserstoff und Helium bestehenden Kernbrennstoff, dann sterben sie und schleudern ihre mit chemischen Elementen angereicherten Gase ins interstellare Medium hinaus. Durch den Einfluss der Schwerkraft stürzen diese Gase in sich zusammen und bringen eine neue Generation von Sternen hervor. Und so geht das immer weiter. Es gibt Zyklen von Werden und Vergehen, die sich seit Millionen, ja Milliarden von Jahren wiederholen. Die Sonne, die seit 4,5 Milliarden Jahren existiert, also etwa 11,5 Milliarden Jahre nach dem Urknall entstand, ist bereits ein Stern der dritten Generation. Und auch die Galaxien, Gruppen von einigen Milliarden sich ständig verändernder Sterne, müssen sich im Laufe der Zeit verändert haben.

Außerdem gibt es nichts Unbewegliches im Raum. Die Schwerkraft bewirkt, dass alle Strukturen des Universums, Sterne und Galaxien, sich gegenseitig anziehen und aufeinander »zufallen«. Diese Bewegungen kommen zu der Expansionsbewegung des Universums noch dazu. Die Erde ist Teil eines gewaltigen kosmischen Balletts. Zunächst einmal nimmt sie uns mit einer Geschwindigkeit von 30 Kilometern pro Sekunde mit auf ihre jährliche Reise um die Sonne. Diese wiederum nimmt die Erde mit auf ihrer Rundreise durch die Milchstraße – mit 230 Kilometern pro Sekunde. Die Milchstraße wiederum fällt mit etwa 90 Kilometern pro Sekunde auf den Andromedanebel zu. Und das ist noch lange nicht alles. Die lokale Gruppe, zu der unsere Milchstraße und der Andromedanebel gehören, bewegt sich mit etwa 600 Kilometern pro Sekunde auf den Galaxienhaufen der Jungfrau zu. Und dieser wiederum wird von einer gigantischen Ansammlung von Galaxien angezogen, die man »Great Attractor« nennt. Der statische, unbewegliche Sternenhimmel des Aristoteles ist längst tot. Alles ist in Bewegung, im Wandel. Alles ist vergänglich.

Wir haben bereits gehört, dass dies auch für die subatomare Welt gilt. Obwohl die Materie um uns herum so fest und unbeweglich aussieht, wirbeln im leeren Raum der Atome Elektronenwolken herum. Der Raum um uns herum, den wir als leer und ohne jegliche Aktivität erleben, ist in Wirklichkeit von einer unglaublichen Anzahl von »virtuellen« Teilchen durchdrungen, die in einem rasenden Rhythmus entstehen und wieder zerfallen. (Ihre Lebensdauer ist 10^{-43} Sekunden, die Planck'sche Zeit.) In dem Augenblick, in dem ich hier mit dir spreche, finden sich in einem Kubikzentimeter Raum 1000 Milliarden Milliarden Milliarden virtuelle Elektronen. Es gibt also keinen Zweifel: Die Vergänglichkeit ist überall gegenwärtig.

M. Der nächste Schritt ist aus buddhistischer Sicht die Integration dieser Erkenntnis in unsere alltägliche Weltsicht. Der

Buddha sagte: »Wie die Fußspur eines Elefanten alle anderen an Größe übertrifft und daher von jedem leicht gesehen werden kann, so ist die Vergänglichkeit der Dinge das Größte, worüber ein Jünger des Buddha meditieren kann.« Die Vergänglichkeit der makroskopischen Welt ist für alle sichtbar, doch das Nachdenken über die subtile Form der Vergänglichkeit hat vielleicht noch tiefere Konsequenzen. Die Phänomene tragen in sich das Ferment ihrer eigenen Wandlung. Daher gibt es keine unveränderlichen Entitäten im Universum. Und schließlich ist es diese Wandelbarkeit der Dinge und des Bewusstseins, welche den Grundstein legt für den Weg der inneren Transformation, der uns letztendlich zur Erleuchtung führt.

7

Jedem seine Realität: Wenn das Eis des Wissens schmilzt

Dass wir ein und dieselbe Sache unterschiedlich wahrnehmen können, ist für die meisten Menschen nicht schwer einzusehen. Was aber ist die »Natur« der Sache, die sich hinter dem Schleier ihrer Erscheinungsformen verbirgt? Ist sie für uns zugänglich? Wie sieht ihre Realität aus? Für die Physiker, die einen realistisch-materialistischen Standpunkt vertreten, steht fest, dass es eine »wirkliche«, »reine« Natur gibt und dass man sie mithilfe von Elementarteilchen- oder Stringtheorien beschreiben kann, deren Geheimnisse man letztlich enthüllen wird. Andere wiederum denken, dass wir diese verborgene Realität niemals völlig werden ausloten können. Das buddhistische Denken geht von einfachen Erscheinungen aus, die weder real noch nicht existent sind. Diese manifestieren sich und werden von den verschiedenen Wesen auf unterschiedliche Weise wahrgenommen, je nachdem, welche Neigungen diese Wesen in der Vergangenheit angesammelt haben.

MATTHIEU Wenn die Elementarteilchen keine »Dinge« sind, wieso sollte dann eine Gruppe von ihnen dingliche Realität besitzen? Schließlich entsteht die Realität eines Physikers aus der unauflösbaren Verbindung zwischen dem, was er zu erforschen sucht, und den Instrumenten seines Forschens, das heißt seinen Geräten und seinem Denken. Daher hat es auch keinen Sinn zu behaupten, die Erscheinungswelt sei nur ein offenes Fenster, das auf eine unabhängige Realität hinausgeht, die vorbestimmte, ihr fest zugehörige Qualitäten aufweist. Wie würde eine solche

These das Bild, das sich ein Physiker von der makroskopischen Welt macht, verändern?

THUAN Es gibt nur wenige Physiker, die sich ernsthaft mit den philosophischen Konsequenzen der Quantenmechanik auseinander gesetzt haben. Für die Mehrheit der Wissenschaftler ist die Quantenmechanik nur eine Theorie, die einfach gute Ergebnisse bringt. Sie beschreibt mit bislang unerreichter Präzision das Verhalten der Materie auf der subatomaren Ebene und ihre Interaktion mit dem Licht. Daher gilt die Quantenmechanik als effektives Instrument zum Bau von Transistoren, Lasern, Chips, Computern und anderen außergewöhnlichen Dingen, die unser Leben enorm verändert haben. Der Mehrheit der Physiker genügt das. Sie gehen nicht weiter und interessieren sich auch nicht für die philosophischen Grundlagen ihrer Wissenschaft.

M. Ich habe kürzlich einen Kommentar von Jean-Marc Levy-Leblond gelesen, der die Situation ähnlich beschrieb: »Das weitgehende Einverständnis, das die Physiker heute dem Großteil ihrer Theorien entgegenbringen, ob es sich dabei nun um Kosmologie, Teilchenphysik oder statistische Mechanik handelt, darf uns nicht blenden. Es bezieht sich vor allem auf die theoretische Maschinerie, das heißt die Gesamtheit der mathematischen Formulierungen, mithilfe deren unsere Welterfahrung beschrieben wird, und die Rechenprozeduren, die uns erlauben, Erklärungen zu finden oder Voraussagen zu treffen. [...] Aber dieser Konsens lässt eine Menge Fragen im Hinblick auf die Interpretation dieser Theorien und die Bedeutung ihrer Konzepte offen. [...] Hinter der scheinbar einheitlichen Fassade der wissenschaftlichen Gemeinde findet man tief greifende intellektuelle Differenzen, die umso gravierender sind, weil sie nur sehr selten ausgesprochen werden. [...] Diese Verschiedenheit der Auffassungen verbirgt sich meist hinter einer gewissen Gleichgültigkeit und Vorsicht, welche die Wissenschaftler außerhalb ihres Spezialgebietes an den Tag legen.«[1]

T. Diese Situation ist im Grunde widersinnig. Die Quantenmechanik kommt bei der Berechnung der Phänomene immer weiter, wohingegen sie in Bezug auf ihre philosophischen Grundlagen kaum Fortschritte macht. Nur einige wenige Physiker nehmen sich dieses Problems an, darunter die beiden Franzosen Bernard d'Espagnat und Michel Bitbol. D'Espagnat greift auf eine »verborgene Realität« zurück, um bestimmte bizarre Phänomene der Quantenmechanik zu erklären, beispielsweise die »Nicht-Separabilität«[2], von der wir beim EPR-Effekt bereits gesprochen haben. Seiner Ansicht nach beschreibt die Wissenschaft zwar die empirische Realität, aber letztlich gibt sie uns damit nur Hinweise auf eine autonome Realität, die im normalen Raum-Zeit-Kontinuum keinen Platz hat. Diese verborgene Realität ist mit der uns bekannten Physik nicht zu beschreiben und entzieht sich allen Denkkategorien, die wir entwickeln können. Die Nicht-Separabilität verhindert jeden Versuch, die autonome Realität als lokalisierbare Objekte zu beschreiben. Die Konsequenz ist ein berechtigter Zweifel an der »Eigen«-Existenz unseres Raum-Zeit-Gefüges.

M. Diese Vorstellung von einem realen Substrat, das aus sich selbst heraus hinter dem Schleier unserer Wahrnehmung existiert, hat die buddhistische Philosophie stark beschäftigt. Der Buddhismus geht davon aus, dass unser begriffliches Denken die Realität nicht erfassen kann. Die Tatsache, dass diese zwar existiert, aber gleichzeitig keine Eigenexistenz hat, kann von unserem Intellekt nicht verdaut werden. Wir nehmen daher immer an, dass es »etwas« gibt, das existiert. Unsere zusammenhängende Wahrnehmung der Erscheinungswelt gilt uns dabei als Beweis. Und wir nehmen weiterhin an, dass die Experimente der Wissenschaftler uns die Eigenschaften dieses »Etwas« Stück für Stück enthüllen werden. Von diesem Punkt ausgehend ist es nur ein kleiner Schritt hin zu dem Schluss, dass es eine reale, »feste« Welt gibt, da man ja ständig irgendeine ihrer Eigenschaften beobachtet.

T. Tatsächlich hat die Neurobiologie bewiesen, dass die »Realität« nur den Angehörigen einer Art, die mit dem gleichen Nervensystem ausgerüstet sind, auch gleich erscheint. Andere Arten wiederum erleben die Wirklichkeit ganz anders. Forschungen an Fischen, Vögeln und Insekten zeigen, dass deren Farbwahrnehmung ganz verschieden ist von derjenigen des Menschen. Unsere Realität wird daher von unserem Wahrnehmungsapparat ganz entscheidend beeinflusst.

M. Wenn man eine dieser Wahrnehmungsformen analysiert, beispielsweise die menschliche, kann man letztlich nur eine Aussage treffen, nämlich die, dass unter bestimmten Bedingungen bestimmte Phänomene reproduzierbar wahrgenommen werden. Somit ist aber klar, dass das »Ding« seinen Status eines geistigen Konzepts nicht hinter sich lassen kann. Diese Experimente haben niemals etwas gezeigt, was man als »wirkliche«, aus sich selbst heraus existierende Realität mit untrennbar zugehörigen Eigenschaften bezeichnen könnte. Wenn wir mit den Daumen tausendmal auf unsere Augäpfel drücken, sehen wir tausendmal zwei Halbmonde. Und trotzdem hat dieser Doppelmond keinerlei reale Existenz.

T. Bernard d'Espagnat beschreibt diese Realität mit dem Bild eines Regenbogens, der von den Bewohnern einer mitten in einem Fluss gelegenen Insel wahrgenommen wird. Dieser vielfarbige Bogen erscheint ihnen ebenso real wie alles, was er überspannt. An einem Ende steht eine Pappel, am anderen ein Bauernhof. Die Bewohner der Insel zweifeln nicht an der Realität des Regenbogens. Sie glauben daran, dass er da ist, auch wenn sie die Augen schließen oder selbst nicht mehr anwesend wären. Sie glauben, ihn an exakt demselben Ort wie vorher wieder zu finden. Könnten sie aber die Insel verlassen und mit dem Wagen herumfahren, würden sie bald bemerken, dass der Regenbogen keinen fixen Ort hat und dass seine Enden keineswegs immer bei der Pappel und beim Bauernhof liegen. Die Position des Regenbogens hängt vom Betrachter ab.

Dieser Vergleich zeigt sehr schön, dass auch makroskopische Objekte keine inhärente Existenz aufweisen und dass der Betrachter die Art und Weise bestimmt, wie sie ihm erscheinen. Wir haben bereits gesehen, dass in der subatomaren Welt der Betrachter festlegt, ob das beobachtete Phänomen als Welle oder Teilchen erscheint. Die Realität, in der wir leben, ist zwar empirisch messbar. Doch die unabhängige Realität des Beobachters ist verborgen. Sie entzieht sich uns.

M. Es stimmt, dass keine Theorie eine Realität erfassen könnte, die vom Denken völlig unabhängig ist. Das bedeutet aber, dass die Behauptung einer *wahren* Realität letztlich eine rein metaphysische Spekulation ist. Da sie dem Denken auf immer unzugänglich bleibt, ist sie genauso irreal wie eine geometrische Figur, die gleichzeitig Quadrat und Kreis ist.

Das Beispiel des Regenbogens wird im Buddhismus viel benutzt. Man sagt, dass die gewöhnlichen Wesen, die sich an die Existenz der Realität klammern, Kindern vergleichbar sind, die dem Regenbogen hinterherlaufen in der Hoffnung, ihn zu fangen. Der leuchtende, aber ungreifbare Regenbogen steht auch für die Einheit von Leerheit und Erscheinungswelt und das abhängige Entstehen im Allgemeinen: Er entsteht aus dem Zusammentreffen eines Regenschleiers mit den Sonnenstrahlen, und doch entsteht dabei nichts wirklich. Er verschwindet, sobald eines seiner bedingenden Elemente verschwindet, und trotzdem hört nichts tatsächlich auf zu bestehen. Die Entstehung eines Regenbogens ist auch nicht auf Unterstützung einer »verborgenen Realität« angewiesen. Mein Meister, Khyentse Rinpoche, verband diese Betrachtung über die Natur der Erscheinungswelt mit Belehrungen über die kontemplative Praxis: »Alle Phänomene ähneln dem Regenbogen: Sie sind frei von jeder greifbaren Realität. Sobald man die wahre Natur der Wirklichkeit erfasst hat, also verstanden hat, dass sie leer ist, sich aber trotzdem als Erscheinungswelt manifestiert, ist der Geist vom Zugriff der Illusion befreit. Sobald ihr zulasst, dass eure Gedanken sich auflösen, wie sie entstanden sind, ziehen sie über euren Geist hinweg wie ein Vogel über den Himmel: ohne die geringste Spur zu lassen.«

Wird die »Realität« unserem Verständnis also für immer verborgen bleiben? Ja, wenn wir darauf bestehen, dass die Welt der

Erscheinungen aus »Dingen« besteht, die aus sich selbst heraus existieren. Nein, wenn wir uns auf die Suche nach ihrer wahren Natur machen, also das Fehlen einer Eigenexistenz.

T. Etwas stört mich: Wenn es hinter der Welt der Erscheinungen keine Realität gibt, weshalb nehmen wir dann alle mehr oder weniger dasselbe wahr? Wenn die Eigenschaften der makroskopischen Welt – wie die Position des Regenbogens im Raum – teilweise eine Konstruktion unseres Geistes sind, weshalb laufen dann die Experimente, die wir durchführen, gleich ab und wieso sind wir uns über ihr Wesen einig? Wenn die Position im Raum teilweise ein Reflex unserer Subjektivität ist, dann müsste dies auch für Raum und Zeit gelten, da Einstein ja bewiesen hat, dass diese beiden eng verbunden sind. Wie erklärst du dir, dass verschiedene Personen sich darüber einig sind, dass ein Objekt in ihrem Alltag eine bestimmte Position einnimmt, die alle gleich wahrnehmen?

M. Deine Frage betrifft zwei verschiedene Aspekte unseres Lebens: einmal die letztendliche Natur der Erscheinungen und einmal die Art, in der wir sie wahrnehmen. Die wahre Natur der Phänomene ist, ganz egal, wie wir sie erfahren, ihre Leerheit von einer inhärenten Existenz – oder ihre wechselseitige Bedingtheit. Mit Subjektivität hat das nichts zu tun. Die Erfahrung beweist, dass die Dingwelt nicht völlig inexistent ist. Nur die Art und Weise, in der sie existiert, verdient eine genauere Betrachtung. Auf dieser Ebene stößt aber der Verstand schnell an seine Grenzen, da er die letztendliche Natur, Existenz und Nichtexistenz, nicht mit seinen gewohnten Denkmustern erfassen kann. Vom Intellekt her kann also über die Natur der Erscheinungen nicht »entschieden« werden. Da die Erleuchtungserfahrung aber alle Denkmuster hinter sich lässt, ist es ihr möglich, die Realität direkt wahrzunehmen, auf nicht duale und nicht begriffliche Weise. In den Prajnaparamitra-Versen heißt es: »Die Erscheinungen entstehen weder noch vergehen sie; sie sind nicht existent noch nicht existent; sie kommen und gehen nicht; sie sind nicht eines und nicht viele: Sie sind jenseits aller begrifflichen Definition.«

Die Art, in der wir die Erscheinungswelt erfahren, hängt von unserem Bewusstsein ab, da dieses Teil der wechselseitigen Verflechtung ist. Warum aber nehmen Wesen, die zu einer Art gehören, ihre Umwelt fast identisch wahr? Wenn man sich sagt: »Jedes Mal, wenn ich dieses Phänomen wahrnehme, erfahre ich es auf dieselbe Art und Weise. Die ganze Welt erfährt es auf diese Art und Weise«, dann heißt das ja noch nicht, dass die wahrnehmbaren Eigenschaften dieses Phänomens unauflöslicher Bestandteil seiner Natur sind. Die scheinbare Stabilität einer bestimmten Erfahrung ist das Ergebnis eines ständigen Zusammenspiels zwischen Bewusstsein und einer bestimmten Gruppe von Phänomenen. Im Buddhismus gilt die Art, in der *wir* etwas wahrnehmen, als etwas ganz Besonderes. Dass die Menschen die Welt mehr oder weniger gleich wahrnehmen, liegt an der Tatsache, dass ihr Bewusstsein und ihr Körper ähnlich – sagen wir mal – konfiguriert sind. Der Erfahrungsbereich eines Menschen unterscheidet sich allerdings von dem eines Insekts, diesen wiederum nimmt ein Vogel ganz anders wahr.

T. Die Neurobiologen sagen ganz konkret, dass die Welt von den verschiedenen Tierarten völlig unterschiedlich wahrgenommen wird. Ihre Augen sind auf Licht bestimmter Wellenlängen abgestimmt, die für Menschen mitunter unsichtbar sind. Ein Hund sieht beispielsweise im Dunkeln immer noch relativ gut, weil seine Augen für Infrarotlicht empfindlicher sind als unsere. Eine Taube hingegen nimmt ultraviolette Strahlung wahr, die wir überhaupt nicht sehen können. Fledermäuse orientieren sich nicht mit dem Gesichtssinn, sondern mit Ultraschallwellen, die sie selbst aussenden und wieder empfangen. Ihre Welt dürfte sich also von der unseren wesentlich unterscheiden. Die Biologen glauben, dass diese Unterschiede Ergebnis einer natürlichen Selektion sind: Jede Art entwickelt die Wahrnehmungsmechanismen, die für ihre spezifische Umwelt am geeignetsten sind, weil sie ihr im Kampf um Überleben, Reproduktion und Verbreitung einen Vorteil verschaffen.[3]

M. Du sprichst davon, dass man dasselbe Objekt am selben

Ort wahrnimmt. Doch schon die Konzepte von »Objekt« oder »Ort« unterscheiden sich je nach dem Wesen, das sie wahrnimmt. Die relative Ähnlichkeit im Funktionieren der Sinne und des Bewusstseins der Wesen führt zu Wahrnehmungen, die sich manchmal gleichen, dann wieder unterscheiden. Keine der Wahrnehmungen aber hat den Charakter des Letztendlichen. Im *Samidharaja-Sutra* sagt der Buddha:

»Augen, Ohren und Nase sind keine verlässlichen Instrumente der Erkenntnis,
Genauso wenig wie die Sprache oder der Körper.
Wenn die sinnlichen Fähigkeiten uns die letztendliche Wahrheit enthüllen könnten,
Wozu bräuchten wir dann den erhabenen Mittleren Weg?«

In buddhistischen Texten wird häufig das Beispiel eines Glas Wassers erwähnt. Wir sehen es als ein Getränk oder eine Flüssigkeit, mit der wir uns waschen können, ein an Tollwut Erkrankter hingegen betrachtet es mit Schrecken. Für einen Physiker mit seinem Elektronenmikroskop ist es eine Ansammlung von Molekülen, für den Fisch seine Wohnstatt.

T. Ein Anhänger des Materialismus/Realismus würde dir nun antworten, dass es trotzdem hinter all diesen unterschiedlichen Wahrnehmungen ein gemeinsames Substrat gäbe und dass das Wasserglas eine eigene Realität hätte.

M. Es ist natürlich, dass man glaubt, hinter alldem müsse eine Wirklichkeit stecken, die durch sich selbst definiert ist. Aber ist das denn wirklich der Fall? Es geht ja nicht darum, die Realität unserer Umwelt zu leugnen oder sie als pure Projektion des Geistes hinzustellen. Ich möchte nur sagen, dass es keine Realität »an sich« gibt. Die Phänomene existieren ausschließlich in Abhängigkeit von anderen Phänomenen, die ihrerseits wieder von etwas abhängen. Das gilt für die Partikel genauso wie für das Bewusstsein.

Was bedeutet das Wasser für eine Fledermaus? Eine akustische »Oberfläche«, die manchmal glatt, manchmal gewellt ist? Wie Thomas Nagel[4] behauptet: Obwohl wir immer wieder versucht haben, die Welt so nachzubauen, wie Tiere sie erleben, müssen wir als Menschen wohl darauf verzichten, die Welt mit den Augen einer Fledermaus zu sehen, auch wenn wir durchaus in der Lage sind, ihren Wahrnehmungsapparat bis ins kleinste Detail zu beschreiben. Das theoretische Verständnis dessen, wie die Fledermaus mit Ultraschall navigiert, vermittelt uns keinerlei Eindruck von ihrem Erleben. Genauso wenig wie eine technische Beschreibung von Seiten eines Physikers einem Blinden das Erlebnis der Farbe »Rot« vermittelt.

Mit den Augen eines Menschen gesehen, der in die dunklen Tiefen des Ozeans taucht, ist Wasser etwas anderes als ein leerer Raum, der im Grunde dem am meisten ähnelt, was ein Astronaut erlebt, wenn er im Zustand der Schwerelosigkeit sein Raumschiff verlässt? In diesem Fall besitzt das Wasser keine seiner üblichen Charakteristika mehr.

Ein Erwachter, ein Buddha, sieht Wasser als die Vereinigung von Leerheit und Erscheinungswelt. Nur diese letztere Sicht gilt als völlig korrekt, da keine andere einer gründlichen Analyse standhält. Jede andere Wahrnehmung des Wassers entsteht durch unsere gewohnheitsmäßigen Tendenzen, die wir in zahllosen Leben angesammelt haben. Diese Tendenzen sind Frucht unserer Unwissenheit und unserer Verwirrung. Wenn diese Verwirrung sich auflöst, erkennen wir, dass die zahllosen Erscheinungsformen keinerlei eigene Existenz haben und dass ihre letztendliche Natur die Leerheit ist. Das bedeutet nicht, dass damit die Erscheinungswelt verschwindet, aber von diesem Augenblick an wird sie als das Spiel der grenzenlosen Reinheit der Phänomene wahrgenommen. Man spricht hier von »grenzenloser Reinheit«, weil die gewöhnlichen Unterscheidungen, die unser Geist vornimmt, die Einteilung in schön und hässlich, rein und unrein, sich in die nicht duale Erkenntnis der letztendlichen Natur der Phänomene auflöst. Die Gewohnheitswelt, die wir »unrein« nennen, ist letztlich nur das Produkt einer verächtlichen Haltung der Welt gegenüber. Sie ist so wenig real wie der verführerische See einer Fata Morgana. Die Unwissenheit selbst ist ein simpler Schleier, vergänglich und irreal. Wenn man sich dieser Tatsache bewusst wird, verschwindet jede Form »unreiner« Wahrnehmung.

T. Aber eine Frage bleibt: Was ist die Basis dieser vielfältigen Wahrnehmungen?

M. Im Buddhismus kann diese Basis kein Objekt sein, das über eine ihm innewohnende Existenz verfügt. Genauso wenig aber stellt die reine Leerheit eine hinreichende Basis für die Vielzahl der Erscheinungsformen dar.

Nehmen wir einmal den ersten Fall: Es gäbe also eine Grundlage mit einer realen Existenz. Zuerst einmal können wir die Idee als absurd verwerfen, dass zwei unterschiedliche Wahrnehmungen auf zwei unterschiedliche autonome Objekte hindeuten. Wenn dies der Fall wäre, so hätten die beiden Wahrnehmungen keine gemeinsame Grundlage, und es gäbe zwischen ihnen keinerlei Beziehung – so wie es keinerlei Beziehung gibt zwischen unserer Wahrnehmung einer Vase und einer Säule.

Könnte eine Eigenschaft des Objekts (wie zum Beispiel das Flüssigsein des Wassers) die Grundlage der Wahrnehmung sein? Wenn das Wasser sich aus sich selbst heraus definierte, dann würden seine Eigenschaften von allen Wesen gleich wahrgenommen, unabhängig von den kognitiven Fähigkeiten oder – wie der Buddhismus sagt – von den karmischen Tendenzen des Einzelnen. (Der Umkehrschluss gilt hier nicht, denn dass wir alle ein Phänomen auf die gleiche Weise wahrnehmen, bedeutet nicht, dass es aus sich selbst heraus existiert.) Der Buddhismus geht davon aus, dass das Bewusstsein im Zustand tiefer Meditation eine Welt »ohne Form« wahrnimmt. In dieser Welt erfährt das Bewusstsein den Raum beziehungsweise sich selbst. In einer solchen Welt hat die Eigenschaft »flüssig« jeden Sinn verloren.

Das Wasser kann aber auch nicht einfach die Projektion eines Geistes mit einer Eigennatur sein, da das Subjekt sich in Beziehung zum Objekt definiert, und wenn das Subjekt (der Geist) wirklich existierte, dann müsste auch das illusorische Objekt, das er projiziert, eine reale Existenz haben. Entweder sind beide real, oder beide sind es nicht.

Im zweiten Fall, das heißt, wenn die Grundlage unserer Wahrnehmung vollkommen leer wäre, hätten die Wahrnehmungen keine Ursache. Dann aber könnte sich nichts, auch nicht der leere Raum, in irgendeiner Weise manifestieren. Oder Blumen würden am Himmel wachsen.

Also kann die Basis der Erscheinungen weder ein Objekt mit Eigenexistenz noch die reine Leerheit sein. Nur eine »einfache Erscheinung«, die weder äußeres Objekt noch inneres Bewusstsein ist, würde dieser Analyse widerstehen.[5] Wir kommen also wieder auf die unauflösbare Einheit von Erscheinungswelt und Leerheit zurück, welche die Extreme von wirklicher Existenz oder purem Nichts aufhebt. Die Untrennbarkeit der beiden Wahrheiten – der relativen Wahrheit der Erscheinungen und der letztendlichen Wahrheit ihrer Leerheit – ist die einzig mögliche Form der Wirklichkeit. Und sie nimmt ein erleuchtetes Wesen wie der Buddha wahr.

Es ist unbestreitbar, dass das äußere Objekt, das in einem bestimmten Augenblick wahrgenommen wird, nicht nur ein Produkt unseres Geistes ist. Und doch ist die Gesamtheit unserer »Landschaft«, das heißt unser Weltbild, das Ergebnis von bestimmten geistigen Tendenzen, die wir seit anfangsloser Zeit angesammelt haben und die sich nun verwirklichen. Dass die einzelnen Arten eine mehr oder weniger ähnliche Wahrnehmung ihrer Umwelt aufweisen, liegt an der Verwirklichung dieser Tendenzen.

Da nichts aus sich selbst heraus existiert, sind die einzelnen Wahrnehmungsformen nicht unvereinbar und können zugleich existieren, ohne sich gegenseitig auszuschließen. Die verschiedenen Arten leben also parallele, aber voneinander verschiedene »Irrealitäten«. So entsteht die unterschiedliche Wahrnehmung dessen, was wir »dasselbe Glas Wasser« nennen. Trotzdem müssen wir uns klarmachen, dass »dasselbe« nicht heißt, dass es hinter dem halb transparenten Bildschirm unserer Wahrnehmungen ein »wirkliches« Glas Wasser gibt. »Dasselbe« bedeutet hier, dass die Art und Weise, in der die verschiedenen Bewusstseinsformationen funktionieren, im Laufe der vielen gelebten Existenzen zu ähnlichen Kristallisationen führt, sodass die gegenseitig sich bedingenden Phänomene auf ähnliche, nicht auf identische Weise wahrgenommen werden. Obwohl auch diese Kristallisationen keine eigene Existenz aufweisen, so spiegeln sie doch einen bestimmten Prozess wider, in dem aus Wahrnehmungen herrührende Denkweisen sich verfestigen. Da die Bewusstseinsformationen einer Art seit langer, langer Zeit ähnliche Wahrnehmungsmuster hervorbringen, ähneln sich auch die Kristallisationen, die sie auslösen. Ein Geist, der sich an die Vorstellung einer außerhalb von uns real existierenden Welt klammert, hat mit so einem Weltbild natürlich gewisse Schwierigkeiten.

T. Das soll aber doch nicht heißen, dass die Welt nicht hier wäre, wenn es uns nicht gäbe?

M. Aber nein, natürlich nicht! Auch wenn die buddhistische Schule des Cittamatra (Nur-Geist) behauptet, dass nur der Geist eine letztendliche Realität hat und dass die Phänomene nichts anderes seien als eine Projektion des Geistes. Aber die Philosophie des Mittleren Weges (Madhyamaka), die als tiefgründiger gilt, lehnt diese radikale Auffassung ab. In der Madhyamaka-Schule gilt als korrekte Sicht der Realität das Entstehen in wechselseitiger Abhängigkeit, und zwar sowohl für Phänomene mit als auch ohne Bewusstsein. Beiden wird keine ihnen innewohnende substanzielle Realität zugeordnet. Sicher verschwindet die Welt nicht, wenn man einschläft oder in Ohnmacht fällt. Aber die Interaktion unseres Bewusstseins mit den »äußeren« Phänomenen schafft ein Netz von ganz bestimmten Beziehungen, aus dem »unsere« Welt besteht. Diese Welt aber verschwindet, wenn ein Element, im Besonderen das Bewusstsein, fehlt.

Kurz gesagt: Natürlich bricht auch einmal ein Ast ab, wenn wir nicht da sind, um dies zu beobachten. Aber die Welt der Phänomene muss unter einem weiteren Blickwinkel betrachtet werden. Sie ist das Produkt einer langen Reifezeit, in der das Bewusstsein der Wesen neben der potenziell unendlichen Vielfalt von Manifestationen der Erscheinungswelt existierte, die ihrer wesentlichen Leerheit eigen ist. Mein Meister Khyentse Rinpoche drückte dies folgendermaßen aus:

»Wenn ein Reflex in einem Spiegel erscheint, dann kann man weder sagen, dass er Teil des Spiegels ist, noch, dass er sich anderswo befindet. Auf dieselbe Weise finden sich die Wahrnehmungen der äußeren Erscheinungen weder in unserem Geist noch außerhalb dieses Geistes. Die Erscheinungen sind in Wahrheit weder existent noch nicht existent. Die Erkenntnis der wahren Natur des Geistes liegt also jenseits der Konzepte von Existenz und Nichtexistenz.«[6]

Aus diesem Grund war Nagarjuna so vorsichtig zu sagen: »Wenn ich kein Konzept schaffe, kann meine Ansicht von niemandem widerlegt werden.« Keine These aufzustellen, ist kein Winkelzug des Verstandes. Man gesteht damit nur ein, dass die letztendliche Natur der Phänomene nicht mit Konzepten erfasst werden kann, da diese – von Definitionen eingeschränkt – im Kerker der Kategorien verharrt, welche eine Realität erzeugt, die sich ganz auf die Logik von Existenz oder Nichtexistenz gründet.

T. Der Buddhismus geht also davon aus, dass es überhaupt keine *unabhängige* Realität gibt, auch keine verborgene. Diese Ansicht geht konform mit der These Niels Bohrs, nach der Objekte auf der atomaren oder subatomaren Ebene kein Merkmal fest besitzen. Wenn sie nicht beobachtet werden, ist es unmöglich, ihnen – und sei es nur gedanklich – eine bestimmte Geschwindigkeit zuzuordnen oder eine Bahn zu bestimmen, auf der sie zu einem bestimmten Zeitpunkt eine bestimmte Position einnehmen. Wir haben also nicht das Recht, die Quantenobjekte als mit bestimmten, messbaren Eigenschaften ausgestattet zu betrachten. Nach Heisenberg kommt »der Bahnbegriff in der Quantenmechanik gar nicht vor«.[7] Letztlich stellt die Quantenmechanik sogar die Vorstellung von einem Objekt als solchem in

Frage, indem sie dieses als Ereignis bezeichnet. Nur das Ereignis kann gemessen werden. Die atomaren und subatomaren Objekte bilden also mit den Messinstrumenten ein unauflösliches Ganzes. Damit ist das Ziel der Physik nicht mehr die Beschreibung der Realität an sich, sondern die Beschreibung der »kommunizierbaren menschlichen Erfahrung«, das heißt die Beschreibung der Beobachtung und Messung.

M. Aber während die Quantenmechanik das Gegenteil verkündet, lassen sich die dem wissenschaftlichen Realismus zugeneigten Forscher nicht davon abbringen, dass es irgendwo eine »wahre« Realität geben muss. Dies ist sicher auf die kulturellen Prägungen zurückzuführen, die ihre intellektuelle Landschaft formen. Der Buddhismus jedenfalls ist hier der gegenteiligen Meinung. Viele der Paradoxe, die man gewöhnlich der Quantenmechanik anlastet, gehen einfach darauf zurück, dass man ihr, koste es, was es wolle, die alten Konzepte der abendländischen Philosophie aufoktroyieren möchte. W. H. Zurek beschreibt diesen Zustand: »Der einzige Misserfolg der Quantenmechanik ist es, dass sie uns keinen ausreichenden Rahmen für unsere Vorurteile liefert.«[8] Das buddhistische Weltbild eröffnet einen Mittelweg zwischen Realität und dem Nichts. Diese Konzeption der Welt, die auf den Beziehungen zwischen relativer und absoluter Wahrheit beruht, ist geeignet, diese Opposition aufzulösen. Damit verschwinden aber auch die typischen Paradoxa der modernen Physik, und es entsteht ein Rahmen, in dem Leben, Denken und Handeln in einem kohärenten Zusammenhang stehen.

T. Der Physiker stellt seine Forschungen vor einem bestimmten kulturellen und sozialen Hintergrund an. Und auch wenn er sich dagegen wehrt, so kann er doch nicht verhindern, dass er – bewusst oder unbewusst – die metaphysischen Vorurteile seiner Gesellschaft teilt. Da die moderne Wissenschaft im Westen entstand, ist es kein Wunder, dass sie auf der metaphysischen Annahme beruht, dass es eine feste Realität gibt, deren Dinghaftigkeit um jeden Preis beibehalten werden muss. Es ist nicht weiter erstaunlich, dass die Begründer der Quantenphysik, Bohr und

Schrödinger, die Überschneidungen zwischen dem philosophischen Denken des Ostens und der westlichen Wissenschaft immer wieder zur Sprache brachten. Das östliche Denken bot ihnen einen Ausweg aus den unzähligen Paradoxa, welche die Quantenmechanik bietet, wenn man sich ihr mit westlicher Logik nähert. Heisenberg schreibt darüber: »Zum Beispiel könnte der große wissenschaftliche Beitrag in der theoretischen Physik, der seit dem letzten Krieg von Japan geleistet worden ist, als Anzeichen für gewisse Beziehungen zwischen den überlieferten philosophischen Ideen des Fernen Ostens und der philosophischen Substanz der Quantentheorie angesehen werden.«[9]

M. Die Art, wie der Fisch das Wasser wahrnimmt, ist »seine« Realität. Stell dir nun einmal zwei Arten der Wahrnehmung vor: eine, deren Gesichtsfeld die Größe eines Quarks hat, und eine, die als kleinste Einheit eine Galaxie sieht. Beider Beschreibungen ihrer Welt und ihrer Realität wären diametral voneinander verschieden. Aber hinter diesen beiden verschiedenen Ansichten der Welt läge weder das Nichts noch eine damit verbundene Realität, die eine bestimmbare Eigenexistenz hat.

T. Und doch nehme ich, wenn ich mit meinem Teleskop das Universum, die Galaxien und die Sterne beobachte, die gleiche Realität, die gleichen Eigenschaften des Lichts, die gleiche Fluchtgeschwindigkeit der Galaxien, das gleiche Strahlen und die gleichen Sternenfarben wahr wie ein anderer Beobachter des Kosmos. Die physikalischen Fundamentalkonstanten ändern sich weder in Zeit noch Raum. Und weil Teleskope im Grunde Zeitmaschinen für eine Reise in die Vergangenheit sind, kann ich feststellen, dass die Galaxien, die ich heute beobachte, genau dieselben Werte aufweisen, wie sie jetzt auf unserer Erde gemessen werden, obwohl das Licht, das diese Informationen zu mir trägt, seine intergalaktische Reise vor etwa zehn Milliarden Jahren aufgenommen hat.

M. Genau das nennt der Buddhismus »relative Wahrheit durch Konsens«. Die Welt ist ganz sicher nicht dem Zufall und der Willkür ausgeliefert. Auch wenn die Phänomene keine autonome Realität besitzen, existieren sie doch als »einfache Erscheinungen«, die als Grundlage für die diversen Zuordnungen dienen. Da sie kein reines Nichts sind, können sie Funktionen übernehmen, die den Gesetzen der Kausalität gehorchen. Diese Gesetze sind für die Werte, Konstanten und Eigenschaften verantwortlich, die wir mit unseren Messungen und Berechnungen erfassen. Vor diesem Hintergrund ist es klar, dass die Masse eines Phänomens, das wir als Elektron definieren, immer gleich bleibt. Es ist normal, dass sie bei Messungen immer denselben Wert aufweist. Was aber nicht sicher ist, ist die Tatsache, dass die Merkmale, die man dem Elektron zuschreibt, tatsächlich ihm innewohnende Eigenschaften sind, die von Wesen, die anders sind als wir, vollkommen gleich wahrgenommen werden.

Alles, was man von den Phänomenen sagen kann, ist, dass sie erscheinen und bestimmte Funktionen erfüllen. Nur dieses »einfache Erscheinen« ist im Licht der Analyse Wirklichkeit. Wenn hundert Personen denselben Film sehen, können sie ihn theoretisch bis ins kleinste Detail übereinstimmend beschreiben. Man könnte problemlos tausende Kopien von diesem Film machen. Es gibt keinerlei Grund, das anzuzweifeln, was diese hundert Personen gesehen haben. Auch die Existenz des Films ist über jeden Zweifel erhaben. Doch die Geschehnisse, die er erzählt, werden deshalb auch nicht realer.

Auch hier geht es um die beiden Ebenen der absoluten und der relativen Wahrheit. Die relative Wahrheit entspricht der Art und Weise, wie die Phänomene uns erscheinen – mit klar erkennbaren Merkmalen. Die absolute Wahrheit bezeichnet die Leerheit von Eigenexistenz, die diese Merkmale aufweisen. Das bedeutet, dass die letztendliche Natur der Erscheinungen, die Leerheit, jenseits aller Beschreibungen und Konzepte ist. Im *Prajnaparamita-Sutra* heißt es:

»Die vollkommene Erkenntnis,
dass die Dinge keine Eigenexistenz haben –
das ist die Praxis der höchsten transzendenten Einsicht.«

T. Diese Ähnlichkeit der Wahrnehmung in Bezug auf die Erscheinungswelt, die Übereinstimmung verschiedener Personen, machen das wissenschaftliche Experiment überhaupt erst möglich. Die Beobachtungen und Erfahrungen müssen wiederholbar sein. Verschiedene Forschergruppen müssen mit unterschiedlicher Ausstattung und Technik zu denselben Ergebnissen kommen. Erst dann gelten Resultate als brauchbar.

M. Diese Art des Vorgehens, die Abstimmung unter verschiedenen Personen, zeigt deutlich, was die Aufgabe der Wissenschaft ist. Sie bewertet und organisiert die Beziehungen, die auf der Ebene der konventionellen Realität die Phänomene schaffen. Dadurch eröffnet sie stärkere Einwirkungsmöglichkeiten auf die Erscheinungswelt. Der Buddhismus betrachtet die Phänomene als »Ereignisse«. Das Sanskritwort für »Dinge« oder »Aggregate«, »Samskara«, bezeichnet ursprünglich eine Handlung oder ein Geschehnis.

T. Diese Etymologie kommt wieder der Bohr'schen Interpretation der Quantenmechanik entgegen: Die Vorstellung von einem »Objekt« weicht der von einer »Messung«, also einem Ereignis, ab.

M. Das trifft exakt die Sicht des Buddhismus, die davon ausgeht, dass die Realität immer durch die Interaktion zwischen Beobachter und Beobachtetem bestimmt wird. Die Komplementarität zwischen dem Ganzen und seinen Teilen bewirkt, dass sich manchmal der Aspekt »Teil« enthüllt und manchmal der Aspekt des Ganzen. Der Beobachter tut nichts anderes, als ein bestimmtes Spektrum von Aspekten herauszulösen. Deren ganze Realität liegt aber in der Beziehung zwischen Beobachtung und dem Ganzen, das heißt zwischen dem Bewusstsein und der Welt, deren Teil es ist. Was wir Realität nennen, ist daher nichts anderes als ein bestimmter »Blick« des Bewusstseins.

Für einen ungeschulten Geist gibt es einen deutlichen Unterschied zwischen der Art, in der die Dinge erscheinen, und ihrer wahren Natur. Auf der Ebene der persönlichen Erfahrung verursacht diese Wahrnehmung sowohl Glück als auch Leid. Am

Ende des Weges zur Erkenntnis nimmt man die letztendliche Natur der Phänomene direkt wahr. Dies führt zu unerschütterlicher Weisheit, in der sich die Unterschiede zwischen Erscheinungen und Wirklichkeit auflösen. Aus dieser Weisheit entsteht spontan grenzenloses Mitgefühl für all die Wesen, die durch ihre Unwissenheit unnötigem Leiden ausgesetzt sind.

8

Handlungen, die uns erschaffen

Individuelles und kollektives Schicksal

Welchen Sinn hat die Vorstellung von Karma? In welcher Beziehung steht sie zu den Kausalitätsgesetzen und zum deterministischen Schicksalsbegriff? Wenn das Ego und die Persönlichkeit – wie der Buddhismus behauptet – nichts weiter sind als Illusionen, was ist es dann, das von Existenz zu Existenz wandert?

THUAN Ich möchte gerne wissen, wie sich die Vorstellung von einem Individualschicksal mit den buddhistischen Kausalitätsgesetzen vereinbaren lässt? Ist das, was man »Karma« nennt, nicht einfach ein deterministisch vorherbestimmtes Schicksal?

MATTHIEU Etymologisch gesehen bedeutet Karma nichts anderes als »Handlung«. Was wir tun, sagen oder denken, hat ja nicht nur moralischen Wert. Es formt uns und unsere gesamte Welt. Unsere Vorstellung von der Welt entsteht aus der Gesamtheit der Erfahrungen, die unser Bewusstsein seit unvordenklicher Zeit ansammelt. Umgekehrt wird dieses Bewusstsein von unserer körperlichen Beschaffenheit geprägt, von unserem Gehirn und unserem Nervensystem. Auch hier findet sich also wieder die Idee von der wechselseitigen Abhängigkeit. Wie wir bereits gesagt haben, ist die Weltwahrnehmung des Menschen von der einer Biene oder einer Fledermaus grundverschieden. Die Art und Weise, wie unser Bewusstsein funktioniert, ist daher mit dem, was wir »unsere« Umwelt nennen, aufs Engste verbunden. Ähneln sich die in der Vergangenheit gemachten Erfahrungen, dann haben bestimmte Gruppen von Wesen die gleiche Weltwahrnehmung. Man unterscheidet daher auch zwischen kollektivem und individuellem Karma. Ersteres prägt unsere allgemeine Wahrnehmung der Umwelt als menschliche Wesen, Letzteres unsere persönlichen Erfahrungen.

T. Dann hätten Wesen, die auf anderen Planeten unseres Kosmos leben und nicht dieselben Erfahrungen wie die Menschen hätten, eine geringfügig andere Wahrnehmung der Erscheinungswelt als die unsere? Ich sagte »geringfügig«, denn im Großen und Ganzen teilen wir auf kosmischer Ebene ja dieselbe historische Erfahrung: den Urknall, die Bildung der Galaxien, Sterne und Planeten sowie die Herausbildung von Leben, vorausgesetzt, dass es anderswo im Universum noch Leben gibt. Wir bestehen alle aus chemischen Elementen, die während des Urknalls beziehungsweise im Innern der Sterne entstanden sind. Wir sind Sternenstaub. Die so genannten »Außerirdischen« haben, so sie denn existieren, eine andere Energiequelle und leben auf einem anderen Planeten. Die biologische Evolution hat vielleicht zu anderen Ergebnissen geführt, aber alles in allem sind das nur minimale Unterschiede. Das Gleiche gilt im Übrigen auch für die Millionen von Arten, die heute auf der Erde leben: Sie teilen mit uns dieselbe kosmische Geschichte, nur ihr Bewusstsein ist graduell weniger ausgeprägt.[1]

M. So sehr hängen wir also an unserer Weltwahrnehmung, dass wir fest glauben, andere intelligente Wesen müssten die Welt *automatisch* genauso sehen wie wir. Ich denke, dass die Art und Weise, wie eine Ameise die Welt sieht, von der menschlichen Wahrnehmung ziemlich stark abweicht. Andere intelligente Wesen könnten die Welt auf eine Weise wahrnehmen, die uns völlig unverständlich ist. Wir haben ja schon Schwierigkeiten, die Zeit als vierte Dimension zu begreifen, dabei sprechen die Wissenschaftler, die sich mit Superstrings beschäftigen, bereits von zehn oder elf Dimensionen! Stell dir doch nur einmal vor, wie ein Bewusstsein auf der subatomaren Ebene die Welt wahrnehmen würde…

Ein Buddha, der die Erscheinungswelt nicht als substanziell wahrnimmt, sieht die Welt vollkommen anders als wir. Wie ich bereits erwähnt habe, sieht ein Mensch, der das letzte Stadium des kontemplativen Wegs erreicht hat, die Erscheinungswelt als Entfaltung der »unendlichen Reinheit«. Das heißt, dass er keinerlei illusorische Anhaftung an eine wie auch immer geartete Eigenrealität der Phänomene hat. Er erkennt ihre »vollkommene Gleichheit«. Gleichheit bedeutet hier, dass alle Phänomene gleichermaßen frei von einer ihnen innewohnenden Wirklichkeit sind. Diese Weltwahrnehmung unterscheidet sich von unserer gewöhnlichen Weltsicht ganz erheblich. Vor diesem Hintergrund verliert das Problem, wie weit die Sterne jetzt voneinander entfernt sind und aus welchem Material sie bestehen, an Bedeutung. Wenn du träumst, König zu sein, dann besteht das wahre Problem darin, herauszufinden, ob dieser Traum der Wirklichkeit entspricht oder nicht. Wie dein königliches Gewand aussieht, welche Tressen und Knöpfe es hat, ist demgegenüber sekundär.

Die buddhistischen Texte sprechen von einer Vielzahl von Welten, in denen es die unterschiedlichsten Lebensformen gibt, die äußerst farbig beschrieben werden. Angesichts dieser Schilderungen fallen einem sofort bestimmte witzige Analogien ins Auge, die natürlich nicht stimmen müssen: Einige dieser Welten haben die Form von Rädern, die sich ununterbrochen drehen (Spiralgalaxien?), andere ähneln riesigen Löwenmäulern (die schwarzen Löcher?). Es gibt ganz flache Welten (zweidimensional?) und solche, die ständig Feuer speien (Supernovä?). Andere haben die Form eines Wirbels, einer Flammenwolke, eines Lichtvorhanges, einer Spirale. Sie sind verästelt, elliptisch, kreis- oder stromlinienförmig. Sie strahlen wie Lichtbündel oder Diamantdiademe. Einige sollen aus reinem Licht bestehen, andere zahlreiche andere Welten enthalten.

T. Aber die Weltwahrnehmung unterscheidet sich nicht nur von einer biologischen Art zur anderen, gleichgültig, ob die zugehörigen Wesen nun auf der Erde oder im Kosmos leben. Sie ändert sich auch historisch, wenn zum Beispiel neue Entdeckungen gemacht werden. So hatten verschiedene Kulturen jeweils ein unterschiedliches Bild vom Universum. (Ich nenne diese Modelle im Folgenden »Universum«, um mich kurz zu fassen.) Jedes Universum gab der Gesellschaft, die es ersann, eine andere, gemeinsame Sprache und sorgte für den Zusammenhalt dieser Gesellschaft, da es ihr den Glauben an einen gemeinsamen Ursprung und eine gemeinsame Entwicklung schenkte. Wir sind nur das, was wir wissen. Ein Universum ist wie ein menschliches Wesen: Es wird geboren, erreicht seinen Gipfelpunkt, neigt sich seinem Untergang zu und verschwindet, durch ein anderes ersetzt. Sehr häufig werden Untergang und Verschwinden durch den Kontakt mit einer dynamischeren Kultur provoziert, mit neuen Ideen oder Beobachtungen, die nicht mehr in das alte Universum passen. Auf diese Weise lebte die Menschheit zuerst mit einem mythischen Universum, dann mit einem geozentrischen, später mit einem heliozentrischen und jetzt mit dem Universum des Urknalls, das sicher nicht unser letztes Bild sein wird. Es wäre ziemlich ungewöhnlich, wenn wir Menschen der Gegenwart hier das letzte Wort hätten. Auch die buddhistischen Weltbilder sind erstaunlich. Dachte der Buddha wirklich schon daran, dass es nicht menschliche Lebensformen geben könnte, die sich in einer anderen Umgebung völlig anders als wir entwickelt hätten?

M. In der klassisch-buddhistischen Kosmologie gibt es sechs verschiedene Klassen von Wesen, von denen wir nur zwei wahrnehmen können: Menschen und Tiere. Die anderen vier haben mit den Lebensformen, die wir kennen, nichts gemein. Es gibt auch Seinszustände »ohne Form«. Für uns haben viele dieser Zustände keine physisch wahrnehmbare Realität.

T. Und nehmen diese Wesen dieselbe Erscheinungswelt wahr wie wir? Oder anders gesagt: Teilen sie das kollektive Karma der Wesen, die auf der Erde leben?

M. Das ist letztlich alles eine Frage der Dimension. Die Welt »ohne Form« hat mit der unseren wenig gemein. Sie entspricht einem Bewusstseinszustand, dessen Objekt die Weite des Raumes ist. Es geht dabei um das Bewusstsein selbst, das eigentlich kein Objekt mehr hat. Wie aber soll man sich die Wahrnehmung von Wesen vorstellen, die Seinszustände erfahren, die von den unseren so weit entfernt sind?

T. Wenn aber kollektives und individuelles Karma *gleichermaßen* von der Vergangenheit abhängen, ist dies nicht einfach eine andere Form des Determinismus, der blinden Schicksalsgläubigkeit?

M. Nein. Karma ist kein Damoklesschwert, das über unseren Köpfen hängt. Im Karma drückt sich die Kausalität aus, die alle Vorgänge prägt und die sich nicht nur auf unsere Handlungen, sondern auch auf die ihnen zu Grunde liegenden Absichten bezieht. Wenn sich dann eine bestimmte Anzahl von Ursachen und Bedingungen angesammelt hat, dann ist das Resultat sicher, doch der freie Wille erlaubt uns, den Lauf der Dinge zu beeinflussen. Wir sind also keineswegs in einem bestimmten Schicksal gefangen, in dem Vergangenheit und Zukunft einen einzigen Block formen, auf den wir keinerlei Einfluss mehr haben. Der freie Wille ist unsere Kreativität, mit der wir auf unsere Lebenserfahrungen reagieren. Im *Anguttara Nikaya* finden sich folgende Worte des Buddha:

»Mein Handeln ist mein Besitz.
Mein Handeln ist mein Erbe.
Mein Handeln ist die Gussform, die mich prägt.
Mein Handeln ist meine Zuflucht.«

Die buddhistische Vorstellung von Karma hat mehr mit Potenzial, mit einer Art Kreditrahmen zu tun, den wir ausschöpfen oder nicht, als mit zwingender Notwendigkeit. Man kann sich das vorstellen wie ein Naturgesetz des Bewusstseins. Dieses Gesetz besagt, dass positives Denken und Handeln zum Glück führt, wohingegen negatives Denken und Handeln Unglück mit sich bringt. Das ist wie bei einem Stein, der unter dem Einfluss der Schwerkraft zu Boden fällt, wenn keine neue Kraft auftaucht und ihn ergreift, um ihn wieder nach oben zu schleudern. Auf dieselbe Art kann man den karmischen Prozess beeinflussen, bevor eine bestimmte Handlung ihre angenehmen oder schmerzhaften Effekte zeigt. Man kann, bevor die negativen Emotionen Früchte zu tragen beginnen, an anderen begangenes Unrecht wieder gutmachen, Hass mit Geduld heilen und sich von der Anhaftung durch innere Distanz befreien. Man kann Neid ersetzen durch die Freude am Glück der anderen. Das Gesetz des Karma heißt nicht, dass unser Schicksal seit jeher und auf immer besiegelt ist und dass wir nur leblose Automaten sind. Wir erleben jeden Moment unseres Lebens, wie unsere Vergangenheit auf unsere Gegenwart trifft, und wir haben die Freiheit, unsere Zukunft zu gestalten, in der wir Liebe oder Hass zum Ausdruck bringen können.

Wir sind das Resultat einer ungeheuren Menge von frei getroffenen Entscheidungen, auch wenn es nicht immer ganz einfach ist, sich aus dem Einfluss unserer karmischen Tendenzen zu befreien. Diese Befreiung steht im Zentrum der Arbeit an uns selbst. Was aus uns wird, hängt also entscheidend davon ab, wie wir unsere Freiheit gebrauchen. Es gibt keine zufälligen Handlungen. Jedem Tun liegt schließlich eine Absicht zu Grunde. Unsere moralische Verantwortung ist daher ganz leicht zu begründen: Wie ich bereits am Anfang unserer Gespräche erwähnte, gibt es das Gute und das Böse an sich nicht. Es gibt nur positive und negative Dinge, die aus unseren Gedanken und Handlungen entstehen. Wir sind für unser Leben verantwortlich, wie der Architekt (die Absicht) und der Maurer (die Handlung) letztlich die Qualität eines Hauses bestimmen.

T. Dann ist auch kein schöpferisches Prinzip mehr nötig, das Gut und Böse in Form von Glück und Unglück verteilt.

M. Niemand zählt unsere guten und bösen Taten, aber all unsere Handlungen zählen letztendlich. Glück oder Unglück ergeben sich aus der Gesamtheit unserer Gedanken, Worte und Taten, ob sie nun in diesem Universum, in diesem oder in früheren

Leben entstanden sind. Diese Gemeinheit ist ein enorm komplexes Gebilde, dessen einzelne Faktoren voneinander abhängen. Dank unseres freien Willens können wir dem Ganzen aber in jedem Augenblick unseres Lebens eine andere Richtung geben. Das Gesetz von Ursache und Wirkung besagt nur, dass unsere Handlungen unausweichlich ihre Wirkung zeitigen werden, wenn wir nicht eingreifen. Wenn du eine Hand voll Samen ausstreust, die zur Hälfte von Giftpflanzen und zur Hälfte von Heilkräutern stammen, dann wirst du, solange du nicht eingreifst, sobald die Samen deine Hand verlassen, zur Hälfte Eisenkraut, Schierling und andere Giftpflanzen und zur anderen Hälfte Rosen, Vergissmeinnicht und weitere Heilpflanzen ernten. Ein Satz wird in buddhistischen Belehrungen immer wieder zitiert: »Wenn du wissen willst, was du früher getan hast, richte den Blick auf das, was du heute bist. Wenn du wissen willst, was aus dir wird, dann richte dein Augenmerk auf das, was du heute tust.«

T. Was uns also in diesem Leben geschieht, ist die direkte Konsequenz aus unseren Handlungen und Gedanken in früheren Leben. Denn die Idee des Karma hängt doch eng mit der der Wiedergeburt in mehreren aufeinander folgenden Lebenszeiten zusammen, oder nicht? Die Vorstellung, dass es mehrere Leben gibt, war mir immer ein wirksames Mittel gegen die Angst vor dem Sterben. Auf jeden Fall erklärt die Vorstellung vom Karma, weshalb es Wunderkinder gibt. Vielleicht hat ja Mozart, der mit fünf Jahren bereits ein fertiger Pianist und ein begabter Komponist war, seine Virtuosität in früheren Leben erlangt? Karma erklärt auch, warum manche Kinder schon in jungen Jahren schreckliche Dinge erleben oder zerstörerischen Krankheiten ausgesetzt sind. Könnten sie nicht die Samen dafür bereits in früheren Leben gelegt haben?

M. Diese Vorstellung löst im Westen meist wahre Stürme der Entrüstung aus. Wie kann man nur unschuldige Kinder mit Verbrechen in Zusammenhang bringen, wo ihnen doch allein der Gedanke daran völlig fremd sein muss? Diese Empörung ist auch gerechtfertigt, wenn man nicht an die Existenz früherer Leben glaubt. Aber der Buddhist versucht ja gar nicht, unschuldige Kinder mit Schuld zu beladen. Ganz im Gegenteil: Sein ganzes Mitgefühl gilt denen, die leiden. Genauso wenig würde man einen Menschen mit Gedächtnisverlust tadeln, wenn er die Hand ins Feuer hält, weil er vergessen hat, dass das wehtut. Man versorgt seine Wunden, versucht zu verstehen, was passiert ist, und zeigt ihm dann, wie er weitere Verbrennungen vermeidet. Der Buddhismus kennt keine Strafe oder Verdammnis. Der Mensch, der im Würgegriff von Hass, Neid oder Leidenschaft liegt, ähnelt einem geistig Kranken. Wenn er gefährlich ist, muss man ihn daran hindern, Schaden anzurichten, und sich anschließend um ihn kümmern. Unser Ziel ist es ganz einfach, Leiden zu vermeiden. Es hat keinen Sinn, deprimiert zu sein oder sich von seinen Schuldgefühlen lähmen zu lassen. Stattdessen sollten wir unsere negativen Handlungen bedauern. Nur so können wir vermeiden, dieselben Leiden noch einmal zu erleben.

T. Du sagst häufig, dass der Buddhismus das Ich als »Vorspiegelung falscher Tatsachen« betrachtet. Wenn es aber kein Ich gibt, wer macht dann die Erfahrung des Glücklich- oder Unglücklichseins?

M. Es gibt eine Kontinuität zwischen den Existenzen, die uns erlaubt zu sagen, dass »ich« die Konsequenzen meiner Handlungen erfahre, doch diese Kontinuität bezieht sich nicht auf ein real vorhandenes, unveränderliches Wesen. Sie wird durch den Strom der Handlungen sichergestellt, von denen eine ganz natürlich in die andere übergeht, so ähnlich wie beim Kontinuum des Bewusstseinsstromes. Wer Strom sagt, meint damit eine ununterbrochene Veränderung, was von vornherein eine unveränderliche Einheit ausschließt, die im Herzen dieses Flusses sitzt. Stellt man sich dieses Kontinuum unveränderlich vor, erliegt man derselben Illusion wie ein Mensch, der einen Fluss von weitem sieht und nicht wahrnimmt, dass er sich bewegt. Ein ähnliches Bild findet sich in den Fragen, die Milinda, der König von Baktrien, dem buddhistischen Mönch Nagasena etwa ein Jahrhundert vor Beginn der christlichen Zeitrechnung stellt. Hier ist ein Auszug aus diesem Zwiegespräch:

»Nagasena, ist ein Mensch, der wieder geboren wird, derselbe wie vorher oder ist er ein anderer?

– Weder das eine noch das andere.

– Gib mir doch ein Beispiel.

– Brennt eine Kerze die ganze Nacht, wenn man sie entzündet?

– Aber sicher.

– Und ist die Flamme der ersten beiden Nachtstunden dieselbe wie die der folgenden beiden oder gar der letzten Stunden, bevor der Morgen kommt?

– Nein.

– Es gibt also zu jedem Zeitpunkt eine andere Kerze?

– Nein. Es ist ein und dieselbe Kerze, welche die ganze Nacht brennt.

– Auf dieselbe Weise, o Maharaja, hängen die Erscheinungen zusammen: Das eine zeigt sich, sobald das andere verschwindet. [...] Daher ist es weder dasselbe noch ein anderes, das den letzten Akt des Bewusstseins empfängt.«[2]

Die Vorstellung von einem »Ich«, einem Wesen oder einem Bewusstsein, das die Konsequenzen aus den vorangegangenen Handlungen sowie die noch folgenden Geburten erfährt, ist daher eine reine Illusion.

T. Wie geht es dann vor sich, dass die karmischen Konsequenzen bei diesem Prozess nicht verloren gehen?

M. Das Ich, also die Person, welche dieses Karma lebt, hat zwar keine absolute Existenz, aber auf der relativen Ebene gibt es sie sehr wohl. Karma ist ein Strom von Erscheinungen, die während einer bestimmten Zeit durch bestimmte Merkmale verbunden sind und daher eine Funktion ausüben können. Und doch ist jede einzelne Erscheinung dieses Stroms vergänglich. Ein so flüchtiges Ereignis (ein nur kurz bestehendes Teilchen beispielsweise) kann daher unmöglich als Ich gelten. Wie das Ich beruht auch das Karma ausschließlich auf einer Vereinbarung. Es gibt kein objektives Karma. Etwas Ähnliches drückt Norbert Wiener, der Vater der Kybernetik, in poetischen Worten so aus: »Wir sind nicht mehr als Strudel in einem Fluss, der endlos dahinströmt. Wir sind keine bleibende Substanz, sondern ähneln mehr einer Spur, die sich im Wasser fortsetzt.«[3]

9

Eine Frage der Zeit

Die moderne Physik hat die absolute und universell gültige Zeit Newtons hinter sich gelassen und sich der relativen, elastischen Zeit Einsteins zugewandt, die sich ausdehnt oder zusammenzieht, je nachdem, wie schnell der Beobachter sich bewegt oder wie stark das Gravitationsfeld ist, in dem er sich befindet. Die Zeit ist nicht mehr universell: Die Vergangenheit des einen kann die Zukunft des anderen sein. Wo liegt der Unterschied zwischen der Zeit der Physiker und der psychologischen Zeit, die wir täglich erfahren? Wie nutzt der Buddhismus, der die Vorstellung von absoluter Zeit ablehnt, die psychologische Zeit als Stimulans für die Meditationspraxis? Ist der lineare Verlauf der Zeit, der unser kosmisches Leben zu prägen scheint, obwohl er auf der subatomaren Ebene keine Gültigkeit mehr hat, mehr als ein mentales Etikett?

THUAN Der französische Sprachphilosoph Gaston Bachelard sagte einmal, dass die Meditation über die Zeit am Anfang jedes philosophischen Gedankens stehe. Ganz sicherlich ist die Zeit nicht einfach zu begreifen. Augustinus meinte dazu im 4. Jahrhundert: »Was ist also Zeit? Wenn mich niemand danach fragt, weiß ich es; will ich einem Fragenden es erklären, weiß ich es nicht.«[1] Aber nicht nur in der Philosophie spielt die Zeit eine entscheidende Rolle, sondern auch in der Physik. Im Laufe ihrer Studien haben die Physiker sich immer wieder mit dem Problem der Zeit beschäftigt. Auf den ersten Blick mag dies paradox wirken, da die Zeit für das Vergängliche steht, wogegen die Physiker sich doch mit den Naturgesetzen beschäftigen, also mit gleich bleibenden und unwandelbaren Beziehungen, die der Veränderung nicht unterworfen sind. Und doch stoßen wir in der Geschichte der Physik immer wieder auf die Vorstellung von der Zeit. Galilei war der Erste, der die Zeit als grundlegende physikalische Größe einführte, als er die Bewegung von Körpern maß und mathematisch darstellte. Aber erst Newton gab mit seinen im 17. Jahrhundert entstandenen Gesetzen der Mechanik eine klare Definition der Zeit. Er beschrieb die Bewegung von Körpern im Raum, indem er ihre Koordinaten und ihre Geschwindigkeit an aufeinander folgenden Punkten bestimmte. Die Newton'sche Zeit war einzigartig, absolut und universell gültig. Sie verlief für jedes Wesen gleich. Jeder einzelne Beobachter im Universum hatte dieselbe Vergangenheit, dieselbe Gegenwart und dieselbe Zukunft. Zeit und Raum waren streng voneinander getrennt. Die Zeit verlief ohne die geringste Interaktion mit dem Raum.

1905, als Einstein seine Theorie der speziellen Relativität der wissenschaftlichen Öffentlichkeit vorstellte, wurde das Konzept von einer absoluten Zeit in Frage gestellt. Mit Einstein verlor die Zeit ihren steifen und universellen Charakter, den Newton ihr zugeordnet hatte. Sie war dem Universum, in dem sie angeblich unveränderlich ablief, plötzlich nicht mehr fremd, sondern wurde elastisch, als sie zeigte, dass sie von der Bewegung ihres Beobachters abhing. Je schneller wir uns bewegen, umso langsamer vergeht die Zeit. Für einen Menschen, der sich an Bord eines Raumschiffes mit 87 Prozent der Lichtgeschwindigkeit bewegt, vergeht die Zeit nur halb so schnell. Er altert also nur halb so schnell wie sein Zwilling, der auf der Erde zurückgeblieben ist. Diese Altersdifferenz wäre im Übrigen deutlich sichtbar. Der Zwilling auf der Erde hätte mehr Falten und mehr graue Haare. Sein Herz hätte viel öfter geschlagen, und er hätte mehr Mahlzeiten zu sich genommen, mehr Wein getrunken und mehr Bücher gelesen als sein Ebenbild im Weltraum. Man nennt dies das

Langevin'sche Paradox (nach dem französischen Physiker Paul Langevin, der es aufstellte) oder ganz einfach das Zwillingsparadoxon. Paradox ist es allerdings nur für unseren angeblich so gesunden Menschenverstand. Die Relativitätstheorie nämlich kann dieses Langsamerwerden der Zeit widerspruchsfrei erklären: Je höher die Geschwindigkeit, umso mehr wird die Zeit gedehnt. Dieser Effekt tritt bei Geschwindigkeiten unseres Alltagslebens kaum zu Tage. Nähert man sich aber der Lichtgeschwindigkeit (zirka 300 000 Kilometer pro Sekunde), so wird er ziemlich deutlich messbar. Bei 99 Prozent der Lichtgeschwindigkeit vergeht die Zeit um siebenmal langsamer, bei 99,9 Prozent wird sie um den Faktor 22,4 gedehnt.

Aber das ist noch nicht alles: Zeit und Raum haben kein separates Dasein mehr. Einstein hat aus den beiden ein unzertrennliches Paar gemacht. So wird auch der Raum elastisch. Die beiden Elemente dieses Paares benehmen sich immer komplementär zueinander. Wenn die Zeit sich dehnt und entsprechend langsamer vergeht, zieht der Raum sich zusammen. Wenn einer der Zwillinge sich mit 87 Prozent der Lichtgeschwindigkeit ins All hinauswagt, altert er nicht nur halb so schnell wie sein Zwilling auf der Erde. Zusätzlich zieht sich noch sein Raum zusammen: Sein Raumschiff erscheint dem auf der Erde verbliebenen Zwilling um die Hälfte verkürzt. Diese gemeinschaftlichen Deformationen, die Zeit und Raum erleiden, können auch als Transformation von Raum in Zeit und umgekehrt gesehen werden. Der Raum, der sich zusammenzieht, wird so zur sich ausdehnenden Zeit. Damit hat das Universum vier Dimensionen. Um ein Objekt im Universum präzise lokalisieren zu können, müssen wir nicht nur die drei Daten angeben, die seine Position im Raum bestimmen, sondern auch noch die Zeit, die an diesem Ort gemessen wird.

Die Zeit dehnt sich aber nicht nur in Abhängigkeit von der Geschwindigkeit, sondern auch durch den Einfluss der Gravitation. Das hat Einstein 1915 mit seiner allgemeinen Relativitätstheorie bewiesen. In der Nähe eines schwarzen Loches, wo die

Schwerkraft unvorstellbare Ausmaße annimmt, würde die Uhr eines Astronauten im Vergleich mit der seines Kollegen auf der Erde beträchtlich langsamer werden. Und dieses Langsamerwerden der Zeit ist keineswegs nur ein Gedankenspiel, wie das Verhalten von Elementarteilchen im Teilchenbeschleuniger beweist: Wird ein Teilchen auf enorm hohe Geschwindigkeiten beschleunigt, lebt es länger (bevor es zerfällt) als in Ruhe. Und dies genau in dem Ausmaß, das Einstein, zu dessen Lebzeiten es noch keine Teilchenbeschleuniger gab, vorhergesagt hatte.

Der elastische Charakter der Zeit hat eine grundlegende Konsequenz: Die Zeit verliert ihren allgemein gültigen Charakter. Sie ist nicht mehr für jeden dieselbe Zeit. Meine Gegenwart kann die Vergangenheit eines anderen oder die Zukunft einer dritten Person sein, wenn diese sich im Verhältnis zu mir bewegen. Da damit aber der Begriff der Gleichzeitigkeit in Frage gestellt wird, wird auch das Wort »jetzt« zweideutig. Wenn nämlich für einen anderen die Zukunft bereits existiert und die Vergangenheit immer noch präsent ist, sind alle »Zeitschichten« gleich. Es gibt keinen privilegierten Augenblick mehr. Für Einstein, den Karl Popper aus diesem Grund einmal den »neuen Parmenides« nannte, war das Vergehen der Zeit eine Täuschung. In einem Brief, den er 1955 nach dem Tod seines engen Freundes, des Physikers Michele Besso, an dessen Witwe schrieb, hält er sich die tröstliche Tatsache gleichsam selbst vor Augen: »Für uns überzeugte Physiker ist die Unterscheidung zwischen Vergangenheit, Gegenwart und Zukunft nichts als Illusion, auch wenn diese Illusion sich hartnäckig hält.« Für den modernen Physiker fließt die Zeit nicht mehr. Sie ist einfach da, unbeweglich, eine Gerade, die sich unendlich in beide Richtungen erstreckt.

Matthieu Das klassisch-buddhistische Denken hingegen hält eine *physikalische* oder *absolute* Zeit ohnehin für eine rein begriffliche Vorstellung ohne realen Hintergrund. Eine Zeit an sich existiert nicht. Das Vergehen der Zeit kann im gegenwärtigen Augenblick nicht erfasst werden, weil dieser ja nicht vergeht und auch nicht genügend »Volumen« aufweist, um ein Anfang oder ein Ende zu haben. Von diesem gegenwärtigen Moment aus gesehen ist die Vergangenheit tot und die Zukunft noch nicht geboren. Wie sollte also eine Gegenwart Realität gewinnen – angesiedelt zwischen dem, was nicht mehr ist, und dem, was noch nicht ist? Die Zeit gehört auf die relative Ebene der Erscheinungswelt. Sie spielt nur als gelebte Zeit eine Rolle, da sie sich ausschließlich auf vom Betrachter wahrgenommene Veränderungen bezieht.

Die physikalische Zeit hat keine davon getrennte Eigenexistenz, da sie nicht getrennt von den Augenblicken existieren kann, aus denen sie besteht. Sie kann weder am Anfang, am Ende oder im Verlauf einer bestimmten Zeitspanne festgemacht werden. Wenn man eine Zeitspanne als das definiert, was aus ihrem Anfang, ihrer Mitte und ihrem Ende besteht, dann bedeutet das, dass das *Ganze* nicht in einem der drei Teile existieren kann. Die Zeitspanne existiert aber auch nicht außerhalb ihres Anfangs, ihrer Mitte und ihres Endes. Dies beweist, dass die Vorstellung von einer Zeitspanne in den Bereich der konventionellen, auf Vereinbarung beruhenden Wahrheit gehört. Die Zeit existiert – wie der Raum – nur in Beziehung zu unserer Erfahrung und zu bestimmten (konventionellen) Referenzsystemen. Kurz gesagt ist die Zeit eine Art, die Erscheinungswelt wahrzunehmen. Ohne die Phänomene gibt es keine Zeit.

T. Nun, natürlich muss die subjektive oder psychologische Zeit von der physikalischen Zeit unterschieden werden. Letztere gilt als objektive Zeit, die gleichförmig verläuft und von unserem Bewusstsein nicht abhängt. Die physikalische Zeit ist die Zeit der Uhren. Man misst sie mithilfe einer regelmäßigen Bewegung: der Schwingung eines Atoms[2] oder der Erdumdrehung. Aus diesem Grund ist es sinnlos, vor dem Entstehen des Universums von einer Zeit zu sprechen, weil es »davor« noch keine Bewegung gab. Die Theorie vom Urknall geht davon aus, dass Zeit und Raum gleichzeitig entstanden sind. Auch Augustinus dachte, dass die Zeit mit der Welt geschaffen wurde. Er fand die Vorstellung, dass Gott unendlich lange gewartet haben könnte, bis es ihm einfiel, das Universum zu schaffen, einfach lächerlich. Zeit und Raum wurden in seinen Augen gleichzeitig erschaffen. Die Welt ist also nicht in der Zeit, sondern mit ihr entstanden. Diese Idee Augustinus' nahm die Vorstellungen moderner Kosmologen um Jahrhunderte vorweg.

Die gelebte Zeit hingegen, die wir in unserem Innersten wahrnehmen, ist subjektiv und verläuft nicht gleichförmig. Sie ist bekanntermaßen elastisch. Ein Theaterstück beispielsweise kann für jemanden, der sich langweilt, eine Ewigkeit dauern, während für seinen von der Aufführung gefesselten Nachbarn die Zeit wie im Flug vergeht. Ein Augenblick der Langeweile oder der Angst fühlt sich an wie ein Jahrhundert, während ein Moment des Glücks nicht einmal einen Lidschlag überdauert. Wir bemerken wohl alle, dass die Zeit viel schneller zu vergehen scheint, je älter wir werden. Diese mit dem Altern einhergehende Beschleunigung der Zeit konnte bei Pflanzen und Tieren durch Studien nachgewiesen werden: je höher das Alter, umso niedriger die Lebensdauer der Zellen.

Dieser Unterschied zwischen der gelebten und der physikalischen Zeit war in der Philosophie immer ein Thema. Die Vorsokratiker beispielsweise setzten Zeit und Bewegung miteinander in Beziehung – wie die moderne Physik das tut. Heraklit bezeichnete die Zeit als »Kind beim Brettspiel«. (Der Rhythmus der Zeit wird durch die Bewegung der Steine auf dem Brett vorgegeben.) Aristoteles hingegen sah die Zeit als »numerisches Moment der Bewegung«, aber auch er fragte sich bereits, ob die Zeit existieren würde, wenn es keine Seele gäbe. Im 4. Jahrhundert dann wies Augustinus die Ideen des Aristoteles zurück und vertrat die These, dass die Zeit keineswegs »die Bewegung von Körpern« sei. Er unterstrich die existenzielle (psychologische) Bedeutung der Zeit. Nach Augustinus vergeht die Zeit nur in der Seele des Menschen, da der Gegenstand der Erwartung (Zukunft) zunächst zum Gegenstand der Wahrnehmung (Gegenwart) und dann zu jenem der Erinnerung (Vergangenheit) wird. Genau diese Auffassung machte sich dann im

20. Jahrhundert der deutsche Philosoph Edmund Husserl zu Eigen.

M. Auch Immanuel Kant meinte, dass die Vorstellungen von Zeit und Raum sich nur auf unsere Beziehungen zur Natur gründeten und nicht eigentlich zu ihr selbst gehörten. »Die Zeit ist also lediglich eine subjective Bedingung unserer (menschlichen) Anschauung […] und an sich, außer dem Subjecte, nichts.«[3] Die buddhistischen Philosophen haben eine ähnliche Auffassung. Sie gehen davon aus, dass die Zeit keine letztendliche Eigennatur hat und dass sie außerhalb der Phänomene und des Beobachters nicht existiert. Wenn wir uns die Zeit linear vorstellen, als Zeitpfeil, der immer nur in eine Richtung weist, dann beweist dies nur, dass wir an der Realität der Dinge haften.

Schon die Idee von einem »Anfang« der Zeit zeigt, wie illusorisch unsere Vorstellung von der Zeit ist. Sobald man nämlich an einen Anfang glaubt, muss man sich fragen, was »vorher« war. Dass diese Frage keinen Sinn ergibt, zeigt, dass wir es nicht mit dem Anfang eines realen Tatbestandes, sondern mit dem Beginn einer begrifflichen Vorstellung zu tun haben. Statt wie Einstein zu behaupten, dass die physikalische Zeit *immer* da ist, als wäre sie eine unveränderliche Dimension, könnte man genauso gut sagen, dass sie *nie* da ist. Was die illusorische Vorstellung von einer fließenden Zeit betrifft, ist damit genau dasselbe ausgesagt.

T. Auch Augustinus sagte, dass es keine andere Zeit gebe als die gelebte Zeit. Außerhalb der drei psychologischen Zeiten, das heißt der Erinnerung, des aktuellen Erlebens und der Erwartung, sei die Zeit nichts. Da aber alles nur in der Zeit ist, existiert nichts wirklich. Anders gesagt: Alles ist nur Erscheinung.

Die psychologische Zeit, die wir alle kennen, ist von der physikalischen Zeit sehr verschieden. Wir glauben fest an eine Bewegung der Zeit. Wir denken, dass die Zeit »vergeht« wie ein Strom, der davonfließt. Von unserem unbeweglichen Boot aus, das fest in der Gegenwart verankert ist, betrachten wir den Fluss der Zeit, der die Wogen der Vergangenheit mit sich fortnimmt und die Gischt der Zukunft heranträgt. Auf diese Weise ordnen wir der Zeit eine räumliche Dimension zu. Diese räumliche Vorstellung von der Bewegung der Zeit verstärkt in uns das Gefühl, dass es Vergangenheit, Gegenwart und Zukunft wirklich gibt. Die Gegenwart ist unbegreiflich, da ihre minimale Dauer eng von unseren geistigen und körperlichen Wahrnehmungsprozessen bestimmt wird.[4] Die Vergangenheit steckt voller Erinnerungen und die Zukunft voller Erwartung.

Aber diese Vorstellung vom Vergehen der Zeit steht nicht im Einklang mit den Erkenntnissen der modernen Physik. Wenn die Zeit sich bewegt, mit welcher Geschwindigkeit tut sie das? Eine ganz offensichtlich absurde Frage. Ersetzen wir aber den Fluss der psychologischen Zeit durch die Trägheit der physikalischen, dann stellt diese Frage sich nicht mehr. Woher kommt also der Unterschied zwischen den beiden Zeiten?

M. Dieses Geheimnis ist nur dann eines, wenn wir uns als völlig getrennt von der Welt wahrnehmen. Ist die physikalische Zeit denn etwas anderes als die Abstraktion der psychologischen Zeit, die aus dem Unterschied entsteht, den wir zwischen bereits Geschehenem und noch zu Erwartendem machen? Ist es nicht so, dass die Physiker einfach die Prioritäten umkehren, indem sie unser Erleben physikalisch erklären wollen? Damit verdinglichen sie unsere illusorische Zeitwahrnehmung und machen eine Realität daraus.

T. Vielleicht ist es ja die Aktivität unseres Gehirns, die uns das Vergehen der Zeit wahrnehmen lässt. Die Daten der äußeren Welt werden durch unsere Sinnesorgane ans Gehirn weitergeleitet. Dieses schafft daraus ein geistiges Bild. Bei diesem Vorgang werden verschiedene Regionen des Gehirns, die jeweils unterschiedliche Funktionen haben, gleichzeitig aktiviert. Der Neurobiologe Francisco Varela[5] stellt die These auf, dass die Komplexität dieser Aufgabe, das heißt die Verbindung und Integration unterschiedlicher Bereiche des Gehirns, uns das Gefühl von Zeit vermittelt, die vergeht. Das gemeinsame und gleichzeitige Agieren großer Gruppen von nicht nebeneinander liegenden Neuronen in einem

Gehirn, das aus mehreren Milliarden Neuronen besteht, führt zu einem biologischen Zustand, den man als »emergent« bezeichnet, einem Zustand also, der mehr ist als die bloße Summe seiner Ursachen. Er geht aus der Interaktion der beteiligten Größen ganz neu hervor. Da dieser Zustand ein paar zehntel oder hundertstel Millisekunden dauert, haben wir den Eindruck von »Gegenwart«, also einem Augenblick mit bestimmten Dimensionen. Aber die gemeinsame Aktivität der Neuronen ist nur von kurzer Dauer. Dann werden andere Neuronengruppen aktiviert, die wieder zu emergenten Zuständen führen. Ein solcher Moment folgt auf den anderen. Und das gibt uns das Gefühl einer Zeit, die vergeht. Jeder dieser Zustände geht aus dem vorhergehenden neu hervor und bleibt im folgenden noch präsent. Auf diese Weise entsteht der Eindruck von zeitlicher Kontinuität.

Das Problem der Zeit wirft natürlich auch die Frage nach der Richtung der Zeit auf, dem so genannten »Zeitpfeil«. Die psychologische Zeit verläuft immer in dieselbe Richtung. Sie führt uns unweigerlich von der Geburt zum Tod. Wie ein Pfeil, der – nachdem er den Bogen verlassen hat – immer geradeaus fliegt, so kehrt auch die psychologische Zeit niemals um. Diese Unumkehrbarkeit der Erfahrung ist es, die unserer Furcht vor dem Tod zu Grunde liegt. Jedes menschliche Wesen weiß, dass sein Weg von der Wiege an unumkehrbar der Bahre zustrebt. Der französische Philosoph Henri Bergson konnte die Vorstellung Einsteins, nach der die Zeit nicht mehr als eine Illusion ohne Realität oder gar Dauer ist, niemals akzeptieren. Er glaubte, dass die Zeit eine Ausdehnung (»durée«) besitzen müsse, da nur diese spürbare Zeit mit der menschlichen Erfahrung konform gehe. Nur die Dauerhaftigkeit der Zeit garantiere die menschliche Freiheit, die Schöpfung, den Fortschritt und die Erfindung von Neuheiten, also das freie Spiel des menschlichen Geistes. Auch der deutsche Philosoph Edmund Husserl wies der Zeit eine irreduzible Ausdehnung zu, was die moderne Neurobiologie bestätigt. Ist die physikalische Zeit Einsteins also zu deterministisch, beraubt sie den Menschen seiner Menschlichkeit? Wenn alles, was geschieht, bereits irgendwo festgehalten ist, wo ist dann noch Platz für den freien Willen, ja für die Hoffnung?

M. Aber die Idee, dass alles, was je geschehen wird, »bereits irgendwo festgehalten« ist, ist an sich schon unlogisch. Wie wir bereits bei dem Problem des Schöpfergottes gesehen haben, würde dies ja bedeuten, dass alle Ursachen und Bedingungen der Zukunft schon vorhanden wären. Dann aber könnte nichts sie daran hindern, sich sofort zu entfalten. Wenn sie aber noch nicht vollständig vorhanden wären, ist auch nicht alles von vornherein festgeschrieben.

Der Buddhismus setzt die Vorstellung von der psychologischen Zeit übrigens dazu ein, die Angst vor dem Tod zu meistern und die Beständigkeit der Meditationspraxis sicherzustellen. Ein buddhistischer Praktizierender legt die Todesangst ab, weil er sich durch ständige Meditation darauf vorbereitet, diesen Moment gelassen zu empfangen. Gampopa, ein tibetischer Weiser des 11. Jahrhunderts, drückte dies so aus: »Am Anfang des Weges fühlen wir den Druck der Todesangst wie ein Hirsch, der versucht, den Fallen der Jäger zu entkommen. In der Mitte des Weges ist es wichtig, dass wir zufrieden sind, auch wenn wir sterben, so wie ein Bauer, der sein Feld sorgfältig bearbeitet hat. Am Ende des Weges aber sollten wir großes Glück empfinden – wie jemand, der eine große Aufgabe gemeistert hat.«

Ein Einsiedler dreht jeden Abend vor dem Einschlafen seine Tasse um. In Tibet tut man das, wenn jemand stirbt. Auf diese Weise erinnert er sich jeden Abend daran, dass er vielleicht nicht mehr aufwachen könnte. Er hält sich vor Augen, dass jeder gelebte Moment ihn dem Tod näher bringt. Nach jedem Ausatmen ist er glücklich, wieder einatmen zu können. So schreibt Nagarjuna in einem Brief an seinen Freund:

»Gepeitscht von tausend Winden ist unser Leben
noch flüchtiger als eine Seifenblase in der Luft.
Und doch nimmt's uns nicht Wunder, dass
wir aus dem Schlaf erwachend weiteratmen.«[6]

In den *Udanavarga*[7] belehrt uns der Buddha:

»Alles, was wir ansammeln, werden wir am Ende aufgeben müssen.
Alles, was wir aufbauen, wird zu Grunde gehen.
Alles, was sich zusammenfügt, wird schließlich getrennt werden.
Alles, was lebt, geht im Tode unter.«

Wenn wir uns also bewusst machen, dass die Zeit unwiderruflich vergeht, spornt uns dieser Gedanke zu mehr Eifer in der Praxis an. Padmasambhava, der den Buddhismus nach Tibet brachte, stellt dies so dar:

»Wie der Strom, der zum Meer fließt,
Wie die Sonne und der Mond, die in der Dämmerung hinter den Bergen verschwinden,
Wie Tage und Nächte und Stunden und Augenblicke, die dahinfliegen,
So vergeht das menschliche Leben unwiederbringlich.«

Der Buddha unterstrich diesen Zusammenhang durch das Beispiel eines Athleten, der im Flug vier Pfeile erhascht, die von vier verschiedenen Bogenschützen in die vier Himmelsrichtungen ausgesandt werden. So schnell dieser auch sei, so sagte er, das Verfliegen der Lebenszeit und das Herannahen des Todes erfolgten noch schneller. Für einen praktizierenden Buddhisten ist Zeit daher das kostbarste Gut überhaupt. Sie sollte nicht verschwendet werden, nur weil wir uns der Tatsache nicht bewusst sind, dass der Tod mehr oder weniger unmittelbar bevorsteht. Trotzdem betont der Buddhismus auch, dass das Vergehen der Zeit illusorisch ist, da Vergangenheit und Zukunft keine reale Existenz haben, die Gegenwart aber ungreifbar ist.

Um also auf die physikalische Zeit zurückzukommen: Da der Augenblick selbst keine Dauer hat, so kann auch die Summe verschiedener Augenblicke nicht dauerhaft sein. Daher ist die Zeit nicht mehr als ein geistiges Etikett, das wir unserer Wahrnehmung der Veränderung aufdrücken. Wenn die physikalische Zeit absolut wäre, müsste sie Kontinuität besitzen. Dies aber impliziert, dass Vergangenheit und Gegenwart sowie Gegenwart und Zukunft einen Berührungspunkt haben.

T. Das ist logisch.

M. Damit wäre der Augenblick ein Punkt ohne Dauer, in dem Gegenwart und Zukunft zusammentreffen. Aber wie sollten der eben vergangene und der gegenwärtige Augenblick die gleichen Eigenschaften haben? Wenn dies der Fall wäre, dann wäre entweder der gegenwärtige Augenblick schon Vergangenheit oder der vergangene Augenblick würde sich zur Gegenwart wandeln. Dasselbe gilt für Gegenwart und Zukunft. Wenn Gegenwart und Zukunft gleiche Eigenschaften hätten, dann würde die Gegenwart zur Zukunft, beziehungsweise die Zukunft würde zur Gegenwart. Von diesem Moment an würden sich unendlich viele vergangene oder zukünftige Augenblicke Schritt für Schritt mit der Gegenwart vermischen.

T. Etwas Ähnliches führt Aristoteles in seiner *Physik* aus: »… wenn dann frühere und spätere Ereignisse auf ein bestimmtes Jetzt gesetzt werden, dann würden ja Ereignisse aus dem zehntausendsten Jahr vor uns gleichzeitig sein mit heute Vorgefallenem, und dann wäre nichts mehr früher oder später als etwas anderes.«[8]

Trotzdem möchte ich dir ins Gedächtnis rufen, dass Neurobiologen wie zum Beispiel Francisco Varela dem Augenblick durchaus eine gewisse Dauer zubilligen, und zwar in einer Größenordnung von einigen zehntel Millisekunden, also der Zeit, welche Neuronen im Gehirn brauchen, um ihre Funktionen zu erfüllen.

M. Die Argumentationskette, die ich erläutert habe, bezieht sich nicht auf die physiologische oder subjektive Zeit. Sie dient vor allem dazu, die Anhaftung an einen Zeitbegriff zu zerstören, der Zeit als reelle Einheit sieht, die einen Verlauf hat. Wenn der

Verlauf der Zeit im gegenwärtigen Augenblick, der jenseits allen Vergehens steht, nicht fassbar ist, wie sollte da – auf der Ebene der relativen Wahrheit – aus der Gegenwart je eine Zukunft entstehen? Vasubandhu schreibt in seinem *Abidharmakosha:* »Da der gegenwärtige Augenblick sofort vergeht, gibt es keinen wahren Verlauf, auch wenn die gegenwärtigen Augenblicke sich ununterbrochen aneinander reihen.«

T. Aber ist diese Vorstellung von der Zeit nicht der Einstein'schen recht ähnlich, in der die Zeit nicht fließt? In der Relativitätstheorie ist die Zeit einfach da, statisch und unbeweglich. Das Raum-Zeit-Kontinuum existiert in seiner Gesamtheit und enthält sämtliche Ereignisse, von der Geburt bis zum Ende des Universums.

M. Nein. Die Zeit ist nicht einfach da, statisch und unbewegt, da sie ja keine letztendliche Realität hat! Das Raum-Zeit-Kontinuum Einsteins ist kein absolutes Faktum. Es stellt höchstens eine neue Konvention dar. Die absolute Natur der Zeit ist ihre Leerheit, also die Abwesenheit einer inhärenten Natur. Man nennt das im Buddhismus den »vierten Aspekt der Zeit, der über die drei anderen (Vergangenheit, Gegenwart und Zukunft) hinausgeht«. Dieser vierte Aspekt der Zeit wird häufig mit dem gegenwärtigen Augenblick gleich gesetzt, da auch dieser jenseits aller Vorstellungen von Dauer ist. Vom Standpunkt kontemplativer Übung aus hilft uns das innerliche Verweilen in der »Frische des gegenwärtigen Moments« dazu, die leere und erleuchtete Natur des Geistes sowie die Irrealität der Erscheinungswelt zu erkennen. Diese Natur ist tatsächlich unveränderlich, und zwar nicht in dem Sinne einer dauerhaften Existenz, sondern weil sie das wahre Sein des Geistes und der Erscheinungen ist, jenseits aller begrifflichen Konzepte wie Werden und Vergehen, Sein oder Nichtsein, eins oder viele, Anfang und Ende.

T. Ein wenig findet sich diese Vorstellung auch bei Boethius: »Das Gegenwärtige, das vergeht, ist Zeit. Das Gegenwärtige, das bleibt, ist Ewigkeit.«[9]

Für Kant war die Zeit untrennbar mit dem Denken dessen verbunden, der sie beobachtete. Er dachte, dass die Zeit für die Folge der Ereignisse verantwortlich ist, während der Raum die Gleichzeitigkeit ermöglicht. Trotzdem betrachtete er Raum und Zeit als getrennte Einheiten – wie Newton. Und diese Vorstellung lässt sich mit der Einstein'schen Entdeckung von der Verbundenheit der Zeit und des Raumes nicht mehr vereinbaren. Der Buddhismus sieht Zeit und Raum wohl auch als separate Größen an?

M. Nein, nicht wirklich, denn er verneint auch die Vorstellung von einem real existierenden Raum. Zeit und Raum hängen von der Erfahrung ab, die wir im Rahmen bestimmter physikalischer Bedingungen machen. Wenn wir einen Teil des Raumes betrachten, ist er dann mehr als eine begriffliche Vorstellung unsererseits, wie ausgedehnt er auch immer sein mag? Der Raum kann nicht auf eine seiner Teilformen reduziert werden. Er kann aber auch nicht unabhängig von seinen Teilen wahrgenommen werden. Wenn die Einheit »Raum« der Gesamtheit ihrer Teile entspricht (sofern der Raum nämlich eine Ausdehnung hat, dann hat er auch Teile oder Zonen), dann müsste man, um in das Ganze eindringen zu können, gleichzeitig in all seine Teile eindringen, was nicht möglich ist. Die Einheit »Raum« ist also ebenfalls nur ein begriffliches Etikett, das keine wirkliche Eigenexistenz hat.

T. Ich möchte noch etwas zum Zeitpfeil anmerken: Auf der subatomaren Ebene nämlich ist die Zeit nicht mehr unumkehrbar. In der Welt der Teilchen verschwindet der Zeitpfeil, und die Zeit kann in beiden Richtungen verlaufen. Zwei Elektronen bewegen sich aufeinander zu, kollidieren und bewegen sich wieder voneinander weg. Wenn wir diese Folge von Ereignissen umkehren, dann haben wir von neuem zwei Elektronen, die sich aufeinander zubewegen, kollidieren und wieder voneinander wegbewegen. Die beiden Ereignisfolgen sind absolut identisch. Die physikalischen Gesetze, welche diese Ereignisse beschreiben, haben also nicht die Vorstellung von einer Zeit, die nur in einer Richtung verläuft. Ein Film aus der Teilchenwelt könnte also auch von hinten nach vorne betrachtet werden.[10]

M. Wenn es auf der Ebene der Elementarteilchen keine absolute Zeit gibt, wie sollte dann auf der makroskopischen Ebene eine solche Zeit existieren – außer in unserem Kopf, natürlich?

T. Wie ich bereits gesagt habe, dachte Einstein, dass die Zeit nur Illusion ist. Indem er die universale Gültigkeit der Zeit in Frage stellte, zog er gleichzeitig die Unterscheidung der Zeit in Vergangenheit, Gegenwart und Zukunft in Zweifel. Ebenso hoffte er, dass sich die physikalische Vorstellung von der Unumkehrbarkeit der Phänomene bald auflösen würde. Aber der Zeitpfeil kehrt auf unterschiedlichsten Ebenen immer wieder – sogar in der subatomaren Welt der Quantenmechanik.[11] Auch in der makroskopischen Welt ist er wieder aufgetaucht. Wie ein psychologischer Zeitpfeil, der immer geradeaus fliegt, so gibt es einen thermodynamischen Zeitpfeil, der ebenfalls nur eine Richtung kennt. Er beruht auf dem zweiten Hauptsatz der Thermodynamik, der Wissenschaft von der Wärme, und besagt, dass alles zu einem immer größeren Maß an Unordnung tendiert. Die Entropie, also das Maß für die Unordnung, eines geschlossenen Systems kann niemals abnehmen. Wir können diese Zunahme an Unordnung beobachten, wenn wir einen Eiswürfel betrachten, der in der Sonne schmilzt, oder die Mauersteine eines alten Schlosses, das langsam verfällt. In beiden Situationen war der Ausgangszustand geordneter als der Endzustand. Die kristalline Struktur des Eiswürfels weist einen höheren Grad an Ordnung auf als die Pfütze, die auf unserem Tisch zurückbleibt, wenn er geschmolzen ist. Gleichermaßen ist das Schloss zu den Glanzzeiten seines Bestehens um ein Vielfaches geordneter als der Steinhaufen, der am Ende davon übrig bleibt. So wie die Richtung der psychologischen Zeit immer von der Vergangenheit in die Zukunft verläuft, so bestimmt der Übergang vom geordneten in den ungeordneten Zustand den Zeitpfeil der Thermodynamik. Der Buddhismus spricht von Vergänglichkeit. Ordnet er aber den Veränderungen auch eine Richtung zu?

M. Der Buddhismus ist sich der Richtung der konventionellen Zeit bewusst. Die Vergänglichkeit der Erscheinungen auf der subtilen Ebene stimmt in etwa mit dem überein, was du als Entropie beschreibst: Wenn ein Haus altert und verfällt, so kann man in den Texten lesen, dann liegt das daran, weil kein Phänomen, auch nicht das kleinste Teilchen, sich jemals gleich bleibt. Es trägt den Keim seiner Zerstörung bereits in sich.

T. In der Physik hat der Zeitpfeil der Thermodynamik 1854 den deutschen Physiker Hermann von Helmholtz zu dem berühmten Ausspruch veranlasst: »Das Universum stirbt!« Seiner Ansicht zufolge würde die ständig ansteigende Entropie, die jeden natürlichen Prozess im Universum begleitet, schließlich dazu führen, dass jede schöpferische Aktivität ein Ende fände. Kosmische Schöpfungen (Planeten, Sterne, Galaxien und so weiter) und die Werke menschlichen Genies (Mozarts Kompositionen oder die Seerosen von Monet) würden letztlich unter den Ruinen des sich selbst zerstörenden Universums begraben werden.

Wenn aber der zweite Hauptsatz der Thermodynamik besagt, dass das Universum immer mehr verfällt, wie ist es dann zu erklären, dass unser Kosmos durchaus Strukturen aufweist, die nicht chaotisch sind? Wie lassen sich Organisationsgrad und Harmonie des Universums begründen? Wie konnte das Universum beispielsweise die Entwicklungspyramide schaffen (das heißt die Höherentwicklung des Lebens von den einzelligen Lebensformen bis hin zum komplex organisierten Menschen)? Wie konnten aus einer Leere voller Energie Elementarteilchen, Galaxien, Sterne, Planeten, Leben und Bewusstsein entstehen? Gilt der zweite Hauptsatz der Thermodynamik an allen Stellen des Universums gleichermaßen? Hier ist die Antwort ein klares Nein. Trotz der Gesetze der Thermodynamik können sich im Universum Zonen einer relativen Ordnung und Organisation bilden. Diese lokale Ordnung wird aber durch ein größeres Maß an Unordnung an anderer Stelle wieder ausgeglichen. Bei dem Schloss würde das beispielsweise so funktionieren: Eine Armee von Arbeitern könnte die Ruine durchaus wieder aufbauen, doch um diese Arbeit erledigen zu können, müssen sie sich ernähren und wandeln auf diese Weise die geordnete Energie der Nahrungsmittel in die ungeordnete Wärmeenergie ihres Körpers um. Am Ende ist die von den Arbeitern produzierte Unordnung größer als die Ordnung, die durch die Wiederherstellung des Schlosses geschaffen wurde. Und somit ist dem zweiten Hauptsatz der Thermodynamik Genüge geschehen.

Der thermodynamische Zeitpfeil hängt eng mit dem kosmologischen Zeitpfeil zusammen, der die Ausdehnung des Universums darstellt. Je mehr Zeit vergeht, umso weiter entfernen sich die Galaxien voneinander, das Universum kühlt ab, dehnt sich aus und verliert an Dichte. Drei Minuten nach dem Urknall erreichte die Wärme im Universum einige Millionen Grad. Fünfzehn Milliarden Jahre später ist es auf minus 270 Grad Celsius abgekühlt, die Temperatur der Hintergrundstrahlung, die vom Big Bang noch übrig ist. In dieser enormen Kälte liefern uns nur die Sterne Wärme und Energie. In ihrem Inneren laufen bei einer Temperatur von einigen Millionen Grad ununterbrochen Kernreaktionen ab. Die Zunahme der Ordnung durch das Entstehen komplex strukturierter Gebilde wie Galaxien, Sterne und Planeten wird also durch die von der Wärmestrahlung der Sterne verursachte Unordnung wieder ausgeglichen. Auch hier gilt also der zweite Hauptsatz der Thermodynamik. Beide Zeitpfeile sind mithin eng miteinander verbunden.

Die Fragen, die sich um die Richtung der Zeit drehen, sind bislang nicht gelöst. Sie geben uns ganz im Gegenteil immer mehr Geheimnisse auf. Wenn das Universum eines Tages eine maximale Ausdehnung erreicht hat und sich wieder in sich zusammenzieht, wird dann in einem sich zusammenziehenden Universum auch die Richtung des thermodynamischen Zeitpfeils umgekehrt? Wird sich dann der Steinhaufen der Ruine von selbst in ein glänzendes Schloss verwandeln? Sollte vielleicht auch die psychologische Zeit mit einem Mal rückwärts verlaufen? Wenn diese letzte Hypothese zuträfe, dann müssten die Bewohner eines sich zusammenziehenden Universums glauben, dass sie in einem expandierenden Kosmos angesiedelt sind, da ja ihre Denkprozesse ebenfalls der Umkehr unterworfen wären. Daher stellt sich die Frage nach der Umkehrbarkeit der Zeit eigentlich gar nicht. Sie ist nur ein interessantes Gedankenspiel …

10

Chaos und Harmonie

Von der Ursache zur Wirkung

Quantenunbestimmtheit, geschlossene Systeme, die dem Chaos zustreben, sowie eine Zeit, die ihren universellen Charakter verloren hat, erfordern ein gründliches Nachdenken über die Mechanismen von Ursache und Wirkung. Die realistisch-materialistische Weltauffassung sieht Kausalität als eine Beziehung zwischen streng voneinander geschiedenen Einheiten, innerhalb deren die einer Einheit fest zugehörigen Eigenschaften verändert werden. Kann ein solches System wirklich funktionieren? Wie ist das Denkmodell des Buddhismus einzustufen, das Kausalität als wechselseitige Abhängigkeit von miteinander in Verbindung stehenden Einheiten ohne festgeschriebene Eigennatur sieht? Kurz gesagt: Entsteht wirklich »etwas«? Welchen Nutzen kann man aus logischen Überlegungen wie den vorhergehenden für den Weg der inneren Erfahrung ziehen?

THUAN Die Relativitätstheorie beweist die Nichtexistenz einer absoluten Zeit. Damit gerät auch die Vorstellung von der Gleichzeitigkeit von Ereignissen in Bedrängnis. Tatsächlich verändert die Relativitätstheorie in bestimmten Situationen die Abfolge der Ereignisse – je nach der Bewegung des Beobachters. Man kann sich daher fragen, ob diese zeitliche Neuorganisation nicht auch das Prinzip von Ursache und Wirkung in Frage stellt. Die kausale Verknüpfung von Ereignissen setzt voraus, dass eine Information von einem Ereignis zum anderen fließt. Da nichts schneller ist als Licht, ist das Licht das schnellste Kommunikationsmittel im Universum. Zwei Phänomene sind also kausal miteinander verknüpft, wenn das Licht genügend Zeit hat, in dem Zeitintervall, das diese beiden voneinander trennt, von einem zum anderen zu gelangen. Das erklärt die Verbindung zwischen einer Ursache-Wirkung-Beziehung und der Lichtgeschwindigkeit.

Wie aber kann die Ordnung der Ereignisse durch Bewegung verändert werden? Nehmen wir zu diesem Zweck einmal ein Gedankenexperiment auf, das Einstein angestellt hat. Stellen wir uns einen Zug vor, der mit hoher Geschwindigkeit durch einen Bahnhof fährt. Ein Blitz trifft die beiden äußersten Punkte eines Wagons. Drei Personen halten sich auf Höhe der Mitte dieses Wagons auf. A steht auf dem Bahnsteig, B sitzt in dem fahrenden Zug, und C ist in einem zweiten Zug, der in die Gegenrichtung rollt. Diese drei Personen erleben die Ereignisse nicht in derselben Reihenfolge. A, der unbeweglich am Bahnsteig steht, sieht, wie der Blitz den Wagon gleichzeitig vorne und hinten trifft. B, der in der Mitte des Wagons sitzt, sieht, wie der Blitz zuerst im Vorderteil des Wagens und den Bruchteil einer Sekunde später im hinteren Teil einschlägt. Der Grund für diesen Unterschied ist leicht zu erklären: Der Zug bewegt sich ja, also muss das Licht, das im Vorderteil des Wagons einschlägt, eine geringere Strecke zurücklegen, bis es bei dem ihm entgegenrollenden B ankommt, als das Licht, das von hinten kommt und B einholen muss. Da die Lichtgeschwindigkeit eine feste Größe ist, braucht das Licht vom Vorderteil des Wagons nicht so lange wie vom hinteren Teil. B sieht also als Erstes, dass im vorderen Teil des Wagons der Blitz einschlägt. C hingegen erlebt den umgekehrten Verlauf. Für ihn schlägt der Blitz zuerst in den rückwärtigen Teil des Wagons ein und dann in den vorderen. Und wer hat nun Recht? Alle zusammen, denn jeder Standpunkt ist gültig. So wird die zeitliche Abfolge der Ereignisse durch die Bewegung des Beobachters verändert. Diese im Falle des Zuges minimalen Unterschiede werden enorm, wenn man sich ein Raumschiff vorstellt, das fast mit Lichtgeschwindigkeit unterwegs ist.

Da die Relativitätstheorie also den Ablauf der Ereignisse von der Bewegung des Beobachters abhängig macht, ist die Frage legitim, ob sie damit nicht auch das Kausalitätsgesetz durchbricht, das die Ursache immer vor der Wirkung ansiedelt. Könnte das Resultat auch vor der Ursache kommen? Gibt es ein Omelett, wenn noch kein Ei zerschlagen wurde? Könnte ich somit auch vor meiner Mutter zur Welt kommen?

MATTHIEU Wenn man Einsteins Ansicht teilt, nach der Vergangenheit, Gegenwart und Zukunft ein einziger Block sind, dann heißt das noch lange nicht, dass die Abfolge der Ereignisse verändert wird, wenn man in der Zeit zurückgeht. Man könnte sich das ja auch vorstellen wie das Zurückspulen eines Films. In diesem Fall wäre es ja kaum nötig, alles von neuem aufzunehmen. Das ist, als würde man einfach mit dem Finger auf der Zeitkarte zurückfahren: Die Karte selbst ändert sich deshalb noch lange nicht.

T. Einstein zufolge nimmt jede Person einen Film mit identischen Ereignissen auf, die einfach auf jedem Film unterschiedlich angeordnet sind. Trotzdem stellt die Relativitätstheorie das Konzept von Ursache und Wirkung nicht wirklich in Frage, denn die Ordnung der Ereignisse kann ja nur dann verändert werden, wenn zwei Ereignisse sich zeitlich so nah (beziehungsweise räumlich gerade so weit voneinander entfernt) sind, dass das Licht zwischen ihnen als Informationsträger dienen kann. Anderenfalls könnte eines nicht die Ursache des anderen werden. In anderen Worten: Damit Vergangenheit, Gegenwart und Zukunft zweier Ereignisse verschmelzen können, dürfen sie nicht die Zeit haben, dass das Licht sie durch die von ihm transportierten Informationen kausal verbinden kann.

Werner Heisenberg schreibt dazu: »Die spezielle Relativitätstheorie hatte eine Struktur von Raum und Zeit enthüllt, die etwas verschieden war von der Struktur, die man allgemein seit der Newton'schen Mechanik angenommen hatte. [...] Als eine Folge davon können zwei Vorgänge, die an zwei weit voneinander entfernten Punkten stattfinden, keine unmittelbare kausale

Verbindung haben, wenn sie sich zu solchen Zeiten ereignen, dass ein Lichtsignal, das im Moment des einen Vorgangs von dem einen Punkt ausgeht, den anderen erst nach der Zeit des anderen Vorgangs erreicht und umgekehrt. In diesem Fall kann man die zwei Ereignisse gleichzeitig nennen. Da keine Wirkung irgendeiner Art von dem einen Vorgang in dem einen Zeitpunkt übergehen kann zu dem anderen Vorgang in dem anderen Zeitpunkt, können die beiden Vorgänge nicht durch irgendeine physikalische Wirkung verbunden sein. Aus diesem Grund war eine Wirkung über große Abstände, so wie sie bei den Gravitationskräften in der Newton'schen Mechanik auftritt, nicht mit der speziellen Relativitätstheorie zu vereinbaren. [...] Daher erzeugt die Struktur von Raum und Zeit, die in der speziellen Relativitätstheorie ausgedrückt wird, eine völlig scharfe Grenze zwischen dem Gebiet der Gleichzeitigkeit, in dem keine Wirkung übertragen werden kann, und den anderen Gebieten, in denen eine unmittelbare Wirkung von einem Vorgang zu einem anderen stattfinden kann.«[1]

In unserem Beispiel vom Zug hat das Licht nicht die Zeit, zwischen den beiden Blitzen hin- und herzugelangen, da Person A ja sieht, wie der Blitz gleichzeitig in die beiden äußersten Punkte des Wagons einschlägt. Diese beiden Blitze könnten also niemals kausal miteinander verbunden werden. In diesem Fall kann die Ordnung der Ereignisse durch Bewegung verändert werden.

Geht einem Ereignis A hingegen ein Ereignis B voraus, das so lange dauert, wie das Licht braucht, um von A nach B zu gelangen, dann geht A *immer* B voraus, und zwar für *alle* Beobachter. Das Licht hat genügend Zeit, um vom Ei zum Omelett zu gelangen, daher wird niemand je erleben, dass das Omelett fertig ist, bevor das Ei aufgeschlagen wurde. Ich werde niemals vor meiner Mutter geboren werden. Glücklicherweise, denn wenn das Prinzip von Ursache und Wirkung nicht mehr gälte, dann wären wir ständig mit Situationen konfrontiert, die unserer Logik zuwider liefen: Ich könnte verhindern, dass meine Eltern sich kennen lernen. Dadurch würde ich aber meine Geburt verhindern, was absurd wäre. Diese Situation nennt man auch das »Mutter- (oder Vater-)Paradox«. Nach der speziellen Relativitätstheorie wird der Gültigkeitsbereich der Kausalitätsgesetze durch die Lichtgeschwindigkeit bestimmt.

M. Heisenberg allerdings meint, dass die Existenz einer abrupten, von der Lichtgeschwindigkeit bestimmten Grenze zwischen Vergangenheit und Zukunft, wie die spezielle Relativitätstheorie sie annimmt, sich nicht mit der Ganzheitlichkeit der Phänomene vereinbaren lässt, wie sie das Foucault'sche Pendel und die Quantentheorie zeigen.

T. Die Existenz eines von der Lichtgeschwindigkeit definierten Gültigkeitsbereiches der Kausalitätsgesetze ist mit der allgemeinen Verbundenheit der Phänomene, wie sie sich im EPR-Effekt und dem Foucault'schen Pendel (siehe Kapitel 4) zeigt, durchaus vereinbar. In diesen beiden Experimenten wird nämlich keinerlei Information weitergegeben: Ein Photon ist unmittelbar mit seinem Partner verbunden. Und das Foucault'sche Pendel stimmt sein Verhältnis auf unendlich weit entfernte Galaxien ab, ohne dass diese deshalb in irgendeiner Form tätig werden müssten.

M. Aber die Physiker beschäftigen sich ja sogar mit der Frage, ob die Richtung der Kausalbeziehung umgekehrt werden könnte, für den hypothetischen Fall, dass es eine Möglichkeit gäbe, die »Barriere« der Lichtgeschwindigkeit mit einer bisher unbekannten Art der Informationsübermittlung zu durchbrechen.

T. Die Relativitätstheorie besagt ja nicht, wie häufig geglaubt wird, dass es keine Partikel geben kann, die schneller sind als Licht. Nur das *Durchbrechen* dieser Barriere widerspricht ihren Grundannahmen. Wenn ein Objekt (oder eine Information) von einer niedrigeren als der Lichtgeschwindigkeit zu einer Geschwindigkeit übergeht, die diesen Wert überschreitet, könnte es einen Lichtstrahl einholen, der vor ihm herläuft, und diesen überholen. Die sichtbare Geschwindigkeit des Lichts würde für einen Beobachter, der mit diesem Objekt reist, immer mehr abnehmen, dann auf null zugehen und schließlich in entgegengesetzte Richtung wieder anwachsen. Das aber widerspricht dem Faktum, dass ein Beobachter immer dieselbe Lichtgeschwindigkeit (nämlich zirka 300 000 Kilometer pro Sekunde) misst, ganz egal, wie schnell er ist. Und dieses konstante Ergebnis für die Lichtgeschwindigkeit ist eines der Grundpostulate der speziellen Relativitätstheorie. Umgekehrt kann auch ein Objekt, das von jenseits der Barriere kommt, also von einer höheren als der Lichtgeschwindigkeit zu einer niedrigeren Geschwindigkeit übergeht, die Barriere nicht durchbrechen.[2]

Die hypothetischen Teilchen, die schneller sind als das Licht, nennt man »Tachyonen«, vom griechischen *táchos*, das heißt »Geschwindigkeit«. Die Relativitätstheorie lässt zwar ihre Existenz zu, trotzdem wurden bis heute noch keine Tachyonen in der Natur entdeckt. Glücklicherweise, möchte man sagen, denn die Existenz von den Tachyonen würde in der Physik eine Menge von Paradoxien bewirken. In unserem Weltverständnis hieße die Tatsache, dass jemand schneller ist als Licht, nämlich, dass er in der Zeit zurückreisen kann, womit wir wieder beim Mutterparadox wären.

M. Die Tachyonen könnten also nur in einer theoretischen Welt existieren, in der die Gesetze von Ursache und Wirkung den umgekehrten Effekt hätten als in unserer Welt.

T. Genau. Von einem Universum wie dem unseren führt kein Weg in ein Universum, das Tachyonen enthält. In der Tachyonenwelt hätte eine Logik, wie wir sie kennen, keinerlei Sinn mehr. Die Ursache würde vor der Wirkung erscheinen, das heißt, der Nagel wäre eingeschlagen, bevor man auch nur den Hammer gehoben hätte. Einstein war sich der Konsequenzen, welche die Existenz von Tachyonen mit sich brachte, durchaus bewusst. Deshalb schloss er in seinem Artikel von 1905 (in dem er die Theorie der speziellen Relativität darlegte) Geschwindigkeiten, die höher als die Lichtgeschwindigkeit wären, kategorisch aus. Trotzdem existiert in seiner Theorie kein mathematischer Schluss, der die Nichtexistenz solcher Teilchen beweist.

M. Aber kommt die Behauptung, dass Kausalitätsgesetze und Lichtgeschwindigkeit so eng zusammenhängen, nicht dem Versuch gleich, die Kausalität nur auf die Welt der Formen, der Teilchen und Photonen zu beschränken? Außerdem ist diese Form der Kausalität rein linear.

T. Was meinst du mit »linear«?

M. Nun, das wäre ja dasselbe, als würde man behaupten: »Diese Entität existiert real und ändert diese andere Entität.« Oder: »A führt zu B. B führt zu C.« Und so weiter. Die Tatsache, dass alle Phänomene im Universum untrennbar miteinander verbunden sind, bleibt dabei außen vor. Eine Kausalität, die von der Ganzheitlichkeit der Erscheinungen geprägt ist, dürfte a priori nicht von der Lichtgeschwindigkeit begrenzt werden. Das Foucault'sche Pendel und der EPR-Effekt zeigen doch eindeutig, dass zwei Phänomene unmittelbar miteinander verbunden sein können, auch ohne dass mittels Licht Informationen zwischen ihnen hin- und herlaufen müssen. Beim EPR-Effekt kommt es zu einer Interaktion zwischen dem Akt der Beobachtung und einem ganzheitlichen Phänomen. Wenn es unsere Absicht, eines dieser Teilchen dingfest zu machen, nicht gäbe, würde weder das eine noch das andere auftauchen. Können wir hier also von einer »Fernwirkung« sprechen?

T. Ich glaube nicht, dass man dies als Fernwirkung darstellen kann. Das würde nämlich bedeuten, dass die Realität fragmentiert und lokal wäre, also nicht miteinander verbunden und daher ganzheitlich: Die beiden Teilchen müssen keinerlei Informationen austauschen, da sie ein und derselben Realität angehören. Die Experimente von Alain Aspect haben ohne jeden Zweifel gezeigt, dass zwei Quantensysteme (zwei Photonen beispielsweise), die miteinander interagiert haben, nur durch eine Wellenfunktion beschrieben werden können, auch wenn sie sich an einander entgegengesetzten Enden des Universums befinden. Dies trifft so lange zu, bis einer dieser beiden Systeme Objekt eines Beobachtungsvorganges wird.

M. Darin spiegelt sich die Definition wider, die Buddha von

der wechselseitigen Abhängigkeit gegeben hat: »Dies erscheint (die Beobachtung und das Verhalten eines Teilchens im Norden), weil jenes ist (die Beobachtung des Teilchens im Süden, das sich identisch verhält).« Eine derartige Beziehung setzt weder die Veränderung von inhärenten Eigenschaften noch die Übertragung von Information voraus. Dies zeigt deutlich, dass das Wesen der Kausalität in der Koexistenz der Phänomene und der Unauflösbarkeit ihrer wechselseitigen Verbundenheit besteht.

T. Ja, es gibt eine und nur eine ganzheitliche Wirklichkeit. So wird der EPR-Effekt gewöhnlich interpretiert. Natürlich spielt das Eingreifen des Beobachters in der Quantentheorie eine enorme Rolle. Vor dem Akt des Messens haben wir nur eine Welle, die überall zugleich ist. (Ihre Amplitude an einem exakten Ort wird von der Wellenfunktion Schrödingers bestimmt.) Sobald man zur Messung schreitet, erscheint die Welle als Teilchen, das an einem ganz bestimmten Ort lokalisierbar ist. Eine der Möglichkeiten, welche die Welle ausdrückt, hat sich also konkretisiert. Man spricht dabei von der »Reduktion« der Welle.[3]

M. Jede Messung, ob sie nun automatisch oder willkürlich vorgenommen wird, verlangt doch eine gewisse Vorbereitung des Materials. Kann man daraus schließen, dass die Reduktion der Welle – direkt oder indirekt – ein bewusstes Eingreifen voraussetzt?

T. Es gibt im Universum zahlreiche Formen von Interaktion, die ohne bewusste Intervention vonstatten gehen. Die Protonen beispielsweise, die im Innern der Sonne miteinander verschmelzen und ihr so Energie liefern. Oder einen Magneten, der mithilfe elektromagnetischer Kräfte einen Nagel anzieht.

Aber die Antwort der Quantenmechanik ist in dieser Hinsicht unmissverständlich: Wenn zwei Quantensysteme, von denen jedes durch eine bestimmte Wellenfunktion beschrieben werden kann, miteinander interagieren, dann bilden sie ein neues System, das durch eine neue Wellenfunktion beschrieben wird, welche die Gesamtheit der Möglichkeiten beider Systeme umfasst. In diesem Fall erfolgt also keine Reduktion, sondern die Bildung einer komplexeren Welle. Werden diese beiden Systeme wieder getrennt, dann – so zeigen die Experimente Aspects – können sie nicht mehr durch zwei getrennte Wellenfunktionen beschrieben werden, sondern weiterhin nur durch eine gesamte Wellenfunktion.

Was unterscheidet ein Messgerät von einem anderen makroskopischen Objekt? Warum erfolgt bei der Interaktion mit einem Messgerät eine Reduktion der Welle auf eine von einer Vielzahl von Möglichkeiten, während die Interaktion mit jedem anderen makroskopischen Objekt die Herausbildung einer komplexen, ganzheitlichen Wellenfunktion zur Folge hat, die sämtliche Möglichkeiten der beiden interagierenden Systeme mit sich trägt? Dieses Problem wurde bisher noch nicht gelöst.

M. Wäre es nicht einfacher, zu postulieren, dass die Ganzheitlichkeit bestehen bleibt, aber der spezifische Akt der Beobachtung auf sie ein bestimmtes Licht wirft, der ganz bestimmte Aspekte unter den tausenden von Möglichkeiten hervorhebt, die ein Phänomen charakterisieren? Natürlich ohne diesen Aspekten damit eine wie auch immer geartete objektive Existenz zu verleihen.

T. Die Mehrzahl der Physiker begnügt sich mit dem Wissen, dass die Quantenmechanik als Theorie »funktioniert«. Sie beschreibt zufrieden stellend das Verhalten von Atomen und Teilchen. Man kann sie zur Berechnung bestimmter Phänomene einsetzen, auch wenn man im Moment noch nicht versteht, warum sie so gut funktioniert. Dieser Zugang ist rein empirisch und pragmatisch. Nur eine Hand voll Physiker hat an diesem Punkt nicht Halt gemacht. Diejenigen, die versucht haben, dem Prozess der Reduktion der Wellenfunktion auf die Schliche zu kommen, teilen sich dabei in zwei große Lager.

Da sind einmal die »Idealisten« oder »Subjektivisten«. Zu ihnen zählt beispielsweise der Ungaroamerikaner Eugene Wigner. Für diese Gruppe ist es das Vorhandensein eines Bewusstseins, das die Wellenfunktion auf eine einzige Möglichkeit reduziert. Wigner meint dazu: »Es ist unmöglich, Phänomene auf der atomaren Ebene ohne Rückgriff auf das Bewusstsein zu beschreiben. Schon der Eintritt in unser Bewusstsein verändert die Wellenfunktion.« Diese enorm wichtige Rolle, die man dem Bewusstsein zuschreibt, bringt allerdings ein gewaltiges Problem mit sich. Zwischen dem Moment, in dem das Messgerät die Messung registriert, und dem, in dem das Bewusstsein des Beobachters das Ergebnis aufnimmt, gibt es natürlich ein Intervall: die Zeit, die das Licht braucht, um vom Messgerät ins Auge und über den optischen Nerv in den neuronalen Apparat des Gehirns zu gelangen. Dies dauert höchstens den Bruchteil einer Sekunde, aber jedenfalls ist eine gewisse Zeitverzögerung nicht zu leugnen. Wenn die Reduktion der Wellenfunktion erst im Moment der Bewusstwerdung geschieht, dann müssen die Idealisten ein Signal postulieren, das vom Bewusstsein des Beobachters ausgesandt in der Zeit zurückläuft und dem Messinstrument mitteilt, was es im Augenblick der Interaktion zwischen Partikel und Messgerät anzeigen soll. Ein etwas seltsames Szenario! Doch diese bizarren Schlüsse werden geradezu paradox, wenn man den Beobachter durch eine Vorrichtung ersetzt, die automatisch die Messergebnisse registriert. Wird im CERN ein Experiment mit dem Teilchenbeschleuniger gemacht, dann werden die Ergebnisse gewöhnlich auf Magnetbändern aufgenommen, die meist erst Monate nach dem Experiment ausgewertet werden. Erst in diesem Moment treten sie also in das menschliche Bewusstsein ein. Wie sollte also ein Signal, das von diesem Bewusstsein kommt, Ereignisse auslösen können, die Monate vor dem Akt der Bewusstwerdung abgelaufen sind? Das ist tatsächlich ziemlich unwahrscheinlich.

M. Diese Interpretation ist eine Mischung aus Idealismus oder Subjektivismus (»Das Bewusstsein spielt die entscheidende Rolle«) und einem materialistisch-objektivistischen Standpunkt (»Alles geschieht durch feste Teilchen, die das Phänomen, die Messung und seine Wahrnehmung beeinflussen«). Das ist natürlich wenig glaubhaft. Aber wenn man den EPR-Effekt einmal genau betrachtet, dann reicht doch schon die Existenz eines Messgerätes und das Vorhandensein des Bewusstseins, das ihn geschaffen hat, aus, um diese beiden zum Teil einer ganzheitlichen Wellenfunktion zu machen, die alles umfasst: Dann könnte es aber auch eine unmittelbare Verbindung geben, ohne dass Information ausgetauscht werden muss. Eine Menge Probleme kommen einfach daher, dass wir hartnäckig versuchen, alles auf unsere reduktionistische Art der Wahrnehmung zurückzuführen, die sich aus dem Umgang mit der makroskopischen Welt herausgebildet hat. Wir akzeptieren zwar theoretisch die wechselseitige Verbundenheit der Phänomene, die der EPR-Effekt aufzeigt, praktisch aber ziehen wir daraus keine Konsequenzen und ändern unsere Weltanschauung nicht im Geringsten.

T. In deinem Vorschlag wäre nicht einmal ein Bewusstsein nötig, um die Messung durchzuführen und die Wellenfunktion zu reduzieren. Man könnte die Gesamtheit der Wellenfunktion als Katalog von Möglichkeiten interpretieren, zu denen die Beobachtung durch ein Bewusstsein ganz selbstverständlich gehört. In diesem Fall wäre ein Messgerät zur Reduktion der Wellenfunktion völlig ausreichend. Das Bewusstsein spielt eine Rolle bei der Konstruktion des Gerätes und bei der Interpretation der Resultate.

M. Das genügt auch, um das Bewusstsein zum Teil jener Welle werden zu lassen, oder zumindest, um zu verhindern, dass es aus der Betrachtung völlig herausgelassen wird.

T. Die andere Gruppe von Physikern, die sich theoretisch um die Reduktion der Wellenfunktion bemüht, weist dem Messgerät die entscheidende Funktion zu. Dies ist ein eher materialistischer Standpunkt. Diese Gruppe ist der Auffassung, dass das Bewusstsein nicht die geringste Rolle spielt, dass die Welt nicht vom Vorhandensein eines Beobachters beeinflusst wird, sondern einfach so existiert, wie sie ist, unabhängig von jedem Beobachtungsvorgang. Sie erklären die Reduktion der Wellenfunktion damit, dass im Augenblick der Messung die Wellenfunktion, die das System »Teilchen und Messgerät« umfasst, sich so schnell entwickelt, dass nur eine einzige Möglichkeit des gesamten Potenzials sich realisieren kann. Die ungeheuer schnelle Entwicklung geht auf die komplexe Natur des Messgerätes zurück. Doch auch diese Interpretation ist nicht sehr überzeugend, weil sie sich – zumindest für den Augenblick – auf eine sehr enge Beweisführung stützt.[4]

So ist auch dieses Problem bis heute von einem Schleier des Geheimnisses umgeben. Daraus erklärt sich überdies die empirische Haltung vieler Physiker: Die Quantentheorie funktioniert. Was will man mehr! Der Buddhismus hingegen scheint mir mehr zur Auffassung der Idealisten zu neigen, die dem Bewusstsein eine entscheidende Funktion zuschreiben?

M. Betrachten wir die Dinge doch einmal auf eine ganz simple Art und Weise. Die Natur misst sich nicht selbst. Es reicht nicht aus, dass ein Meterstab zufällig neben einem Brett liegt. Dabei findet noch keine Messung statt. Sobald man also von einem Messvorgang spricht, führt man direkt oder indirekt ein Bewusstsein ein, das diese Messung durchführt, ganz egal, ob das Ergebnis vom Bewusstsein sofort registriert wird oder erst später. Dieses Bewusstsein ist also den Gesetzen der wechselseitigen Abhängigkeit unterworfen, vor deren Hintergrund das Phänomen geschieht. Wenn man wirklich ganzheitlich denkt, kann kein Phänomen dieser Ganzheitlichkeit – weder das Bewusstsein des Beobachters noch das beobachtete Phänomen oder das Messgerät – eine zentrale Rolle spielen, da jedes Element gleichermaßen vom Ganzen abhängig ist. *Unser* Standpunkt hingegen besagt ganz klar, dass das Bewusstsein eine wesentliche Rolle spielt.

Ein Faktum hat mich doch ziemlich verblüfft, als du erzähltest, dass für Einstein Vergangenheit, Gegenwart und Zukunft eins sind: Das bedeutet, dass alles von vornherein festgeschrieben ist, also eine durch und durch deterministische Weltsicht. Vergangenheit oder Zukunft könnten jederzeit von der Weltkarte der Zeit abgelesen werden. Dann wäre es aber sinnlos, was auch immer verändern zu wollen. Das würde nicht einmal für uns selbst gelingen, da die Würfel ein für alle Mal gefallen sind und weder Gott noch die Quantenunbestimmtheit »würfelt«.

T. Ganz recht. Auch ich finde an diesem deterministischen Weltbild wenig Gefallen. In dieser Hinsicht ist Einstein ein direkter Erbe von Isaac Newton und Pierre-Simon de Laplace. Für Newton war die Welt eine immense Maschinerie, ein Uhrwerk aus trägen Materieteilchen, die blinden Kräften unterworfen waren. Er war der Ansicht, dass eine Hand voll Naturgesetze ausreichen würde, um die Historie eines ganzen Systems exakt vorherzusagen, wenn man es schaffte, es an einem bestimmten Punkt seiner Geschichte richtig zu beschreiben. Laplace drückte diesen absoluten Determinismus in einer berühmt gewordenen Erklärung so aus: »Eine Intelligenz, welche für einen gegebenen Augenblick alle in der Natur wirkenden Kräfte sowie die gegenseitige Lage der sie zusammensetzenden Elemente kannte und überdies umfassend genug wäre, um diese gegebenen Größen der Analysis zu unterwerfen, würde in derselben Formel die Bewegungen der größten Weltkörper wie des leichtesten Atoms umschließen; nichts würde ihr ungewiss sein, und Zukunft wie Vergangenheit würden ihr offen vor Augen liegen.«[5]

In diesem Weltbild spielte die Zeit keine wesentliche Rolle mehr. Friedrich Hegel fand dafür den Ausspruch: »In der Natur geschieht nichts Neues unter der Sonne.«[6] Dieser zwanghafte, sterile Determinismus, der dem Menschengeschlecht keinen Raum zur Entwicklung ließ, war bis zum Ende des 19. Jahrhunderts im europäischen Denken vorherrschend. Im 20. Jahrhundert rissen ihn die befreienden Wogen der Quantenphysik in die dunklen Tiefen der Geschichte hinab. Der Zufall betrat die Bühne – und dies auf so unterschiedlichen Gebieten wie Kosmologie, Astrophysik, Geologie, Biologie und in den Kognitionswissenschaften. Unsere Welt hat nämlich entscheidende Veränderungen auch durch so zufällige Dinge erfahren wie jenen Meteoriten, dessen Aufschlag zur Entstehung einer Eiszeit führte, welche die Dinosaurier aussterben ließ. Erst dieses absolut unvorhersehbare Ereignis führte schließlich dazu, dass unsere Vorfahren, die Säugetiere, sich auf dem Planeten ausbreiten konnten.

M. Laplace würde diese kontingenten Phänomene sicherlich in seinen universellen Determinismus einschließen.

T. Dem deterministischen Credo von Laplace setzte der französische Mathematiker Henri Poincaré, einer der Pioniere der Chaostheorie, entgegen: »Eine winzige Ursache, die wir gar nicht bemerken, kann eine beträchtliche Wirkung nach sich ziehen, der wir uns nicht entziehen können. Dann behaupten wir, dass diese Wirkung auf einen Zufall zurückgeht. Würden wir die Gesetze der Natur und die genauen Bedingungen in einem bestimmten Ausgangsmoment exakt kennen, dann könnten wir tatsächlich den Endzustand des ›Systems‹ vorhersagen. Aber auch wenn wir über die Naturgesetze vollkommen im Bilde wären, so könnten wir die Ausgangsbedingungen doch immer nur annähernd beschreiben. Daher kann auch die Prognose über den Endzustand nur einen Näherungswert darstellen, und das muss uns genügen. Wir behaupten, dass wir ein bestimmtes Phänomen vorhergesagt haben und dass es bestimmten Gesetzmäßigkeiten folgt. Aber das ist nicht immer der Fall, denn eine winzige Veränderung am Anfang kann große Unterschiede in der Erscheinungsform des Systems am Ende bewirken. Ein minimaler Fehler bei den Ausgangsbedingungen kann zu einem kapitalen Irrtum bezüglich des Endzustands führen. Daher sind exakte Vorhersagen letztlich unmöglich.«[7]

Poincaré lehnt also schon das grundlegende Postulat der Lapalace'schen Thesen ab, nämlich dass es möglich sein soll, die Ausgangsbedingungen eines wie auch immer gearteten Phänomens mit auch nur annähernder Genauigkeit festzustellen. Jede noch so winzige und daher unvermeidliche Ungenauigkeit bei der Messung der Grundbedingungen sowie die extreme Anfälligkeit, die manche Systeme in diesem Zustand aufweisen, lässt jede Vorhersage hinsichtlich der Entwicklung dieser Systeme scheitern. Und die Erkenntnisse der Chaostheorie zeigen, dass Zufall und Unbestimmtheit nicht nur in unserem Alltagsleben eine bedeutende Rolle spielen, sondern auch Planeten, Sterne und Galaxien beeinflussen. Daher kann es keine vereinfachende Sicht der Gesetze von Ursache und Wirkung mehr geben.

Der Begriff »Chaos« in der begrifflichen Sprache des Wissenschaftlers hat wenig oder nichts zu tun mit der Abwesenheit von Ordnung, die wir ihm in unserer Alltagssprache zuordnen. Er bezeichnet vielmehr die Tatsache, dass der Lauf der Dinge auf lange Sicht kaum vorhersehbar ist. Es ist beispielsweise unmöglich, eine genaue Vorhersage hinsichtlich des Wetters in sieben Tagen zu treffen, da meteorologische Modelle sehr stark von ihren Ausgangsbedingungen abhängen. Hier sind unserer Erkenntnis unüberwindbare Grenzen gesetzt. Die Keime der Unwissenheit sind überall in der Natur verstreut. Wir können die Erde zwar mit einem Netz von Wetterstationen überziehen, aber einige der weniger auffälligen atmosphärischen Veränderungen entgehen uns dabei immer. Und aus diesen winzigen Störungen entstehen am Ende entweder gefährliche Gewitter oder ein strahlend blauer Himmel. Deshalb erläutern Physiker die Chaostheorie häufig mit dem Bild des Schmetterlings. Der »Schmetterlingseffekt« besagt, dass das Flügelschlagen eines Schmetterlings in Guyana zu einem heftigen Regenfall in Paris führt. Der deterministische Traum von Newton und Laplace ist damit endgültig vom Tisch.[8]

M. Der Schmetterlingseffekt ist auf der Ebene geistiger Phänomene noch deutlicher zu erkennen. Ein einziger Gedanke kann die ganze Welt erschüttern: So kann aus Ehrgeiz oder Hass ein Weltkrieg entstehen. Kaum spürbare Unterschiede in unserer Motivation führen im Lauf der Ereignisse zu grundverschiedenen Resultaten.

T. Natürlich. Das Chaos zeigt sich in jedem Augenblick unseres Lebens. Jeder von uns hat Situationen erlebt, in denen scheinbar unwichtige Tatsachen schwerwiegende Konsequenzen nach sich ziehen. Ein Mann verpasst ein Vorstellungsgespräch und damit den Job seines Lebens, nur weil der Wecker nicht geläutet hat. Eine Frau versäumt ihren Flug, nur weil ein Stäubchen das

Benzin ihres Wagens verunreinigt. Das Flugzeug aber stürzt wenige Stunden später in den Atlantik, und sie ist dem sicheren Tod entgangen. So kann der Lauf eines ganzen Lebens von völlig unbedeutenden Ereignissen abhängen. Und Umstände, die sich scheinbar kaum voneinander unterscheiden, führen zu wesentlich anderen Ergebnissen.

M. Ein Determinist allerdings würde sagen, dass wir die Entwicklung eines Systems durchaus vorhersagen könnten, wenn wir nur die Ausgangsbedingungen mit absoluter Präzision bis in ihre feinsten Verästelungen kennten und ausreichende Rechenkapazität besäßen.

T. Natürlich ist es unsere Unfähigkeit, die Ausgangsbedingungen eines Systems *vollkommen* zu verstehen, die uns daran hindert, seine zukünftige Entwicklung adäquat beschreiben zu können.

M. Vollkommene Präzision ist letztlich auch unmöglich, da die Phänomene einer subtilen Vergänglichkeit ausgesetzt sind, sodass keine Messung jemals wirklich den Augenblickszustand des Systems wiedergibt.

T. Die Quantenmechanik beschreibt dies in Begriffen von Energie und Zeit. Das Prinzip der Quantenbestimmtheit besagt, dass die Zeit, die eine Messung beansprucht, niemals null sein kann, weil jede Messung ja ein energetischer Austausch ist. Je kürzer die Zeit der Messung ist, umso stärker steigt die dazu notwendige Energie an. Eine absolut zeitgleiche Messung aber würde bedeuten, dass das Energieniveau gegen unendlich gehen würde, was unmöglich ist. Der Traum, die Ausgangsbedingungen eines Systems mit absoluter Präzision messen zu können, ist daher von vornherein zum Scheitern verurteilt. In der atomaren Welt verbietet es ebendiese Quantenunbestimmtheit, Ort und Geschwindigkeit eines Teilchens zur selben Zeit zu messen, sodass wir niemals in der Lage sein werden, Teilchenbahnen zu bestimmen. In der makroskopischen Welt sind chaotische Phänomene vollkommen von ihren Ausgangsbedingungen abhängig, ebenso werden kontingente Ereignisse in einer Vielzahl zufälliger Faktoren bestimmt. Eine exakte Vorhersage wird damit völlig unmöglich. Von ihrem deterministischen Panzer befreit, kann die Natur sich wieder ihrer Kreativität hingeben. Die zeitlosen Gesetze der Physik liefern ihr die generellen Themen, rund um die sie dann phantasieren und improvisieren kann. Sie zeigt sich spontan und spielerisch und nutzt die physikalischen Gesetzmäßigkeiten, um Neues zu schaffen.

M. Sicher hat die Quantentheorie einen absoluten Determinismus unmöglich gemacht, indem sie die Komponente des Zufalls in die Kausalitätsgesetze einbrachte. Doch wenn man für ein Phänomen wie beispielsweise den Zerfall instabiler Teilchen oder radioaktiver Elemente keine unmittelbare Ursache findet und behauptet, dass dieses Ereignis folglich ein Produkt des Zufalls sein müsse, dann ist auch dies nur eine mögliche Interpretation der Quantenmechanik. Die Physiker glauben, dass sie die Kreativität ins Universum zurückbringen, wenn sie mit fliegenden Fahnen von der absoluten Notwendigkeit zum Zufall überlaufen. Tatsächlich gehen sie von einem Extrem zum anderen über. Hat dieses Ereignis denn tatsächlich keine Ursache? Hat man denn den Begriff »Unbestimmtheit« nicht ausdrücklich gewählt, weil das Schicksal der Teilchen eben keinem Modell linearer Kausalität folgt? Dies scheint zwar auf den ersten Blick beunruhigend, aber sind denn die Faktoren, die hier eine Rolle spielen, nicht tatsächlich zahllos? Statt also einfach die wechselseitige Abhängigkeit als Quelle eines ungeheuren Reichtums an Manifestationsmöglichkeiten zu sehen, führt man lieber erneut die ontologischen Begriffe von Zufall und Wahrscheinlichkeit ein. Und darüber hinaus ordnet man der Natur noch Kreativität und Spontaneität zu, was den Gedanken an ein schöpferisches Prinzip aufkommen lässt, das – sei es nun spielerisch oder tierisch ernst – einer stringenten Argumentation nicht standhält.

T. Wenn ich von der spielerischen oder schöpferischen Natur spreche, denn steckt darin tatsächlich die Idee von einem organisatorischen Prinzip, wie auch Spinoza oder Einstein es akzeptieren. Denn auch in der Quantentheorie beruht nicht alles auf

Zufall. Einige deterministische Spuren bleiben nichtsdestotrotz bestehen. Mag ein individuelles Quantenereignis auch unbestimmt sein, so sind die Wahrscheinlichkeiten für eine Gruppe von Möglichkeiten mit statistischen Mitteln doch vollkommen vorhersagbar. Man kann zwar die Bahn eines Elektrons nicht mit Sicherheit festlegen, aber man kann berechnen, mit welcher Wahrscheinlichkeit es sich an diesem oder jenem Ort aufhält. Und dieser Rest von Determinismus ist es letztlich, der unsere Computer oder Stereoanlagen problemlos funktionieren lässt. Wenn der Energiefluss in den elektronischen Schaltkreisen dieser Maschinen willkürlich verliefe, würde keines der Geräte mehr arbeiten.

Man kann sich natürlich fragen, wie Newton das Chaos übersehen konnte. Aber die Unbestimmtheit durchzieht dennoch all seine Gleichungen. Letztlich trug seine Theorie der Schwerkraft die Unvorhersehbarkeit der Phänomene bereits in sich, denn sonst hätte Henri Poincaré wohl kaum das Chaos aus seinem Versteck locken können, als er mithilfe der Newton'schen Theorie die Bewegungen des Mondes studierte. Außerdem hat man erst kürzlich festgestellt, dass eine winzige Veränderung in der Anfangsgeschwindigkeit oder -lage eines Planeten wie Pluto genügt hätte, um aus seiner geordneten Bahn eine chaotische zu machen. Sogar das Sonnensystem, das jahrhundertelang als gut geölte kosmische Maschinerie galt, die von rigiden Determinismen regiert wurde, ist letzten Endes chaotisch. Das Chaos ist fein in die Fäden der Regelmäßigkeit eingesponnen, sodass das Unvorhergesehene immer nah beim Vorhersehbaren liegt. Jenseits einer Zeitspanne von mehreren Millionen Jahren ist die Bahn der Planeten nicht mehr berechenbar. Das ist aber höchstens ein Hundertstel des gesamten Alters unseres Sonnensystems. Und trotzdem haben die Planeten in den letzten viereinhalb Milliarden Jahren ruhig ihre Bahn gezogen, denn obwohl die Wahrscheinlichkeit, dass ihr Orbit unregelmäßig wird, nicht null ist, so ist sie doch auch nicht sehr hoch. Dass diese prinzipielle Unbestimmtheit im Herzen der Erscheinungen Newton entgangen ist, ändert nichts an seiner Genialität. Ganz im Gegenteil: Sein gesamter intellektueller Reichtum war nötig, um in diesem chaotischen Universum die Phänomene herauszufiltern, die linear und nicht chaotisch verlaufen, sodass der menschliche Geist sie begreifen kann. Lässt der Buddhismus denn die Unvorhersehbarkeit zu oder neigt er eher zu einem deterministischen Standpunkt wie Newton und Laplace?

M. Für den Buddhismus ist weder der Zufall noch die Notwendigkeit besonders überzeugend. Beides sind Extreme, die einer genaueren Analyse nicht standhalten. Ohne Ursache kann sich keine Wirkung ergeben, aber die Ursachen und ihre Interaktionsmöglichkeiten sind so zahlreich, dass eine lineare, also deterministische, Kausalität, die letztlich zurück zu einer ersten Ursache führen würde, nicht vorstellbar ist. In diesem Fall wäre jede Form der Kreativität ausgeschlossen. Streng deterministische Vorstellungen haben nur dann einen Sinn, wenn die Anzahl der Faktoren, welche Teil der Ursache-Wirkungs-Beziehung sind, endlich ist. In einem System, in dem alles mit allem verbunden ist, geht die Zahl der beteiligten Elemente aber ins Unendliche. Ein solches System sprengt naturgemäß die Grenzen eines absoluten Determinismus und übersteigt die Möglichkeiten des diskursiven Denkens bei weitem.

T. Das hört sich allerdings sehr ähnlich an wie der Grundsatz der Chaostheorie: Weil es unmöglich ist, die Ausgangsbedingungen eines nicht linearen Systems jemals vollständig zu kennen, können wir sein Verhalten nicht vorhersagen. Auch Heisenberg drückt sich in *Physik und Philosophie* ähnlich aus: »Zum Beispiel kann ein Radiumatom ein Alphateilchen aussenden. Die Zeit für die Aussendung des Alphateilchens kann nicht vorhergesagt werden. Die Physiker können aus ihrer Erfahrung nur angeben, dass im Mittel die Aussendung in etwa zweitausend Jahren erfolgen wird. […] Wir kennen den vorausgehenden Vorgang, aber wir kennen ihn nicht genau. Wir kennen ja die Kräfte im Atomkern, die für die Aussendung des Alphateilchens verantwortlich sind, aber diese Kenntnis enthält die Unbestimmtheit, die von der Wechselwirkung des Atomkerns mit der übrigen Welt herrührt. Wenn wir den Grund dafür wissen wollen, warum das Alphateilchen eben in diesem Augenblick emittiert wurde, so müssten wir dazu den mikroskopischen Zustand der ganzen Welt, zu der auch wir selbst gehören, kennen, und das ist sicher unmöglich.«[9]

Alles steht mit allem in Verbindung. Was Heisenberg hier am Beispiel des Atomkerns erläutert, hat Mach – wie wir bereits gesehen haben – für die Objekte der makroskopischen Welt nachgewiesen. Und das Foucault'sche Pendel richtet seine Bewegungen im Einklang mit dem Universum aus. Was sich in unserer Welt abspielt, entscheidet sich also in der Weite des kosmischen Raumes.

M. Das wechselseitig bedingte Entstehen beinhaltet fließende, dynamische Prozesse. Aus dem Zusammenfließen der gemeinsamen Energie geht etwas völlig Neues hervor, ohne dass dies auf eine begrenzte Anzahl von Ursachen zurückzuführen wäre oder im Gegensatz dazu aus purem Zufall, also ohne jede Ursache, entstanden wäre.

T. Wir nennen es Zufall, weil wir die Unendlichkeit nicht anders fassen können. Das Chaos, wie der Physiker es versteht, hat nichts mit einer »Abwesenheit von Ordnung« zu tun. Es geht dabei vielmehr darum, dass langfristige Voraussagen unmöglich sind. Wenn wir das »Zufall« nennen, so ist dies nur Ausdruck sprachlicher Bequemlichkeit, was natürlich zu Missverständnissen führt.

Du hast eben die Tatsache beschrieben, dass aus der Synergie verschiedener Phänomene etwas völlig Neues hervorgeht. Diese Vorstellung findet sich in der Physik und der Biologie ebenfalls. Wir sprechen dann von »emergenten« Eigenschaften. Eines der größten Geheimnisse, um die sich aktuell die wissenschaftliche Diskussion dreht, ist die Frage, wie Leben aus der Materie entstehen konnte. Das Unbelebte hat also das Belebte hervorgebracht, das wiederum auf das Unbelebte einwirkt. Eine der in diesem Zusammenhang vorgebrachten Thesen besagt, dass biologische Systeme unterschiedliche, hierarchische Organisationsebenen besitzen und dass es auf jeder Ebene zur Herausbildung übergreifender neuer Fähigkeiten kommt. So kann man sich vorstellen, dass mithilfe dieses Organisationsprinzips die Teilchen in der terrestrischen Ursuppe sich zu immer komplexeren Strukturen zusammengefunden haben, bis schließlich eine Form gefunden war, die sich replizieren konnte. Und dies ging so weiter, bis schließlich das Leben entstand. Dazu sind keine Kräfte nötig, die dem System fremd sind, und auch keine geheimnisvollen Machenschaften. Diese Strukturen sind auf Teilchenebene nicht zu erkennen, treten aber immer weiter hervor – »emergieren« –, bis ihre Komplexität ein bestimmtes kritisches Niveau erreicht. So entstehen auf jeder Organisationsebene neue, übergreifende Qualitäten, ohne dass sie notwendigerweise aus den Einheiten auf den vorhergehenden Ebenen entstanden sein müssen. Das Verhalten eines komplex organisierten Wesens wie des Menschen zum Beispiel kann nicht auf das Verhalten der Teilchen, aus denen er aufgebaut ist, reduziert werden. Das Konzept des »Emergierens« lässt sich in einem altbekannten Satz zusammenfassen: Das Ganze ist mehr als die Summe seiner Teile.

M. Dass die emergenten Eigenschaften mehr sind als die einfache Addition ihrer unmittelbaren Bestandteile, kann einfach daran liegen, dass wir nur die unmittelbaren (lokalen) Komponenten erkennen können. Das Prinzip der wechselseitigen Abhängigkeit aber bedeutet, dass eine unendliche Zahl von Faktoren, darunter unser eigenes Bewusstsein, auf verschiedensten Ebenen an der Entstehung der augenscheinlichen Eigenschaften der Phänomene beteiligt sind. Außerdem ist es immer noch möglich, dass – im Falle des Bewusstseins beispielsweise – eine scheinbar emergente Eigenschaft durch die Interaktion mit Komponenten einer anderen Ordnung zustande kommt.

Kausalität ist schließlich keine Einbahnstraße. Sie funktioniert »nach oben«, wenn Elemente auf einer hierarchisch untergeordneten Ebene sich zusammenschließen und daraus etwas entsteht, was auf eine höhere Ebene gehört. Aber sie richtet sich auch »nach unten«, wenn ein Element auf einer höheren Ebene solche auf einem niedrigeren Niveau beeinflusst. So bestimmt das Leben den Planeten, die sozialen Gegebenheiten prägen das Individuum und das Bewusstsein unseren Körper und »unsere« Welt. Kausalität funktioniert also nicht nur von Ebenen niedriger Ordnung in Richtung höherer, sondern auch umgekehrt. Sie ist immer wechselseitig. Der Buddhismus zieht es also vor, von »Ko-Emergenz«, einem gemeinsamen Hervorgehen aus wechselseitiger Bedingtheit, zu sprechen. Denn das Bewusstsein wirkt auf die Realität ebenso ein, wie diese umgekehrt auf das Bewusstsein – wie zwei Messer, die man schärft, indem man sie aneinander wetzt. Eine korrekte Vorstellung von bedingtem Entstehen macht es daher erforderlich, den konventionellen Dualismus von Ich und Welt, von Bewusstsein und Materie, aufzugeben.

T. Aber wenn du dich zu sehr auf das Prinzip des bedingten Entstehens stützt, verlierst du da nicht ein wenig die Chaostheorie oder die Quantenunbestimmtheit aus den Augen? Könnte jemand, der die Abhängigkeitsbeziehung eines Teilchens mit dem Universum beschreiben kann, genau vorhersagen, wann es zerfällt? Dann kann man nicht mehr von Wahrscheinlichkeiten sprechen. Steht dann am Ende nicht doch der Determinismus von Laplace?

M. Die Wahrscheinlichkeitswelle gehört in das Reich der konventionellen Realität, da weder das gewöhnliche Denken noch ein wie auch immer gearteter Computer jemals in der Lage sein werden, die Gesamtheit aller in wechselseitiger Abhängigkeit stehenden Phänomene des Universums zu erfassen.

T. Genau dieselbe Antwort gibt Heisenberg in Bezug auf die Quantenunbestimmtheit und Poincaré im Hinblick auf die Chaostheorie.

M. Es ist vorstellbar, dass jemand, der über die Qualität der Allwissenheit verfügt (die man gewöhnlich jenen Menschen zuschreibt, welche Buddhaschaft verwirklicht haben), die Begleitumstände jeder Situation klar erkennen kann. Die Texte jedenfalls sagen, dass nur ein allwissendes Wesen (wobei man Allwissenheit verstehen könnte als die vollkommene Erkenntnis der Ganzheitlichkeit der Welt) alle Ursachen und Bedingungen kennen kann, die zum Entstehen der Farben einer Pfauenfeder oder der runden Form einer Erbse geführt haben. Aber diese Allwissenheit hat nichts mit dem Determinismus zu tun, der mit der Vorstellung von einem Schöpfergott oder einer ersten Ursache aller Phänomene verbunden ist. Auf der materiellen Ebene wirkt die wechselseitige Abhängigkeit ja schöpferisch, da die Zahl der Ursachen und Bedingungen unendlich ist. Auf der Ebene des Bewusstseins bleibt uns der freie Wille, der deshalb so wichtig ist, weil wir in jedem Augenblick unseres Lebens an einer Weggabelung stehen.

T. Wenn ich von einer schöpferischen Natur spreche, die vom Zufall und der Quantenunbestimmtheit endlich aus ihrem deterministischen Panzer befreit wurde, meine ich damit nicht unbedingt eine Art von Bewusstsein. Die Natur erneuert sich und bringt emergente Eigenschaften hervor, indem sie sich nach bestimmten Gesetzen selbst organisiert und immer komplexer wird.

M. Natürlich haben Atome kein Bewusstsein, doch auf der Ebene des Bewusstseins gibt es die Möglichkeit der freien Entscheidung. Diese Freiheit des Bewusstseins aber ist darin begründet, dass die Zahl der Ursachen und Bedingungen keine Grenzen kennt. Das ist einer der Gründe, weshalb der Determinismus mit buddhistischem Denken einfach nicht vereinbar ist.

In dieselbe Richtung geht übrigens die logische Argumentationskette des österreichischen Wissenschaftsphilosophen Karl Popper, der bewiesen hat, dass wir nicht in der Lage sind, unsere eigenen Handlungen vorauszusehen[10], da die Vorhersage selbst zur bestimmenden Ursache der Handlung wird. Wenn ich vorhersehe, dass ich mich in zehn Minuten an einem Baum stoßen werde, der an dieser oder jener Stelle steht, dann werde ich wegen dieser Möglichkeit die entsprechende Stelle meiden, wodurch die Vorhersage widerlegt wird. Um verifiziert werden zu können, müsste die Vorhersage sich vorher selbst in Betracht ziehen, was nicht möglich ist, da sie ja noch nicht getroffen wurde. Gibt es darüber hinaus Ereignisse, die untrennbar mit unseren Handlungen verbunden sind, können wir auch diese nicht vorhersagen, da unsere eigenen Handlungen ja nicht vorhersehbar sind.

Oder wie Michel Bitbol meint: »Anders gesagt, wenn der Vorhersagende untrennbar mit den vorherzusagenden Phänomenen verbunden ist, kann er sie *keinesfalls* exakt (also nicht nur annähernd) vorhersagen, ob die Naturgesetze nun deterministischen Charakter haben oder nicht. Die Tatsache, dass es zwischen dem Vorhersagenden und den vorherzusagenden Phänomenen eine enge, *von gegenseitiger Abhängigkeit geprägte Verbindung* gibt, erklärt, weshalb eine exakte Vorhersage von Phänomenen unmöglich ist. Im Übrigen wird damit auch die Unterscheidung zwischen ›wahrem Zufall‹ und ›kausaler Gesetzmäßigkeit‹ hinfällig, da die Unmöglichkeit der exakten Vorhersage unabhängig vom zu Grunde liegenden Weltmodell gilt.«[11]

T. Wie kommt man denn im Buddhismus von der Ursache zur Wirkung?

M. Der Buddhismus fängt damit an, dass er die Möglichkeit, ein Phänomen könne ohne Ursache entstanden sein, völlig ausschließt: Wenn es eine Wirkung ohne Ursache gäbe, dann könnte alles aus jedem entstehen, denn was keine Ursache hat, ist von nichts abhängig. Eine Wirkung entsteht also aus Ursachen und Bedingungen. Aber die Dinge werden kompliziert, wenn man denkt, dass diese Ursache eine objektive Existenz hat. Die reduktionistische Sicht betrachtet Kausalität als etwas, das zwischen aus sich selbst heraus existierenden Phänomenen mit ganz bestimmten Eigenschaften vorkommt, die von anderen, gleichartigen Phänomenen beeinflusst werden. Die buddhistische Logik hingegen verweist auf die zahlreichen Schwierigkeiten, denen man begegnet, wenn man die Phänomene als konkrete, voneinander unabhängige Einheiten betrachtet. Man sieht also unter diesem Gesichtspunkt die vier verschiedenen logischen Entstehungsmöglichkeiten: Ein Phänomen kann 1) aus sich selbst heraus, 2) aus einem anderen Phänomen, 3) aus sich selbst und aus einem anderen Phänomen, 4) weder aus sich selbst noch aus einem anderen Phänomen entstehen.

Ein Phänomen kann nicht aus sich selbst heraus entstehen, denn wenn es seine eigenen Ursachen enthielte, würde es sich ununterbrochen selbst reproduzieren, ohne dass ihm irgendetwas Einhalt gebieten könnte. Wenn nämlich alle notwendigen Ursachen vereint sind, entsteht das Phänomen automatisch. Außerdem würde die Tatsache, dass etwas aus sich selbst entsteht, bedeuten, dass dieses »Etwas« bereits da ist; seine Entstehung wäre also überflüssig. Wenn etwas, das bereits vorhanden ist, wieder entstehen müsste, ergäbe sich daraus eine endlose Kette.

T. Betrachten wir doch einmal die zweite Form von Kausalität, da sie wohl unserem Alltagsdenken, aber auch dem wissenschaftlichen, am nächsten kommt: ein Phänomen, das aus einem anderen Phänomen entsteht.

M. Diesen Typus von Kausalität akzeptiert der Buddhismus für die relative Ebene der Wahrheit. Auf der absoluten Ebene hingegen gilt: Wenn Ursache und Wirkung voneinander getrennte Entitäten wären, dann würde der Prozess der Kausalität überhaupt nicht funktionieren. Man begründet das so: In dem Augenblick, in dem die Ursache am Verschwinden und die Wirkung am Entstehen ist, müssten die beiden dann nicht – und sei es nur für einen winzigen Moment – einen »Kontaktpunkt« aufweisen, wenn sie wirklich unabhängig voneinander existierende Einheiten wären?

Wenn ja, dann existieren Ursache und Wirkung auf Grund dieses Kontaktes aber gleichzeitig. Die Wirkung müsste also nicht entstehen, da sie ja schon existiert, und die Ursache wäre damit überflüssig. Außerdem können zwei gleichzeitig existierende Einheiten keine Ursache-Wirkung-Beziehung eingehen, da sie im gegenwärtigen Augenblick nicht aufeinander einwirken können. (Was Heisenberg bestätigt: »Zwei gleichzeitige Phänomene können durch keinerlei Kausalbeziehung miteinander verbunden sein.«)

Wenn Ursache und Wirkung keinen Kontaktpunkt haben und daher in keiner Weise miteinander verbunden sind, gibt es keine Kausalität, denn wenn zwei Entitäten rein gar nichts miteinander zu tun haben, kann es zwischen ihnen nicht zu einer Ursache-Wirkung-Beziehung kommen. Wenn die Ursache keinen Einfluss auf die Wirkung hätte, könnte alles aus jedem entstehen. Chandrakirti schreibt dazu:

»Wenn ein Ding aus einem anderen Ding
entstehen könnte, das von ihm wesensmäßig verschieden wäre,
dann könnte die Dunkelheit aus der Flamme entstehen
und alles aus allem.«

Alles könnte aus allem entstehen, denn wenn die Entität »Ursache« etwas »anderes« ist als die Entität »Wirkung«, dann sind sich alle Phänomene gleich in dem Sinne, dass alle in Bezug auf die Wirkung »anders« sind. Daher könnte jedes Phänomen der Wirkung als Ursache dienen.

Wenn die Ursache in dem Augenblick, in dem die Wirkung entsteht, bereits verschwunden ist, bedeutet dies, dass die Wirkung *ex nihilo* entstanden ist. In anderen Worten: Ist die Ursache verschwunden, bevor die Wirkung entsteht, wird es die Wirkung niemals geben. Das Weizenkorn kann nicht verschwinden, bevor es den Spross hervorgebracht hat. Die Ursache kann aber auch im Augenblick des Entstehens nicht unverändert bleiben, wie das Korn den Spross eben auch nicht hervorbringen kann, ohne selbst zu verschwinden.[12]

Kurz gesagt: Eine konkrete und autonome Einheit kann keine andere, ebensolche hervorbringen. Wenn die Entität »Wirkung« gleichzeitig mit der Entität »Ursache« existiert, dann muss sie entweder gar nicht erst entstehen, oder sie ist Teil ihrer eigenen Entstehung, was beides keinen Sinn ergibt. Wenn sie nicht existiert, ist ihre Entstehung unmöglich, denn eine Milliarde von Ursachen kann nicht »etwas« aus »nichts« entstehen lassen.

Nagarjuna fasst dies so zusammen:

»Wenn die Wirkung bereits besteht,
Was sollte eine Ursache da hervorbringen?
Wenn die Wirkung noch nicht besteht,
Wie könnte eine Ursache sie hervorbringen?«[13]

Und Atisha erläutert an seiner *Fackel auf dem Erleuchtungspfad:*

»Was bereits existiert, kann logischerweise nicht entstehen,
Ebenso wie das, was noch nicht existiert, wie eine Blume am Himmel.«

Der Buddhismus schließt daraus: Was uns als Ursache-Wirkung-Beziehung erscheint, ist nur möglich, weil weder Ursache noch Wirkung eine eigenständige und dauerhafte Existenz haben. Wir kommen also wieder auf den Satz zurück, nach dem »alles entsteht, weil alles Leerheit ist«. Die Nichtrealität der Phänomene ist die grundlegende Bedingung für ihr Entstehen. Diese »einfachen Erscheinungen« entwickeln sich nach den Kausalitätsgesetzen. Diese verbinden die Phänomene ohne Eigenexistenz in wechselseitiger Abhängigkeit. Zitieren wir dazu noch einmal Nagarjuna:

»Weil es keine Gegebenheit gibt,
Die nicht abhängig entstanden ist,
Gibt es auch keine Gegebenheit,
Die nicht leer ist.«[14]

Das Spiel von Ursache und Wirkung entsteht durch das gemeinsame Interagieren der Erscheinungen. Unabhängige Phänomene mit fest umrissenen Eigenschaften – also die »lokalen« Phänomene der Physiker – sind dazu gar nicht nötig.

T. Ja. Einstein, der die Vorstellung von einer miteinander vernetzten Realität ablehnte, sprach von »verborgenen lokalen Variablen«. Aber wie das EPR-Experiment zeigt, gibt es keine solchen lokalen Variablen.

M. Wenden wir uns also den beiden letzten möglichen Formen der Kausalbeziehung zu: Ein Phänomen kann nicht sowohl aus sich selbst heraus wie aus einem anderen Phänomen entstehen, denn auch in diesem Fall würden die gerade angeführten Argumente zutreffen. Kann es also weder aus sich selbst heraus noch aus einem anderen Phänomen entstehen? Wohl kaum, denn wenn es ohne Ursache entstehen könnte, dann würde alles aus allem entstehen – und zwar überall und jederzeit.

T. Nun denn, was bleibt uns dann noch?

M. Die einzige Lösung ist das bedingte Entstehen, die Koproduktion sozusagen. Ein Zustand, in dem die Phänomene sich wechselseitig bedingen in einem unendlichen Netz dynamischer Kausalität, das veränderlich und linear nicht lesbar ist, das schöpferisch ist, ohne willkürlich zu sein, und das weder dem puren Zufall noch den Gesetzen des Determinismus gehorcht.

Zusammengefasst lässt sich also sagen: Ein Phänomen, das aus sich selbst existiert, kann weder eine Ursache haben noch von irgendetwas anderem abhängig sein. Wenn alles auf diese Weise existiert, dann könnte nie etwas geschaffen werden, die Kausalitätsbeziehung würde niemals funktionieren, und die Erscheinungswelt würde sich für immer gleich bleiben. Dass auf der relativen Ebene der Erscheinungen ein Phänomen zu entstehen scheint, ist nur möglich, weil Ursache und Wirkung gleichermaßen keine autonome, ihnen innewohnende Eigenexistenz haben. Im *Prajnaparamita-Sutra* liest man dazu die folgenden poetischen Zeilen:

»Keine Geburt, kein Ende,
kein Nichts, keine Ewigkeit.
Nichts entsteht, nichts vergeht.
Nicht eins, nicht vieles.«[15]

Ein korrektes Verständnis der Leerheit bewahrt uns also vor den Extremen des realistisch-materialistischen Weltbilds ebenso wie vor dem Nihilismus. Die Meditation über die Leerheit führt dazu, dass unser fester Glaube an eine wirkliche Realität der Dinge sich auflöst. Trotzdem dürfen wir nicht in den Fehler verfallen, die Leerheit zu einem neuen Glaubenssystem zu erheben, weil wir sie mit dem Nichts gleichsetzen. In der *Juwelenkette (Ratnavali)* schreibt Nagarjuna: »Wenn es nichts Wirkliches gibt, wie sollte es da etwas Unwirkliches geben?« Im *Grundlegenden Traktat zur Erlangung von Weisheit* fährt er fort:

> »Die falsche Auffassung der Leerheit
> führt den Toren ins Verhängnis.
> […]
> Der Weise hingegen beharrt
> weder auf dem Sein noch auf dem Nichtsein.«

Im Buddhismus ist die Einheit von Leerheit und Erscheinungswelt das letzte Geheimnis auf dem Weg zum Verständnis der Wirklichkeit. Da sie leer sind, erscheinen die Dinge; da sie erscheinen, sind sie leer. Ein wirkliches Verständnis dieses Sachverhaltes setzt jedoch eine direkte kontemplative Erfahrung voraus, welche die Grenzen des rationalen und theoretischen Verstehens überwindet. Wie heißt es doch im *Prajnaparamita-Sutra:*

> »Wir sehen den Himmel, sagen wir.
> Aber wie sehen wir den Himmel? Denk darüber nach.
> So hat der Buddha uns gelehrt, die Natur der Dinge zu sehen.«

11

Die virtuelle Grenze

Gibt es eine Dualität Körper–Geist?

Ist das Bewusstsein nicht mehr als ein Reflex physischer Prozesse? Ist es aus der zunehmenden Komplexität der Materie entstanden oder ist es von der Materie verschieden? Hat eine Zweiteilung in Geist und Materie überhaupt einen Sinn? Wie löst der Buddhismus diese Dichotomie? Wie aber ist dann aus dem Unbelebten das Belebte entstanden? Wenn das Bewusstsein der unbelebten Materie entstammt, kann es dann auf diese einwirken? Gibt es Argumente für ein ungebrochenes Bewusstseinskontinuum, das nicht unter allen Umständen vom Vorhandensein eines Körpers abhängt?

THUAN Wie sieht der Buddhismus die Entstehung des Bewusstseins? Einige Biologen meinen ja, es sei aus der immer komplexeren Beschaffenheit der unbelebten Teilchen entstanden, als emergente Eigenschaft der Materie. Sieht der Buddhismus diese Frage ähnlich?[1]

MATTHIEU Der Buddhismus teilt grundsätzlich die Auffassungen der Naturwissenschaft über die Geschichte und Entstehung des Universums, wenn man von der Vorstellung eines »Uranfangs« einmal absieht. Seine Vorstellungen bezüglich des Bewusstseins aber unterscheiden sich von der wissenschaftlichen Lehrmeinung des Westens.

T. Der Buddhismus sieht das Bewusstsein also als grundverschieden von der Materie an, sodass es nicht aus dieser hervorgegangen sein kann?

M. Für den Buddhismus ist das Bewusstsein nicht mehr als eine nützliche Funktion, eine »einfache Erscheinung« ohne jede inhärente Realität. Dies einmal vorausgesetzt, lässt sich feststellen, dass auf der Ebene der relativen Wahrheit zwischen einer mit Bewusstsein ausgestatteten »Nichtrealität« (wie dem Geist, der als Strom verschiedener Bewusstseinsmomente aufgefasst wird) und einer nicht mit Bewusstsein begabten »Nichtrealität« (also der materiellen Welt, wie wir sie wahrnehmen) ein Unterschied besteht.

Man unterscheidet verschiedene Bewusstseinsebenen: grob, subtil und sehr subtil. Die erste Ebene entspricht unseren Gehirnprozessen. Die zweite Ebene gehört zu dem, was wir intuitiv »Bewusstsein« nennen, unter anderem also die Fähigkeit des Bewusstseins, über sich selbst und seine Natur nachzudenken sowie seinen freien Willen auszuüben. Zu diesem Bereich zählt auch der Ausdruck der Tendenzen, die man in der Vergangenheit angesammelt hat. Die dritte Ebene, die fundamentalste, heißt auch das »grundlegende Licht des Geistes«. Diese Ebene der reinen Erkenntnis funktioniert nicht mehr nach den dualen Grundsätzen von Subjekt und Objekt. Auf ihr gibt es kein diskursives Denken mehr.

Diese drei Aspekte sind nicht drei verschiedene Bewusstseinsströme, sondern vielmehr immer tiefer gehende Ebenen eines Bewusstseins. Die grobstoffliche und die subtile Ebene gehen aus der sehr subtilen hervor. Sie ist ihr Nährboden. Die erste Ursache der grobstofflichen Ebene ist das »klare Licht des Geistes«. Gehirn, Körper und Umgebung sind nur »Instrumente« zum Ausdruck dieser Ebene. Das bedeutet, dass die grobstoffliche Ebene vom Gehirn geprägt wird und wiederum in einem Spiel wechselseitiger Kausalität auf dieses zurückwirken kann. Die Aktivitäten dieser groben Ebene des Bewusstseins sind untrennbar mit dem Gehirn verbunden. Ohne einen Körper kann sie nicht funktionieren.

Die Tantras, die tief greifendsten Lehren des Buddhismus, nennen die grundlegende Bewusstseinsebene »erleuchtetes

Sein« *(rigpa)*. Diese Ebene ist frei von Verwirrung und Dualität. Sie übersteigt alle diskursiven Vorstellungen wie positive und negative Gedanken, den Irrtum des Samsara und den Irrtum des Nirwana. Daher bezeichnet man sie auch als »ursprüngliche Kontinuität des Geistes«, »natürliche Lichthaftigkeit«, »letztendliche Natur des Geistes«, »Wesen der Buddhaschaft«, »Urzustand des Bewusstseins«, »grundlegende Einfachheit«, »ursprüngliche Reinheit«, »spontanes Sein« und »absoluter Raum«.

Diesem erleuchteten Sein, das mit der sehr subtilen Bewusstseinsebene gleichzusetzen ist, wohnt ein enormes schöpferisches Potenzial inne, eine »Kreativität« *(tsel)*, die die Form von Gedanken annimmt und so das »Spiel *(rolpa)* des erleuchteten Seins« hervorbringt. Erkennen wir diese Formen als solche, sind die Gedanken der »Schmuck« *(gyen)*, der die erleuchtete Präsenz noch mehr zur Geltung bringt. Erkennen wir sie aber nicht als leere Form und nehmen sie für die Wirklichkeit, wird unser Bewusstsein von der Dualität von Subjekt und Objekt verdunkelt. In diesem Moment zieht uns der Strom der Verwirrung mit sich fort. Von nun an nehmen wir nur noch die subtilen und groben Aspekte des Bewusstseins wahr. Seine grundlegende Natur aber wird zeitweise durch den wuchernden Schleier unserer Unkenntnis verdeckt wie die Sonne, die immer wieder hinter den Wolken verschwindet.

T. Und wie entsteht nun Bewusstsein? Gibt es einen ersten »Funken«, der das Leben in Gang bringt und Bewusstsein aus unbelebter Materie »schlägt«?

M. Der Vorstellung von einem ersten Funken haftet eine recht unangenehme logische Nebenwirkung an, nämlich die, dass das Bewusstsein einen Anfang hat. Wenn das der Fall ist, dann ist es entweder *ex nihilo* entstanden (also ohne Ursache beziehungsweise durch einen Schöpfer; weshalb der Buddhismus diese Idee ablehnt, wurde bereits erläutert), oder es ist Schritt für Schritt aus der unbelebten Materie entstanden – was der Großteil der Biologen und Physiker glaubt. Brian Greene hat mir in einem Brief folgende Worte geschrieben: »Ich glaube, dass das Bewusstsein *tatsächlich* ein Reflex feinster physikalischer Prozesse von erstaunlicher Komplexität und Schnelligkeit ist. Obwohl die qualitativen Aspekte des Bewusstseins sich dramatisch von den Eigenschaften seiner physikalischen Elemente, auf denen es aufbaut, unterscheidet, denke ich nicht, dass dies als Hinweis auf die Existenz von etwas gewertet werden kann, das grundlegend anders ist als die zu Grunde liegende physikalische Struktur.«

Der Buddhismus antwortet darauf, dass Ursache und Wirkung eine gemeinsame Natur haben müssen. Ein Bewusstseinsmoment kann nur aus einem anderen, unmittelbar vorausgehenden Bewusstseinsmoment entstehen. Wenn ein Phänomen aus einem anderen entstehen könnte, das ihm wesensmäßig vollkommen fremd ist, dann könnte alles aus allem entstehen. Der grundlegende Aspekt des Bewusstseins kann daher nicht aus der unbelebten Materie hervorgehen. Dementsprechend hängt er nicht notwendig und unter allen Umständen von einer körperlichen »Grundlage« ab.

Der Dalai-Lama erklärt dies so: »Es scheint ziemlich klar zu sein, dass das [grobe] Bewusstsein vom Funktionieren des Gehirns abhängt. Also gibt es eine kausale Beziehung zwischen der Gehirnfunktion und dem Entstehen eines groben Bewusstseins. Aber die Frage, die ich weiterhin stelle, lautet: Welche Art von kausaler Verbindung ist es? Im Buddhismus unterscheiden wir zwei Typen von Ursachen. Die erste ist eine *substanzielle Ursache*, bei der sich der Stoff der Ursache tatsächlich in den Stoff der Wirkung umwandelt.[2] Die zweite ist eine *beitragende Bedingung*, nach der ein Ereignis infolge eines vorangegangenen Ereignisses stattfindet, wobei es aber keine Umwandlung des früheren in das spätere gibt. […] Wenden wir dies nun einmal auf die kausale Entstehung des Bewusstseins und seine Verbindung zur Gehirnfunktion an. Welche Art von Kausalität haben wir da? Unserer Erfahrung nach kennen wir zwei Arten von Phänomenen, körperliche und geistige, die qualitativ verschieden zu sein scheinen. Physische Phänomene scheinen im Raum lokalisiert und, neben anderen Eigenschaften, durch quantitative Messbarkeit ausgezeichnet zu sein. Im Gegensatz dazu haben geistige Phänomene offenbar weder eine Position im Raum, noch können sie quantitativ gemessen werden, da sie ihrer Natur nach einfache Erfahrungen sind. Es scheint, als hätten wir es mit zwei sehr verschiedenen Arten von Phänomenen zu tun. Wenn in einem solchen Fall ein physisches Phänomen als substanzielle Ursache für ein geistiges Phänomen herhalten sollte, so würde es zwischen den beiden scheinbar einen gewissen Mangel an Übereinstimmung geben.«[3]

Um die Beweisführung des Dalai-Lama anschaulich zu erläutern, stellen wir uns das Ganze einmal bildlich vor: Das Korn ist die substanzielle Ursache des Keimes, Sonne und Feuchtigkeit hingegen sind die beitragenden Bedingungen.

T. Eine Form von »monistischem« Materialismus besteht darin, dass man behauptet, der Mensch sei nichts weiter als ein Neuronenpaket und das Bewusstsein sei das Ergebnis elektrischer Ströme, die in den Neuronenschaltkreisen zirkulieren. Der Arzt Pierre Cabanis prägte im 18. Jahrhundert den Ausspruch, dass das Gehirn Gedanken absondere wie die Leber Gallenflüssigkeit.

Einige Neurobiologen denken, die Lebenswelt und ihre Erscheinungen gingen aus der permanenten Anpassung des Körpers an eine bestimmte Umgebung hervor. Das Gehirn existiert in einem Körper, der sich ständig mit seiner Umwelt auseinander setzt. Aus dieser ununterbrochenen Interaktion des Organismus mit der Außenwelt entstehe schließlich das Bewusstsein.[4] Von diesem Standpunkt aus gesehen, entsteht das Bewusstsein tatsächlich aus unbelebter Materie, ohne jede zusätzliche Hilfestellung.

Wenn der Buddhismus diese Vorstellung ablehnt, nähert er sich damit nicht gleichzeitig den dualistischen Ideen von Descartes an? Descartes dachte, dass die Realität zwei völlig verschiedene Formen hat, die Welt des Geistes und der Gedanken *(res cogitans)* und die materielle Welt, zu der der Körper gehört *(res extensa)*. Der Geist ist für ihn reines Bewusstsein, er hat keinerlei räumliche Ausdehnung und kann nicht unterteilt werden. Die Welt der Materie hingegen ist frei von Bewusstsein, besitzt eine Ausdehnung und kann unterteilt werden. Der Mensch hat eine Doppelnatur: Er denkt, aber er verfügt auch über eine räumliche Dimension, nämlich seinen Körper.

M. Dieser Dualismus lässt sich auf verschiedene Weise auflösen. Der materialistische Reduktionismus verfolgt die Theorie, dass es in Wirklichkeit ja kein Bewusstsein, wie wir es verstehen, gibt, da es ja außerhalb der komplexen Elemente unseres Nervensystems keine feststellbaren Eigenschaften hat. Francis Crick, einer der Entdecker der DNS-Doppelhelix, denkt zum Beispiel, dass Bewusstsein ein Begleitumstand bestimmter Aktivitäten ist, an denen mehrere Neuronen beteiligt sind.

T. Ja, aber dieser reduktionistische Erklärungsversuch weist ein gewaltiges Problem auf: Wenn unser Verhalten vollkommen von neuronalen Aktivitäten im Gehirn bestimmt wird, wie erklärt man dann den freien Willen? Jeder, der die Existenz von Bewusstsein als eigener Qualität ableugnet, widerspricht sich selbst, wenn er sich als freier Mensch verhält.

M. Der Buddhismus hat auf diesen Ansatz eine andere Antwort gefunden: Materie und Bewusstsein unterscheiden sich nur auf der relativen Ebene unserer Wahrnehmung, denn letztendlich hat weder das eine noch das andere eine wirkliche Eigennatur. Die Welt verliert also die Substanzhaftigkeit, die man ihr gewöhnlich zuschreibt. Zum kartesianischen Dualismus gibt es daher einen wesentlichen Unterschied: Descartes stellt zwei Entitäten einander gegenüber – die Materie als konkrete Realität und das immaterielle Bewusstsein. Der Buddhismus hingegen lehnt– wie wir bereits gesehen haben – eine letzte Realität der Erscheinungen ab, aber er akzeptiert auch die Vorstellung von einem autonomen, »realen« Bewusstsein. Eine der Argumentationsketten, die zu diesem Zweck eingesetzt werden, bezieht sich auf die Fähigkeit des Bewusstseins zur Selbsterkenntnis. Ein Bewusstsein mit einer innewohnenden Eigennatur könnte sich ebenso wenig selbst zum Objekt nehmen, wie ein Säbel sich selbst schneiden kann. Wenn man nun zurückgibt, dass das Bewusstsein sich selbst erhellt wie eine Flamme, dann antwortet der Buddhismus mit dem Hinweis, dass es die Natur der Flamme ist, zu leuchten, dass sie daher keine Helligkeit schaffen muss. Wenn eine Flamme sich selbst erhellt, dann würde auch die Dunkelheit ihre eigene Schwärze erzeugen.

Wenn wir merken, dass wir an etwas denken, an eine Blume beispielsweise, dann ist sich das Bewusstsein nicht seiner Existenz bewusst, sondern der des geistigen Bildes, das auf die Wahrnehmung der Blume folgt. Der ursprüngliche Aspekt des Bewusstseins hingegen, der keine unabhängige Einheit, sondern vielmehr ein Kontinuum darstellt, der Aspekt also, den wir vorhin »das klare Licht des Geistes« genannt haben, besitzt eine natürliche Qualität des Selbst-Bewusstseins, die über die Dualität von Subjekt und Objekt hinausgeht. Daher ist es auch nicht nötig, zur Klärung dieser Eigenschaft auf das endlose Spiegelbild des Beobachters zurückzugreifen, der sich selbst beobachtet... Eine der Qualitäten der Erleuchtung ist es, dass man in diesem nicht dualen Zustand des »erleuchteten Gewahrseins« verweilen kann, der sich in der direkten Wahrnehmung der Lichtnatur des Bewusstseins zeigt und frei ist von geistigen Vorstellungen.

Dieser Bewusstseinsstrom und die Erscheinungswelt sind durch wechselseitige Abhängigkeit eng miteinander verbunden. Ihr Zusammenspiel schafft »unsere« Welt, die Welt der gelebten Erfahrung. Der Dualismus Descartes' wirft nämlich eine Reihe von Problemen auf: Wie könnte es zum Beispiel zur Ausbildung eines Berührungspunktes zwischen immaterieller und materieller Welt kommen, wenn beide Welten voneinander grundverschieden wären, aber doch eine reale Eigennatur hätten?

T. Nach Descartes liegt dieser Berührungspunkt im Gehirn. Er hat keine Ausdehnung (wie ein mathematischer Punkt) und wurde von Descartes »Zirbeldrüse« getauft. Mithilfe dieser Drüse reagierte der Geist angeblich auf die Leidenschaften und Launen des Körpers, wobei er sich gleichzeitig von seinen niederen Instinkten wie Hass oder Begehren lösen und unabhängig vom Körper funktionieren konnte. Den Körper selbst stellte Descartes sich wie eine perfekte Maschine vor, die von den Gesetzen der Physik gesteuert wird. Inspiriert wurde er dabei von den »Automaten« in den königlichen Gärten von Saint-Germain-en-Laye bei Paris, die ihn außerordentlich faszinierten. Es ist fast überflüssig hinzuzufügen, dass die Vorstellung, die Zirbeldrüse könne der Sitz des Bewusstseins sein, von den Wissenschaftlern schon vor langer Zeit widerlegt wurde. Der kartesianische Dualismus warf ein grundlegendes Problem auf, nämlich dass der Geist nicht ohne weiteres identifiziert werden konnte. Aus diesem Grund tauften die Gegner Descartes' seine Vorstellung vom Geist auch das »Phantom in der Maschine«, ein Wesen also, das im inneren Raum Zuschauer des Welttheaters ist.

Obwohl einige Wissenschaftler auch die Ansicht vertreten, dass die Quantenunbestimmtheit die Interaktion eines immateriellen Bewusstseins mit der Welt der Materie erlauben würde, glaubt man heute überwiegend, dass dieser Dualismus, also das Einwirken einer immateriellen Einheit auf ein materielles System, mit dem Energieerhaltungssatz unvereinbar ist. Dieser gehört sozusagen zu den heiligen Kühen der Physik und besagt, dass Energie nur umgewandelt, niemals aber verloren gehen kann.

M. Aber die Physik zeigt uns doch, dass Masse gleich Energie ist. Und der wichtigste Satz im Buddhismus ist vielleicht: »Form ist Leerheit. Leerheit ist Form.« Materielle und immaterielle Welt sind also keine wesensmäßig verschiedenen Gegensätze mehr. Auch wenn es qualitative Unterschiede gibt, so sind die beiden doch nicht so verschieden voneinander, dass es zwischen äußeren Phänomenen und Bewusstsein keinen wechselseitigen Austausch geben könnte. Der Berührungspunkt ist einfach die gegenseitige Abhängigkeit, denn alles, was nebeneinander existiert, tauscht sich auch miteinander aus.

Wenn man die Angelegenheit auf diese Weise betrachtet, vermeidet man auch die Fallen der materialistischen beziehungsweise idealistischen Weltsicht. Der kartesianische Dualismus hingegen ließe gar keine Berührungspunkte zwischen materieller und geistiger Welt zu, weil die beiden ja als ontologisch verschieden betrachtet werden. Das Bewusstsein hätte dann niemals die Möglichkeit, etwas über die Welt zu erfahren und von ihr beeinflusst zu werden, denn zu diesem Zweck müsste es mit der äußeren Welt eine dynamische Beziehung eingehen. Die Dualität könnte also niemals überwunden werden. Tatsächlich aber haben weder Materie noch Geist eine bleibende Substanz, und beide sind Teil einer unteilbaren Wirklichkeit.

T. Die »immaterielle Natur« der Phänomene taucht auch in der modernen Physik immer wieder auf: bei der Komplementarität Welle/Teilchen sowie in der allgemeinen Relativitätstheorie Einsteins, die besagt, dass die von einer Masse erzeugte Schwerkraft vom Kontext dieser Masse abhängt und daher nicht aus sich selbst heraus existiert. Wir alle spüren zum Beispiel die Wirkung der Schwerkraft auf der Erde. Sie verleiht uns unser Gewicht, das wir deutlich wahrnehmen. Wenn aber ein Fallschirmspringer aus dem Flugzeug springt, dann saust er, bevor er seinen Fallschirm öffnet, in freiem Fall auf die Erde zu und spürt sein eigenes Gewicht nicht mehr – wie ein Astronaut, der schwerelos in seinem Raumschiff schwebt. Als ob das Gravitationsfeld der Erde plötzlich nicht mehr existierte.

Der Buddhismus meint also, dass die Unterteilung in die innere Welt der Gedanken und die äußere Welt der physischen Realität künstlich ist. Die Antithese zwischen innerer und äußerer Welt ist reine Illusion, da es nur eine einzige Realität gibt.

M. Oder vielmehr eine einzige Nichtrealität! Die Zweiteilung in Geist und Materie entspringt der Anhaftung an die Dinghaftigkeit der Welt und ist nichts weiter als eine begriffliche Vorstellung. Aber auch hier darf die absolute Wahrheit, der zufolge weder Bewusstsein noch Erscheinungswelt eine bleibende Realität aufweisen, nicht mit der Ebene der relativen, durch Übereinkunft gewonnenen Wahrheit verwechselt werden, die besagt, dass es durchaus einen *qualitativen* Unterschied zwischen belebter und unbelebter Welt gibt. Sogar im Traum unterscheidet sich ein Stein von einem denkenden Wesen. Doch dieser Unterschied erwächst nicht etwa aus einer Differenz des Seins, die nur dann existiert, wenn man sich an die Vorstellung von der Substanzhaftigkeit der Erscheinungen klammert.

T. Die kartesianische Zweiteilung in Beobachter und Akteur, in Ich und Außen, in Innen- und Außenwelt, beruht auf der Illusion, dass die Außenwelt keine subjektive Komponente enthält. Heute wissen wir, dass die Realität keine rein objektive Existenz hat. In der Physik der makroskopischen Welt können wir manche Experimente so durchführen, als gäbe es eine strikte Trennung zwischen Beobachter und Objekt, doch auf dem atomaren und subatomaren Niveau zeigt uns die Quantenmechanik, dass dies unmöglich ist: Der Beobachter ist offenkundig ein Teil der Realität, mit der er in wechselseitiger Abhängigkeit vernetzt ist und aus der – in seinen Augen – ein bestimmtes Phänomen emergiert, das heißt aus vorhergehenden Bedingungen neu entsteht. Wenn du von der Komplementarität zwischen Gehirn und Bewusstsein sprichst, fällt mir sofort das Komplementaritätsprinzip von Niels Bohr ein. Für mich ist der Geist auf dieselbe Weise komplementär zur Materie, wie es der Teilchenaspekt der Materie zu seinem Wellenaspekt ist.

M. Außerdem ist die Zweiteilung in Ich und Welt auch daran Schuld, dass wir mit der Umwelt so wenig zurechtkommen. Wir fassen sie einfach als von uns grundverschieden auf. Dieser imaginäre Graben, den wir zwischen dem Innen und Außen, zwischen Bewusstsein und Materie, uns und anderen ziehen, ist es, der letztlich die Vorstellung von einem Ich entstehen lässt. Da Letzteres nicht mehr als eine Fiktion ist, können wir seine Bedürfnisse nie befriedigen. Trotzdem versuchen wir es und reiben uns so an der Realität auf. Chandrakirti beschreibt die daraus hervorgehende Frustration so:

»Zuerst erfinden wir ein ›Ich‹, dem all unser Streben gilt.

Dann ersinnen wir das ›Mein‹ und trachten nach mehr und mehr.

Wie das Wasser das Mühlrad treibt, so werden auch wir – machtlos – immer im selben Kreislauf getrieben.

Daher verneige ich mich vor dem Mitgefühl, das unterschiedslos alle Wesen umfasst.«

T. Diese Einteilung in Ich und Außenwelt wurde auch von den Begründern der Quantenphysik als künstlich betrachtet. Schrödinger zum Beispiel schreibt: »Subjekt und Objekt sind nur eines. Man kann nicht sagen, die Schranke zwischen ihnen sei unter dem Ansturm neuester physikalischer Erfahrungen gefallen, denn diese Schranke gibt es gar nicht.«[5]

Immer mehr Biologen und Physiker glauben, dass der Übergang von der Materie zum Leben durch Prinzipien wie das der emergenten Eigenschaften und der Selbstorganisation geschehen ist, was den Graben zwischen materieller und immaterieller Welt auflöst. Ihre Argumente beruhen auf der Beobachtung bestimmter physikalischer oder chemischer Systeme, die man »offene Systeme« nennt, das heißt, dass sie mit der Umwelt interagieren. Diese Interaktion führt die Systeme an bestimmte Schwellen, die »Bifurkations- oder Verzweigungspunkte«, wo sie plötzlich in einen organisierteren Zustand übergehen. Ein gutes Beispiel dafür ist Wasser, das zum Kochen gebracht wird. Es ist zunächst homogen und ohne Struktur. Sobald man es über einen bestimmten kritischen Punkt erhitzt, organisiert es sich in geordnete und stabile Wärmeströme. Es ist also am Bifurkationspunkt von einem strukturlosen in einen organisierten Zustand übergegangen, weil wir es durch Erhitzen aus dem Gleichgewicht gebracht haben. Man kann sich also durchaus vorstellen, dass die biologische Evolution genauso abgelaufen ist. Die Natur hat sich von Verzweigung zu Verzweigung zunehmend und diskontinuierlich besser organisiert, bis sie auf der Komplexitätsleiter den Sprung vom Unbelebten zum Belebten vollzogen hat. Und das nur, weil dies oder jenes Naturereignis das natürliche Gleichgewicht der Biosphäre störte. Denn so wie das Gleichgewicht aus der Unordnung hervorgeht, führt das fehlende Gleichgewicht zu einem höheren Grad an Organisation.

Dieses Szenario ist aus mehreren Gründen plausibel. Zunächst können lebende Organismen geradezu als Paradebeispiel für offene Systeme gelten. Das Leben existiert niemals isoliert. Es steht in ununterbrochenem energetischen Austausch mit seiner Umwelt, ob es sich nun aus ihr ernährt oder einfach seine Abfälle darin zurücklässt. Andererseits gibt es immer wieder Anstöße zur Veränderung, die – von innen oder außen – das Gleichgewicht der Biosphäre stören und sie so zum Wachstum anregen. Diese Veränderungen können sich plötzlich ergeben oder ganz langsam anwachsen. Die kontinuierliche Zunahme von Sauerstoff in der Erdatmosphäre durch die zunehmende Verbreitung pflanzlicher Organismen ist ein Beispiel für eine graduelle Veränderung. Ein blitzartiger Wandel hat sich beispielsweise durch solare Eruptionen ergeben, die ihre energiereichen Partikel auf die Erde sandten. Oder durch den Meteoritenaufschlag, der unsere Erde vor 65 Millionen Jahren traf und wie gesagt zur Ausrottung der Dinosaurier sowie von etwa drei Viertel der tierischen und pflanzlichen Arten jener Zeit führte.

Das Prinzip der »emergenten« Eigenschaften ist das wesentliche Moment der Selbstorganisation. Dabei ist zur Entstehung von etwas Neuem keine weitere Kraft außer den vier physikalischen Fundamentalkonstanten nötig (was bei vitalistischen Theorien durchaus der Fall ist).[6] Eine »emergente« Eigenschaft entsteht, sobald eine bestimmte kritische Schwelle im Organisationsniveau erreicht ist.

Folgt man dieser Theorie, dann ergeben sich Veränderungen keineswegs allmählich, sondern sozusagen in Stufen oder Sprüngen, immer dann, wenn eine kritische Schwelle erreicht ist. Die Forschungsergebnisse aus der Paläontologie lassen vermuten, dass dies eher zutrifft als die von Darwin favorisierte kontinuierliche Abwandlung. Wenn die Evolution graduell vorangeschritten wäre, dann müssten sich Fossilien finden, welche die Existenz aller Übergangsformen bis herauf zu den heutigen

Arten in etwa gleicher Anzahl belegen. Das ist aber nicht der Fall. Die Biologen Stephen Jay Gould und Niles Eldredge vertreten die Auffassung, die Entwicklung der Arten sei in einer Art »unterbrochenem Gleichgewicht« *(punctuated equilibrium)* erfolgt. Die noch lebenden Arten veränderten sich über lange Zeiträume überhaupt nicht, um dann in relativ kurzen Zeiträumen enorme Entwicklungsschübe zu erfahren. Wie der Quantensprung in der Atomphysik, so bewegt sich die Evolution in Schüben. Anlässlich eines dieser Sprünge könnte sich also auch das Leben entwickelt haben, das später zur Herausbildung des Bewusstseins führte.[7]

M. Wenn man emergente Eigenschaften unter zwei Aspekten betrachtet, nämlich dem einer aufsteigenden und dem einer absteigenden Kausalität, könnte man sie aus buddhistischer Sicht als Berührungspunkt zwischen dem unbelebten Körper und dem belebten Bewusstsein betrachten. Der aufsteigende Aspekt würde bedeuten, dass das Bewusstsein zwar nicht vom Körper hervorgebracht, aber zumindest von ihm beeinflusst werden kann.

Der absteigende Aspekt besagt, dass das Bewusstsein auf den Körper Einfluss nehmen kann. (So konnte man beispielsweise nachweisen, dass die *Expression* bestimmter Gene bei Kindern, die zu wenig Zuneigung erhalten hatten, nicht möglich war, das heißt, diese Gene konnten nicht aktiviert werden.)[8] Darüber hinaus modelliert das Bewusstsein »unsere« Lebenswelt, das heißt, es prägt die Wahrnehmung je nach den in unzähligen früheren Existenzen angesammelten Tendenzen. Diese Welt ist aber keineswegs eine nicht existierende Projektion eines existierenden Geistes (wie ein Idealist sie sehen würde). Sie wird vielmehr vom Bewusstsein geformt wie die Vase vom Töpfer. Dieser Vorgang hängt von unserem kollektiven Karma ab, das bewirkt, dass Wesen mit ähnlichen Erfahrungen die Welt ähnlich erleben. Unsere speziellen Erfahrungen in diesem Universum hingegen formen unser individuelles Karma.

T. Tatsächlich kann die Kausalität in zwei Richtungen wirken.

Eine »nach oben« gerichtete Kausalität bedeutet, dass die Interaktion der Erscheinungen auf dem niedrigeren Organisationsniveau ein höheres Niveau schafft. Die emergenten Eigenschaften auf dem höheren Niveau können aus den Gesetzen, die das niedrigere Niveau prägen, nicht abgeleitet werden. Leben und Bewusstsein sind nicht aus dem Studium der unbelebten Materie erklärbar. Eine »nach unten« gerichtete Kausalität bewirkt, dass das höhere Niveau die niedrigeren Organisationsebenen beeinflusst. Das Bewusstsein kann also durchaus auf den Körper einwirken. Im Übrigen nimmt das Individualbewusstsein ohnehin nicht den Gipfel der Entwicklungspyramide ein. Darüber rangiert noch das Kollektivbewusstsein, das aus den Erfahrungen der Gesellschaft als Ganzes hervorgeht und Ursprung jeder Religion und Kultur ist. Es drückt sich in dem berühmten »soziokulturellen und geschichtlichen« Hintergrund aus, der alle literarischen, künstlerischen und wissenschaftlichen Werke sowie sämtliche sozialen und politischen Institutionen einer Epoche durchzieht. Auch hier ist eine Kausalitätsbeziehung mit den unteren Ebenen denkbar: So kann ein Regierungswechsel, wenn er mit einem Wechsel von Wirtschafts- und Sozialpolitik einhergeht, das Bewusstsein der betroffenen Bürger verändern.

M. Zusammenfassend gesagt: Der Buddhismus vertritt die Auffassung, dass die emergenten Eigenschaften der Materie die Bedingungen liefern, die gemeinsam zum Funktionieren des groben Bewusstseins beitragen, doch der Ursprung dieses groben Bewusstseins ist nicht dort, sondern in einem sehr subtilen Bewusstseinskontinuum zu suchen, das seinerseits aus einer anfangslosen, ununterbrochenen Folge von Bewusstseinsmomenten hervorgeht.

T. Und wie wird dieses subtile Bewusstsein zu Materie?

M. Die fünf äußeren Elemente – Erde, Wasser, Feuer, Wind und Raum – entsprechen den inneren Elementen des Körpers – Knochen/Fleisch, Blut/Säfte, Lebensenergie/Wärme, Atem und Hohlräume. Diese fünf inneren Elemente wiederum entsprechen fünf Energieformen, die das grobe Bewusstsein tragen wie ein Pferd seinen Reiter. Die fünf Energieformen gehen aus den fünf Lichtaspekten des Geistes hervor, symbolisiert von fünf Farben: Gelb, Weiß, Rot, Grün und Blau. Auf dem sehr subtilen Niveau des Bewusstseins korrespondieren diese Farben mit den fünf Aspekten der Erleuchtung. Diese fünf Aspekte erscheinen, wenn die beiden Schleier, die uns von der Erkenntnis der Buddhanatur trennen, sich auflösen: der Schleier der störenden Emotionen und der Schleier, der uns die letztendliche Natur der Phänomene verhüllt.

T. Wenn ich das recht verstehe, dann lehnt der Buddhismus die Vorstellung von einem trennenden Graben zwischen belebter und unbelebter Welt ab und favorisiert stattdessen ein Bewusstseinskontinuum, das sich auf verschiedene materielle Grundlagen stützt.

M. Diese materielle Grundlage könnte man, um einen von Francisco Varela geprägten Begriff aufzugreifen, auch als »verkörperte Erfahrung«[9] bezeichnen. Aber das Bewusstsein ist nicht notwendigerweise an eine solche Grundlage gebunden. Der Buddhismus geht davon aus, dass es für eine gewisse Zeit auch in einer »formlosen« Welt existieren kann, in der es weder eine materielle Grundlage noch die Wahrnehmung der Formenwelt gibt. Sie ähnelt dem Zwischenzustand zwischen Tod und Wiedergeburt, den man auch »Bardo« nennt. Im Bardo hat das Bewusstsein ebenfalls keine materielle Grundlage, kann aber Formen und einen mentalen Körper durchaus wahrnehmen. Diese Vorstellung ist für die meisten Biologen unannehmbar und stellt daher einen wesentlichen Unterschied zwischen naturwissenschaftlicher und buddhistischer Auffassung des Bewusstseins dar.

T. Nehmen wir einmal an, es gibt ein Bewusstsein ohne körperliche Grundlage, in welcher Beziehung stünde es dann zur Materie allgemein?

M. Diese Beziehung wäre ebenfalls Teil der wechselseitigen Bedingtheit einer vernetzten Welt. Auch ohne materielle Grundlage ist das Bewusstsein nicht von der Gesamtheit der Erscheinungswelt »abgeschnitten«.

T. Und welche Argumente führt der Buddhismus zum Beweis seiner These an?

M. Die Argumentation stützt sich auf zwei Arten von Phänomenen. Zunächst einmal auf das Zeugnis der Menschen, die den Zustand zwischen Tod und Wiedergeburt, also das Bardo, wirklich erlebt haben. Im Westen spricht man hier von »Nahtoderfahrungen« (auch NDE von englisch *near death experience*). Diese Nahtoderfahrungen sind medizinisch gesehen nichts Neues. Sie wurden ausgiebig erforscht.[10] Es geht dabei um das Zeugnis von Menschen, die während einer mehr oder weniger langen Zeit klinisch tot waren und dann wieder ins Leben zurückgeholt werden konnten. Der Großteil der Fälle beschreibt die Erfahrung von intensivem Glück und universeller Liebe, von einer Reise durch einen langen, dunklen Tunnel in ein blendendes Licht und von einem Punkt, an dem sie sich entscheiden mussten, ob sie ins Leben zurückkehren wollten. Meist berichten diese Personen, dass sie keine große Lust hatten, in ihren Körper zurückzukehren. Manchmal aber scheint es auch erschreckende Erfahrungen zu geben, die weitgehend dem entsprechen, was wir uns unter einer Höllenwelt vorstellen. Die Menschen, die eine solche Erfahrung gemacht haben, verändert dieses Erlebnis meist tief greifend, sodass sie ihr Leben häufig ganz neu ausrichten. Ein Mensch mit materialistischer Weltauffassung würde natürlich trotzdem sagen, dass all diese Erfahrungen nichts weiter sind als die Reste einer absterbenden Gehirnaktivität. Der Buddhismus geht davon aus, dass die Menschen, die eine Nahtoderfahrung gemacht haben, die Schwelle zum Tod noch nicht wirklich überschritten haben. Andere Personen aber, die entweder fortgeschrittene Meditationserfahrung haben oder aus anderen Gründen diese Bereiche länger kennen lernten (im Tibetischen nennt man diese Menschen »Delog«), berichten mit einer ungeheuren Detailfülle von den verschiedenen Stufen des Sterbeprozesses und vom Bardo, dem Reich zwischen Tod und Wiedergeburt.

T. Auch ich habe verschiedene Studien über Nahtoderfahrungen gelesen. Was mich erstaunt, ist die frappierende Ähnlichkeit zwischen den einzelnen Berichten, obwohl die Erfahrungen von völlig verschiedenen Menschen gemacht wurden. Fast alle sprechen von einem tiefen Gefühl des Friedens, von Mitgefühl, einem hellen Licht et cetera. Absolut verblüffend fand ich, dass einige dieser Menschen beim Erwachen erzählen konnten, was rund um ihren scheinbar leblosen Körper im Krankenhaus geschehen ist. Sie erzählten, dass ihr Geist aus dem Körper regelrecht »herausgetreten« sei, sodass sie die einzelnen Ereignisse beobachten konnten, obwohl sie ja eigentlich klinisch tot waren.

M. Das zweite wichtige Argument in der Diskussion um das Bewusstsein ist die Erinnerung an frühere Leben. Zeugnisse darüber gibt es in großer Zahl, aber da sich kaum ein Wissenschaftler um ihre Bestätigung bemüht, werden sie gewöhnlich nicht als Tatsache anerkannt. Einige Ausnahmen gibt es aber, berühmt gewordene Beispiele, bei denen Zufall oder Betrug tatsächlich ausgeschlossen scheinen. Der bekannteste Fall ist wohl der des indischen Mädchens Shanti Devi.

Shanti Devi wird 1926 in Delhi geboren. Als sie etwa vier Jahre alt ist, beginnt sie, ihren Eltern seltsame Geschichten zu erzählen. Sie sagt ihnen, dass ihr wirkliches Haus in Mathura stehe, wo ihr Ehemann leben würde. Die Eltern reagieren zunächst amüsiert, machen sich aber bald Sorgen um die geistige Gesundheit ihrer Tochter. Aber Shanti Devi ist ein intelligentes Kind von freundlichem Wesen. Zwei Jahre lang erzählt sie weiter ihre Geschichten, was ihre Eltern mehr und mehr erzürnt. Mit sechs Jahren läuft sie von zu Hause weg und versucht, zu Fuß nach Mathura zu gelangen. Doch Mathura liegt etwa 150 Kilometer von Delhi entfernt, und das Unternehmen scheitert. Eines Tages erzählt sie einer ihrer Klassenkameradinnen, dass sie gar nicht Shanti Devi heiße. Ihr wahrer Name sei Lugdi Devi. Sie sei verheiratet und habe ein Kind, um das sie sich aber nicht hätte kümmern können, da sie zehn Tage nach der Entbindung gestorben sei. Daraufhin macht sich die ganze Schule über sie lustig. Sie bricht in Tränen aus und läuft wieder weg. Verzweifelt irrt sie herum, bis sie an einen Tempel kommt. Dort erzählt sie ihre Geschichte einer Frau, die das vollkommen verwirrte Kind zu trösten versucht. Schließlich sucht und findet sie ihr Vater, den die Entschlossenheit seiner Tochter mehr und mehr beeindruckt. Trotzdem geschieht zwei Jahre lang gar nichts. Shanti Devi zieht sich ganz in sich selbst zurück. Beunruhigt von den vielen Geschichten, die man sich über das sonst so fleißige und kluge Mädchen erzählt, suchen der Direktor der Schule und der Lehrer des Mädchens schließlich seine Eltern auf, um Licht in die ganze Geschichte zu bringen. Sie befragen das Mädchen lange und gründlich. Sie beantwortet all ihre Fragen mit absoluter Sicherheit und Gelassenheit. Sie beschreibt das Leben, das sie in Mathura mit ihrem Ehemann führte, der Händler war, und behauptet, Personen und Orte ohne Schwierigkeiten wieder erkennen zu können. In dem Gespräch benutzt sie immer wieder den Dialekt von Mathura, der weder in ihrer Familie noch an ihrer Schule gesprochen wird. Ihre Lehrer bestehen darauf, dass sie den Namen ihres Gatten nennt. Für eine indische Frau verletzt es ihr Schamgefühl, wenn sie den Namen ihres Mannes nennen soll. Shanti Devi verbirgt ihr Gesicht in den Händen und murmelt schließlich ganz leise: »Kedar Nath.« Obwohl die Eltern des Mädchens dagegen sind, lässt der Schuldirektor Nachforschungen in Mathura anstellen. Und man findet dort tatsächlich einen Händler mit Namen Kedar Nath. Der Direktor schreibt ihm einen Brief und erhält wenige Wochen später tatsächlich eine Antwort. Der Händler gibt an, dass vor neun Jahren seine Frau zehn Tage nach der Geburt ihres gemeinsamen Sohnes gestorben ist. Natürlich möchte er gerne mehr wissen, da er aber misstrauisch ist, schickt er zunächst einmal einen Cousin nach Delhi. Das Mädchen erkennt den Mann, den es noch nie im Leben gesehen hat, sofort wieder, begrüßt ihn voller Wärme. Sie sagt ihm, dass er dicker geworden sei, drückt ihre Trauer darüber aus, dass er immer noch nicht verheiratet ist, und stellt ihm allerlei Fragen. Der Cousin, der zu Anfang fest davon überzeugt war, dass er es hier mit einer Schwindlerin zu tun haben würde, kommt langsam ins Schwitzen. Er versucht das Mädchen auszufragen, fleht sie aber bald an zu schweigen, da sie ihm im Detail berichtet, wie er ihr in Abwesenheit ihres Gatten den Hof gemacht hatte. »Lugdi Devi war die wunderbarste Frau auf der Welt. Sie war eine wahre Heilige!«, ruft er aus. Und Shanti Devi bittet ihn, ihr von ihrem Sohn zu erzählen.

Als man Kedar Nath davon berichtet, fällt er fast in Ohnmacht. Er beschließt, in Begleitung seines Sohnes und seines Bruders nach Delhi zu fahren. Dabei tauscht er die Rolle mit seinem Bruder, für den er sich auszugeben versucht. Vergeblich. Sobald er sagt, wer er angeblich ist, ruft Shanti Devi aus: »Du bist nicht mein *jeth* (was im Dialekt von Mathura ›Schwager‹ bedeutet), du bist mein Mann, Kedar Nath.« Weinend fällt sie ihm in die Arme. Als der Sohn, der fast so alt ist wie das Mädchen selbst, näher tritt, umarmt sie ihn wie eine Mutter. Die herbeigeeilten Zeugen betrachten wie versteinert diese Szene. Das Gespräch wird fortgesetzt, wobei die Angaben des Mädchens immer präziser werden. Shanti Devi fragt Kedar Nath beispielsweise, ob er den an ihrem Sterbebett abgelegten Schwur, nicht mehr zu heiraten, eingehalten habe. Als er ihr gesteht, dass er eine andere Frau habe, verzeiht sie ihm. Kedar Nath bleibt mehrere Tage in Delhi und stellt dem Mädchen tausend Fragen, auf die sie ihm mit geradezu bestürzender Genauigkeit antwortet. Am Ende kehrt er nach Hause zurück – überzeugt, dass Shanti Devi die Wiedergeburt seiner Frau ist.

Doch das ist noch längst nicht alles. Das Gerücht verbreitet sich immer weiter, und eines Tages besucht – zum Erstaunen aller – Gandhi selbst das Mädchen. Ihr Fall scheint ihm wichtig zu sein. Shanti Devi vertraut ihm an, dass Lugdi Devi sehr religiös war. Er streichelt ihr väterlich übers Haar und sagt: »Ich hoffe, dass du noch mehr erzählen kannst, wenn du erst in Mathura warst. In Gedanken werde ich bei dir sein. Du musst endlich die Wahrheit wissen. Weiche niemals vom Pfad der Wahrheit ab, was es dich auch kosten mag.« So schickt er das Kind nach Mathura – in Begleitung seiner Eltern, dreier angesehener Bürger, mehrerer Anwälte und Journalisten sowie einiger Geschäftsleute von hoher intellektueller Reputation. Am 15. November 1935 kommt die Gruppe in Mathura an. Eine Menschenmenge wartet am Bahnhof, und Shanti Devi erstaunt sogleich alle Menschen, indem sie ohne zu zögern ihre ehemaligen Verwandten erkennt. Sie stürzt auf einen alten Mann zu und ruft: »Großvater!« Dann fragt sie ihn, wie es ihrem Basilisken gehe. Der alte Mann berichtet, dass Lugdi Devi ihm vor ihrem Tod einen heiligen Basilisken anvertraut habe. Dann führt sie die Menge direkt zu ihrem ehemaligen Haus. In den folgenden Tagen erkennt sie viele Orte und Menschen wieder. Sie begegnet auch ihren früheren Eltern, die von der Bewegung zutiefst gerührt sind, sodass ihre gegenwärtigen Eltern schon fürchten, sie zu verlieren. Hin und her gerissen entscheidet sie sich letztlich aber doch für ihr Leben in Delhi. Als sie sich nämlich eingehend mit ihrem ehemaligen Gemahl unterhält, findet sie heraus, dass er keines der Versprechen, die er ihr auf dem Sterbebett gegeben hatte, eingehalten hat. Nicht einmal die 150 Rupien, die sie gespart und unter einem Bodenbrett aufbewahrt hatte, hat er – wie sie es wünschte – dem Gott Krishna als Opfer dargebracht. Dieses Versteck kannten nur Lugdi Devi und ihr Gatte. Shanti Devi aber vergibt Kedar Nath seine gebrochenen Versprechen und steigt in der Achtung ihrer Umgebung immer mehr.

Die von Gandhi eingesetzte Untersuchungskommission nimmt ihre Arbeit sehr ernst. Sie sammelt eine Unmenge Fakten, die sie mehrfach überprüft. Am Ende entscheidet man, dass Shanti Devi tatsächlich die Wiedergeburt von Lugdi Devi ist.

Shanti Devi führte ein bescheidenes Leben. Sie blieb unverheiratet, weil sie ihrem Gatten versprochen hatte, ihm auch in künftigen Leben treu zu bleiben. Niemals versuchte sie, aus ihrer Berühmtheit Profit zu schlagen. Nachdem sie ihre Studien der Geisteswissenschaften und Philosophie abgeschlossen hatte, widmete sie sich einem Leben des Gebets und der Meditation. Erst Ende der 50er-Jahre willigte sie ein, ihre Geschichte noch einmal zu erzählen.[11]

T. Das ist wirklich eine erstaunliche, ja beunruhigende Geschichte.

M. Dieser Fall ist zwar außergewöhnlich, aber keineswegs der einzige seiner Art. Ian Stevenson, Professor an der Universität von Virginia, hat Aussagen von mehreren hundert Personen ausgewertet, die angeblich derartige Erfahrungen gemacht haben. In etwa zwanzig Fällen lässt sich seiner Auffassung nach das geschilderte Erlebnis nur sinnvoll erklären, wenn man es als Gedächtnisleistung sieht, also als tatsächliche Rückerinnerung an ein früheres Leben.[12] Betroffen waren davon immer ganz normale Kinder. In Tibet hingegen geht es dabei fast immer um Kinder, die in früheren Leben einen hohen Grad an spiritueller Meisterschaft erlangt und ihren Geist gezähmt haben.

T. Stevenson lehrt ja an derselben Universität wie ich selbst. Ich hatte bereits mehrfach Gelegenheit, mich mit ihm über seine Studien über die Erinnerung an frühere Leben zu unterhalten. Er meinte auch, dass dies ein schwieriges Gebiet sei und dass es häufig zu Betrugsversuchen komme. Sofern man sich grundsätzlich an frühere Leben erinnern kann, weshalb geschieht das nur so wenigen Menschen?

M. Wenn man mitten in der Nacht oder nach einer Ohnmacht beziehungsweise Vollnarkose erwacht, ist man zunächst verwirrt und findet sich nicht sofort zurecht. Diese vorübergehende Verwirrung, die uns nach kleineren Traumata befällt, ist der beim Sterben ziemlich ähnlich, auch wenn sie von geringerer Tragweite ist. Der Schock des Sterbeprozesses ist natürlich weit größer und das darauf folgende Vergessen tief gehender. Wenn der Sterbende also über große Geistesklarheit verfügt oder der Tod schon in frühen Jahren eintritt, kann es geschehen, dass im folgenden Leben Erinnerungen an frühere Existenzen auftauchen. Dies geschieht vor allem in den ersten Lebensjahren, denn je stärker sich die Eindrücke des neuen Lebens im Bewusstsein ausbreiten, umso schwächer werden die Bilder des vorhergehenden. Die Verdunkelung des Bewusstseins im Sterbeprozess ist weit geringer, wenn der Sterbende in diesem oder in früheren

Leben eine hohe kontemplative Meisterschaft erlangt hat und den Zwischenzustand zwischen Tod und Wiedergeburt mit klarem Geist durchmessen kann. Daher glaubt man in Tibet, dass Erinnerungen an ein früheres Leben bei Kindern, die als Reinkarnation großer Weiser erkannt werden, häufiger vorkommen.

T. Diese Erklärung trifft sicher auf die einzelnen Wiedergeburten des Dalai-Lama zu, die gewöhnlich schon als Kinder auf Grund dieser Erinnerungen als Reinkarnation erkannt werden. Von den etwa zwanzig Kindern, die Stevenson glaubwürdig erschienen, scheint keines in früheren Jahren besondere geistige Klarheit erlangt zu haben. In *Der Mönch und der Philosoph*, dem Dialog mit deinem Vater, erzählst du von der Reinkarnation deines Meisters Khyentse Rinpoche.[13]

M. Ja, ich habe dort seinen Fall beschrieben, weil dies der einzige war, bei dem ich selbst Zeuge solcher Vorgänge geworden bin. Ich möchte hier aber nur ein einziges Erlebnis erwähnen. Ein tibetischer Meditationsmeister, der in den Bergen lebte, erkannte das Kind nach Visionen und Träumen als Wiedergeburt von Khyentse Rinpoche. Dann beschloss er, eine Langlebenszeremonie für das Kind abzuhalten. Einige hundert Schüler von Khyentse Rinpoche versammelten sich an einem heiligen Ort in Nepal. Am letzten Tag der Zeremonie fand ein besonderes Ritual statt, in dessen Verlauf der Meister, welcher die Zeremonie abhielt, eine geheiligte Substanz an die Teilnehmer verteilte. Als das Kind nun sah, was der Meister vorhatte, beschloss es, die Verteilung selbst vorzunehmen, obwohl es damals erst zweieinhalb Jahre alt war. In aller Seelenruhe winkte es seine Mutter herbei und gab ihr einen Tropfen von der Substanz, dann den Enkel Khyentse Rinpoches und etwa zwanzig andere Personen. Nachdem er alle in der Nähe Stehenden gesegnet hatte, fragte ein Mönch ihn: »Gut. Waren das alle?« Der Junge antwortete: »Nein, nein.« Er zeigte mit dem Finger auf einen Punkt in der Menge. Unter den etwa hundert Personen befand sich auch eine Gruppe aus Bhutan, die nach einem dreitägigen Marsch eben von der Grenze kam. Zu dieser Gruppe gehörte ein alter Diener des verstorbenen Khyentse Rinpoche. Ein anderer Mönch deutete auf verschiedene Personen etwa dort, wo der Finger des Jungen hinwies: »Der da? Oder der? Die da?« Als er endlich auf den alten bhutanesischen Diener des verstorbenen Meisters wies, rief das Kind aus: »Ja, der!« Man ließ den alten Mann also nach vorne kommen. Als der Junge ihm seinen Segen erteilte, brach er in Tränen aus.

Dieses Ereignis hat für mich eine ganz besondere Bedeutung, weil ich es mit eigenen Augen gesehen habe. Denn danach erkannte das Kind immer und immer wieder völlig unerwartet Menschen, die mit dem früheren Khyentse Rinpoche zu tun hatten.

Der Dalai-Lama, dessen Bescheidenheit und Einfachheit bekannt ist, sagt, dass er sich nicht an seine früheren Leben erinnert. Trotzdem erzählt er, dass er, als er das erste Mal die Räume des 13. Dalai-Lama betrat, auf einen Tisch beim Bett deutete und darum bat, ihm seine Zähne zu geben. In der Schublade dieses Tisches fand man tatsächlich das Gebiss seines Vorgängers! Beispiele dieser Art gibt es in Tibet viele – überall und zu jeder Zeit. Es ist ziemlich unwahrscheinlich, dass sie alle auf bloße Zufälle oder gar auf Betrug zurückzuführen sind.

Eine Theorie kann vollkommen widerlegt werden, wenn man nur ein Gegenbeispiel findet, das ihr widerspricht. Eine Theorie, die besagt, dass »alle Schwäne weiß sind«, kann sich zwar auf die Beobachtung von tausenden von Schwänen stützen. Das gibt ihr aber noch keinen absoluten Gültigkeitsanspruch. Ein einziger schwarzer Schwan kann diese Theorie ein für alle Mal zunichte machen. Lehnt man also vergangene oder zukünftige Existenzen grundsätzlich ab, dann hat dies einen völlig anderen Stellenwert als die Ablehnung der Vorstellung von einer dauerhaften und unabhängigen Existenz, die auf strikter Logik gründet. Wollte man nämlich die Existenz aufeinander folgender Leben leugnen, so müsste man nicht nur sämtliche bereits existierenden Zeugnisse für ungültig erklären, sondern auch noch beweisen, dass die Wiedergeburt theoretisch nicht möglich wäre.

Vor dem Hintergrund der abendländischen Kultur, der die Idee einer mehrfachen Wiedergeburt völlig fremd ist, wirkt es mitunter schon provozierend, wenn man sich mit diesem Thema überhaupt beschäftigt. Meist ruft man damit nur beleidigte Ablehnung hervor. Aber diese Zurückweisung geht einzig auf Trägheit zurück, auf die instinktive Abneigung, bestimmte metaphysische Positionen in Frage zu stellen. Die Klärung dieser Frage, die so sehr vom kulturellen Kontext bestimmt wird, bleibt dabei leider auf der Strecke. Ich persönlich möchte die entsprechenden Zeugnisse keineswegs als unumstößliche Fakten hinstellen. Ich wünsche mir nur, dass man dieses Problem mit etwas mehr wissenschaftlicher Exaktheit und mit weniger Emotionalität behandelt.

T. Es besteht kein Zweifel, dass der kulturelle Hintergrund unser Weltbild stark beeinflusst. Diese Tatsache erklärt auch, weshalb die meisten Zeugenaussagen über Erinnerungen an frühere Leben in erster Linie aus Ländern stammen, in denen man eine Wiedergeburt für möglich hält. Im Westen würde man Vorgänge wie den, von dem du erzählst, einfach als Kindereien oder Anzeichen geistiger Störungen abtun. Daher wäre es an der Zeit, dieses Problem mit aller wissenschaftlichen Strenge zu untersuchen. Sich an das vorherige Leben zu erinnern, könnte uns in diesem eine Menge Ärger ersparen! Wenn wir die Erfahrungen aus früheren Leben nutzen könnten, würden wir uns sicher harmonischer entwickeln. Und unser Sinn für das Gute und das Böse würde davon profitieren.

M. Genau dies ist eines der Ziele spiritueller Entwicklung. Wenn wir in diesem Leben eine gewisse Reife entwickeln, dann werden wir im nächsten Leben nicht mehr völlig bei null beginnen, auch wenn wir uns an unsere vorherige Existenz nicht mehr erinnern. Und wir durchschreiten die Etappen unserer spirituellen Entwicklung wesentlich leichter, wenn wir denselben Weg schon einmal gegangen sind. Ein Musiker, der einige Jahre nicht gespielt hat, hat zwar zunächst steife Finger, wenn er sich ans Klavier setzt. Trotzdem findet er bald zu alter Meisterschaft zurück.

T. Die Vorstellung von früheren Leben würde auch das Phänomen der Wunderkinder wie Mozart erklären. Könnte die geniale physikalische Intuition Einsteins nicht aus einem langen Reifeprozess seines Denkens in früheren Existenzen stammen? Ist Intuition vielleicht generell eine Art Erinnerung an frühere Erlebnisse? Das würde auch die so genannten Dejà-vu-Erlebnisse erklären, bei denen wir Orte oder Personen, die wir noch nie gesehen haben, »wieder« zu erkennen scheinen. Geht der Buddhismus nicht davon aus, dass wir mit den Menschen, die in unserem aktuellen Leben – im positiven oder negativen Sinne – eine Rolle spielen, bereits in früheren Leben zu tun hatten? Ist ihr Karma nicht mit dem unseren verbunden?

M. Buddhistisches Denken besagt, dass alle Wesen in irgendeinem Augenblick unseres Daseins schon einmal mit uns verbunden waren – und dies seit anfangsloser Zeit. Sie waren alle schon einmal unsere Mütter, unsere Väter, Freunde oder Feinde. Und ganz sicher haben wir mit einigen dieser Wesen engere Beziehungen aufgenommen, die sich von Leben zu Leben fortsetzen können.

T. Um auf das Bewusstsein zurückzukommen: Wie kann man sich ein solches ohne materielle Grundlage vorstellen? Ist Bewusstsein etwas, was unser Universum sozusagen durchdringt, oder handelt es sich dabei um eine Art Überuniversum, in dem unseres nur einen kleinen Bereich einnimmt?

M. Es handelt sich dabei nicht um ein globales Bewusstsein, das allen Wesen gemeinsam und in allen Phänomenen gleichermaßen vertreten ist. Vielmehr geht es um ein individuelles Bewusstseinskontinuum, das sich von Existenz zu Existenz fortsetzt. Man könnte sich diesen Bewusstseinsstrom vielleicht wie eine Welle vorstellen, wenn man dabei bedenkt, dass der Buddhismus auch dem Bewusstsein keine autonome, dauerhafte Realität einräumt.

T. Eine Welle kann erfasst werden.

M. Eines ist absolut sicher: Wir können das Bewusstsein in dem Maße erfassen, in dem wir uns seiner bewusst werden.

Diese Art der Erfassung ist schließlich genauso sinnvoll wie jede andere. Das Bewusstsein umfasst eine große Anzahl von Beziehungen. Man kann sich also vorstellen, dass diese Beziehungen ein »Feld« bilden, also eine Welle, auch wenn dieses Feld nicht unbedingt ein physikalisches oder »physisches« ist. Man kann das Bewusstsein als Fluss beschreiben, als Funktion, die sich fortsetzt, ohne etwas Bestimmtes zu transportieren. Etwas setzt sich fort, ohne dass dabei eine fassbare Entität weitergegeben wird. Man könnte dies auch vergleichen mit der Weitergabe von Wissen. Bei einer Belehrung kommt es durchaus zu einer »Übertragung«, ohne dass dabei »etwas« den Besitzer wechselt. Auch das Abformen verläuft ähnlich: Man gibt eine Form weiter, ohne dass dabei Substanz transportiert wird. Wenn man die Dünung auf hoher See betrachtet, ist es genau dasselbe. Man könnte denken, dass dabei Unmengen Wasser bewegt werden. Tatsächlich ist das nicht der Fall. Die Wasserteilchen beschreiben einen Kreis, wenn die Welle durch sie hindurchgeht, aber sie werden von ihr nicht mitgerissen.

T. Daher wird eine Flasche auch nicht aufs Meer hinausgetragen, wenn eine Welle vorbeiwandert. Sie vollführt nur eine vertikale Bewegung vom Tal zum Kamm der Welle. Eine Welle setzt sich fort, trotzdem wird dabei keine Materie transportiert.

M. Und ebenso funktioniert es, wenn das Bewusstsein verschiedene Seinszustände erfährt. Worte wie »Reinkarnation« oder »Wiedergeburt« geben dieses Phänomen nämlich nur ungefähr wieder. Diese Abfolge von Existenzen ähnelt einer Welle, bei der eine bestimmte Funktion und bestimmte Informationen weitergegeben werden, ohne dass dabei etwas Konkretes oder Materielles wandert. Was aus einem Wesen wird, hängt von den Bewegungen dieser Welle ab – von der Natur unserer Taten und Gedanken, welche die Zustände bestimmen, die unser Bewusstsein erfährt. Eine physikalische Welle kann auch zerstörerisch sein wie radioaktive Strahlung. Sie kann aber auch Gutes bringen wie die Strahlen der Sonne, die den Reisenden bei seinem Übergang wärmen. Eine Radiowelle kann zum Krieg oder zum

Frieden aufrufen. Auf dieselbe Weise drücken sich die Impulse, die wir unserer Bewusstseinswelle durch unsere Gedanken, durch unsere niedrigen oder hochherzigen Motive vermitteln, letztlich in Glück oder Leid für uns selbst aus.

Diese Welle wird von der Gesamtheit unserer Eindrücke aus diesem und den vorhergehenden Leben bestimmt, durch ein ungeheuer komplexes Netz aus positiven und negativen Elementen, aus Augenblicken großer Klarheit und unendlicher Verwirrung. Da all diese Tendenzen der Welle innewohnen, ist sie nicht einfach »steuerbar«: Wo das Bewusstsein negative Eindrücke erfahren hat, ist spirituelles Training nötig, um diese Konditionierungen wieder aufzulösen. Am Ende steht ein Zustand absoluter Reinheit und Klarheit – die Erleuchtung, die Buddhaschaft, die jeder Anhänger des buddhistischen Weges anstrebt.

T. Es gibt also eine Welle für jeden Menschen?

M. Jede gewöhnliche Welle ist von anderen Wellen verschieden. Man kann sich also durchaus eine Person, ein individuelles Bewusstsein vorstellen. Dies setzt aber trotzdem kein »Ich« voraus, das mit dieser Welle sozusagen »reist«.

T. Wenn es kein »Ich« gibt, das mit diesem Bewusstseinsstrom assoziiert ist, wie kann es dann eine Erinnerung geben? Ist zu einer Erinnerung nicht auch ein »Ich« nötig? Schließlich beruht unser Selbstbild nicht zuletzt auf den Erinnerungen an unsere vergangenen Erfahrungen. Erst dank dieser können wir eine persönliche Identität entwickeln.

M. Wenn die Erinnerung an ein »Ich« gebunden wäre, dann würden alle, die sich von der Ich-Illusion befreit haben, automatisch ihr Gedächtnis verlieren! Die künstlich geschaffene Vorstellung von einem »Ich« darf nicht mit dem Bewusstseinsstrom verwechselt werden. Mit dem »Ich« bezeichnen wir die Eigenschaften dieses Bewusstseinsstroms, die wir uns fälschlicherweise als festes Objekt in diesem in ständiger Veränderung begriffenen Fluss denken. Doch das Nichtvorhandensein eines »Ich« stört den Prozess der Gedächtnisbildung nicht, da dieser sich im neuronalen System des Gehirns abspielt und nur die Eigenschaften des grobstofflichen Bewusstseins beeinflusst, das zu diesem gehört. Ein »Ich«, das inmitten dieses Informationsflusses sitzt und ihm quasi vorsteht, ist dazu nicht nötig. Das »Ich« ist nur ein Etikett, das wir unseren psychosomatischen Gegebenheiten aufkleben, so wie wir die Informationen, die in dem dicken Lexikon dort enthalten sind, *Petit Robert*, also *Kleiner Robert* nennen. Niemand würde jemals annehmen, dass es inmitten all dieser Informationen wirklich einen kleinen Jungen namens Robert gibt.

T. Wie passt diese Vorstellung von einem Gedächtnis zu den Ergebnissen der neurophysiologischen Forschung, die das Gedächtnis als Funktion des Gehirns ausweisen?

M. Da das Bewusstsein dem Körper »eingeschrieben« ist, gibt es eine enge Verbindung zwischen dem Funktionieren des Gehirns und dem grobstofflichen Aspekt des Bewusstseins. Das normale oder eben nicht normale Funktionieren des Gehirns bestimmt daher ganz wesentlich diesen Aspekt des Bewusstseins. Das grobstoffliche Bewusstsein ist aber nur eine Erscheinungsform des subtilen Bewusstseins, das sich von einem Moment zum anderen ständig fortpflanzt. Deshalb ist letztlich das subtile Bewusstseinskontinuum Träger des Gedächtnisses, wie eine Welle, die zwar eine Information trägt, aber keine Objekte transportiert. Wie glaubwürdig sind denn nun diese verschiedenen Bewusstseinsebenen? Ein geübter Meditierender kann sie aus eigener Erfahrung kennen lernen. Francisco Varela schreibt dazu: »Diese subtilen Bewusstseinsebenen sind per Definition präindividuell – sie sind nicht personenbezogen. In westlichen Augen erscheinen sie deshalb als eine Form von Dualismus und werden vorschnell abgelehnt. [...] Ebenso wichtig ist es zu bemerken, dass die subtilen Geistesebenen nicht theoretisch sind; vielmehr sind sie Schilderungen auf der Grundlage von tatsächlicher Erfahrung und verdienen die respektvolle Beachtung von jedem, der behauptet, sich auf empirische Fakten zu stützen. [...] Ich bin der Ansicht, dass [...] zum Verständnis der subtilen Geistesebenen eine beständige, disziplinierte und ebenso gründliche Meditationspraxis erforderlich ist. In einem gewissen Sinne eröffnen sich diese Phänomene nur denjenigen, die bereit sind, die Experimente selbst durchzuführen. Dass man für die direkte Erfahrung dieser neuen Welten von Phänomenen einer besonderen Schulung bedarf, überrascht uns nicht. [...] In der herkömmlichen Wissenschaft bleiben solche Phänomene allerdings verborgen, da die meisten Wissenschaftler immer noch einer gewissenhaften Prüfung ihrer eigenen Erfahrung, sei es durch Meditation oder andere Methoden der Introspektion, aus dem Weg gehen. Glücklicherweise stützt sich der zeitgenössische Diskurs der Bewusstseinsforschung zunehmend auf erfahrungsbezogene Aussagen, und immer mehr Wissenschaftler beginnen, in ihrer Haltung gegenüber der unmittelbaren Untersuchung des Bewusstseins flexibler zu werden.«[14]

12

Roboter, die denken, dass sie denken?

Funktioniert das Gehirn wie ein Computer? Kann es auch bei Robotern mit künstlicher Intelligenz zur Herausbildung der Fähigkeit kommen, der Umwelt einen Sinn beizumessen? Kann die Tatsache, dass der Mensch fähig ist, sich über die Natur seines Bewusstseins Gedanken zu machen, als Beweis dafür gelten, dass das Bewusstsein etwas grundlegend anderes ist als die zu Grunde liegenden physiologischen Mechanismen?

THUAN Wenden wir uns nun der Natur des Bewusstseins zu. Wie wir bereits gehört haben, glauben einige Biologen, dass die Materie sich nur immer komplexer organisieren muss, damit aus ihr das Bewusstsein, das Denken, die Liebe und alle anderen Gefühle entstehen, die das Leben erst lebenswert machen. Ihrer Auffassung nach kann nichts und niemand die Entstehung von Bewusstsein verhindern, wenn eine bestimmte Schwelle der Organisation und Komplexität überschritten ist. In diesem Fall wäre das Gehirn nicht mehr als eine denkende Maschine, deren Einzelteile eine Art neuronaler Gesellschaft bilden. Und die Beziehungen innerhalb dieser Gesellschaft wären das, was man gewöhnlich »Geist« nennt.[1] Dieser »informatische« Ansatz wird von anderen Forschern wie zum Beispiel Francisco Varela kritisiert, weil er die Interaktion des Gehirns mit der Umwelt nicht ausreichend berücksichtigt. Varela meint, dass der ununterbrochene Austausch mit einer bestimmten Umwelt eine entscheidende Rolle bei der Bewusstseinsbildung spielt. Der Geist wäre sozusagen die gesammelte, gelebte Erfahrung dieses in wechselseitiger Abhängigkeit erfolgten Austausches, den Varela *enaction*, also »Aktivierung«, nennt. Die Lebenswelt des Einzelnen entsteht als emergente Eigenschaft dieser Interaktion.[2]

Das informatische Modell des Bewusstseins hingegen vergleicht das neuronale System mit dem materiellen Aspekt eines Computers (der Hardware) und den Geist mit den Programmen (der Software). Das neuronale System soll dem Bewusstsein als materielle Grundlage dienen, wie die elektronischen Schaltkreise eines Computers dem Programm, das schließlich die Maschine steuert, das Arbeiten erst erlaubt. Wenn man diesem reduktionistischen Ansatz glaubt, dann würden Maschinen eines Tages denken und fühlen können, sobald sie komplex genug sind.[3] Einige Forscher auf dem Gebiet der künstlichen Intelligenz denken tatsächlich, dass sie eines Tages in der Lage sein werden, Roboter zu konstruieren, die ein Herz haben, die Liebe und Hass, Kummer und Mitleid kennen. Nichts könnte diese dann davon abhalten, Werke wie *Krieg und Frieden* zu schreiben oder eine *Neunte Symphonie* zu komponieren.

MATTHIEU Die wachsende Komplexität der Maschine und ihre immer stärker zunehmende Fähigkeit, das menschliche Bewusstsein nachzuahmen, ändert doch letztlich nichts an der Natur des Computers, der schließlich nur eines kann, nämlich *rechnen*. Eine solche Maschine kann immer nur mit Informationen umgehen, mit denen man sie gefüttert hat und die für sie keinerlei Sinn haben. Das hat einen ganz einfachen Grund: Ein Computer hat kein Bewusstsein. Die Sinn stiftende Betrachtung der Welt und die Fähigkeit, über diese Sinngebung nachzudenken, sind wesentliche Charakteristika von Bewusstsein. Auch wenn die Maschine so programmiert wurde, dass sie in der Lage ist, eine neue Symphonie zu erschaffen, so kann sie das doch nur auf Grund bestimmter Harmonieregeln, die ihr Programmierer ihr beigebracht hat und die seine ästhetischen Vorlieben widerspiegeln. Die Maschine würde von der Schönheit der Musik nicht nur völlig unberührt bleiben, sie wüsste ja nicht einmal, dass es Musik ist. Sie führt Rechenvorgänge aus, ohne zu wissen, was Rechnen überhaupt bedeutet. Einfach gesagt: Größer könnte der Unterschied zwischen Maschine und Bewusstsein überhaupt nicht sein.

T. 1997 allerdings erschütterte ein Ereignis die gesamte Pressewelt: Der Schachmeister Gari Kasparow musste vor dem Supercomputer »Deep Blue« die Waffen strecken. Einige Journalisten betrachteten dies als Niederlage der Menschheit. Deep Blue hatte Kasparow besiegt, weil der in der Lage war, 200 Millionen verschiedene Positionen in der Sekunde durchzurechnen. Daher konnte er an jedem Punkt der Partie mindestens zehn mögliche Züge mit ihren jeweiligen Konsequenzen Revue passieren lassen. Ein menschlicher Spieler kann nie mehr als ein paar Kombinationen im Voraus bedenken. Normalerweise ist es vor allem die in hunderten von Spielen geschärfte Intuition, die ihm erlaubt, gefährliche Züge zu vermeiden. Letztlich hat also nur die phantastische Rechenfähigkeit Deep Blues Kasparow besiegt. Deep Blue wusste so wenig, dass er Schach spielte, wie ein Flugzeug weiß, dass es nach New York fliegt. Außerdem war ihm völlig gleichgültig, ob er gewinnen oder verlieren würde. Er folgte einfach blind den Instruktionen, die eine Gruppe von Informatikern in seinen Schaltkreisen deponiert hatte. Der Wille zu gewinnen, Angst, Nervosität, Spannung, das Bedauern nach einem schlechten Zug oder die Freude nach einem guten: All das war Deep Blue fremd. Vielleicht hat Kasparow die Partie ja verloren, weil er all diese menschlichen Empfindungen hatte.

M. Wir müssen ja nicht einmal einen Supercomputer wie Deep Blue bemühen. Jede simple Rechenmaschine schlägt uns um Längen, wenn es darum geht, dreistellige Ziffern miteinander zu multiplizieren! Das hat aber überhaupt nichts mit Bewusstsein zu tun. Wir machen uns Sorgen über die Macht der Computer. Sie dagegen verschwenden nicht eine Rechenoperation an uns, und die Chance, dass sie sich eines Tages fragen werden, ob der Mensch Bewusstsein hat oder nicht, ist sehr gering.

T. Da Computer nichts weiter sind als komplexe Schaltkreise, in denen elektrische Ströme kursieren, die ihren Programmen gehorchen, werden diese Maschinen niemals denken, fühlen, lieben oder hassen können. Sie werden auf ewig nur endlose Folgen von Nullen und Einsen verarbeiten. Im Grunde ist ein Computer nur ein etwas fortgeschritteneres Modell des Abakus, eines uralten Recheninstrumentes, das man in China und im Iran noch heute benutzt. Beim Abakus entsprechen die Ziffern den Perlen, die Nullen wären die Leerräume. Statt elektrischer Ströme werden die Perlen nach bestimmten Regeln von den Fingern der menschlichen Hand hin und her geschoben. Der Computer rechnet schneller als ein Abakus, Bewusstsein hat er deshalb noch lange nicht. Ihm ein Bewusstsein zuzuschreiben, wäre dasselbe, als würde man behaupten, die Perlen des Abakus seien sich der Addition, die sie gerade durchführen, bewusst.

M. Der Großteil der Neurobiologen würde sich allerdings gegen eine solch vereinfachende Sicht der Dinge zur Wehr setzen. Sie denken, dass das Gehirn, dessen Lernfähigkeit ja nahezu unbegrenzt scheint, nicht – wie der Computer – mit einer binären Sprache funktioniert. Seine interaktiven Fähigkeiten seien sehr viel komplexer. Einer strikt »informatischen« Sicht der Dinge setzen sie ein dynamischeres Bild entgegen. Diesem Ansatz zufolge bringt die Interdependenz und Interaktion der biologischen Komponenten des Gehirns emergente Eigenschaften hervor, die sich auf das ganze Gehirn beziehen und die als Bewusstsein betrachtet werden können.

T. Ja, die Analogie zwischen Gehirn und Computer beruht auf einem ziemlich oberflächlichen Bild des Gehirns, das scheinbar nur Informationen über die fünf Sinne erhält und diese verarbeitet wie ein Computer. Auch dieser erhält Instruktionen von einem Programm, das diese Informationen kodiert, verarbeitet und auf die durch Analyse und Kalkulation erzielten Resultate antwortet. Betrachtet man das Ganze aber etwas genauer, so ergeben sich enorme quantitative Unterschiede. Das Gedächtnis des Menschen ist beispielsweise mit dem Speicher eines Computers überhaupt nicht vergleichbar. Letzterer speichert die Information in Folgen von Einsen und Nullen, wobei die Eins das Fließen von Strom symbolisiert und die Null das Fehlen desselben. Das nennt man binäre Sprache. Im Gehirn aber hat man niemals auch nur den leisesten Ansatz von binärem Verhalten bei Neuronen entdeckt. Eine denkbare Möglichkeit wäre ja zum Beispiel, dass das Neuron die Werte »eins« beziehungsweise »null« durch Aktivität beziehungsweise Inaktivität darstellt und so Information weitergibt. Doch so etwas gibt es nicht. Außerdem hat der Computer einen eigenen Speicher, mit einem »Eingang« und einem »Ausgang«. Im Gehirn dagegen finden die Vorgänge des Speicherns (Gedächtnis) und der Verarbeitung (Denken) im selben Bereich statt.

Und es gibt noch mehr wichtige Unterschiede: Das Gehirn programmiert sich selbst, während der Computer mit einem Programm von einer externen Intelligenz gesteuert wird. Sobald das Computersystem einmal steht, kann es sich nicht mehr verändern. Wenn ein Drähtchen verrutscht oder ein Schaltkreis ausfällt, haben wir eine Panne. Das neuronale Netz des Gehirns dagegen kann sich selbst regenerieren und zeigt dabei große Anpassungsfähigkeit. Es entwickelt sich im Laufe des Lebens ständig weiter, besonders schnell geschieht das in der frühen Kindheit. Neue Zellen werden gebildet, alte sterben ab; neue Verbindungen zwischen den Neuronen werden geschaffen, alte bilden sich zurück. Das Gehirn gibt »Denkwege«, die es nicht braucht, einfach auf, eine Art natürlicher Selektion auf neuronaler Ebene.

Auch die Geschwindigkeit, mit der Information weitergegeben wird, unterscheidet sich von der des Computers. Der Input von den Nervensträngen erreicht eine maximale Geschwindigkeit von etwa hundert Metern pro Sekunde. Im Computer hingegen zirkuliert die Information mit einigen tausend Kilometern pro Sekunde. Aus diesem Grund ist der Computer bei bestimmten Aufgaben auch wesentlich schneller als wir: beim Jonglieren mit Zahlen zum Beispiel. Wenn es jedoch um Syntheseleistungen wie das Erkennen eines Gesichtes geht, ist das menschliche Gehirn eindeutig überlegen.

Ein Neurobiologe, der die These vom »neuronalen Menschen« unterstützt (um den Begriff aufzugreifen, der von dem Neurobiologen Jean-Pierre Changeux[4] geprägt wurde), könnte natürlich einwenden, dass Computer vielleicht nur deshalb kein Bewusstsein haben, weil wir noch nicht in der Lage sind, Apparate zu bauen, die so komplex sind, dass man sie mit dem Neuronensystem unseres Gehirns vergleichen könnte. Vielleicht können wir ja eines Tages Maschinen bauen, die Liebe, Freude und Leid empfinden können. Schließlich ist das menschliche Gehirn Produkt einer Jahrtausende währenden evolutionären Entwicklung, während die ersten Computer erst in den 50er-Jahren gebaut wurden.

Damals entwickelte der englische Mathematiker Alan Turing einen einfachen Test, um herauszufinden, ob eine Maschine mit »Intelligenz« begabt ist.[5] Nehmen wir einmal an, so Turing, wir unterhalten uns mit zwei verborgenen Gesprächspartnern, von denen einer ein Computer ist. Wenn man während der Konversation zwischen den beiden nicht unterscheiden könne, dann müsse man wohl annehmen, dass der Computer genauso intelligent sei wie ein Mensch. Der amerikanische Philosoph John Searle aber stellt den Turing-Test 1980 in Frage. Searle entwickelte sein berühmtes Gedankenexperiment des »chinesischen Zimmers«[6]: Statt eines Computers setzt sich ein Mensch in ein Zimmer, und man reicht ihm durch eine Öffnung in der Mauer Fragen, die in chinesischen Schriftzeichen formuliert sind. Auf diese Fragen muss er antworten, obwohl er die Sprache nicht versteht. Dazu steht ihm eine Liste von vorgefertigten Antworten zur Verfügung, die er nach einer bestimmten Gebrauchsanweisung austeilt, die ihm erlaubt, auf jede Frage eine Antwort zu finden. Diese Antwort reicht er dem Fragenden, der Chinesisch versteht, durch die Maueröffnung. Auf diese Weise kann eine regelrechte Konversation entstehen. Aber auch wenn die Antworten des Befragten korrekt sind, so kann dieser doch nicht vorgeben, Chinesisch zu beherrschen oder die Antworten mithilfe des Denkvermögens gefunden zu haben, wie es der Fall gewesen wäre, wenn er die Sprache verstanden hätte. Er hat eine Gebrauchsanweisung befolgt, so wie ein Computer die programmierten Befehle ausführt. Daraus lässt sich schließen, dass ein Computer zwar dieselben Antworten finden könnte wie ein Mensch, wenn man ihn entsprechend programmiert. Trotzdem denkt er nicht. Obwohl die Debatte zwischen Searle und den Verfechtern des Turing-Tests noch nicht abgeschlossen ist, halte ich die Argumente des Philosophen für überzeugender.

Turing sagte vorher, dass ein Computer im Jahr 2000 seinen Gesprächspartner im Dialog mindestens fünf Minuten lang täuschen könnte. Er war zu optimistisch. Tatsächlich sind wir noch weit davon entfernt, einen Computer herstellen zu können, der in der Lage wäre, ein Gespräch so zu führen, dass man ihn mit einem menschlichen Gesprächspartner verwechseln könnte. Dies gilt vor allem, wenn es darum geht, dass die Maschine über sich selbst nachdenken soll.

M. Wenn man einem Menschen eine Frage stellt, die ihn durcheinander bringt und sein fundamentales Selbst- beziehungsweise Weltbild in Frage stellt, dann wird er dir jedenfalls keine völlig absurde Antwort geben, wie ein Computer das tut, wenn sein Programm keine fehlerfreie Verarbeitung des Inputs erlaubt. Ein bewusstes Wesen wird über diese Frage gründlich nachdenken und seine Existenz vielleicht sogar aus einem völlig neuen Blickwinkel sehen. Für den Computer sind Worte wie »Existenz« oder »Sein« nur Begriffe, die in seinem gespeicherten Lexikon stehen. Nichts weiter.

T. Nun, ein Computer kann zwar mittlerweile verschiedene Schriften lesen, gesprochene Befehle verstehen, Texte von begrenztem Vokabular übersetzen oder Rechenprobleme lösen, die Generationen von Mathematikern beschäftigt haben. Aber seine sensoriellen Fähigkeiten sind sehr begrenzt. So können unsere »intelligenten« Maschinen beispielsweise nicht gut sehen. Sie erkennen ihren »Gesprächspartner« nicht und verstehen höchstens ein paar tausend Worte. Man muss also mit ihnen sehr langsam und deutlich sprechen, und ihre Stimme hat kaum Ausdrucksmöglichkeiten!

M. Dies dürften allerdings rein technische Probleme sein, die man unter Umständen lösen kann. Die qualitativen Unterschiede halte ich für viel gravierender. Wenn man das Bewusstsein auf das Arbeiten der Neuronen reduziert und diese wiederum auf die Eigenschaften ihrer Atome, dann sind die Differenzen zwischen einem fleischlichen und einem »blechernen« Computer nicht grundlegender Natur. Aber ein Computer aus Metall hat trotzdem nicht mehr Bewusstsein als ein Sack Nägel. Wie kann man also erklären, dass in unserem Geist Fragen wie die Folgenden auftauchen: Wie ist mein Geist beschaffen? Wer bin ich? Was ist der Sinn meines Lebens? Was geschieht nach dem Tod? Ein System mit künstlicher Intelligenz hat keinerlei Veranlassung, sich über seine Natur Gedanken zu machen oder Stunden damit zuzubringen, die Verdunkelungen von der strahlenden Natur des Geistes zu entfernen, wie Menschen auf dem kontemplativen Weg dies tun. Ein Computer fragt sich auch nicht, was mit ihm geschieht, wenn man den Stecker herauszieht.

Einige Systeme künstlicher Intelligenz sind lernfähig und in der Lage, sich selbst zu organisieren, aber warum sollten sie sich fragen, was ihnen in der Zukunft wohl geschehen mag, oder sich freuen, weil sie gerade so gut funktionieren? Auf diese Frage hat mir Francisco Varela einmal geantwortet. »Aus demselben Grund wie ein lebendes Wesen.« Wie also entsteht die »Lebenswelt«?

T. Varela zufolge kann Bewusstsein »emergieren«, wenn das neuronale Geflecht im Gehirn eine bestimmte Komplexitätsschwelle überschreitet. Die Definition von einem »emergenten System« besagt ja, dass es Eigenschaften aufweist, die sich von denen der Summe seiner Teile unterscheiden, ja diesen überlegen sind. Laut Varela kann Bewusstsein nur entstehen, wenn der Organismus in einer bestimmten Umwelt unter gewissen Bedingungen lebt, die in erster Linie ökologischer Natur sind: »Das Gehirn existiert in einem Körper, der Körper in der Welt. Der Organismus bewegt sich, agiert, reproduziert sich, träumt, phantasiert. Aus dieser ununterbrochenen Aktivität entsteht schließlich seine Lebenswelt und ihre Elemente.«[7]

Diese Lebenswelt müsste auch bei Robotern entstehen können, vorausgesetzt, sie können sich ihrer Umwelt anpassen und lernen – ähnlich wie ein lebendes Wesen. Das ist zumindest die Hypothese von Rodney Brooks vom Massachussetts Institute of Technology und anderen Forschern auf dem Gebiet der künstlichen Intelligenz.[8]

Brooks und sein Team glauben, dass eine Maschine, die keinerlei Kenntnis von ihrer Umwelt hat, aber eine effiziente Möglichkeit der sensomotorischen Rückkopplung besitzt (Informationsaufnahme beziehungsweise -verarbeitung durch das »Gehirn« und Weitergabe der Resultate an den »Körper«), ihre Umwelt erkunden würde, wie eine Ameise es tut. Sie würde das Nachbarzimmer erforschen, durch den Garten wandern, die Bäume umrunden, darauf achten, nicht in ein Loch zu fallen, bis schließlich der Rückkopplungsmechanismus so effizient wäre, dass sie in jeder Umwelt zurechtkäme. In anderen Worten: Die Maschine besitzt zwar kein voreingestelltes Wissen von der Welt, dieses entsteht aber dadurch, dass die Maschine sich in dieser Welt bewegt. Das Gehirn wurde in der Evolution ausgebildet, um dem Menschen in diesem Rückkopplungsschaltkreis von Aktion und Reaktion den Austausch mit seiner Umwelt zu erleichtern. Daher haben Pflanzen, Pilze oder Bakterien kein Gehirn. Die Tiere hingegen, die ihre Beute verfolgen müssen, um sich ernähren zu können, besitzen eines.[9] Auch sie brauchen also diesen Informationskreislauf zwischen Sinnesorganen, Gehirn und Muskeln, der das Gehirn prägt.

M. Aber wir reden immer noch von Mechanismen. Das Beispiel des chinesischen Zimmers von Searle (siehe Kapitel 12) zeigte doch ganz deutlich, dass mechanische Vorgänge ganz ohne Bewusstsein durchaus ein solches nachstellen können.

T. Abstraktionsfähigkeit und reflexives Denken waren erst sehr viel später dran. Die Herausbildung des Nervensystems dauerte etwa 1,5 Milliarden Jahre, und mehr als drei Viertel der Zeit beschränkte das Nervensystem sich auf Tiere, die gerade einmal die elementarsten Überlebensaufgaben damit steuern konnten: laufen, jagen, sich ernähren et cetera. Erst vor etwa einer Million Jahren tauchte bei den Primaten die Fähigkeit auf, zu sprechen und in Symbolen zu denken. Eine gewisse soziale Intelligenz entwickelte sich. Für Varela war »das Aufkommen des Geistes kein gigantischer Sprung, sondern notwendige Folge einer kontinuierlichen Entwicklung der Evolution hin zum Menschen«.[10]

Wenn die biologische Entwicklung für die Herausbildung des menschlichen Bewusstseins verantwortlich ist, dann ist es fraglich, ob Roboter, die sich ja nicht auf biologische Weise entwickeln, tatsächlich jemals die Fähigkeit zur Abstraktion erlangen können. Die Forscher auf dem Gebiet der künstlichen Intelligenz verfolgen zwei verschiedene Wege, um auf dieses Problem eine Antwort zu finden. Zunächst einmal versuchen sie einen evolutionären Kontext künstlich zu schaffen: Man entwirft tausende von kleinen Robotertierchen, die sich jeweils ein klein wenig voneinander unterscheiden, lässt sie in die freie Natur hinaus und entwickelt nur die Pläne der robustesten weiter. Der zweite Weg, den beispielsweise Brooks verfolgt, besteht darin, den Robotern Eigenschaften des menschlichen Gehirns einzupflanzen, um so die Evolution nachzuahmen: ein Gedächtnis, welches das Wiedererkennen von Gesichtern erlaubt, oder die Fähigkeit, soziale Beziehungen zu knüpfen.

M. Diese Eigenschaften bedeuten aber immer noch nicht, dass wir es nun mit einem Bewusstsein zu tun haben.

T. Hier müssten wir das reflexive Bewusstsein von einem grundlegenden Primärbewusstsein unterscheiden, das einfach nur an die Erfahrung gebunden ist. Die Erfahrung einer Katze beispielsweise liegt in ihrem Gedächtnis, ihren Emotionen, ihrem Charakter begründet. Jede dieser Manifestationen wird in einen untergeordneten Schaltkreis eingepflanzt, der wiederum mit allen anderen untergeordneten Schaltkreisen verbunden ist. Diese Verbindung sorgt nun dafür, dass im Gehirn der Katze verschiedene Phänomene »emergieren«, die auftauchen und wieder verschwinden, nur um dann von neuem aufzutauchen – et cetera. Diese Phänomene geben ihr eine bestimmte Lebenswelt, die man ihre Erfahrung nennt. In unserem Leben sind 90 Prozent unserer Erfahrungen primärer Natur: Gehen, mit dem Bus fahren, eine Mahlzeit einnehmen – dies alles sind Tätigkeiten, die nicht unbedingt eine Reflexion voraussetzen.

Das reflexive Denken ist die Erfahrung des Bewusstseins, das sich selbst zum Gegenstand hat. Dieses scheint ganz wesentlich an die Sprache gebunden zu sein, die dem reflexiven Bewusstsein seinen einzigartigen Status verleiht. Von allen lebenden Wesen verfügt allein der Mensch über ausgeprägte sprachliche Fähigkeiten. »Wenn es nur die primäre Erfahrung gäbe, wäre ich lieber Gorilla«, meint Varela.[11] Ein Gorilla kann nicht über sich selbst nachdenken, denn die sprachlichen Fähigkeiten seiner Art sind wenig ausgebildet. Und bei der Selbstreflexion scheint nur alles oder nichts möglich zu sein.

Die Frage lautet also: Werden Roboter jemals reflexives Bewusstsein haben? Neuere Arbeiten[12] über die »neue künstliche Intelligenz« zeigen, dass eine Anzahl kleiner Roboter miteinander interagieren und sich selbst organisieren können. Sie benehmen sich also, als hätten sie Bewusstsein. So akzeptieren sie beispielsweise zusätzliche Roboter, wenn diese ihnen ein besseres Funktionieren erlauben. Stören die neu eingefügten Elemente hingegen ihre Funktion, werden sie eliminiert. Moderne Roboter erreichen vielleicht nur das Bewusstseinsniveau einer Fliege, aber sie bewegen sich mit großen Schritten auf die Ebene des Hundes zu. Trotzdem ist dieses Bewusstsein primärer Natur, da es ausschließlich aus der gelebten Erfahrung resultiert. Die vorher beschriebene »Ablehnung« neuer Roboter durch die alten entspricht etwa dem instinktiven Niveau des Pawlow'schen Reflexes. Von der Feinarbeit des menschlichen Bewusstseins sind sie noch weit entfernt.

M. Auch wenn die Bedingungen, die ein Verkörpern des Bewusstseins erlauben, eventuell durch die immer vollkommenere Organisation der materiellen Grundlage geschaffen werden, so kann diese Basis aus den bereits genannten Gründen doch niemals die bedingende Ursache des Bewusstseins sein, ob es sich nun um ein Roboter- oder ein Neuronensystem handelt. Wenn ein Roboter Bewusstsein »herstellen« könnte, dann hätten wir wirklich ein »Phantom in der Maschine«.

Nur das sehr subtile Bewusstsein trägt in sich die Fähigkeit, sich auf nicht duale Weise, das heißt, ohne sich auf die Unterscheidung in Subjekt und Objekt zu stützen, seiner selbst bewusst zu sein. Man nennt diese Fähigkeit »klares Licht«, weil sie sich und die Natur der Phänomene selbst erhellt, also einsichtig macht.

Es ist vorstellbar, dass das subtile Bewusstsein nicht nur einem menschlichen Wesen, sondern auch einem Roboter innewohnen könnte. Als man auf einem Symposium mit westlichen Wissenschaftlern dem Dalai-Lama diese Frage stellte, meinte er, dies sei durchaus denkbar, auch wenn er nicht wüsste, weshalb ein Bewusstsein sich eine Maschine zur Wiedergeburt aussuchen sollte und was für eine Art von Karma dann aus dieser Verbindung entstehen würde. Ich frage mich einfach, weshalb ein Roboter sich fragen sollte, wer oder was er ist!

T. Das reflexive Bewusstsein, das sich vom einfachen Wissen um das eigene Dasein (primäres Bewusstsein) unterscheidet, indem es seinen Blick auf die eigene Existenz lenkt und etwas über das eigene Schicksal wissen möchte, scheint entwicklungsgeschichtlich etwa vor 100 000 Jahren aufgetaucht zu sein, als in der Cro-Magnon-Zeit der Mensch begann, seine Artgenossen zu begraben. Menschliches Bewusstsein besteht nämlich auch in der Erkenntnis, dass jedes Wesen einzigartig und unersetzlich ist, dass sein Verschwinden also ein Drama ist, das sich niemals wiederholt.

M. Das Verschwinden eines geliebten Wesens ist sicher Anlass zu großer Traurigkeit, andererseits ist der Tod etwas Natürliches, und jedes starke Hängen an den Dingen ist letztlich nur Quelle unnützer Leiden. Wiederholt sich dieses Drama denn wirklich nicht? Der Buddhismus geht davon aus, dass wir – ob wir dies nun wollen oder nicht – weiterhin von Existenz zu Existenz den Kreislauf von Samsara durchlaufen werden, solange wir nicht unsere grundlegende Unwissenheit ablegen. Im Licht eines tief greifenderen Verständnisses unserer Existenz kann es als zutiefst menschliche Eigenschaft gelten, sich von der Anhaftung freizumachen.

Reflexives Bewusstsein heißt also nicht nur, dass wir an unserer Persönlichkeit hängen, wie du das beschreibst. Es bedeutet auch, dass wir uns über die wahre Natur unseres Geistes befragen und unsere Gedanken bis an ihre Quelle zurückverfolgen können, wo wir schließlich das subtile Bewusstsein und den ursprünglichen Lichtaspekt des Geistes kennen lernen.

T. Nun, natürlich ist damit nicht nur der Blick auf sich selbst gemeint, sondern auch die Reflexion über das Wesen der Mitmenschen, der Natur und der Zeit, die vergeht. Die Fähigkeit, ein Leben nach dem Tod zu ersinnen und sich mit entsprechenden Ritualen darauf vorzubereiten. Oder die Fähigkeit, nicht zielgerichtete Handlungen zu vollbringen, indem man beispielsweise den neu erwachten Sinn für Transzendenz durch Zeichnungen an Höhlenwänden ausdrückt. Die paläolithischen Höhlenmalereien in den Höhlen von Chauvet und Lascaux sind für mich erste Zeugnisse menschlichen Bewusstseins.

M. Ein anderes Problem, mit dem Neurobiologen reduktionistischer Prägung ihre Schwierigkeiten haben, ist das des freien Willens. Das Modell vom neuronalen Menschen besagt, dass der Eindruck des Denkens, den wir Menschen haben, nur auf Kalkulationsvorgänge zurückgeht, mit denen das neuronale System die beste Antwort auf einen externen Stimulus errechnet und sie dabei mit unserem genetischen Erbe und mit der Lernerfahrung unseres bisherigen Lebens abstimmt. Der Eindruck des Zweifels entsteht, wenn das neuronale System etwas Zeit braucht, um eine optimale Lösung zu finden. Während die verschiedenen Schaltkreise sich aufeinander abstimmen, haben wir das Gefühl, eine Entscheidung getroffen zu haben, und empfinden Erleichterung. David Potter aber meint dazu: »Man fragt sich, ob diese Entscheidungen je wirklich bewusst getroffen werden. Oder ob das Bewusstsein, auf das wir so stolz sind, nicht einfach nur eine Beobachterfunktion im Gehirn ist.«[13]

Einige der Neurobiologen gehen nun davon aus, dass der freie Wille nur eine Illusion ist: Wir haben den *Eindruck*, frei zu sein und Entscheidungen zu treffen, denn obwohl wir glauben, das Kommando zu führen, ist es letztlich dieser Eindruck, der bei der entwicklungsgeschichtlichen Anpassung unserer Art die entscheidende Rolle spielt.[14] Dieses Modell sieht den Menschen letztlich als Roboter, der sich für ein denkendes Wesen hält. Bei einem System, in dem das Bewusstsein nicht mehr ist als ein Leuchtzeichen am Ende einer Kette von neurochemischen Reaktionen, ist man schließlich zu derartig absurden Vorstellungen gezwungen. Man fragt sich am Ende, welchen Sinn das Leuchtzeichen haben soll. Wenn alle Entscheidungen von den Neuronen getroffen werden, wozu sollte es da gut sein, sich dieser Prozesse bewusst zu sein? Das Bewusstsein hätte keinerlei Einfluss auf das Gehirn. Es wäre nicht mehr als ein passiver und nutzloser Zeuge, eine machtlose Marionette, die sich für den Kaiser selbst hält.

Doch diese Art des Denkens berücksichtigt nicht, dass Kausalität ein wechselseitiger Prozess ist: Keine Handlung wirkt jemals nur in eine Richtung. Würde das Bewusstsein nicht auf das Gehirn einwirken, würden wir vor uns hin leben und uns der Illusion hingeben, dass wir etwas zu sagen hätten, während wir in Wirklichkeit keine freie Wahl hätten. Wollte ich hingegen meinen freien Willen beweisen, würde ich damit ein völlig neues Faktum einführen: Denn allein dieser Wille könnte zu Ereignissen führen, die andernfalls niemals einträten. Ich könnte beispielsweise beschließen, so lange auf meinem Stuhl sitzen zu bleiben, bis ich entweder einschlafe oder das Bewusstsein verliere. Dies würde all meinen Bedürfnissen – Durst, Hunger, andere natürliche Neigungen – zuwiderlaufen. Dieses geistige Veto hätte nur den einen Sinn, mir meinen freien Willen zu beweisen. Man kann also kaum behaupten, dass dieser Wunsch das Resultat unbewusster Rechenoperationen auf neuronaler Ebene ist. Nur ein geistig Kranker würde nämlich ohne diesen Entschluss auf dem Stuhl sitzen bleiben. Ein geistig gesunder Mensch würde es wohl nur dann tun, wenn er sich frei dafür entschieden hätte.

Woher käme im Übrigen die Idee, die Existenz des Bewusstseins zu beweisen? Wie kann etwas, das nicht existiert, wünschen, seine Existenz unter Beweis zu stellen? Wie können Wissenschaftler ohne Bewusstsein eine Wissenschaft schaffen, die sich zum Ziel gesetzt hat, die Existenz des Bewusstseins zu widerlegen? Ist das nicht ein logischer Fehler? Ist es also überhaupt nötig, sich über die Existenz des Bewusstseins Gedanken zu machen? Sagt uns nicht die unmittelbare persönliche Erfahrung, dass es existiert? Welche Welt gibt es denn außerhalb unseres Erfahrungsbereichs? Und hat es für uns überhaupt irgendeine Bedeutung, welchen Realitätsgrad eine Welt besitzt, die uns nicht berührt? Die Existenz des Bewusstseins zu leugnen, mag vielleicht einen Wert als metaphysische Aussage haben. Ein wissenschaftlicher Beweis ist damit nicht erbracht.

T. Die Wissenschaft weiß jedenfalls bis heute nicht, wie wir denken und schöpferisch tätig werden, auf welche Weise Gefühle wie Liebe oder Hass entstehen und warum wir etwas als schön oder hässlich, traurig oder erfreulich empfinden. Und bis diese Dinge nicht geklärt sind, hat es wenig Sinn, sich die Frage nach dem Ursprung des Bewusstseins zu stellen.

M. Mir fällt noch ein anderes Argument ein: Weder ein Computer noch ein neuronales System ohne Bewusstsein sind völlig frei von Einschränkungen. Ein Bewusstseinsstrom hingegen kann sein Weltbild jederzeit vollkommen verändern. Ein ganzes Leben ist nötig, damit sich die Milliarden und Abermilliarden von synaptischen Verbindungen zwischen den Neuronen ausbilden. Wie du bereits sagtest, funktioniert dies auf Grund einer natürlichen Selektion. Einige bilden sich wieder zurück, andere bilden stabile Brücken aus, die für die Anpassung an das Außen, für soziale Bindungen, Glück und das Überleben der Art besonders geeignet sind. Das alles dauert seine Zeit – von der langsamen Bildung des Gehirns beim Fötus bis ins Erwachsenenalter. Das Gehirn verfügt über eine enorm starke Fähigkeit zum »Umdenken«, wie dies die Umordnung der synaptischen Verbindungen bereits in den ersten Minuten nach der Amputation eines Fingers oder eines Beines zeigt. Und trotzdem ist es nicht leicht zu erklären, wieso der Mensch nach einem Bewusstwerdungsprozess, der in einem bestimmten Augenblick seines Lebens stattfindet, seine Art zu denken und zu leben von einem Moment auf den anderen komplett umstellen kann.

Man kennt beispielsweise Fälle von Kriminellen, die jahrelang vom Hass verfolgt waren und noch im Gefängnis versuchten ihre Mitgefangenen zu töten. Plötzlich wurde ihnen durch ein bestimmtes Erlebnis oder einen Moment der Bewusstwerdung die Unmenschlichkeit ihres Handelns klar, und sie änderten von einem Tag zum anderen ihre Einstellung. Und in einem sehr kurzen Zeitraum wechselten sie zu einer Haltung von Liebe und Mitgefühl. Eine derartige Kehrtwendung müsste eigentlich eine vollkommene neuronale Umordnung zur Folge haben, die trotz der enormen Fähigkeit unseres Gehirns nicht in einem so kurzen Zeitraum stattfinden kann. Das subtile Bewusstsein hingegen ist frei von diesen physikalischen Zwängen und kann sich jederzeit neu orientieren.

T. Eine solch blitzartige Änderung der eigenen Einstellung lässt sich auch bei Menschen beobachten, die plötzlich zum Glauben finden: Personen, die metaphysischen Fragestellungen völlig gleichgültig gegenüberstanden, empfinden mit einem Mal ein starkes religiöses Gefühl, das ihre Art zu leben und zu denken von Grund auf verändert. Paul Claudel und Julien Green haben diese »Gnade« beziehungsweise »Erleuchtung« ja eindringlich beschrieben.

M. Halten wir also zusammenfassend fest: Buddhistischem Denken zufolge scheint die Erfahrung unseres eigenen Bewusstseins, die Möglichkeit, durch Innenschau seine grundlegende Natur zu erkennen und sie zu meistern, indem wir sie zum Objekt unserer nach innen gerichteten Forschung machen, die Existenz eines Bewusstseinskontinuums zu suggerieren, das sich nicht auf seine materielle Grundlage reduzieren lässt.

Aber all das, worüber wir in diesem Kapitel gesprochen haben, berührt letztlich nur die relative Ebene der Erkenntnis. Geistige Ereignisse, diskursives Denken, Hoffnung und Zweifel, Impulse und Gedankenketten, die uns diese oder jene Entscheidung nahe legen, stammen unzweifelhaft aus dem Reich der Unwissenheit und der Illusion. Wir geben uns Gedankenströmen hin und halten diese für wahr. Jenseits aller Verwirrung hat nur die Erkenntnis der erleuchteten Gegenwart Bestand, frei von Konzepten, fixen Ideen und relativer Wahrnehmung. Diese grundlegende Einfachheit der erleuchteten Präsenz, der Gipfelpunkt der direkten, unsagbaren und unvorstellbaren Erfahrung der Erleuchtung, ist sich selbst Beweis genug. Wie man diese Erfahrung des Kontinuums auch immer betrachten mag, sie lässt sich nicht leugnen, so wenig wie das Nichts des Geistes sind alle Ideen belanglos. Sie gehen auf in ihrem strahlenden Licht, verbrennen wie die Federn eines Vogels im lodernden Feuer – ohne Asche zurückzulassen.

13

Wie die Wellen des Ozeans

Das Bewusstseinskontinuum

Wie lässt sich aus buddhistischer Sicht die Vorstellung von einem Bewusstseinskontinuum mit unserem Bild vom Universum vereinbaren? Welche Zustandswechsel kann dieses Kontinuum erfahren? Wie führt man es zur Erleuchtung – also in den Zustand eines Buddha? Und welche geistigen Faktoren stellen sich dieser Erfahrung entgegen?

THUAN Geht der Buddhismus davon aus, dass das Bewusstsein schon in den ersten Sekundenbruchteilen nach dem Urknall im Urmeer der Elementarteilchen existiert hat?

MATTHIEU Von einem absoluten Standpunkt her gesehen haben weder das Universum noch das Bewusstsein eine fest zu ihnen gehörige Eigenexistenz, also haben sie auch keinen Anfang. Auf der Ebene der relativen Wahrheit geht man davon aus, dass sie seit jeher existieren. In der Glut des Urknalls muss das Bewusstsein nicht auf physischer Ebene existiert haben. Wie ich bereits erläutert habe, muss es nicht unbedingt eine materielle Grundlage haben. Die Tatsache, dass es über mehrere Milliarden Jahre auf der Erde kein Leben gab, bedeutet deshalb nicht gleichzeitig, dass das Bewusstseinskontinuum unterbrochen wurde. Buddhistisches Denken unterstellt, dass das Bewusstsein sich auch auf anderen Seinsebenen und in anderen Universen manifestieren kann. Aus wissenschaftlicher Sicht mag dieses Postulat zwar genauso willkürlich scheinen wie die Annahme eines schöpferischen Prinzips. Letztlich aber ist es einfach ökonomischer, ein Bewusstseinskontinuum vorauszusetzen, das parallel zum Masse-Energie-Kontinuum besteht, als ein schöpferisches Prinzip einzuführen, von dem man weder weiß, woher es kommen soll, noch, was genau denn nun seine Aufgabe wäre. Noch schwieriger wäre es, logisch zu belegen, wie Bewusstsein aus der nicht mit Bewusstsein ausgestatteten Materie entstehen soll.

T. Hier weicht das buddhistische Denken offensichtlich stark von dem der modernen Biologie ab, die glaubt, dass das Leben zuerst aus der unbelebten Materie entstanden ist und dass aus dem Leben dann das Bewusstsein hervorging.

M. Der Buddhismus hat nichts gegen die Evolutionstheorie einzuwenden. Nur dass die zunehmende Komplexität der Lebensformen in seinen Augen etwas ist, das bloß die materiellen Grundlagen berührt, die das »Verkörpern« des Bewusstseins erlauben. Man geht also von eher primitiven »Grundlagen«, die nur eine sehr einfache Form der Wahrnehmung zulassen, über zu den Tieren, die eine beschränkte Form von Intelligenz aufweisen, um schließlich beim Menschen anzukommen, der über eine hoch entwickelte Intelligenz und ein reflexives Bewusstsein verfügt, die sich mit Sicherheit noch weiter entfalten werden. Doch wie hoch entwickelt auch die körperliche Lebensform sein mag, für den Buddhismus ist entscheidend, dass all diese Wesen über ein Bewusstseinskontinuum verfügen, das sich von Existenz zu Existenz fortsetzt.

Wollte man dem Bewusstsein einen Anfang zuordnen, so würde das bedeuten, dass sogar die Buddhanatur, also der grundlegendste Aspekt des Bewusstseins, aus unbelebter Materie entstehen könnte. Der Buddhismus ist jedoch der Ansicht, dass die Buddhanatur nicht aus unbelebter Materie entstehen oder vom diskursiven Denken geschaffen werden kann, das von Unwissenheit über die wahre Natur der Phänomene verdunkelt ist. Der Buddhazustand ist keine Entität, sondern die letztendliche Natur unseres ursprünglichen Bewusstseins, das von den Schleiern der Unwissenheit vollkommen frei ist. Diese Schleier können den erleuchteten Zustand zwar zeitweise verhüllen, aber sie berühren ihn letztlich genauso wenig, wie die Wolken die Sonne am Himmel berühren können. Sie gehören nicht zu seinem Wesen. Die Unwissenheit ist also ein vorübergehendes Phänomen, das die letztendliche Natur des Geistes nicht berührt. Sie entzieht diese Natur nur unserer Erkenntnis.

T. Sieht der Buddhismus den Menschen als Gipfelpunkt der Entwicklung von Intelligenz? Oder gibt es noch weiterentwickelte Wesen?

M. Natürlich existieren solche Wesen. Die Buddhas sind dafür ja der beste Beweis. Außerdem gibt es nicht den geringsten Grund, weshalb es in anderen Welten als der unseren keine Wesen geben sollte, die intelligenter sind als wir. Darüber hinaus gibt es neben der unterschiedlichen Intelligenz, die wir so leidenschaftlich gerne messen, auch noch enorme Unterschiede in der spirituellen Entwicklung. Die intellektuellen Fähigkeiten eines Buddha, sein Verständnis der Natur unseres Geistes und der Mechanismen, die zu Glück oder Leid führen, sind unendlich viel schärfer als das von Wesen, die ihr Bewusstsein nicht der Reinigung durch Meditation unterzogen haben.

T. Unser Weltbild und der Grad, in welchem wir die Erscheinungswelt verstehen, hängen also zum einen von der Entwicklungshöhe des Bewusstseins ab und zum anderen von der Stufe, auf der sich dieser realisiert.

M. Das Bewusstsein muss sich ja weder in einen menschlichen Körper einschreiben, noch muss es das auf unserem Planeten beziehungsweise in unserem Universum tun. Man spricht hier von drei verschiedenen Welten. Da ist zum einen die »Welt des Verlangens«. Hier leben wir Menschen. Der Name dieser Welt ist ein Hinweis darauf, dass der Geist der in ihr lebenden Wesen ständig Spielball heftigster Emotionen ist. Dann gibt es noch die »Welt der Form«, in der das Bewusstsein auf subtilere Weise existiert und den emotionalen Impulsen weniger ausgeliefert ist. Und schließlich gibt es die »Welt ohne Form«, in der das Bewusstsein mit keinem Körper verbunden ist. Trotzdem ist auch diese Welt von Unwissenheit bestimmt.

T. Kann man in dieser letzten Welt noch von Wiedergeburt sprechen?

M. Man spricht hier besser von aufeinander folgenden Existenzzuständen. Das Bewusstsein verweilt einige Zeit in diesem Zustand ohne Form, bevor es sich – je nach den angesammelten Tendenzen seiner vorherigen Existenz – einen neuen Ort sucht, an dem es sich »verkörpern« kann.

T. Welche Faktoren bestimmen eigentlich, unter welchen Umständen mein Bewusstsein sich wieder inkarniert?

M. Der freie Wille erlaubt uns während unserer gesamten Existenz, unseren Bewusstseinsstrom zu beeinflussen. Unser Denken sowie die Worte und Handlungen, die daraus entstehen, beeinflussen unser Bewusstsein und umgekehrt. Man kann die geistigen Schleier, die durch Hass, Hochmut und Gier entstehen, also unschädlich machen oder verstärken. Man nennt diese Geisteszustände »Verdunkelungen«, weil sie uns daran hindern, die wahre Natur des Bewusstseins und der Erscheinungswelt zu erkennen. Sie verdunkeln unser Urteilsvermögen und zerstören die ursprüngliche Heiterkeit unseres Geistes.

Für einen Buddhisten findet wahre Veränderung nur auf der geistigen Ebene statt. So wie man einen Fluss verschmutzen kann, indem man Abwasser einleitet, und ihn wieder reinigt, wenn man ihn durch eine Kläranlage leitet, genauso können wir im Laufe unseres Lebens unseren Bewusstseinsstrom klären oder eintrüben. Wenn unser Bewusstseinskontinuum gereinigt wird, wird auch unsere nächste Existenz, das heißt die nächste materielle Grundlage für unser Bewusstsein, die eines intelligenten Wesens sein. So können wir den in diesem Leben begonnenen Wandlungsprozess fortsetzen. Haben wir aber zugelassen, dass der Bewusstseinsstrom sich mehr und mehr eintrübt, werden wir unsere nächste Erfahrung im Tierreich machen oder in einem anderen Bereich, der unsere Möglichkeiten zur Wandlung noch stärker reduziert.

T. Der Buddhismus setzt also voraus, dass Tiere ein Bewusstsein haben? Sind sich ein Regenwurm oder eine Stechmücke ihres Zustandes bewusst? Verhaltensbeobachtungen an bestimmten Tierarten zeigen uns, dass diese Tiere Gefühle und emotionale Regungen verspüren, die den unseren ähneln. Wer je eine Hündin gesehen hat, die ihre Jungen säugt, kann nicht an ihrer mütterlichen Liebe zweifeln. Und die schrillen Schreie eines von der Katze verfolgten Vogels zeigen nur zu deutlich, dass er Angst hat. Der Hund, der wie verrückt um seinen Herrn herumspringt, wenn dieser nach einer Reise zurückkehrt, empfindet sicherlich Freude und Zuneigung. Es besteht kein Zweifel, dass bestimmte Tierarten, vor allem solche, die uns entwicklungsgeschichtlich nahe stehen wie die Schimpansen (deren genetisches Material mit dem unseren zu 99,5 Prozent identisch ist), geistige Bilder formen und abstrakte Konzepte wie Farben oder Formen als solche erkennen können. Einige Tiere sind empfänglich für Schönheit. Man hat beispielsweise Schimpansen beobachtet, die wie verzaubert vor dem Schauspiel eines Sonnenuntergangs verharrten. Spezialisten für das Verhalten der Tiere haben herausgefunden, dass bei bestimmten psychischen Aktivitäten von Delfinen oder Primaten kein Unterschied zum Menschen besteht. Tiere scheinen also auf jeden Fall ein primäres Bewusstsein zu haben. Anders als der Mensch verfügen sie vermutlich jedoch nicht unbedingt über reflexives, also selbstbewusstes, Denken. Wir werden es in nächster Zeit nicht erleben, dass ein Schimpanse seine Memoiren schreibt und sich auf die *Suche nach der verlorenen Zeit* macht.

M. Aus diesem Grund geht der Buddhismus davon aus, dass Tiere sich nicht auf den Pfad der spirituellen Befreiung begeben können. Doch wenn die Bedingungen, die das Bewusstsein zu dieser Erfahrung im Tierreich geführt haben, erschöpft sind, können Tiere wieder als Mensch geboren werden. Die Intelligenz des Menschen kann sich zwar auch zerstörerische Ziele setzen, doch letztlich ist das menschliche Leben die einzige uns bekannte Bewusstseinsform, die es erlaubt, ein umfassendes und unparteiliches Mitgefühl zu entwickeln, das in der Tierwelt so nicht existiert. Der einzigartige Wert einer menschlichen Existenz ist außerdem in der Tatsache begründet, dass dies uns so viel Schmerz verschafft, dass wir motiviert sind, uns aus dem Kreislauf des Leidens zu befreien. Unsere Bedingungen sind aber gleichzeitig nicht so erdrückend, dass das Verfolgen eines spirituellen Weges unmöglich wird.

Die Fähigkeit des Bewusstseins, über sich selbst nachdenken zu können, ist nur eine Seite des Bewusstseinskontinuums. Dass wir aber alle Glück suchen und Leid vermeiden wollen, ist – über das einfache Wissen um das eigene Dasein hinaus – ein wesentlich wichtigerer Aspekt. Auf Tibetisch nennt man lebende Wesen *drowa* (wörtlich: der, welcher geht). Diese Bezeichnung bezieht sich darauf, dass fühlende Wesen eine bestimmte Richtung einschlagen, was ein gewisses Maß an Bewusstsein voraussetzt. Das kann der einfache Tropismus einer Amöbe sein, es kann aber ebenso den Weg eines Einsiedlers zur Erleuchtung bezeichnen. Auch der Lauf einer Hirschkuh oder die Bewegung der menschlichen Hand bei der Arbeit sind in diesem Bild enthalten. Natürlich gibt es hier Gegenbeispiele wie Tiere, die ortsfest sind (zum Beispiel Korallen oder andere Weichtiere), aber im Allgemeinen ist es diese Art der motivierten Bewegung, die lebende Wesen von den Pflanzen unterscheidet (die der Buddhismus nicht zu den fühlenden Wesen rechnet). In diesem Sinne kann man davon ausgehen, dass Tiere eine Art Bewusstsein haben, ob es nun selbstreflexiv ist oder nicht, und dass ihr Wunsch, Leiden zu vermeiden und Glück zu suchen, mindestens ebenso stark ist wie der unsere. Wenn wir Tiere also nur zu unserem Profit verwenden und uns um ihr Wohl und Wehe nicht scheren, dann wenden wir das Recht des Stärkeren an, was aus ethischen Gründen nicht akzeptiert werden kann. Es gibt zwar Gesetze zum Schutze der Tiere, doch diese Gesetze betrachten die Tiere als »Agrarprodukt« (so ist die offizielle Bezeichnung innerhalb der Europäischen Union). Tiere haben nirgendwo »Rechte« – nicht einmal das simple Recht auf Leben.

T. Gibt es eine Hierarchie unter den verschiedenen Welten? Ist beispielsweise der Existenzzustand »ohne Form« höher einzustufen?

M. Vergleichsweise, doch er ist immer noch nicht frei von Unwissenheit. Solange die Unwissenheit nicht überwunden wurde, bleibt die Anhaftung an ein Ich und an die substanzielle Wirklichkeit der Erscheinungen bestehen, und man fällt immer wieder in die leidvollen Zustände der bedingten Welt zurück. Der Zustand, den man sucht, ist aber die vollkommene Erkenntnis ohne jede Verdunkelung.

T. Eine Erkenntnis, die uns erlaubt, den Kreislauf der Wiedergeburten zu verlassen?

M. Wenn wir Erleuchtung erlangen, haben wir gleichzeitig alles Karma gereinigt, das heißt, wir haben alle Tendenzen abgebaut, die eine Wiedergeburt im Existenzkreislauf bewirken. Wir sind frei und müssen uns nicht mehr reinkarnieren. Ein Wesen, das sich aus Mitgefühl der Erleuchtung aller gewidmet hat, wird aber freiwillig in den Zyklus von Werden und Vergehen eintreten. Solange es Wesen gibt, die im Kreislauf der Wiedergeburten leiden, wird ein erleuchtetes Wesen erneut einen Körper annehmen, um den anderen zu helfen, ebenfalls den Weg der Befreiung zu beschreiten.

T. Wenn ich nicht irre, nennt man dies einen »Bodhisattva«?

M. Der buddhistische Weg kennt drei Verhaltensweisen gegenüber den anderen fühlenden Wesen. Die erste ist die Haltung des »Königs«; das wäre eine Person, die zuerst ihre Macht sichert, bevor sie sich der anderen annimmt. Dann gibt es die Haltung des »Fährmanns«, der zusammen mit seinen Passagieren am anderen Ufer ankommt. Und drittens die des »Schäfers«: Der Schäfer läuft hinter seiner Herde her und bringt zuerst all seine Schafe in Sicherheit, bevor er sich um sich selbst kümmert. Ein echter Bodhisattva ähnelt dem Schäfer. Er ist bereit, selbst aufs Nirwana, den Zustand der Buddhaschaft, zu verzichten und im Samsara zu bleiben, um den anderen Wesen zu helfen. Aber auch dieser Verzicht ist nur ein Bild, um den unglaublichen Mut eines Bodhisattvas deutlich zu machen. In Wirklichkeit muss ein Bodhisattva nicht warten, bis alle anderen Wesen Erleuchtung erlangt haben, um ins Nirwana einzugehen, da ein vollkommener Buddha den Wesen noch machtvoller beistehen kann als ein Bodhisattva. Er hilft ihnen ganz spontan wie die Sonne, die ohne besondere Anstrengungen scheint. Wenn man die vollkommene Erleuchtung erlangt hat, empfindet man unendliches Mitgefühl für die Wesen. Man sagt auch, dass das Mitgefühl der Buddhas sich spontan in den verschiedensten Inkarnationen manifestiert, solange es leidende Wesen gibt – wie der Mond, der sich von selbst und ohne Anstrengung noch in der geringsten Wasseransammlung spiegelt.

Im *Eintritt in das Leben zur Erleuchtung* schreibt Shantideva:

»Solange der Raum besteht
Und solange die Erde besteht,
So lange möge ich bestehen
als Vernichter der Leiden der Welt!«[1]

T. Geht der Buddhismus davon aus, dass das Universum selbst Bewusstsein ist?

M. Nein, das Universum ist nicht das Bewusstsein, es besteht nur gleichzeitig neben ihm. Es gibt ein Bewusstseinskontinuum in Koexistenz mit der Materie.

T. Andere Frage: Da die Bevölkerung auf der Erde immer mehr anwächst und jedes Bewusstseinskontinuum an eine Person gebunden ist, müsste es doch im Universum eine unerschöpfliche Quelle an Bewusstseinsströmen geben, aus der sich diese explosionsartige demographische Entwicklung speist? Eine Quelle, die schon seit der Entstehung des Universums existiert? Das würde auch bedeuten, dass es eine Unmenge von Bewusstseinsströmen gibt, die seit dem Urknall noch nie eine materielle Grundlage hatten?

M. Ein wesentlicher Grundsatz der Physik ist es doch, dass die Gesamtheit der Masse und der Energie im Universum immer gleich bleibt. Daher gibt es auch keinen Grund, weshalb aus dem Nichts neue Bewusstseinsströme entstehen sollten, da diese doch weder Anfang noch Ende haben. Das bedeutet aber nicht, dass sie zahlenmäßig begrenzt sind. Die schlichte Anzahl von Bewusstseinsströmen richtet sich in jedem Universum danach, wie viele materielle Grundlagen sich dort finden. Denn ein Bewusstseinsstrom kann zwar weder erscheinen noch verschwinden, aber er kann sich verändern – entweder durch zunehmende Verdunkelungen, die Leid hervorbringen, oder durch immer stärker werdende Erleuchtungstendenzen, die am Ende zur vollkommenen Befreiung führen.

T. Die Vorstellung von solchen Bewusstseinsströmen zieht erhebliche metaphysische Konsequenzen nach sich, vor allem im Hinblick auf das anthropische Prinzip, von dem wir bereits gesprochen haben.

M. Vom metaphysischen Standpunkt aus betrachtet, wird die ungeheure Feinabstimmung des Universums verständlich, wenn es Bewusstseinsströme gibt, die nicht in fundamentalem Gegensatz zur Materie stehen, sondern mit ihr in einem Spiel wechselseitiger Bedingtheit und ursprünglicher Harmonie verbunden sind. Die gegenseitige Abhängigkeit lässt sich aus der Koexistenz von Bewusstsein und unbelebter Materie erklären. Im Übrigen muss man sich automatisch mit der metaphysischen Ebene auseinander setzen, wenn man sich dem Problem des Ursprungs zuwendet. Denn was auch immer über den Urknall, seine Bedingungen oder andere Formen, wie das Universum »begonnen« haben könnte, herausgefunden wird, letztlich ist es die Metaphysik, welche die entscheidende Frage stellt: »Gab es denn überhaupt einen Anfang?« Oder: »Warum sollte es denn einen Anfang geben?« Diese Meinung teilen übrigens viele Wissenschaftler. François Jacob schreibt: »Ein Gebiet aber ist der wissenschaftlichen Forschung letztlich nicht zugänglich, nämlich der Ursprung der Welt, die Bedeutung und ›Bestimmung‹ des menschlichen Lebens. Ich erachte diese Fragen nicht für überflüssig. Jeder von uns stellt sie sich früher oder später. Diese ›letzten‹ Fragen, wie Karl Popper sie nennt, fallen in den Bereich der Religion, der Metaphysik, ja der Poesie.«[2]

T. Die Wissenschaft kann auf die Frage nach einem schöpferischen Prinzip keine Antwort geben, da dieses außerhalb ihres Zuständigkeitsbereiches liegt. Sie kann dazu einfach nichts sagen. Hier muss man halt ins kalte Wasser springen und eine »Wette« eingehen wie Pascal.

M. Aber wozu sollte eine solche »Wette« gut sein, wenn die Vorstellung von einem schöpferischen Prinzip einer einfachen logischen Untersuchung schon nicht standhält? Denn es gibt ja trotzdem Hypothesen, die man aussondern kann.

T. Auf jeden Fall ist die buddhistische Vorstellung von wechselseitiger Abhängigkeit in der Lage, die Feinabstimmung des Universums zu erklären, ohne zu einem schöpferischen Prinzip Zuflucht nehmen zu müssen.

M. Ja, und wenn mir diese kleine Abschweifung erlaubt ist, möchte ich noch anmerken, dass der Buddha die Idee vom bedingten Entstehen nicht erfunden hat. Er hat die wechselseitige Abhängigkeit, die das Bewusstsein und das ganze Universum miteinander verbindet, durch direkte kontemplative *Erfahrung* wahrgenommen. Und diese direkte Erfahrung ist uns allen zugänglich, sofern wir uns Mühe geben, selbst wenn dies anfangs vielleicht schwer vorstellbar sein mag. Wir wissen, dass wir uns verändern können. Sonst hätten wir ja keinerlei Antrieb, etwas zu lernen und zu üben – was auch immer das sein mag. Wir wissen, dass wir vom Zustand der Erregung zu vermehrter Ruhe gelangen können. Wir erleben, dass Neid sich in Sympathie, Verwirrung sich in Klarheit wandelt. Und wir können noch mehr tun: Wir können alle Aspekte unseres Seins radikal verändern. Aber natürlich erreichen wir das nicht ohne Anstrengung oder indem wir die Dinge einfach so lassen, wie sie sind. Aus diesem Grund ist es so wichtig, dass wir lernen, mit unserem Geist umzugehen, und ihm nicht einfach gewohnheitsmäßig die Zügel schießen lassen, weil wir denken, dass wir dadurch »spontaner« oder »natürlicher« werden.

Wenn wir die Natur unseres Denkens und das Wesen der Erscheinungen genauer untersuchen, gelangen wir stufenweise zu dem Zustand, den man Erleuchtung nennt. Erleuchtung steht für ein klares und luzides Bewusstsein der Natur der Welt – ohne jede Verwirrung. Obwohl die Erleuchtung nicht in Worten ausgedrückt werden kann, hat sie doch dem Buddha erlaubt, anderen »Reisenden« den Weg zu weisen, den er selbst beschritten hatte. Ich nenne diesen Weg eine Wissenschaft des Geistes, da sie uns erlaubt, die Mechanismen der Illusion von jenen der Erkenntnis zu unterscheiden und dieses Wissen sodann in die Praxis umzusetzen. Nun liegt es an uns, aus diesem Weg eine persönliche Erfahrung zu machen. Wie ich oben bereits sagte: Der Buddha hat immer wieder unterstrichen, dass wir an seine Lehren nicht glauben sollten, weil wir ihn respektieren. Er ermunterte uns, die Wahrheit selbst herauszufinden. Für den Buddha war die Existenz des Bewusstseinskontinuums eine Tatsache, die er selbst erfahren hatte, das Ergebnis einer tief greifenden Erkenntnis und nicht nur eine belanglose intellektuelle Spielerei.

T. Natürlich, aber für einen normalen Menschen ist das schwer zu verstehen. Außerdem möchte ich hier noch einmal betonen, dass es – wissenschaftlich gesehen – gegenwärtig keineswegs feststeht, dass das Universum keinen Anfang hat. Und die Vorstellung von einem »Bewusstseinsstrom, den es seit anfangsloser Zeit gibt«, ist augenblicklich kaum durch Experimente zu erhärten!

M. Nun, für den »normalen« Menschen sind viele Dinge kaum einzusehen … unter anderem fast sämtliche wissenschaftliche Entdeckungen dieses Jahrhunderts! Die Raumzeit oder die Quantenunbestimmtheit beispielsweise. Was zählt, ist doch nicht, dass alle Welt hier und jetzt eine bestimmte Theorie verifizieren kann! Wichtig ist doch, dass dies die Leute können, die dazu die nötige Vorbildung haben, so mühselig diese auch zu erlangen war. Im Buddhismus spricht man von drei Formen der Bestätigung einer Lehre. Da ist zum einen die Bestätigung durch die direkte Erfahrung: Wenn man ein Feuer sieht, kann man sicher sein, dass es existiert. Die zweite Form der Bestätigung ist die Schlussfolgerung: Wenn man Rauch sieht, kann man davon ausgehen, dass es irgendwo ein Feuer gibt. Begibt man sich dann an Ort und Stelle, kann man dies selbst überprüfen. Die dritte Form der Bestätigung ist die durch eine glaubwürdige Zeugenaussage: Sie betrifft vor allem Fakten, die wir auf unserem augenblicklichen Kenntnisstand nicht selbst überprüfen können. Glaubt ein »gewöhnlicher« Mensch an Elektronen, dann doch nur, weil eine Menge respektabler Wissenschaftler ihre Existenz bestätigt. Beschäftigt man sich einige Jahre lang mit Physik, könnte man vielleicht zu denselben Schlussfolgerungen gelangen. Und wenn der normal gebildete Mensch nun nicht mehr ganz so sicher ist, dass Elektronen eine substanzielle Realität haben, dann liegt dies wiederum an den Wissenschaftlern, die auf Grund der Quantenunbestimmtheit behaupten, dass das Elektron nur ein »beobachtbares Phänomen« ist, das im Übrigen auch als Welle auftreten kann.

Im Fall der kontemplativen Wissenschaft stammt die glaubwürdige Aussage von Menschen, die kontemplative Erfahrung gesammelt haben – unter anderem vom Buddha selbst. Menschen, die lange Jahre diesen Weg der inneren Wandlung beschritten, bestätigen seine Aussagen. Es handelt sich im Übrigen um solche Menschen, die als Musterbeispiele von Tugend und Rechtschaffenheit gelten können.

Glücklicherweise kommt es sehr selten vor, dass ein Wissenschaftler seine Resultate fälscht, um eine große Entdeckung vorzuspiegeln. Wenn andere Forscher aber vergeblich versuchen diese Ergebnisse auf gleichem Wege zu erzielen, wird der Fälscher schnell entlarvt und aus der wissenschaftlichen Gemeinschaft ausgestoßen. Auf dieselbe Weise kann ein vorgeblicher »Weiser« leichtgläubige Geister vielleicht eine Weile täuschen, doch am Ende werden sich seine mangelnde spirituelle Erfahrung und sein Verhalten negativ von dem der Menschen mit authentischer kontemplativer Erfahrung abheben. Dieser Unterschied ist leicht zu erkennen.

T. Kommen wir doch auf das Bewusstsein zurück: Hielt der Buddha es für wichtiger als die Materie?

M. Diese Frage ist nicht von Bedeutung, da die beiden ja voneinander abhängig sind. Freilich ist es das Bewusstsein, mit dem man zur Erleuchtung gelangt und das dem Ganzen einen Sinn verleiht. Von diesem Standpunkt aus gesehen, also speziell für *uns*, ist das Bewusstsein wichtiger als die Materie.

T. Aber was geschieht mit dem Bewusstseinsstrom, der die Erleuchtung erlangt hat? Besteht er weiterhin neben den anderen fort, die diesen Zustand noch nicht erreicht haben? Und braucht er immer noch eine materielle Grundlage?

M. Erleuchtung heißt, dass das Bewusstsein aus dem Schlaf der Unwissenheit erwacht. Es hat sich also vollkommen von den Schleiern befreit, die es im Normalzustand verdunkeln. Aber ein Buddha verschwindet nicht einfach aus dem Universum, nur weil er Erleuchtung erlangt hat. Ganz im Gegenteil: Die vollkommene Erkenntnis, die dem Erleuchtungszustand eigen ist, manifestiert sich spontan als grenzenloses Mitgefühl und erlaubt ihm, diese Erleuchtung auszudrücken, indem er den fühlenden Wesen den Weg dorthin zeigt. In dem Augenblick, in dem ein Buddha seinen Körper verlässt und »stirbt«, verharrt sein Bewusstsein in der letztendlichen Natur des Geistes. Man nennt dies den »absoluten Körper«, da in diesem Zustand Geist keinerlei Antrieb mehr erfährt, sich von neuem zu inkarnieren, da ja sämtliche negativen Geistesfaktoren (Gier, Hass, Verwirrung et cetera) ausgeschaltet sind. Und trotzdem manifestiert sich der erleuchtete Geist eines Buddhas in verschiedenen Formen, um den Wesen zu helfen, die weiterhin im Samsara leiden – wie der Mond, der sich im Wasser der Erde spiegelt und dabei doch selbst am Himmel steht.

T. Welchen Platz nimmt das Unbewusste im Buddhismus ein? Gibt es dort auch Konzepte wie Verdrängung oder Libido, die von Psychologen wie C. G. Jung beziehungsweise Sigmund Freud eingeführt wurden? Für Freud war ja die Sexualität die treibende Kraft des menschlichen Lebens.

M. Man spricht im Buddhismus eher von »Tendenzen« oder »Prägungen«. Im Laufe unserer früheren Existenzen haben wir alle Arten von Gewohnheiten angenommen, die in unserem Bewusstseinskontinuum latent vorhanden sind und unsere Art zu denken und zu handeln stark beeinflussen. Die am stärksten in uns verwurzelte Tendenz ist der Egoismus, also der Glaube an ein Ich, um das die Welt sich dreht. Unter den unzähligen Impulsen der Anziehung oder Abneigung, die dieses Anhaften an ein Ich in uns hervorbringt, gehört das sexuelle Begehren mit Sicherheit zu den stärksten, da es alle fünf Sinne zugleich anspricht. Eine bloß intellektuelle Reflexion befreit uns nicht von diesen eingeschliffenen Fühl- und Denkmustern. Der Buddhismus kennt hier drei verschiedene Methoden, wie man mit diesen Tendenzen arbeiten kann. Die erste besteht darin, sie zu neutralisieren, indem man die gegenteiligen Impulse kultiviert, die als Gegenmittel dienen. Mitgefühl, Toleranz und zunehmender Raum zwischen uns und den begehrten Objekten (den man erreicht, indem man über die abstoßenden Aspekte des Begehrten nachdenkt) dienen als Heilmittel gegen Egoismus, Zorn und Gier. Aber sie wirken auch gegen die noch unbewussten Tendenzen in uns, die jederzeit wieder aufflackern können. Dieser Prozess des Aneignens ist sehr langwierig, denn unser Bewusstseinskontinuum hat sehr viele Prägungen erhalten, die wir Stück um Stück »ausbügeln« müssen.

Die zweite Methode besteht darin, über die Leerheit unserer Tendenzen, Impulse und Gedanken zu meditieren, die über keinerlei Eigenexistenz verfügen. Diese Meditation wirkt sehr rasch und gründlich, da sie direkt an die *Wurzel* dieser Atavismen geht, sodass sie alle auf einmal gereinigt werden können.

Die dritte Methode besteht darin, dass man diese Tendenzen selbst zu Katalysatoren für den eigenen spirituellen Fortschritt macht. Diese Vorgehensweise ist ebenso effizient wie schwierig, da sie bereits ein hohes geistiges Niveau voraussetzt.

T. Und welche Rolle spielt der Traum bei all dem? Man weiß ja mittlerweile, wie wichtig der Schlaf für den Menschen ist. Ohne ausreichenden Schlaf stirbt man. Wenn ein lebendes Wesen schläft, nutzt sein Organismus die Gelegenheit, um sich von den Giftstoffen zu befreien, die diese riesige chemische Fabrik des menschlichen Gehirns angesammelt hat. Man kann dabei Tiefschlafphasen unterscheiden, in denen das Gehirn nur sehr langsam arbeitet, und so genannte REM-Phasen (Rapid Eye Movement; sie werden so genannt, weil sich dabei die Augen heftig bewegen), in denen das Gehirn funktioniert wie im Wachzustand und träumt. Daher heißt dieses Phänomen auch »paradoxer Schlaf«. Einige Neurobiologen nehmen an, dass das Gehirn während der Traumphasen selbstständig eine Serie von mentalen Ereignissen zu einer mehr oder weniger kohärenten Geschichte verbindet.

M. Ein detaillierter Vergleich der buddhistischen und der wissenschaftlichen Ansichten in Bezug auf dieses Thema wurde bei einem *Mind-and-Life*-Symposium diskutiert. Die Ergebnisse dieses Treffens von verschiedenen Wissenschaftlern mit dem Dalai-Lama wurden unter dem Titel *Traum, Schlaf und Tod* publiziert.[3] Der Buddhismus kennt vier verschiedene Bewusstseinszustände zwischen Tiefschlaf und Wachbewusstsein. Der Traum ist der zweite. Man sagt, dass sich im Tiefschlaf der Tod wiederholt, während der Traumzustand das Zwischenreich zwischen Tod und Wiedergeburt, das *Bardo*, abbildet. In diesem Zustand manifestieren sich alle Projektionen unseres Geistes als sehr real erscheinende Halluzinationen.

Es gibt Techniken, die in einem ersten Schritt erlauben, sich der Tatsache des Träumens bewusst zu werden. Der nächste Schritt ist, den Traum zu verändern, bis man schließlich Träume nach Wunsch schaffen kann, deren Thema und Ablauf ganz vom Bewusstsein bestimmt wird. Einige Praktizierende üben diese Technik monatelang. Sie zielt darauf ab, dass der Meditierende erkennt, dass die Erscheinungswelt nur Traum und Illusion ist. Dann nimmt die Macht, mit der wir an der Realität der Phänomene haften, ab. Die Wissenschaft hingegen rückt dem Phänomen des luziden Träumens mithilfe der Kognitionswissenschaften zu Leibe.[4]

T. Der Buddhismus geht doch davon aus, dass es eine höhere Bewusstseinsebene gibt, einen nicht alltäglichen Bewusstseinszustand, den man durch Meditation erreichen kann. Welchen Stellenwert hat dieser meditative Zustand? Ist er ein Vorgeschmack auf die Erleuchtung? Ist dabei der Intellekt ausgeschaltet, sodass die Intuition das Kommando übernehmen kann? Wird dabei die gewöhnliche Raum- und Zeitwahrnehmung überwunden? Stellt man hier eine Verbundenheit zwischen sich und der Welt fest?

M. Der Buddhismus und seine kontemplative Wissenschaft werden als Weg beschrieben, weil es sich dabei um eine stufenweise innere Wandlung der Funktionsweise unseres Geistes handelt, bei der das Bewusstseinskontinuum gereinigt und sich seines erleuchteten Zustands bewusst wird. Auf diesem Weg durchschreitet man verschiedene Etappen. Das diskursive Denken wird stabilisiert. Man wird klarer und entwickelt immer mehr Gelassenheit und Heiterkeit. Unser Blick auf das Bewusstsein und die äußeren Phänomene wird immer exakter. Gleichzeitig erkennen wir die geistigen Faktoren, die unseren Geist gewöhnlich verwirren, immer klarer. Auf diese Weise entdeckt man Schritt für Schritt die wahre Natur des Geistes – Glück, Mitgefühl, leuchtende, klare Leerheit ohne feste Vorstellungen und Ideen. Da die Anhaftung ans Ich keine Grundlage mehr hat, verschwinden auch Vorstellungen von »mein« und »dein«. Man erkennt mit vollkommener Klarheit, dass nur der Geist diesen Weg gehen kann, weil nur er sich selbst erkennt.

14

Die Grammatik des Universums

Naturgesetze

Steuern die Naturgesetze die Welt? Oder organisieren sie vielmehr eine Lesart der Erscheinungswelt, eine Art und Weise, die Phänomene miteinander in Verbindung zu setzen und ihr Verhalten vorherzusagen? Haben sie absoluten Charakter? Gehören sie zu Platos Welt der Ideen oder sind sie ganz im Gegenteil von unseren metaphysischen Vorstellungen und unserem Weltbild abhängig? Kann man die Welt überhaupt verstehen, wenn man nur ihre Bestandteile analysiert, wie die reduktionistische Weltauffassung dies suggeriert? Ist es nicht sinnvoller, sie im Gesamtzusammenhang zu sehen und die Untersuchung ihres realen oder irrealen Charakters bis ins Letzte voranzutreiben?

THUAN Nun möchte ich mit dir gerne über den Begriff der Naturgesetze sprechen. Denn die gesamte westliche Wissenschaft nimmt ihren Ausgang bei der Vorstellung, dass es Gesetze gibt, die den Ablauf der Natur regeln.

MATTHIEU Was bezeichnet man denn in der Wissenschaft als Gesetz?

T. Ein Gesetz ist eine allgemeine Aussage, welche konstante Beziehungen und regelmäßige Erscheinungen zwischen Phänomenen festhält, die a priori nichts miteinander zu tun haben.

M. Manchmal hat man allerdings den Eindruck, dass die Naturgesetze selbst als Wesenheiten betrachtet werden, die eben nicht nur Beziehungen und Mechanismen ausdrücken, sondern eine Art Eigenleben führen. Diese Tendenz wird durch Religionen, die einen Schöpfergott voraussetzen, noch verstärkt, denn dieser Schöpfergott soll letztendlich auch die Naturgesetze geschaffen haben, um die Harmonie des Universums zu *steuern*. Es genügt doch eigentlich, wenn man sagt, dass die Naturgesetze das Verhalten der Natur beschreiben und dass sie uns so erlauben, auf der konventionellen Ebene die Phänomene zu ordnen? Seit wann gibt es eigentlich die Vorstellung von den Naturgesetzen im Westen?

T. Vor zehntausenden von Jahren waren unsere Vorfahren sich bereits bestimmter Regelmäßigkeiten in der Natur bewusst. Die Menhire und Dolmen in der Bretagne beziehungsweise in Stonehenge, welche den Sonnenauf- und -untergang zu bestimmten Zeiten des Jahres markieren, sprechen hier eine deutliche Sprache. Viele andere Erscheinungen hingegen erschienen ihnen äußerst geheimnisvoll. Man glaubt heute, dass die Höhlenmenschen in einer magischen Welt lebten, in der jedes Objekt von einem Geist beseelt war. Tagsüber leuchtete der Geist der Sonne dem Geist der Erde und dem der Bäume, Blumen und Flüsse. Der Geist des Mondes hingegen erleuchtete die Nacht. Diese Geisterwelt spiegelte die Welt der Menschen wider. Alles war einfach und vertraut, auf den Menschen zugeschnitten.

M. Ich frage mich aber, ob man die Denkweise unserer Vorfahren vor zehn- oder zwanzigtausend Jahren wirklich so einfach nachvollziehen kann! Man muss sich doch nur einmal ansehen, wie sehr die westliche Philosophie manchmal andere Formen des Denkens entstellt, auch wenn diese noch lebendig und greifbar sind. Aber wie dem auch sei, man muss auf jeden Fall zwischen antiker Metaphysik und dem Glauben an Geister unterscheiden.

T. Das war mehr als ein Glauben an Geister. Es handelte sich dabei um eine durch und durch animistische Weltauffassung, welche die Welt als belebt betrachtete. Doch je mehr Wissen der Mensch ansammelte, umso mehr verlor er seine Unschuld und erkannte seine geringe Bedeutung angesichts der ungeheuren Weiten des Kosmos. Die magische Menschenwelt verwandelte sich in eine mythische Welt, in der Götter mit übernatürlichen Kräften herrschten. In dieser Welt wurden alle Naturphänomene, auch der Ursprung des Universums, auf Liebe und Hass unter den Göttern zurückgeführt. Im mythischen Kosmos der Ägypter beispielsweise trug der Urgott Atum alles Leben in sich. Er schuf die Welt und die erste Achtheit von Göttern und Göttinnen. Der Himmel wurde vom Leib der schönen Göttin Nut verkörpert, der mit funkelnden Diamanten, den Sternen und Planeten, geschmückt war. Der Sonnengott Ra zog jeden Tag über diesen Körper hinweg und kehrte nachts auf unterirdischen Flüssen wieder an seinen Ausgangspunkt zurück. Sicher sind die modernen Religionen aus den Mythen entstanden. Mit dem Schritt zur Religion konnte die Kommunikation mit den übernatürlichen Wesen nicht mehr direkt erfolgen, sondern wurde privilegierten Wesen, den Priestern, übertragen.

M. Trotzdem müssen wir hier unterscheiden zwischen Religionen, die in ihren Riten eine tief gehende Symbolik und Metaphysik entwickelt haben, und solchen, die das nicht getan oder diese wieder verloren haben. Wenn ich allerdings daran denke, wie man häufig die Symbolik des tibetischen Pantheons simplifiziert, dann lässt sich die Möglichkeit nicht ausschließen, dass auch andere mythische Welten wie beispielsweise die ägyptische eine tiefere Bedeutung hatten, die vielleicht nur als mündliche Überlieferung weitergegeben wurde. In der buddhistischen Kosmologie zum Beispiel gibt es einen Weltenberg, den Berg Meru, der als Achse der Welt betrachtet wird. Er ist umgeben von vier Kontinenten, die ihrerseits von Sonne und Mond umkreist werden. Natürlich kann man dies als völlig veraltetes Weltbild abtun. Auf der symbolischen Ebene haben diese Dinge jedoch eine ganz andere Bedeutung: Der Berg Meru steht für unsere Wirbelsäule, die vier Kontinente für Arme und Beine, Sonne und Mond symbolisieren unsere Augen. Diese Lesart zeigt uns, dass unser Körper eng mit dem Universum verbunden ist. So wird aus einem vereinfachten kosmologischen Weltbild ein Meditationsgegenstand.

T. Fast alle Mythen haben im Übrigen einen metaphysischen Hintergrund. In diesen Legenden und Erzählungen versucht der Mensch dem Universum und seiner Existenz einen Sinn zu verleihen. Im 6. Jahrhundert vor Christus führten die Griechen dann eine neue Art des Denkens ein: Mit einem Mal wurde die Natur zum Objekt der Reflexion. Sie fanden heraus, dass sie von Gesetzen gesteuert wurde, die der menschliche Verstand begreifen konnte. So wurde die Lenkung der Welt aus der Hand der Götter auf die Erde geholt. Unser heutiges wissenschaftliches Universum wurde also von den Griechen gegründet.

Lange Zeit war es das aristotelische Denken, welches das Abendland prägte. Aristoteles erklärte das Verhalten eines natürlichen Systems mit dem Begriff des Zwecks. Alle natürlichen Systeme, selbstverständlich auch der Mensch, verhalten sich laut Aristoteles so, als seien sie auf einen Zweck ausgerichtet. Man nennt dies auch teleologisches oder finalistisches, also zielgerichtetes Verhalten. Für die Entwicklung der Erscheinungswelt gibt Aristoteles vier Ursachen an: die Stoffursache *(Causa materialis)*, die Formursache *(Causa formalis)*, die Antriebsursache *(Causa efficiens)* und die Zweckursache *(Causa finalis)*. Auf die Frage, warum es denn regne, gab er als Stoffursache die Wassertropfen an, als Antriebsursache die Tatsache, dass Wasserdampf zu Tropfen kondensiert, und als Formursache das Faktum, dass die Tropfen auf die Erde fallen. Statt jedoch dann die Schwerkraft der Erde für den Fall der Tropfen verantwortlich zu machen, greift Aristoteles auf eine Zweckursache zurück: Die Regentropfen fallen zur Erde, weil Pflanzen, Menschen und Tiere Wasser brauchen, um wachsen und gedeihen zu können.

M. Dieser Standpunkt geht davon aus, dass unbelebte Objekte eine Absicht haben können oder dass ein schöpferisches Prinzip das Ganze steuert. Mit welchen Argumenten der Buddhismus diese beiden Annahmen ablehnt, haben wir bereits erörtert.

T. Eigenartigerweise gab es die Vorstellung vom Naturgesetz, wie wir sie heute kennen, schon bei Epikur, Lukrez und Archimedes, also einige Jahrhunderte vor unserer Zeitrechnung. Trotzdem wurde sie erst mit dem Aufkommen der monotheistischen Religionen wie Christentum und Islam zur herrschenden Lehre. Die monotheistischen Religionen glaubten an einen Gott, der die Natur unabhängig von seiner eigenen Schöpfung mit göttlichen Beschlüssen steuert. Diese Gesetze wurden nun nicht mehr als Teil physikalischer Systeme betrachtet, sondern als Befehl eines höheren Wesens.

M. Damit wären wir wieder bei der Idee von einer »ersten Ursache«, die in allen westlichen Religionen präsent ist und so den Hintergrund bildet, vor dem sich die gesamte westliche Wissenschaft entwickelte.

T. Ja, das war tatsächlich so. Als sich im Europa der Renaissance, also im Laufe des 16. Jahrhunderts, mit Kepler und Newton die moderne Wissenschaft entwickelte, glaubten deren Protagonisten noch, dass die Ordnung und Regelmäßigkeit der Natur einen weit gespannten göttlichen Plan widerspiegele und dass sie selbst zum Lobe Gottes beitrugen, wenn sie diesen Plan enthüllten. Die westliche Wissenschaft entwickelte sich also aus der Vorstellung, dass ein Schöpfergott die Welt mit seinen Gesetzen lenkt. Ein Gott, der sich in der rationalen Gestaltung der Natur zeigt, die Vorstellung von den Zivilgesetzen, welche das Leben in der Gesellschaft regeln – die europäische Renaissance bot der Entwicklung der Wissenschaft wirklich fruchtbaren Boden. Gibt es im Buddhismus ein ähnliches Konzept wie das der Naturgesetze, das ich eben zu umreißen versucht habe?

M. Der Buddhismus widmet sich der Analyse der Wirklichkeit auf zwei Ebenen: der Ebene der relativen (oder konventionellen) Wahrheit und der Ebene der absoluten Wahrheit. Auf der relativen Ebene gibt es die Möglichkeit, die Welt, wie sie unserer Wahrnehmung erscheint, mit Gesetzen zu beschreiben und die Veränderungen der Erscheinungswelt mit den Gesetzen von Ursache und Wirkung darzustellen. Dies gilt für die gesamte Erscheinungswelt, den belebten wie den unbelebten Teil. Ihre Gesetze spiegeln die Harmonie wider, die zwischen den nebeneinander existierenden Teilen eines Ganzen besteht, die sich wechselseitig bedingen. Trotzdem haben diese Gesetze keine wirkliche Eigennatur. Wäre dies der Fall, so würden sie auch in Abwesenheit der Phänomene existieren.[1]

Auf der Ebene der relativen Wahrheit akzeptiert der Buddhismus daher alles, was Logik und rechte Erkenntnis für bewiesen halten. »Rechte« oder »gültige« Erkenntnis ist jene, die ihre Ergebnisse durch direkte Anschauung, richtige Schlussfolgerung oder durch glaubwürdige Zeugenaussagen gewinnt. Die Gesetze auf der relativen Ebene sind weder willkürlich noch von einer höheren Instanz beziehungsweise einem teleologischen Prinzip diktiert: Es sind die universell gültigen Gesetze von Ursache und Wirkung. Den physikalischen Gesetzen stellt der Buddhismus also die Gesetze des Karma zur Seite, welche die Konsequenzen aus unseren Handlungen als Glück oder Leid beschreiben. Aber Karma ist nur ein Aspekt der Kausalitätsgesetze und hat nichts mit einer höheren Instanz zu tun, die unsere Handlungen beurteilt.

Auf der Ebene der absoluten Wahrheit hingegen gibt sich der Buddhismus keineswegs damit zufrieden, die Dinge so zu akzeptieren, wie sie erscheinen. Er stellt sich die Frage nach ihrer wahren Seinsweise. Diese Analyse führt letztlich zur Erkenntnis der Tatsache, dass die Phänomene simple Erscheinungen sind, deren Eigenschaften und Charakteristika ihnen keineswegs eigen sind. Aus diesem Grund hat der Buddha die Welt mit Träumen und Illusionen verglichen:

> »Wie die Sternschnuppe, das Trugbild, die Flamme
> Wie das Werk eines Magiers, den Tautropfen, die Luftblase,
> Wie den Traum, den Blitz oder die Wolke:
> So und nicht anders betrachtet ein Schüler des Buddha die Welt der Erscheinungen.«

T. Dieser Ansatz erklärt vielleicht, weshalb die Wissenschaft ihren Ursprung nicht im Osten hat, in China zum Beispiel, das eine jahrtausendealte, reife und komplexe Kultur hat und dem Westen in technischer Hinsicht lange Zeit überlegen war. In China wurden unter anderem der Kompass und das Schießpulver erfunden. Das chinesische Weltbild kannte keinen Schöpfergott, der die Welt und mit ihr die Naturgesetze erschuf. Für die Chinesen entstand das Universum durch das Wechselspiel zweier sich gegenseitig bedingender Naturkräfte, die man »Yin und Yang« nannte. Da es also keine Vorstellung von einem die Natur regelnden »Gesetz« gab, suchte man auch nicht danach.

M. Vielleicht liegt das aber weniger an der Unfähigkeit, die Erscheinungswelt zu analysieren, als an den unterschiedlichen Prioritäten, die man den verschiedenen Wissensbereichen zuordnete. Was ist denn letztlich wichtiger: Masse und Ladung eines Elektrons zu kennen und die Welt, die uns umgibt, bis ins letzte Detail zu analysieren, oder seine Zeit einer Kunst der Lebensführung zu widmen, die sich den brennenden Fragen der Existenz zuwendet: Ethik, Glück, Tod… und der Analyse der letztendlichen Natur der Wirklichkeit? Die Menschen, welche sich in Tibet von der Welt zurückzogen, um ihre kontemplativen Forschungen zu vertiefen, taten das nicht, weil sie nichts Besseres zu tun fanden. Meist handelte es sich dabei um die brillantesten Köpfe des Landes. Sie versuchten nicht vor der Welt zu »fliehen«, sondern suchten die absolute Ruhe, um jeden Augenblick ihrer Existenz zur Entwicklung menschlicher und spiritueller Qualitäten einzusetzen, die ihnen helfen würden, den Menschen noch effektiver beizustehen.

Man kann aus zwei Gründen in der Erforschung der Naturgesetze keinen Erfolg haben: Entweder ist man unfähig, oder man widmet seine Energie anderen Dingen.

T. Ich denke, es gibt noch einen dritten: Man hat einen anderen philosophischen Hintergrund. Meiner Ansicht nach ist einer der Hauptgründe, weshalb sich in China kein wissenschaftliches Denken entwickelt hat, der, dass dort eine ganzheitliche Sicht der Dinge herrschte. Jeder Teil der Natur stand mit den anderen Teilen in Verbindung und bildete ein harmonisches Ganzes. Dieser Standpunkt aber widerspricht dem »naturwissenschaftlichen«, der die Natur in ihre Bestandteile zergliedert und jeden für sich analysiert. Diese reduktionistische Vorstellung von der Welt aber ist die Basis, auf der die westliche Wissenschaft gründet und von der aus sie sich entwickelt hat. Wenn es unmöglich ist, ein Teil aus dem Ganzen zu lösen, kann die Wissenschaft keine Fortschritte machen. Ich könnte beispielsweise nicht mehr als Astrophysiker arbeiten, wenn ich zur Lösung der Frage, warum die Erde um die Sonne kreist, sämtliche Bahnen sämtlicher Sterne im Universum betrachten müsste. Um in der Astrophysik Fortschritte zu machen, muss ich nicht auf einmal alle Probleme des Kosmos lösen.

M. Ein buddhistisches Sprichwort besagt, dass es keine große und schwierige Aufgabe gibt, die nicht in leichte Teilschritte zerlegt werden kann. Aber ein so grundlegendes buddhistisches Konzept wie das bedingte Entstehen schließt notwendigerweise eine ganzheitliche Sicht der Realität ein. Die Welt ist keine Kollektion von Einzelstücken, deren Gesamtheit einen gigantischen Mechanismus bildet – wie es das berühmte Bild von der Uhr und dem Uhrmacher suggeriert. Auch Physiker wie Heisenberg sind derselben Meinung: »Man kann logischerweise nicht erwarten, die Welt zu verstehen, wenn man nur einen kleinen Teil begreift.«[2]

T. Ja, die Chinesen hatten wirklich Recht. Die moderne Wissenschaft sagt uns, dass das Universum ganzheitlich organisiert ist, dass es ein eng miteinander verbundenes Ganzes ist. Aber trotz der Ganzheitlichkeit und inneren Verbundenheit des Universums funktioniert die reduktionistische Methode prima. Stellen wir uns doch einmal ein Universum vor, in dem jedes Phänomen an seinem Ort mit dem Garten so eng verbunden wäre, dass man es nie sinnvollerweise untersuchen könnte, ohne das Ganze vorher verstanden zu haben. Dann könnte man nicht einmal mehr ein einfaches Gesetz formulieren. Die Erkenntnis des Kosmos wäre eine Frage von »alles oder nichts«. So erlaubt die Wissenschaft uns wenigstens, ein paar Brosamen aufzuheben, ohne das Ganze wirklich kennen zu müssen, ein paar Noten zu begreifen, auch wenn wir nicht die gesamte Melodie verstehen. Die reduktionistische Methode lässt uns Schritt für Schritt begreifen, ein Stück nach dem anderen vom großen Puzzle einzusetzen, auch wenn wir den letzten Sinn nicht erkennen können.

M. Das ist schon richtig, wenn die Zielsetzung nur ist, einige Informationen über die beobachtbaren Phänomene zu sammeln und aus ihnen Gesetze abzuleiten, die gewisse Voraussagen bezüglich ihres Verhaltens erlauben. Es ist falsch, wenn es darum geht, die wahre Natur der Erscheinungen zu begreifen. Wenn man sich nämlich die Frage nach der Seinsweise der Wirklichkeit stellt, ist es gleichgültig, ob man ein Atom oder das ganze Universum untersucht. Wenn man nur einen Tropfen Meerwasser trinkt, kann man feststellen, dass der ganze Ozean Salzwasser enthält. In seinem *Werk in vierhundert Strophen (Chatuhshakra)* schreibt Aryadeva:

> »Wer die letztendliche Natur eines Dinges erkannt hat, kennt die Natur aller Dinge.«[3]

Die Anwendung der reduktionistischen Methode setzt in Wirklichkeit eine Entscheidung voraus: die Entscheidung für eine ausgedehnte Untersuchung der Erscheinungswelt und für ein Erklärungsmodell, das unweigerlich von bestimmten kulturellen Faktoren und metaphysischen Präferenzen geprägt ist, zum Beispiel der Betrachtung der Phänomene als etwas unabhängig Existierendes. Mit diesem Vorgehen aber riskiert man, angesichts der ungeheuren Menge von Daten- und Beschreibungsmaterial die Frage nach der wahren Natur der Dinge außer Acht zu lassen, sodass man seine »realistische« Weltsicht bald für die einzig wahre hält.

T. Ja, wenn man sich zu sehr auf die Details konzentriert, verliert man den Blick für das Ganze. Die immer stärker werdende Spezialisierung ist eine der beklagenswertesten Tendenzen in der modernen Wissenschaft. Ein Physiker kennt vielleicht sämtliche Aspekte seines Forschungsgebietes, während er anderen Bereichen gegenüber völlig ignorant bleibt. Sehr häufig werden Studien, in denen Jahre der Forschungsarbeit eingeflossen sind, nur noch von einer Hand voll Experten verstanden, die auf demselben Gebiet tätig sind. Da kommt in mir immer eine gewisse Sehnsucht nach den Zeiten auf, in denen große Geister wie Leonardo da Vinci, Descartes oder Pascal den Großteil des Wissens ihrer Epoche in sich vereinen konnten.

Trotz alledem hat der Reduktionismus in der Wissenschaft große Erfolge zu verzeichnen, gerade weil er sich auf zwei Phänomene konzentriert, die so viele physikalische Tatbestände teilen: Linearität und Lokalität.

Ein System wird als linear bezeichnet, wenn das Ganze der Summe seiner Teile entspricht – nicht mehr, aber auch nicht weniger. In einem solchen System produziert die Summe der Ursachen eine entsprechende Summe an Wirkungen. Es genügt also, das individuelle Verhalten der Teile zu studieren, um aus der Zusammenschau dieser Ergebnisse das Verhalten des Ganzen zweifelsfrei vorhersagen zu können. Ein elastisches Band nimmt eine bestimmte Länge an, wenn man daran zieht. Je stärker die Kraft ist, die zieht, umso länger das Band. Man nennt dies ein lineares Verhalten, denn wenn man die Ausdehnung des Bandes an der x-Achse und die aufgewendete Kraft an der y-Achse anträgt, erhält man als grafische Darstellung eine gerade Linie. Die Linearität von Tönen beispielsweise lässt uns zwischen der Geige und dem Klavier unterscheiden, wenn wir ein Konzert von Tschaikowsky hören: Die Klänge beider Instrumente vermischen sich, ohne ihre Identität zu verlieren. Und die Linearität des Lichtes lässt uns an einem strahlend hellen Tag trotzdem das schwache Licht einer roten Lampe wahrnehmen, das sich in die lichtstarken Sonnenstrahlen mischt, ohne darin aufzugehen.

Die spektakulären Erfolge, die der Reduktionismus in den letzten 300 Jahren der Physikgeschichte eingefahren hat, gehen einfach auf die Tatsache zurück, dass Genies wie Newton einzelne physikalische Phänomene isoliert haben, die ein lineares Verhalten aufweisen. Diese Phänomene können sehr wohl auf Grund einer Analyse ihrer Einzelteile verstanden werden.

M. Man stößt also doch immer wieder auf die Idee, dass die Wirklichkeit aus einer Serie von Einzelobjekten mit einer autonomen Existenz besteht. Diese Vorstellung hat die westliche Wissenschaft bis zum Aufkommen der Quantenmechanik beherrscht und hindert viele Forscher heute noch daran, von einer verdinglichenden Sicht der Erscheinungen abzurücken. Dabei ist die Linearität nur ein Aspekt der Realität und kann keineswegs auf alle Phänomene angewandt werden.

T. Das ist völlig klar, doch die Erfolge der reduktionistischen Physik waren so groß, dass man bis zum Ende des 19. Jahrhunderts glaubte, die Welt bestünde nur aus linearen Systemen. Tatsächlich ist das keineswegs so: Oberhalb einer bestimmten Schwelle verlieren fast alle Systeme ihre linearen Eigenschaften. Wenn man zu viel Kraft auf unser elastisches Band einwirken lässt, dann dehnt es sich nämlich nicht etwa immer weiter, sondern reißt ganz einfach. Unser ganzes Leben wird von nicht linearen Phänomenen bestimmt. Vor allem funktioniert unser Gehirn nicht auf lineare Weise. Um unser musikalisches Beispiel wieder aufzunehmen: Das Vergnügen, das wir beim Hören einer Beethoven-Symphonie empfinden, übersteigt das Vergnügen beim Hören jedes einzelnen Instrumentes bei weitem. Die Freude an einer Melodie ist gewöhnlich größer als die Freude an jeder einzelnen Note. In bestimmten Systemen kommt es beim Zusammenspiel der einzelnen Komponenten zur Ausbildung »emergenter« Eigenschaften, das heißt Eigenschaften, die übergreifend sind und mehr darstellen als die Summe ihrer Ursachen.

M. Die Kraft einer Gemeinschaft ist ebenfalls mehr als die Summe der Kräfte, die jeder Einzelne beiträgt. Diese Feststellung wird im Buddhismus durch ein vielleicht banales, aber äußerst einleuchtendes Bild unterstrichen: Man hätte wohl Schwierigkeiten, mit hundert einzelnen Zweiglein den Staub von der

Terrasse zu kehren. Fasst man die Zweiglein aber zu einem Reisigbesen zusammen, dann gibt es kein Problem mehr.

Die Linearität der Phänomene ist nicht mehr als eine durch Näherung gewonnene Aussage, ein theoretisches Denkmodell, das sich vielleicht auf die platonische »Idee« eines Elastikbandes anwenden lässt. Denn das wirkliche Band altert, seine Eigenschaften verändern sich in jeder Sekunde. Seine Ausdehnung kann daher niemals wirklich exakt proportional zu der Kraft sein, die daran zieht. Für den Buddhismus ist kein System tatsächlich linear. Das wäre eine sehr künstliche Sicht der Dinge, die nur auf eine Welt anwendbar wäre, in der sämtliche Kräfte immer konstant blieben und auf ewig unveränderliche Dinge wirkten. Aber es gibt keine unveränderlichen Einheiten in einem Fluss wechselseitig abhängiger Ereignisse, die sich ständig wandeln.

T. Für einen Physiker ist das Altern des Elastikbandes (oder anderer Elemente eines Experiments) vernachlässigbar, wenn die Zeit der Messung so kurz ist, wie sie das bei unserem Band wäre. Die Beschreibung des Elastikbandes wäre zwar vielleicht nur Ergebnis einer Näherung, aber doch ein recht gutes.

Was nun die nicht linearen Systeme betrifft, so gibt es auch hier einen wissenschaftlichen Begriff. Man nennt sie »chaotisch«. Chaotische Systeme, die wir bereits erörtert haben, weisen ein ganz bestimmtes Charakteristikum auf: Kleinste Veränderungen in den Ausgangsbedingungen führen zu vollkommen anderen Ergebnissen, als dies in einem linearen System möglich wäre. Diese Systeme sind so anfällig, dass man ihren Endzustand nicht vorhersagen kann. Daher nennt man sie »chaotisch«.

Die zweite Eigenschaft, die viele physikalische Systeme gemein haben, ist die »Lokalität«. Ein physikalisches System gilt als »lokal«, wenn sein Verhalten von Kräften und Einflüssen in seiner unmittelbaren Umgebung abhängt.

M. Ist das nicht auch wieder ein rein theoretisches Konstrukt?

T. Nein. Man kann eine Situation als lokal betrachten, wenn die bekannten Kräfte oder Einflüsse entweder einen sehr begrenzten Wirkungsbereich haben oder wenn diese Kräfte sehr schwach sind. Natürlich kann auch beides zutreffen. Alle physikalischen Phänomene in der Natur lassen sich durch das Wirken der vier Fundamentalkräfte erklären: die starke und schwache Kernkraft, den Elektromagnetismus und die Schwerkraft.

Aus der »realistischen« Perspektive, die auf den ersten Blick ein praktisches Lektüreschema für Experimente liefert (und die voraussetzt, dass man Teilchen als unabhängige Einheiten betrachtet), ist die starke Kernkraft für den Zusammenhalt der Atomkerne verantwortlich. Sie bildet quasi den »Klebstoff«, der die Protonen und Neutronen beziehungsweise die Quarks, aus denen diese Teilchen bestehen, im Atomkern festhält. Ihr Wirkungsbereich ist sehr begrenzt: Sie wirkt nur auf der Ebene des Atomkerns, hat also einen Radius von einem Zehntausendstel eines millionstel Millimeters.

Die schwache Kernkraft ist für die Radioaktivität verantwortlich, das heißt für die Veränderungen im Atomkern, der spontan einen Teil seiner Masse verliert, indem er Teilchen oder elektromagnetische Strahlung aussendet. Der Wirkungsbereich dieser Kraft ist noch beschränkter und beträgt etwa ein Zehntel des Radius der starken Kernkraft.

Die elektromagnetischen Kräfte halten die Atome, Moleküle und die DNS-Doppelhelix zusammen. Ihr Aktionsradius bezieht sich auf das alltägliche Leben. Sie sind verantwortlich für die Form eines Rosenblattes oder einer Statue von Rodin. Sie verleihen den Objekten ihre Festigkeit und hindern uns daran, durch die Wände zu gehen oder die Hand durch ein solches Buch zu strecken, wie es gerade vor uns liegt.

Und schließlich kommt noch die Schwerkraft. Sie hält uns auf der Erde fest, sodass wir nicht durch den Raum wirbeln, bewirkt aber auch, dass wir fallen, wenn wir das Gleichgewicht verlieren. Ihr Wirkungsbereich umfasst das ganze Universum, dessen Aufbau sie bestimmt. Sie sorgt dafür, dass die Planeten ihre Bahn um die Sonne ziehen, und verbindet diese wiederum mit tausenden anderer Sonnen, sodass daraus unsere Galaxie, die Milchstraße, wird. Und sie ist verantwortlich für die Galaxienhaufen, die sich mitunter zu so genannten »Superhaufen« zusammenschließen.

Prinzipiell ist der Aktionsradius der Schwerkraft und der elektromagnetischen Kraft unbegrenzt, aber die Intensität der elektromagnetischen Kraft nimmt proportional zum Quadrat der Distanz zweier elektrischer Ladungen ab, so wie die Schwerkraft proportional zum Quadrat der Distanz zweier Massen abnimmt. Ihre Stärke an einem bestimmten Ort wird also von lokalen Faktoren und nicht vom ganzen Universum bestimmt, denn die Kräfte zwischen zwei sehr weit voneinander entfernten Ladungen oder Massen sind quasi gleich null. Daher wird der Fall eines Apfels vom Baum von der Schwerkraft der Erde bestimmt. Der Einfluss von Mond, Sonne und anderen Himmelsobjekten auf die Bewegung des Apfels ist vernachlässigbar.

M. Natürlich, aber er ist trotzdem vorhanden. Kein Objekt im Universum ist *ausschließlich* von lokalen Kräften abhängig. Aus ontologischer Sicht ist das von entscheidender Bedeutung, denn ein Objekt, das unabhängig vom Rest des Kosmos existieren würde, könnte mit den anderen Elementen des Systems nicht in Verbindung treten, sodass es letztlich *nicht zu diesem gehören würde.* Das hieße aber, dass es dieses Objekt gar nicht gäbe. Wenn es unabhängig von etwas anderem existiert, dann hätte es entweder gar keine Ursache, oder es wäre seine eigene Ursache, was paradox ist.

T. Natürlich gibt es nicht lokale Einflüsse. Während unserer Diskussion über die wechselseitige Bedingtheit und Verbundenheit der Erscheinungen haben wir Phänomene wie den EPR-Effekt, das Foucault'sche Pendel und das Mach-Prinzip kennen gelernt, die uns zeigen, dass es im Universum geheimnisvolle, sofortige, omnipräsente Wirkungen gibt, die weder von einem Energie- noch von einem Informationsaustausch herrühren können und für die die Physik bisher noch kein Erklärungsmodell gefunden hat.

Kommen wir also auf die vier bekannten Fundamentalkräfte

zurück: Natürlich wirken die Fundamentalkräfte auch auf große Entfernungen, aber diese Wirkungen sind so schwach, dass wir sie bei unseren Berechnungen vernachlässigen können. Es genügt also, wenn wir uns auf die Kräfte in der unmittelbaren Umgebung konzentrieren. Daher der Begriff der »Lokalität«. Auch dieses Vorgehen stellt letztlich eine Näherung dar, erleichtert aber das Studium bestimmter Phänomene ganz erheblich. So muss die NASA bei der Berechnung der Flugbahn ihrer Sonden nur die Gravitationskraft der Sonne und der neun Planeten mit einbeziehen. Die Gravitation der Milliarden Sterne in der Milchstraße ist bei diesem Problem vernachlässigbar. Wie kommt der Buddhismus zu seinen Erkenntnissen, wenn er niemals auf reduktionistische Mittel zurückgreift? Vertritt er etwa die Auffassung, dass man immer nur einen Teil der Natur begreifen kann und dass das Ganze uns für immer verborgen bleiben wird?

M. Der Buddhismus lehnt die reduktionistische Methode ja nicht ab. Bei der Analyse der subtileren Aspekte der Ursache-Wirkung-Beziehung wendet er sie ja selbst an. Aber die Zielsetzung ist letztlich eine andere: Im Buddhismus geht es vor allem um die Auswirkungen, die eine irrige Wahrnehmung der Erscheinungswelt auf unsere Existenz hat, das heißt um die Frage, ob sie Glück oder Leid hervorbringt. In diesem Sinne lehnt der Buddhismus eine *verdinglichende* Sicht der Welt ab, ist aber nicht grundsätzlich gegen einen reduktionistischen Ansatz. Die Welt zu verdinglichen, bedeutet, wie wir bereits sagten, dass man den Eigenschaften der Phänomene eine eigene Existenz zuschreibt, wie der »gesunde Menschenverstand« uns dies vorgaukelt. Dieses Vorgehen führt letztlich dazu, dass man auch das Bewusstsein als konkretes Ding betrachtet und so unsere Welt in Einzelteile zerlegt. Fast alle Wesen tun dies in ihrer Alltagswahrnehmung, meist ohne sich dessen bewusst zu sein. Diese Haltung prägt auch die Wissenschaft, obwohl sie mit den jüngsten Erkenntnissen ihrer eigenen Disziplinen nicht mehr vereinbar ist. Dieser Bruch zwingt viele Wissenschaftler zu geradezu akrobatischen Verdrehungen, mit denen sie der konsequenten Anwendung der Entdeckungen der Quantenmechanik auf ihr verdinglichendes Bild vom Makrokosmos entkommen wollen.

Der Buddhismus legt daher den Schwerpunkt auf die Erkenntnis der Irrealität der Erscheinungen und versucht das daraus gewonnene Verständnis in unser Alltagsleben einfließen zu lassen. Es geht ihm nicht um die Beschreibung der Vielzahl der Eigenschaften, welche die Erscheinungswelt aufweist. Dabei beginnt er zunächst bei der Analyse des Ganzen – der wechselseitigen Bedingtheit der Phänomene und ihrer Leerheit von einer inhärenten Existenz. Auf dieser Basis dehnt er seine Untersuchung der Wirklichkeit auf die Wirkungen der Kausalität im Hinblick auf Glück oder Leiden der Wesen aus. Der Mittlere Weg zwischen erkenntnistheoretischem Realismus und Nihilismus, den der Buddhismus einschlägt, löst also bruchlos viele der Paradoxa, über die die Wissenschaft ständig stolpert.

15

Das Geheimnis der Mathematik

Ist die Mathematik das unsichtbare Band, das die Welt im Innersten zusammenhält? Oder ist auch sie nur ein Produkt unseres Geistes? Haben die mathematischen Gesetze denn eine Existenz, die den platonischen Ideen gleichkommt? Oder spiegelt das Zusammenspiel zwischen Mathematik und Wirklichkeit nur die Art und Weise wider, wie unser Bewusstsein die Welt wahrnimmt?

THUAN Kann man die Erkenntnisinstrumente des Buddhismus mit denen der Wissenschaft vergleichen? Die wissenschaftliche Erkenntnis ist eine Frucht der Vernunft, deren Aufgabe im Zergliedern, Unterscheiden, Kategorisieren und Analysieren besteht. Diese Funktionen bilden das Herzstück der reduktionistischen Methode. Der Wissenschaftler isoliert Teilstücke der Wirklichkeit, er klassifiziert, misst und quantifiziert sie. Sein Gehirn ordnet die Welt der äußeren Erscheinungen zu einem komplexen System abstrakter Vorstellungen und Symbole. Er sucht Regelmäßigkeiten und beschreibt die Natur mit Gesetzen, die sich in der Sprache der Mathematik ausdrücken lassen, der abstraktesten Sprache, die es gibt.

Auf der Überzeugung, dass die der Natur zu Grunde liegende Regelmäßigkeit in mathematischen Termini ausgedrückt werden kann, fußt die gesamte wissenschaftliche Methodik. Einige Wissenschaftler sind sogar der Auffassung, dass eine Disziplin, die nicht mathematisch formuliert werden kann, nicht als Naturwissenschaft gelten kann. Ich halte das allerdings für übertrieben.

MATTHIEU Galilei meinte einmal, dass alles, was nicht dem Studium messbarer und quantifizierbarer Eigenschaften von materiellen Körpern (Formen, Zahlen oder Bewegungen) gewidmet ist, nichts mit Wissenschaft zu tun hat. Eine solche Auffassung schränkt den Forschungsbereich dessen, was wir als »Wissenschaft« bezeichnen, natürlich stark ein. Wir sollten nicht vergessen, dass der Begriff von »Wissen« kommt, was auf Lateinisch *scire* heißt (daher englisch beziehungsweise französisch *science*). Das Wissen auf diejenigen Phänomene beschränken zu wollen, die mathematisch ausdrückbar sind, wäre absurd. Damit wäre die gelebte Erfahrung von vornherein ausgeschlossen. Wenn man verstanden hat, dass Güte die Herzen erwärmt und Hass sie bedrückt, dann gehört dies zu unserem Wissen, ist also ein Element der Wissenschaft. Man kann dieses Phänomen immer wieder feststellen, den entsprechenden Mechanismus analysieren und seine Ursachen begreifen. Gehen wir beispielsweise von der Hypothese aus, dass die tiefere Natur des Geistes friedfertig ist und dass Abneigung oder Neid nur zeitweise Störungen dieses friedvollen Zustandes sind. Nun können wir diese These der Überprüfung durch kontemplative Erfahrung unterziehen. Welche Rolle sollte dabei die Mathematik spielen? Alles Wissen, das mittels eigener Erfahrung überprüfbar ist und mithilfe einer streng definierten Methode gewonnen wird, ist Wissenschaft. Dabei ist es unerheblich, ob diese nun auf qualitativen oder quantitativen Mitteln aufbaut beziehungsweise in mathematischen, beschreibenden, bildhaften, symbolischen oder subjektiven Termini ausgedrückt wird. Der Begriff »exakte Wissenschaft« kann schließlich nicht nur auf die Beschreibung von Fakten angewandt werden, die so präzise erfassbar sind, dass die Genauigkeit mindestens zehn Stellen hinter das Komma reicht. Eine Wissenschaft ist exakt in dem Maße, in dem sie sich der korrekten Erforschung der wahren Natur der Phänomene widmet.

T. Die Forderung, dass wissenschaftliche Kenntnisse nur dann als solche gelten können, wenn sie in mathematischen Termini ausgedrückt werden, ist wirklich widersinnig. Aber der Erfolg der Mathematik bei der Beschreibung der Realität ist andererseits eines der größten Geheimnisse überhaupt. Die Vorstellung, dass unsere physische Welt nur der Widerschein mathematischer Gesetzmäßigkeiten ist, entstand im antiken Griechenland – wie so viele andere Ideen, die das abendländische Denken zutiefst geprägt haben. So meinte Pythagoras im 6. Jahrhundert vor Christus, dass die Zahl der Ursprung und die Quelle aller Dinge sei. Galilei formulierte das 2200 Jahre später so: »Das Buch der Natur ist in der Sprache der Mathematik geschrieben.« Und das Echo dieser Worte durchzieht die Wissenschaft noch heute. Im 20. Jahrhundert zum Beispiel wunderte sich der amerikanische Physiker Eugene Wigner über die Tatsache, dass die Mathematik bei der Beschreibung der Realität so Unglaubliches leistete.

Und es gibt in der Wissenschaftsgeschichte noch mehr Beispiele für diese Gleichsetzung zwischen Natur und Mathematik. Bei fast jeder Entdeckung, die die Physiker unbekanntes Terrain betreten ließ, stellten sie fest, dass die Mathematiker schon vor ihnen da waren – geleitet nicht etwa von der Natur, sondern von der Kraft des reinen Denkens. Als Einstein beispielsweise in den 20er-Jahren entdeckte, dass die Gravitation den Raum krümmt, konnte er die euklidische Geometrie nicht mehr anwenden, die nur ebene Räume beschreibt. Er war also hell begeistert, als er auf die Arbeiten des Mathematikers Bernhard Riemann stieß, der bereits im 19. Jahrhundert eine Geometrie des gekrümmten Raumes entwickelt hatte.[1] In den 70er-Jahren machte sich der Mathematiker Benoît Mandelbrot auf die Suche nach einer Geometrie der unregelmäßigen Formen. Die euklidische Geometrie funktioniert wunderbar, wenn es darum geht, gerade Linien, Kugeln oder Quader zu beschreiben. Sobald es jedoch um unregelmäßige, verdrehte, zusammenhanglose, unterbrochene oder gefaltete Formen geht, wird sie unbrauchbar. Aber in der realen Welt herrscht das Unregelmäßige vor. Die euklidischen Konzepte wie die Gerade oder der Kreis sind machtvolle Abstraktionen der Wirklichkeit, mithilfe deren wir das Studium der Natur beträchtlich vorantreiben konnten, aber sie haben auch ihre Grenzen. Mandelbrot betonte immer wieder, dass Wolken keine Kugeln, Berge keine Kegel und Blitze keine Geraden sind. Um eine Geometrie der irregulären Form zu schaffen, griff er auf die Vorstellung von der »gebrochenen Dimension« zurück: Die Dimension eines unregelmäßig geformten Objektes wird nicht mehr durch eine ganze Zahl wie 1, 2 oder 3 dargestellt, sondern durch einen Bruch. Auf diese Weise entstehen die so genannten »Fraktale«. Aber auch Mandelbrot musste feststellen, dass die Idee der gebrochenen Dimension bereits 1919 von dem Mathematiker Felix Hausdorff formuliert worden war.[2]

Weshalb also stehen abstrakte Konzepte, die von Mathematikern ersonnen wurden und im Allgemeinen völlig zweckfrei sind, in so enger Verbindung zu den Phänomenen der Natur? Dies geht sogar soweit, dass die Physiker schon erstaunt sind, wenn eine neue physikalische Theorie wie die der Superstrings zum Beispiel ihr mathematisches Handwerkszeug nicht schon vorfindet.

M. Warum erscheint dir die Verbindung zwischen der konkreten physikalischen Welt und der abstrakten Welt der Mathematik so erstaunlich? Die Tatsache, dass das, was *wir* denken, in Einklang mit dem steht, was *wir* wahrnehmen, sollte eigentlich nicht so verwunderlich sein. Die Art, wie wir die Welt erforschen und ordnen, ist notwendigerweise eng mit unseren mathematischen Vorstellungen verbunden, da beides ja ein Produkt unseres Geistes ist. Der Gedanke, dass die physikalische Welt nur Widerschein der mathematischen Ordnung ist, zäumt das Pferd von hinten auf. Der Buddhismus würde hier sagen, dass die Mathematik ein menschliches Konstrukt ist, das auf die Ordnung der Natur angewandt wird, eine Ordnung, die ihrerseits die wechselseitige Abhängigkeit und die Kausalitätsgesetze widerspiegelt, denen unser Bewusstsein unterworfen ist. Ob die mathematischen Ausdrücke nun der Entdeckung ihrer physikalischen Entsprechungen *vorangehen* oder ihnen *folgen,* ändert nichts an dieser Tatsache. Daher kann dieses Argument wohl kaum dazu dienen, den mathematischen Gesetzen einen Sonderstatus oder eine wesentlich verschiedene Seinsweise zuzuordnen. Ist es denn erstaunlich, dass man die Gesetze der Arithmetik dazu einsetzen kann, die Kiesel auf dem Weg zu zählen, oder dass die Idee von der gebrochenen Dimension auf die Figur der Fraktale anwendbar ist? Arithmetik und Geometrie existieren nicht aus sich selbst heraus – weder in unserem Geist noch in der äußeren Welt.

Das Bewusstsein, das die Mathematik ersonnen hat, ist Teil der Natur. Die Art und Weise, in der wir die Welt wahrnehmen, ist eng mit der Funktionsweise unseres Geistes verknüpft. Einige buddhistische Schulen vertreten sogar die Auffassung, dass die Außenwelt nur ein »Bild unseres Geistes« sei. Andererseits gibt es natürlich Neurobiologen, die behaupten, dass unsere geistige Struktur nur der »Abdruck« ist, den die Welt in unserem neuronalen System hinterlassen hat. Tatsächlich beeinflussen sich die beiden auf Grund der allgemein herrschenden wechselseitigen Bedingtheit gegenseitig. Die Mathematik ist nur *ein* Ergebnis dieser gegenseitigen Abhängigkeit.

T. Trotzdem glaube ich nicht, dass der unbegreifliche Erfolg, den die Mathematik bei der Beschreibung der Wirklichkeit hatte, nur auf die Interaktion unseres Bewusstseins mit der Außenwelt und der Gesamtheit unserer Lebenserfahrung zurückgeht, denn ein Großteil der mathematischen Erkenntnisse wurde auf vollkommen abstrakte Weise gewonnen.

M. Wenn Mathematiker die Gesetze der Mathematik studieren, erforschen sie im Grunde nur die Funktionsweise ihres eigenen Gehirns. Daraus gewinnt unser Denken Stück für Stück ein Interpretationsmuster für die Welt der Phänomene. Dieses Muster kann natürlich jederzeit auf andere, neue Erscheinungen angewandt werden, da dies ja seine ureigenste Aufgabe ist. Es ist also nicht weiter erstaunlich, dass dieses vielseitige geistige Instrument mitunter unseren Entdeckungen vorauseilt und für

Dinge eingesetzt werden kann, die wir uns niemals hätten träumen lassen. Die Mathematik kann alle logischen Möglichkeiten durchspielen, ohne dass es dazu eine physikalische Entsprechung geben muss – weder jetzt noch in der Zukunft. Und trotzdem gewinnen ihre Ideen dadurch kein Eigenleben.

Für den Buddhismus hat das »reine Denken« nichts mit Intelligenz oder Mathematik zu tun. Er versteht darunter die erwachte Gegenwart des Geistes, also die grundlegende Fähigkeit des Geistes, sich seiner bewusst zu sein. Dieser »lichte« Aspekt des Geistes ist der vollendete Gegensatz zu der Abwesenheit von Bewusstsein, die wir beispielsweise bei einem Stein feststellen. Unsere Intelligenz aber wird von ihrer materiellen Grundlage, dem Körper, und von Erfahrung geprägt, die wir mit diesem Körper gesammelt haben – in dieser und in allen früheren Existenzen. Das Erstaunen der Physiker angesichts gewisser mathematischer Entdeckungen kommt dem eines Menschen gleich, der plötzlich entdeckt, dass zwei Personen, die er gut kannte, verwandt sind – was er bislang nicht wusste.

T. Anders gesagt: Da unser Bewusstsein zusammen mit der Erscheinungswelt existiert, entspricht alles, was es ersinnt, dieser Welt.

M. Nein, denn dann müssten alle Phantastereien, die unser Geist ersinnen kann, eine Entsprechung in der Welt haben! Jedes kohärente Denksystem, sei es nun logischer oder mathematischer Natur, ist notwendigerweise Produkt der Interaktion zwischen unserem Bewusstsein und der Welt, und zwar aus dem einfachen Grund, dass wir die beiden nicht voneinander trennen können, ohne sie verschwinden zu lassen.

T. Diese geheimnisvolle Verbindung erinnert mich ja an Platon, der davon ausging, dass es zwei Ebenen der Wirklichkeit gibt: die physische Wirklichkeit, die unseren Sinnen und Messinstrumenten zugänglich ist – eine vergängliche, sich ständig verändernde, illusorische und kurzlebige Welt –, und die wahre Welt der ewigen, unveränderlichen Ideen. Die sinnliche und zeitgebundene Welt war ihm nur fahler Abglanz der Ideenwelt.

Du kennst ja sicher das berühmte Höhengleichnis, das Platon in seinem *Staat* einführte, um diese zwei Welten zu erläutern. Außerhalb der Höhle, in der die Menschen leben, gibt es eine Welt voller Farben, Formen und Licht, welche die Menschen aber nicht wahrnehmen können und zu der sie keinen Zutritt haben. Was sie wahrnehmen, sind nur die Schatten der Außenwelt, die auf die Wände der Höhle geworfen werden. Statt die ungeheure Farbfülle und die vollkommene Formschönheit einer strahlenden Wirklichkeit sehen zu dürfen, müssen sie mit der dunklen und formlosen Welt der Schatten vorlieb nehmen. Für Platon war die Welt, die wir mit unseren Sinnen wahrnehmen können, nur ein schwacher Abklatsch der Ideenwelt – eine Schattenwelt eben. Im Reich der Ideen, das von der Sonne der Vernunft erhellt wird, herrschen mathematische Strukturen und vollkommene geometrische Formen. Da die physikalische Welt auch hier nur der Widerschein der platonischen Welt der mathematischen Form ist, kann es nicht weiter verwundern, dass die Sinneswelt mit dem Reich der Mathematik verbunden ist.

M. Die buddhistische Einstellung zu diesen Fragen ist klar. Der Buddhismus hat sich zwar nicht mit den griechischen Philosophen auseinander gesetzt, dafür aber mit denen der Hindus, die in dieser Hinsicht ähnliche Vorstellungen entwickelt haben wie Platon. Den Gedanken von einer Idee als Wesenheit lehnt der Buddhismus als unlogisch ab. Einige indische Philosophen vertraten beispielsweise die Auffassung, dass die Idee »Baum« der Ursprung aller Bäume in der Natur sei. Die echten Bäume seien nichts als grobstoffliche Manifestationen oder der »spezielle Fall« dieser Idee.

T. Das wiederholt fast Wort für Wort die Gedanken Platons.

M. Man könne, so die hinduistischen Philosophen, sich keine abstrakte Vorstellung von einem Baum machen, wenn dieses Prinzip nicht existiert. Das Prinzip ist unabhängig von jedem einzelnen tatsächlichen Baum, lässt sich aber auf alle Bäume anwenden. Die buddhistischen Gelehrten antworteten darauf, dass man entscheiden müsse, ob die Idee »Baum« eine existenzielle Verbindung mit den Bäumen der Natur habe oder nicht.

Hat sie eine solche Verbindung, dann müsste diese sich in bestimmten Phänomenen zeigen, welche durch direkte Erfahrung überprüft werden können. Dies ist aber nicht der Fall. Wenn die Idee »Baum« eine untrennbare Verbindung zu allen Bäumen hat, dann müssten alle Bäume wachsen, sobald ein Baum zu wachsen anfängt, und sterben, sobald auch nur ein Baum stirbt.

Hat die Idee hingegen keinerlei Verbindung zu den Bäumen, dann hat sie keinen Sinn. Sie ist genauso ein Phantasieprodukt wie das Fell der Schildkröte oder die Hörner des Hasen. Man kommt also problemlos ohne sie aus. Außerdem: Wie sollte eine ewige Idee in Kontakt stehen mit dem, was wesensmäßig vergänglich ist? Also ist diese Idee nur ein geistiges Konstrukt, nicht mehr.

T. Platon aber vertritt genau die gegenteilige Auffassung. Er unterscheidet die vollkommene Idee eines Baumes von all seinen unvollkommenen Manifestationen in der Welt. So gibt es für ihn auch zwei göttliche Gestalten: das Gute, das – ewig und unveränderlich – im Reich der Ideen wohnt; und den Demiurgen, der die unbeständige Welt schafft und zum Beispiel die Bäume nach dem idealen Modell formt.

M. Gibt es eine Verbindung zwischen der Idee eines Baumes und seiner Konkretisierung? Wenn es keine gibt, dann ist die Idee nutzlos. Warum sollte man sich also mit ihr beschäftigen?

T. Nach Platon ist die Idee ein allgemeines, ideales Bild.

M. Ja, aber sie ist nichts weiter als ein weiteres geistiges Etikett, wenn es für die Klassifizierung bestimmter Pflanzen als Bäume auch sehr nützlich sein mag. Ob wir nun an die Existenz einer solchen Idee glauben oder nicht, hat auf die Existenz des wirklichen Baumes doch nicht den geringsten Einfluss. Hat die Idee aber einen Berührungspunkt mit der grobstofflichen Wirklichkeit, dann kann sie selbst nicht mehr unveränderlich sein.

T. Nun, du hast wieder einmal den problematischen Punkt gefunden. In diesem Modell gibt es eine unauflösbare Kluft zwischen der unbeständigen Welt der Erfahrung und der ewigen Welt der Ideen. Platon selbst hat niemals versucht zwischen diesen beiden Welten zu vermitteln, wenn man einmal von den beiden Gottesfiguren absieht. Aber sogar von ihnen sagte er, dass nur das Gute wahr sei. Der Demiurg hingegen sei nicht mehr als ein blasses, illusorisches Abbild.

Das Christentum führte sodann die Vorstellung von einem Schöpfungsakt ein, in dem ein sich außerhalb von Zeit und Raum befindlicher Gott die Welt aus dem Nichts erschuf. Damit aber wiederholte sich das Dilemma nur: Entweder ist der Schöpfergott Ursache der vergänglichen Welt, dann müsse auch er kontingent und vergänglich sein. Oder er ist ewig, dann wäre aber auch seine Schöpfung unveränderlich. Ein unveränderlicher Gott jedenfalls kann keine veränderliche Welt erschaffen.

Die moderne Wissenschaft allerdings erlaubt hier durchaus Lösungsmöglichkeiten. Ich sehe die Sache so: Gott steht außerhalb der Zeit. Sein Wesen und seine Absicht drücken sich in den überzeitlichen Gesetzmäßigkeiten der Selbstorganisation und der Komplexität aus. Diese sind ihrerseits ebenfalls ewig. Die Welt allerdings ist trotzdem unveränderlich. Sie kann sich wandeln, weil Quantenunbestimmtheit und Chaos dem Universum freie Bahn geben, das sich auf Grund dieser Gesetzmäßigkeiten frei und kreativ ausdrücken kann. Das Universum kann also zwischen einer Unzahl von Möglichkeiten wählen, sodass es selbst wechselhaft und kontingent bleibt.

M. Bravo! Etwas Ewiges und Unveränderliches, das sich um den Wandel kümmert. Etwas Unveränderliches, das »Absichten« hat? Im Hinblick auf die Zukunft? Schon wäre es vorbei mit der Ewigkeit! Gesetze ohne zeitliche Dimension? Warum dann nicht gleich solche, die keine Welt mehr brauchen? Worauf wären sie dann aber noch anwendbar? Und dann ein Universum, das zwischen seinen Möglichkeiten »wählt«: ziemlich viele »Wesen«, die sich da in die einfache Beziehung zwischen Ursache und Wirkung mischen! Wenn etwas Unveränderliches außerhalb der Zeit angesiedelt ist, dann wird es dort auch bleiben. Es wäre also kaum in der Lage, ein Universum zu schaffen.

T. Ich gebe ja zu, dass mein Vorschlag die logische Kluft zwischen der Idee von einem ewig unveränderlichen Gott und dem Akt der Schöpfung selbst, der diese Ewigkeit zerstören würde, nicht auflösen kann. Aber sobald das Universum geschaffen wäre, müsste Gott ja nicht mehr in der Zeit sein. Er wendet sich von der Schöpfung ab und muss sich nicht mehr, wie du es ausdrückst, um den Wandel kümmern. Das Universum selbst sorgt für Veränderung.

M. Dann verlöre er aber seine Allmacht.

T. Kehren wir lieber wieder zu unserem Gespräch über die Natur der mathematischen Gesetzmäßigkeiten zurück. Auch hier finden sich zwei verschiedene Ansichten. Für einen *Konstruktivisten* existiert die Mathematik nicht wirklich. Der Philosoph David Hume meinte beispielsweise, dass all unsere Begriffe nur Kopien unserer Eindrücke seien. Geometrische Formen beispielsweise seien nur soweit real, wie sie in der Natur vorkommen. Die Gruppe der *Realisten* hingegen billigt der Mathematik eine Existenz außerhalb unseres Denkens zu. Die Mathematik selbst würde also von uns erforscht werden, wie man den Amazonas erkundet. In dieser Denkweise existieren die mathematischen Gesetze, ob wir uns nun ihrer bewusst werden oder nicht.

M. Ohne Ursache und Bedingungen? Schon wieder eine unveränderliche Ewigkeit!

T. Sie existieren außerhalb der wahrnehmbaren Realität. Viele große Mathematiker haben diesen Standpunkt vertreten. Descartes erläuterte dies am Beispiel einer geometrischen Figur: »Wenn ich mir zum Beispiel ein Dreieck vorstelle, so mag vielleicht eine solche Figur nirgends in der Welt außer meinem Bewusstsein existieren, noch je existiert haben, dennoch hat sie fürwahr eine bestimmte Natur oder Wesenheit oder Form, die unveränderlich und ewig ist, die weder von mir ausgedacht ist, noch von meinem Geiste abhängt.«[3]

M. Wenn er sie nicht erdacht hat, dann frage ich mich nur, wer es an seiner Stelle getan hat. Wenn die Figur nicht von seinem Geist abhängig wäre, könnte er sie ja gar nicht denken!

T. Der englische Mathematiker Roger Penrose, der uns zeitlich näher steht, schreibt: »Mathematische Begriffe scheinen eine tiefe Wahrheit zu besitzen, die über die Diskussionen einzelner Mathematiker hinausgeht. So als würde der menschliche Geist zu einer Wahrheit hingeführt, die eine eigene Wirklichkeit hat und die jedem von uns nur teilweise enthüllt wird.«[4]

Dieses Gefühl einer mathematischen Wirklichkeit, die vom menschlichen Geist unabhängig ist, ist umso stärker, als mathematische Erkenntnisse tatsächlich eine Art Eigenleben zu besitzen scheinen, das den Forscher unwiderstehlich hin zur Wahrheit treibt. Der deutsche Physiker Heinrich Hertz merkte dazu an: »Manchmal kann man nicht umhin zu glauben, dass mathematische Formeln ein Eigenleben haben, dass sie mehr wissen als ihre Entdecker und dass sie uns mehr schenken, als wir ihnen gegeben haben.«

M. Zweifellos handelt es sich dabei um die mathematische Fee aus Rechenland! Nun wird unser unveränderlicher Himmel bereits von einem platonischen Gott, den überzeitlichen Organisations- und Komplexitätsgesetzen und dem Dreieck Descartes' bevölkert. Langsam wird es eng! Aber zweifellos finden wir dort auch die Hasenhörner und das Schildkrötenfell wieder, oder?

Entschuldige, wenn ich ein wenig spöttisch werde, aber für einen Buddhisten hat all das weder Hand noch Fuß. Eine Entität, die »an sich« existiert, ist für sich, bleibt für sich und hat mit unserem Universum nichts zu schaffen. Wir müssen uns entscheiden: wir oder sie. Warum muss man denn die wahre Magie immer in solche Ewigkeitsvorstellungen bannen? Ist das Spiel der Entfaltung einer unendlichen Vielfalt von nicht realen Phänomenen nicht interessant genug? Warum müssen abstrakte Gedanken auch noch wesenhaften Charakter haben? Ist das Prinzip einer Abstraktion nicht, dass sie ein Produkt unserer Gedanken ist?

T. Nun, aber die Art, in der die mathematische Intuition sich Bahn bricht, plötzlich, unerwartet, völlig spontan und ohne mögliche Vorbereitung wie eine poetische Inspiration, legt doch die Idee nahe, dass in diesem Augenblick der Geist Kontakt aufnimmt zum platonischen Reich der reinen mathematischen Form. Roger Penrose ist in dieser Hinsicht kaum misszuverstehen: »Ich stelle mir vor, dass der Geist jedes Mal, wenn er eine mathematische Idee wahrnimmt, mit der platonischen Welt der mathematischen Begriffe in Kontakt tritt. […] Wenn zwei Mathematiker kommunizieren, dann gelingt ihnen das, weil jeder der beiden einen direkten Zugang zur Wahrheit besitzt und weil ihr jeweiliges Bewusstsein mathematische Wahrheiten durch diesen Prozess des ›Einsehens‹ direkt wahrzunehmen vermag. […] Die Kommunikation ist möglich, weil jeder der beiden in direktem Kontakt mit derselben, außerhalb seines Bewusstseins existierenden platonischen Welt steht.«[5]

M. Das ist so, als würde sich jemand im Spiegel sehen, ohne sich wieder zu erkennen. Die Mathematiker kommunizieren mit der platonischen Welt ihres Gehirns und können sich gegenseitig austauschen, weil ihr Gehirn sich ähnelt. Mich würde ja interessieren, mit welcher platonischen Welt eine Fledermaus kommuniziert.

T. Dieser plötzliche Kontakt mit der Welt der mathematischen Begriffe kann sich an den seltsamsten Orten einstellen, wie zum Beispiel bei Archimedes, der »Heureka!« schrie, als er in der Badewanne saß. Henri Poincaré erzählt, wie die Lösung eines mathematischen Problems, an dem er seit Wochen erfolglos arbeitete, ihm plötzlich und unerwartet mit aller Klarheit vor Augen stand, als er es am wenigsten erwartete: »Damals verließ ich gerade Caen, die Stadt, in der ich zu dieser Zeit wohnte, um mich auf eine geologische Exkursion zu begeben, die von der *École des mines* veranstaltet wurde. Die Zugreise lenkte mich von meinen mathematischen Sorgen ab; in Coutances mussten wir alle in einen Bus steigen, weshalb, weiß ich nicht mehr. Und ich kann mich noch genau erinnern, dass die Idee mir kam, als ich einsteigen wollte. Keiner meiner unmittelbar vorangehenden Gedanken hatte mich auch nur im Geringsten darauf vorbereitet. Und ich überprüfte den Einfall nicht, schließlich setzte ich das Gespräch mit einem meiner Kollegen im Bus gleich fort. Trotzdem war ich meiner selbst völlig sicher. Sobald ich wieder in Caen war, verifizierte ich – ausgeruht, wie ich war – alle Ergebnisse, aber mehr, um kein schlechtes Gewissen haben zu müssen.«[6]

Zielsicherheit, Schnelligkeit und Unerwartetheit sind also die wesentlichen Charakteristika der mathematischen Intuition.

M. Ehrlich gesagt glaube ich, dass es für Intuition sehr viel einfachere Erklärungen gibt. Denn sonst müsste man für die poetische Intuition eines Baudelair oder Tagore eine Idee der Poesie erfinden, mit der sie plötzlich in Kontakt traten. Und eine Idee »Entscheidung« für die Unentschiedenen – und so fort. Aber zur Erklärung der Welt sind solche »An-sich«-Archetypen einfach nicht nötig. Die Tatsache, dass mathematische Gesetze auf die Welt anwendbar sind und dass wir sie begreifen können, zeigt klipp und klar, dass sie sowohl von der Welt als auch von unserem Geist abhängen. *Nichts*, keine Entität, kein Objekt, kein Begriff existiert aus sich und an sich. Die platonischen Ideen spiegeln nur wider, dass der Mensch unverbesserlich an erste Ursachen glaubt, die unveränderlich nur in eine Richtung wirken. Wechselseitige Bedingtheit wird damit ausgeschlossen. Doch es gibt keine Ursache, die nicht seinerseits wieder von ihrer Wirkung beeinflusst wird. Etwas Unveränderliches könnte auf die Welt keinerlei Wirkung ausüben.

T. Ich spreche aber hier von vollkommen abstrakten Begriffen, die Produkte des Geistes sind, aber trotzdem auf die Natur einwirken. Ich möchte dabei auf mein Beispiel von der Geometrie des gekrümmten Raumes zurückkommen, die ja auch nicht direkt wahrgenommen wurde. Wie hätte man sie also denken können, wenn es kein Reich der Ideen gibt?

M. Du sagst doch selbst, dass diese Gesetze Produkte des Geistes sind. Wenn das Bewusstsein völlig unabhängig von den

Phänomenen existierte, dann könnte es sie weder denken noch wahrnehmen. Sie würden für das Bewusstsein nicht einmal existieren. Die wechselseitige Bedingtheit aber übersteigt die Trennung in »außen« und »innen«. Die mathematische Intuition ist eine Frucht der gegenseitigen Durchdringung von Bewusstsein und Erscheinungswelt. Tatsächlich ist die Frage, wie es vor dem Hintergrund einer so vollständigen Vernetztheit zur Illusion der Trennung kommen kann. Für den Buddhismus ist die Einteilung in »ich« und »Welt« die erste Manifestation unserer grundlegenden Unwissenheit. In gewissem Sinne ist dies der buddhistische »Sündenfall«, den wir in jedem Augenblick unserer Existenz von neuem begehen.

T. Und trotzdem haben nicht alle Wesen das gesehen, was Riemann oder Srinivasa Ramanujan wahrgenommen haben. Ramanujan war ein genialer Mathematiker, dessen Entwicklung ein typisches Beispiel für mathematische Intuition ist. Er kam als Kind einer armen Familie in Indien zur Welt. Seine Schulbildung war dementsprechend schlecht. Dann aber entdeckte er als Autodidakt und ohne jeden intellektuellen Kontakt Schritt für Schritt viele berühmte mathematische Gesetzmäßigkeiten für sich neu. Außerdem stellte er intuitiv und ohne stringente Beweisführung eine Menge von Theoremen auf, die uns heute, mehr als achtzig Jahre nach seinem Tod, noch immer ein Rätsel sind. Die Probleme, mit denen sich Ramanujan auf seine originelle, intuitive Weise auseinander setzte, waren dieselben, welche die traditionellen Mathematiker seiner Zeit beschäftigten.

Wir haben also hier einen Mann vor uns, der – mit einem völlig anderen kulturellen Hintergrund und ohne jede akademische Ausbildung – dieselben mathematischen Lösungen findet wie seine mit Diplomen überhäuften Kollegen. Ich kann mir nicht helfen, aber ich frage mich doch, ob er seine Inspiration nicht aus derselben platonischen Welt der mathematischen Begriffe bezogen hat wie seine Zeitgenossen. Auch die Rechentalente, von denen man so oft hört, oder die »autistischen Genies«, die manchmal trotz ihrer Behinderung die komplexesten mathematischen

Probleme lösen, könnten doch ein Beweis für diese gemeinsame Quelle sein.

M. Die Biologie hat kürzlich bei Mathematikern und Rechenkünstlern Unterschiede in den Bereichen des Gehirns nachgewiesen, die für Sprach- und Bildverarbeitung zuständig sind. Diese Menschen nehmen mathematische Relationen, die uns gewöhnlich entgehen, auf fast visuelle Weise wahr. Einstein sagte selbst, er habe manchmal den Eindruck, die Lösung eines Problems regelrecht vor sich zu »sehen«. Außer Ramanujan gibt es noch andere erstaunliche Fälle von mathematischer Begabung. So gab es beispielsweise ein Zwillingspaar, das nach fünfminütigem Nachdenken in der Lage war, alle Primzahlen bis auf 25 Stellen zu benennen.[7] Der Psychologe, der sich mit den beiden Kindern (die im Übrigen nur über mittelmäßige Intelligenz verfügten) beschäftigte, erzählte, dass er eines Tages versehentlich eine Schachtel mit Zündhölzern fallen ließ. Sofort riefen die Zwillinge unisono aus: »111!« Es war die genaue Anzahl der Hölzer. Sie nahmen sie genauso selbstverständlich wahr, wie wir wissen, dass auf unserem Tisch vier Gläser stehen.

Die Biologie bestätigt also die These, dass das mathematische Denken eng von den Gegebenheiten unseres Gehirns abhängt.[8] Dasselbe denkt auch der Buddhismus, der das mathematische Denken als eine bestimmte Lesart der Phänomene betrachtet, deren Begriffe keinerlei Eigenexistenz haben.

Je nach unserem Grad an Intelligenz setzt die Mathematik bestimmte Aspekte der wechselseitigen Bedingtheit der Phänomene um. Der Dichter drückt die Entsprechungen zwischen unserem Geist und der Erscheinungswelt (die beide ein Ergebnis ihrer gegenseitigen Abhängigkeit sind) in Begriffen der Schönheit aus, der Physiker wählt dazu eine mathematische Formel. Das Universum ist nicht »zu kompliziert« für unser Bewusstsein, da *unser* Universum ja von *unserem* Bewusstsein bestimmt wird. Die Komplexität der Naturgesetze reflektiert die Intelligenz des Mathematikers, der sie formuliert hat. Es wäre daher ein Irrtum, wollte man die mathematischen und physikalischen

Gesetzmäßigkeiten für »klüger« halten als den, der sie erdacht hat. Für einen Menschen, der mit Mathematik nichts anfangen kann, beschreiben deren Gleichungen auch nicht das Universum, sondern ergeben ganz im Gegenteil nicht den geringsten Sinn. Außerdem gibt es auch für die Mathematiker keine Gesetze, die so komplex sind, dass sie diese nicht verstehen können, denn dann gäbe es auch niemanden, der sie formulieren könnte.

Die wirklich wichtigen Unterschiede in der Auffassungsgabe der Wesen machen sich an ganz anderen Stellen bemerkbar. So ist das intellektuelle Verständnis von der Leerheit, das ein Anfänger hat, mit dem aus der Erfahrung geborenen Wissen eines erleuchteten Buddha nicht zu vergleichen. Allgemein heißt es, dass diese beiden Erfahrungen sich voneinander unterscheiden wie eine Lampe und ihr Abbild. Man kann jedoch seinen Geist in unglaublicher Weise entwickeln, trainieren, reinigen und verändern. So geht man von einem Zustand totaler Verwirrung, in dem uns Hass und andere Geistesgifte beherrschen, langsam in einen Zustand voller Heiterkeit und Mitgefühl über, in dem man seine eigenen Impuls meistert. Auf diesem Weg gelangt man schließlich zur Erleuchtung, einer authentischen Sicht der wahren Natur der Erscheinungen. In diesem Stadium ist die Erkenntnis von einer absoluten Sicherheit begleitet, die über jede Form des begrifflichen Denkens hinausgeht.

T. Du begründest also den Unterschied zwischen mathematisch begabten Menschen und anderen zum einen mit der Neurobiologie und zum anderen mit dem Training, das der Geist durchlaufen hat. Neurobiologische Studien zum Thema mathematische Begabung (die im Übrigen noch völlig am Anfang stehen) scheinen tatsächlich zu belegen, dass die mathematische Begabung etwas mit der »Sehregion« (die in den beiden unteren Parietallappen und der Fissura interparietalis lokalisiert ist) zu tun hat. Dieses gilt quasi als Motor der mathematischen Begabung. Der zweite Bereich des Gehirns, der hier mitarbeitet, ist die Sprachregion (der linke untere Frontallappen), welche die mathematische Intuition in eine Symbolsprache übersetzt. 1999 fand eine Gruppe von kanadischen Neurologen heraus, dass die Parietallappen – also die für die mathematische Intuition und das Sehen zuständigen Bereiche – in Einsteins Gehirn um 15 Prozent größer als der Durchschnitt waren. Die Intuition spielt in der Wissenschaft tatsächlich eine entscheidende Rolle. Große Wissenschaftler profitierten immer wieder von ihrem Wirken. Die mathematische Formulierung des Problems (die im Sprachzentrum erfolgt) kommt erst sehr viel später. Sie untermauert die intuitive Erkenntnis. Poincaré war sich in der oben erzählten Geschichte auch sofort sicher, dass das Resultat, das ihm quasi der Blitz eingab, stimmte. Er überprüfte es erst bei seiner Rückkehr auf seine mathematische Exaktheit, mehr oder weniger um sein Gewissen zu beruhigen. Die mathematische Darstellung erhärtet also nur ein Ergebnis, das vorher durch Intuition gewonnen wurde. Und wie dieser schöpferische Denkvorgang vor sich geht, ist auch für die Neurobiologie noch immer ein Rätsel.

M. Wie dem auch sei: Die Fähigkeit, die Harmonie in unserem Universum wahrzunehmen, ist unserem Geist eigen. Zwar formuliert das begriffliche Denken die wahrgenommenen Gesetzmäßigkeiten in Gleichungen, Ziffern und Beziehungen, doch die Begriffe, mit denen wir die vernetzte Welt erfassen, haben in sich keine reale, eigene Existenz.

16

Verstand und Kontemplation

Wie erkennen wir die Welt?

Sind wir in der Lage, durch Ansammeln von immer mehr Informationen die letzte Erkenntnis zu erlangen? Wo liegen die Grenzen der Logik und des diskursiven Denkens? Der Buddhismus unterscheidet zwischen konventioneller Logik und letzter Erkenntnis, zwischen analytischer Meditation und direkter Erfahrung der Natur des Geistes, die über analytische Konzepte hinausgeht. Der Gödel'sche Unvollständigkeitssatz beweist ebenfalls, dass Logik und wissenschaftliche Theorien ihre Grenzen haben. Lassen sich also wissenschaftliche Methoden der Erkenntnisgewinnung mit denen einer kontemplativen Herangehensweise vergleichen? Wie kann man die Ergebnisse einer kontemplativen Wissenschaft, die auf Innenschau und subjektiver Erfahrung beruhen, sinnvoll überprüfen? Wo unterscheidet sich der kontemplative Weg, dessen Zielsetzung die innere Wandlung ist, von den »zweckfreien« Theorien der Naturwissenschaft?

THUAN Die rationale Erkenntnis entsteht aus einem intellektuellen Prozess, der ein komplexes System von Begriffen und abstrakten Symbolen entwirft, die sehr häufig in der stark strukturierten Sprache der Mathematik ausgedrückt werden. Die subjektive Erkenntnis hingegen scheint nicht unbedingt auf eine logische Beweisführung angewiesen zu sein. Kannst du mir sagen, ob das Wort »Erkenntnis« für einen Buddhisten dieselbe Bedeutung hat wie für einen Wissenschaftler? Ist die nicht intellektuelle Erkenntnis der Welt, die während der Meditation aufscheint, dieselbe wie die rationale Erkenntnis? Muss ein Mensch, der den Weg der Kontemplation beschreitet, nicht vielmehr das in der Wissenschaft vorherrschende analytische Denken fallen lassen und seinen Geist von allen Konzepten und Gedanken reinigen? Sollte er nicht das Denken zum Schweigen bringen, um die Realität im unmittelbaren Eindruck zu erfassen?

MATTHIEU Buddhistischen Traktaten zufolge bedeutet das Sanskritwort für »Logik« *(Pramana)* »Mittel zur korrekten Erkenntnis«. Die Logik spielt fast in allen Disziplinen, seien sie nun wissenschaftlich oder kontemplativ, eine wichtige Rolle als Erkenntnisinstrument. Trotzdem unterscheidet man eine Ebene der konventionellen Erkenntnis und eine Ebene der absoluten oder letztendlichen Erkenntnis. Die erste bezieht sich auf die Erscheinungsweise der Phänomene. (Sie erlaubt uns beispielsweise, zwischen einem wirklichen Wasserloch und einer Luftspiegelung beziehungsweise zwischen einem Seil und einer Schlange zu unterscheiden.) Aber nur die zweite gewährt uns Einblick in die wahre Natur der Dinge (die Leerheit von einer Eigenexistenz). Beide liefern in ihrem jeweiligen Bereich gültige Ergebnisse.

Logik und Vernunft werden als Instrumente der analytischen Meditation eingesetzt, mit der wir der Funktionsweise unseres Denkens sowie den Mechanismen von Glück und Unglück auf die Spur zu kommen versuchen. Wir wollen damit herausfinden, wie unser Geist arbeitet: Wie funktioniert das, dass wir einen Gegenstand wahrnehmen und uns ein Bild davon machen? Welche geistigen Phänomene fördern unseren inneren Frieden und öffnen unseren Geist für die Bedürfnisse anderer? Welche üben einen gegenteiligen Einfluss aus? Diese Analyse zeigt uns, wie unsere Gedanken sich miteinander verketten, um letztlich uns in Ketten zu legen.

Während wir durch die Meditation bestimmte grundlegende Qualitäten wie Güte und Mitgefühl entwickeln, lernen wir mithilfe der Vernunft und der persönlichen Erfahrung die negativen Auswirkungen des Hasses kennen und erleben die Vorteile der

Geduld im Alltagsleben. Diese Bewusstwerdung verändert den Fluss unserer Gedanken tief greifend. Liebe und Mitgefühl gelten also nicht als positive Geisteszustände per definitionem oder per Dekret. Man betrachtet sie als förderlich, weil sie auf überprüfbare Weise unser Glück und das der anderen steigern.

T. Stellt die Erleuchtung eine noch höhere Art der Erkenntnis dar?

M. Zwischen der erleuchteten und der gewöhnlichen Erkenntnis gibt es mehrere Unterschiede. Zunächst ist der Gegenstand der erleuchteten Erkenntnis nicht die Vielfalt der äußeren Phänomene und geistigen Ereignisse, sondern deren wahre Natur. Und auch ihre Methode ist eine andere: Die strenge Zweiteilung in Subjekt und Objekt verschwindet, der Intellekt macht der direkten Erfahrung des klaren und erleuchteten Bewusstseins Platz, das mit der letztendlichen Natur der Erscheinungen zu einer Einheit verschmilzt. Trotzdem ist diese Erkenntnis nicht unlogisch. Sie erwächst vielmehr aus einer absoluten Logik, die auf dem Verständnis der Leerheit beruht und über die konventionelle Logik des linearen Denkens hinausgeht.

T. Also eine »intuitive« oder gar »mystische« Erkenntnis?

M. Begriffe wie »intuitiv« oder »mystisch« stiften in diesem Zusammenhang eher Verwirrung. Versteht man unter »Intuition« eine direkte, unmittelbare Erfahrung, dann sind wir nah dran. Aber wenn wir damit ein vages Gefühl bezeichnen, das nicht überprüfbar ist, einen unbestimmten Eindruck aus unserem Unbewussten, dann haben wir es wohl mehr mit einem Ergebnis unserer gewohnheitsmäßigen Tendenzen zu tun. Bezieht man den Begriff »mystisch« auf eine innige, nicht duale Einheit mit der klaren, lichthaften Natur des Geistes, die frei von Gedanken ist, dann kann man diesen Ausdruck sehr wohl auf die buddhistische Kontemplation anwenden.

Aber wir sollten uns davor hüten, die flüchtigen Erfahrungen, die wir manchmal in der Meditation machen, zu mystifizieren. Diese Erfahrungen bringen uns meist eher vom Weg ab, da sie uns dem wirklichen Verständnis der Natur des Geistes nicht näher bringen. Bevor wir uns also in der meditativen Ekstase oder der passiven Ruhe verlieren, sollten wir uns lieber der analytischen Meditation zuwenden. Wenn wir diese bis an ihr Extrem führen, können wir den Geist danach ausruhen lassen – ohne Konzepte, in einer lichten Einfachheit. Dann wird unsere Erkenntnis der letztendlichen Natur des Geistes weit, tief und unverrückbar wie der Himmel. Man geht zurück bis zum Ursprung der Gedanken und beobachtet das, was bleibt, wenn das Denken aufhört – ein Zustand, der sich seiner Natur nach aller Beschreibung entzieht. Das bedeutet nicht, dass er so wenig klar ist, dass man ihn nicht beschreiben kann. Denn wenn auch die Worte vor dieser Erfahrung machtlos sind (so wie man einem Blinden mit Worten kein Gefühl für Farbe vermitteln kann), so ist für einen gebürtigen Meditierenden doch nichts klarer als die erleuchtete Präsenz des Geistes, der sich von seinen begrifflichen Ketten befreit hat.

T. Da die intuitive Erkenntnis, wie du sie verstehst, die präzise Sprache der Mathematik nicht nutzt, kann sie dann in unserer Alltagssprache überhaupt ausgedrückt werden? Greift der Buddhismus nicht eben deshalb auf sprachliche Bilder und Vergleiche zurück, weil die Sprache bei der Vermittlung der Wahrheit ihre Grenzen hat? Versucht er nicht, eine paradoxe Realität, die über die Fähigkeiten der Alltagssprache hinausgeht, mithilfe von ebenso paradoxen sprachlichen Mitteln zu klären? Ich denke dabei an die Praxis des Koans[1] im Zen-Buddhismus. Geht es dabei nicht darum, die Logik aus den Angeln zu heben und die ausgetretenen Wege der Vernunft zu verlassen?

M. Wenn man die unterschiedlichen Stufen auf dem Weg zur vollkommenen Erkenntnis der Natur des Geistes beschreiben soll, stößt man oft an die Grenzen des sprachlichen Ausdrucksvermögens. Logische Fähigkeiten nutzen dabei nicht viel, sie sind einfach unzureichend. Man sagt immer, dass es für den Übenden ebenso schwierig ist, die Erfahrung der Erleuchtung mit Worten zu beschreiben, wie für den Stummen, den Geschmack des Honigs auszudrücken. Deshalb nimmt man häufig

Zuflucht zu Bildern, welche die Erfahrung zwar auch nicht vollkommen wiedergeben, aber doch bestimmte Aspekte der Erleuchtung unterstreichen können. Man muss sich das vorstellen wie einen Finger, der auf den Mond zeigt. Wichtig ist aber trotzdem der Mond, nicht der Finger.

In diesem Zusammenhang verwenden spirituelle Meister, die unsere Denkgewohnheiten durchbrechen und uns die natürliche Frische des von seinen fixen Ideen befreiten Geistes zeigen wollen, manchmal recht ungewöhnliche Mittel. Ein gutes Beispiel ist dabei eine Geschichte von Patrul Rinpoche, einem tibetischen Eremiten aus dem 19. Jahrhundert. Dieser hielt sich in einer schönen Herbstnacht in den bergigen Hängen oberhalb des Klosters Dzogchen auf, also im Osten Tibets, einer wunderschönen Gegend, die ich bereits mit eigenen Augen gesehen habe. Patrul Rinpoche und sein Schüler schliefen unter dem freien, klaren Sternenhimmel.

Plötzlich rief er seinem Schüler zu: »Hast du nicht gesagt, dass du die wahre Natur des Geistes immer noch nicht verstanden hast?«

»Das ist richtig.«

»Aber es ist wirklich nicht schwer.«

Er bat den Schüler, sich neben ihm niederzulegen. Der Schüler, der Lungtok hieß, legte sich auf den Rücken und betrachtete den Himmel. Patrul Rinpoche fragte ihn: »Hörst du die Hunde im Kloster bellen?«

»Ja.«

»Siehst du die Sterne funkeln?«

»Ja.«

»Siehst du. Das ist Meditation.«

In ebendiesem Augenblick erkannte Lungtok spontan die Natur des Geistes. All die Jahre der Übung, die Gegenwart des Meisters und ein besonderer Anblick ließen plötzlich die innere Erkenntnis reifen.

Die letztendliche Erkenntnis – die Erleuchtung – steht ihrer Natur nach außerhalb des begrifflichen Denkens. Die anderen

Mittel der Erkenntnis aber sind durchweg unvollkommen. Eine Theorie kann immer nur einen Aspekt der Wirklichkeit beschreiben, da sie dazu Aussagen benutzt, die schon deshalb nur begrenzte Gültigkeit haben, weil sie dem begrifflichen Denken entstammen. Dabei fällt mir natürlich der berühmte Unvollständigkeitssatz von Kurt Gödel ein.

T. Der Gödel'sche Satz zeigte zumindest auf, dass es in der Mathematik logische Grenzen gibt. Daher hält man ihn für die wichtigste logische Entdeckung des 20. Jahrhunderts. Im Jahr 1900 forderte der deutsche Mathematiker David Hilbert, dass jede mathematische Theorie feste logische Grundlagen haben sollte. Gödel, ein mathematisches Genie aus Österreich, nahm die Herausforderung an, aber nicht so, wie Hilbert es im Sinn gehabt hatte. 1931 stellte er ein Theorem auf, das vielleicht als der ungewöhnlichste und geheimnisvollste Satz der ganzen Mathematik gelten kann. Er wies nach, dass ein kohärentes und widerspruchsfreies arithmetisches System ganz unvermeidlich »unentscheidbare« Sätze enthält, also mathematische Aussagen, die nicht mithilfe der Logik für wahr oder falsch erklärt werden können. Außerdem zeigte er, dass es unmöglich ist, nur mit den Axiomen (den Grundannahmen, die nicht bewiesen werden müssen) eines Systems zu beweisen, dass dieses kohärent und widerspruchsfrei ist. Um dies zu leisten, musste man das System »verlassen« und neue Axiome setzen, die dem System nicht angehören. In dem Sinne kann ein System nur unvollständig sein. Aus diesem Grund nennt man das Gödel'sche Theorem den »Unvollständigkeitssatz«.

Dieses Theorem schlug in der Welt der Mathematik ein wie eine Bombe. Gödel hatte bewiesen, dass die Logik Grenzen hatte und dass der Traum Hilberts, die Kohärenz mathematischer Systeme mit streng formalen Mitteln nachzuweisen, nichts weiter war als eine Chimäre. Auch in anderen Disziplinen wie der Philosophie und der Informatik hatte Gödels Entdeckung enorme Auswirkungen.[2]

M. Das lineare Denken und die diskursive Logik haben nun

einmal ihre Grenzen. Um die Natur des Geistes wirklich zu verstehen, müssen wir den Panzer unserer geistigen Konstrukte sprengen. Die Erleuchtung eines Buddha lässt die Schranken des diskursiven Denkens, das nur im Rahmen der Zweiteilung in Subjekt und Objekt funktioniert, weit hinter sich.

T. Um mit Gödel zu sprechen, müssen wir das System verlassen, da es in sich unvollständig ist. Bedeutet das, dass wir das Denken selbst überwinden müssen?

M. Die Erleuchtung steht nicht im Widerspruch zum Denken, sie überwindet nur seine Begrenzungen. Es geht dabei um eine umfassende und übergreifende Erkenntnis der wahren Natur des Geistes und der Phänomene, die auf nicht duale Weise stattfindet, so als würde man Wasser gießen. Man kann sich endlos der Beschreibung der Eigenschaften der Erscheinungswelt widmen, doch das direkte und vollständige Begreifen ihrer wirklichen Natur geht nicht aus der endlosen Addition immer neuer Entdeckungen beziehungsweise mathematischer Aussagen hervor. Solange wir in den Fängen unseres linearen Denkens bleiben, ist es für unseren Geist unmöglich, seine wahre Natur zu durchschauen, sodass unser Verstehen immer unvollständig bleibt. Wir müssen diesen ganzen Wust abwerfen, um das Herz der Dinge unmittelbar zu erfahren. Dann haben die Bruchstückhaftigkeit unseres Denkens, unsere Unfähigkeit, das Universum als Ganzes zu begreifen, keine Chance mehr. Diese Art von Verständnis funktioniert auf einer ganz anderen Ebene.

T. Das erstaunliche Resultat Gödels hat deutlich gezeigt, dass wissenschaftliche Theorien schon von ihrem Wesen her begrenzt sind. Mir scheint, dass es wirklich an der Zeit wäre, andere Formen der Erkenntnis, wie du sie beschreibst, zu akzeptieren.

M. Das ist ein wichtiger Punkt, denn die Menschen der heutigen Zeit haben von der Wissenschaft ein fast mystisches Bild. Sie stellen sich vor, dass sie eines Tages Antwort auf all unsere Fragen finden wird. Das ist leider überhaupt nicht der Fall. Auch wenn wir Erfahrungen wie die der Erleuchtung oder eines spirituellen Weges nicht berücksichtigen, so hat unsere Wissenschaft schon auf den Großteil der Alltagserfahrungen keine Antwort.

T. Lass uns also die beiden Erkenntnismethoden noch einmal vergleichen. Der Wissenschaftler geht experimentell vor. Sein erster Schritt ist die Beobachtung und die Sammlung der Fakten. Um das Licht des Universums sehen zu können, benutzt ein Astrophysiker wie ich ein starkes Teleskop, das an einem der wenigen Ort auf der Erde steht, wo man fast immer mit klarem Himmel rechnen kann, und wo von Menschen produziertes künstliches Licht die Beobachtung nicht stört. Dieses kosmische Licht wird von elektronischen Geräten aufgezeichnet, die mir erlauben, die Bilder von den Himmelsobjekten auf dem Bildschirm sichtbar zu machen, sobald ich zurück an meiner Heimatuniversität bin. Hochleistungsfähige Computer helfen mir, die Lichtsignale aus den Tiefen des Himmels zu analysieren. So sammle ich Informationen über die Helligkeit der Sterne, die Form von Galaxien oder die chemische Zusammensetzung des Universums.

M. Wie der chinesische Philosoph Tschuang-tse sagt: »Wenn du einmal anfängst zu zählen und zu nummerieren, hörst du nicht mehr auf.« Aber bleiben wir ruhig weiter bei unserer Analyse der wissenschaftlichen Methode!

T. Natürlich tut ein Astrophysiker schon etwas mehr, als nur zu zählen und zu nummerieren. Das wären ja rein taxonomische Auflistungarbeiten. Nein, wir versuchen den Gesetzen der Natur auf die Spur zu kommen. Wenn man sich als Wissenschaftler hingegen mit der Welt des unendlich Kleinen beschäftigen möchte, begibt man sich an das Europäische Kernforschungszentrum in Genf (CERN)[3], wo es einen riesigen Teilchenbeschleuniger gibt. In diesem Ring von mehr als 10 Kilometer Durchmesser werden Teilchenstrahlen produziert, in denen die hochenergetischen Teilchen fast Lichtgeschwindigkeit erreichen. Diese Strahlen werden gegen Hindernisse gerichtet, sodass die Teilchen weiter zerfallen und man die innere Struktur der Materie studieren kann. Die Elementarteilchen, die bei diesen Kollisionen auf hohem, energetischem Niveau entstehen, werden in eine Kammer mit Flüssigkeit geleitet, wo sie mit der Flüssigkeit reagieren. Auf ihrem Weg durch die Flüssigkeit hinterlassen sie eine Spur feiner Nebeltröpfchen, daher nennt man diese Kammern »Nebelkammer«. Die Gasbläschen der Nebeltröpfchen werden immer größer, sodass man schließlich ihre Bahn fotografieren und so die Elementarteilchen bestimmen kann.

M. Wir haben ja bereits gesehen, dass das Ergebnis dieses Vorgangs, das man normalerweise »Teilchen« nennt, nichts weiter ist als ein reproduzierbares experimentelles Ereignis, das aus der Interaktion zwischen der Mikrowelt und unserem Messgerät hervorgeht. Es ist daher kaum sinnvoll, dieses Phänomen als »Ding« zu interpretieren. Teilchen sind nichts weiter als »beobachtbare Ereignisse«. Versucht man nun, dieses Ereignis als Objekt darzustellen, dann beweist dies nur, dass die Interpretation des Phänomens nicht nur von den Messgeräten beeinflusst wird, sondern auch vom Weltbild und der Einstellung des Forschers. David Bohm sagte einmal: »Die Wirklichkeit ist das, was wir für wahr halten. Was wir für wahr halten, ist das, was wir glauben. Was wir glauben, beeinflusst unsere Wahrnehmung. Was wir wahrnehmen, hängt eng damit zusammen, wonach wir suchen. Was wir suchen, hängt davon ab, was wir denken.«[4]

T. Natürlich kann ein Wissenschaftler die Welt nicht objektiv wahrnehmen. Zwischen seinem Innenleben und der Außenwelt herrscht ein ununterbrochener Austausch. Sein Innenleben wird auf die Außenwelt projiziert und verhindert so, dass die Fakten »nackt«, also ohne Interpretation wahrgenommen werden. Umgekehrt prägt der Kontakt mit der Außenwelt sein Inneres. Der Wissenschaftler arbeitet ja nicht im luftleeren Raum, sondern innerhalb einer bestimmten Gesellschaft und Kultur. Deren metaphysische Werte beeinflussen ihn, ob er sich nun dessen bewusst ist oder nicht. Die verdinglichende Sicht der Wirklichkeit von Seiten der westlichen Wissenschaft, die Überzeugung, dass die Welt aus Teilchen besteht, die eine Eigenexistenz haben, ist ein gutes Beispiel für einen derartigen Einfluss der Metaphysik. Der Großteil der Physiker, die im Westen arbeiten, ist sich nicht einmal darüber im Klaren, dass dies eine eindeutige metaphysische Stellungnahme ist, da sie ja kein anderes Weltmodell kennen.

Aber es sind nicht nur die philosophischen Grundlagen einer Gesellschaft, die auf den Naturwissenschaftler einwirken. Auch seine Ausbildung, seine Lehrer, seine Kollegen, die Lektüre veröffentlichter Arbeiten beeinflussen die Art, wie er seine Ergebnisse interpretiert. Denn sobald die notwendigen Beobachtungen und Erfahrungen gemacht sind, werden sie mithilfe von theoretischen Konzepten analysiert, die Teil seines Wissensstandes sind. So greift der Astrophysiker auf Theorien über die Galaxienbildung zurück, während sein Physikerkollege Kernkraftmodelle heranzieht Und auch die Entscheidung für diese oder jene Theorie beruht auf bestimmten Annahmen. Der Wissenschaftler sieht sich hier von seinem Lehrer oder den Kollegen in seinem Umfeld beeinflusst (was man so die wissenschaftliche »Schule« nennt). Manchmal hängt das auch schlicht mit bestimmten Moden zusammen. Vor Moden aber sollte man sich – in der Wissenschaft und in anderen Bereichen – möglichst hüten. Die Theorie, welche den meisten Zuspruch erhält, muss nicht unbedingt die Beste sein. Der Großteil derer, die sie annehmen, tut dies nicht, weil sie diese Theorie etwa gründlich untersucht hätten. Nein, sehr häufig spielen dabei Trägheit und Konformismus eine entscheidende Rolle, vor allem wenn die Theorie von einigen besonders einflussreichen oder eloquenten wissenschaftlichen Platzhirschen verteidigt wird.

Heißt das nun, dass die Wissenschaft keine Chance auf Wahrheit hat – niemals? Wohl nicht. So schwindelnd ihre Treppen auch nach oben steigen mögen, so verfügt die Wissenschaft doch über ein äußerst praktisches Geländer, das sie immer und immer wieder auf den richtigen Weg zurückführt, auch wenn sie sich mal vergaloppiert und in einer Sackgasse landet. Dieses »Geländer« ist die ununterbrochene Interaktion zwischen Theorie und Beobachtung. Dabei gibt es zwei Möglichkeiten: Entweder stehen die neuen Beobachtungen oder die Ergebnisse neuer Experimente im Einklang mit der herrschenden Theorie, wodurch Letztere bestätigt wird. Oder sie tun das nicht, was bedeutet, dass die Theorie verändert oder zu Gunsten einer anderen aufgegeben werden muss, die besser zu den Beobachtungen passt und ebenfalls experimentell überprüft wird. Der Wissenschaftler kehrt also wieder zu seinem Teleskop oder seinem Teilchenbeschleuniger zurück. Und auch die neue Theorie wird nur akzeptiert, wenn ihre Vorhersagen experimentell bestätigt werden. Die experimentelle Methode impliziert also ein ständiges Hin und Her zwischen Beobachtung und Theorie. Genau dieses Zusammenspiel erlaubt schließlich eine immer genauere Beschreibung der Erscheinungswelt, auch wenn man dabei manchmal falsche Spuren verfolgt, Irrtümern erliegt und zurück auf »Start« muss. Die Wissenschaft schreitet nicht linear fort, wie man sich das manchmal vereinfachend vorstellt. Der Weg des Wissenschaftlers verläuft im Zickzackkurs.

M. Das Wechselspiel zwischen Theorie und Experiment erlaubt aber nur die Überprüfung der Tatsache, ob eine Theorie wirklich korrekt einen bestimmten Aspekt der Wirklichkeit voraussagt. Die metaphysischen Prämissen der Forscher werden dadurch noch nicht in Frage gestellt. Ein Wissenschaftler kann einem anderen beweisen, dass dieser sich im Hinblick auf Lebensdauer oder Masse eines Teilchens irrt. Das ändert aber nichts an der Tatsache, dass beide dieses Teilchen für ein wirklich existierendes Faktum halten. Bei jeder neuen wissenschaftlichen Revolution glaubt die Wissenschaft doch, jetzt endlich zu einer gültigen Sicht der Realität gelangt zu sein. Auch die falsche Sicherheit, in der unsere Entdecker sich wiegen, ist ein philosophisches Vorurteil. Alfred North Whitehead, Philosoph, Mathematiker und Lehrer Bertrand Russells, schrieb 1939: »Vor 50 Jahren studierte ich in Cambridge Mathematik und Naturwissenschaften unter den strengen Ruten brillanter Männer. Seit Anfang dieses Jahrhunderts sehe ich all ihre Erkenntnisse in Rauch aufgehen. Und trotzdem erlebe ich, wie angesichts dieser

Situation Wissenschaftler, die neue Thesen aufstellen, sagen: Nun können wir endlich sicher sein.«[5]

T. Mitunter hat die Selbstgefälligkeit der Wissenschaftler diese gar dazu verführt, mit großem Pomp das Ende der Wissenschaft anzukündigen: Wir haben alles begriffen, es bleibt nichts mehr zu entdecken! Bis jetzt aber hat die Wissenschaftsgeschichte sie immer eines Besseren belehrt. Ende des 19. Jahrhunderts hat beispielsweise Lord Kelvin, ein auf Thermodynamik spezialisierter englischer Physiker, voller Überzeugung verkündet, dass in der Physik alles erforscht sei und die Arbeit künftiger Physikergenerationen sich darauf beschränken würde, die Messgenauigkeit im Dezimalstellenbereich zu verbessern. Gründlicher hätte er sich gar nicht irren können: Nur einige Jahre später warfen Relativitätstheorie und Quantenmechanik das Weltbild der Physik komplett um. Ich für meinen Teil glaube, dass wir die Wahrheit niemals vollständig herausfinden können, solange wir uns nur auf dem Weg der wissenschaftlichen Erkenntnis bewegen. Wir werden uns dem Ziel zwar immer stärker annähern, aber wir werden es nie erreichen. Der Gödel'sche Unvollständigkeitssatz hat uns die logischen Grenzen der Vernunft aufgezeigt. Das Lied, das im Innern der Welt klingt, wird für immer ein Geheimnis bleiben.

M. Kann man denn dieses Bild von einer asymptotischen Annäherung (in der das Ziel zwar näher rückt, aber niemals erreicht wird) denn wirklich aufrechterhalten? Um welches Ziel geht es denn eigentlich? Macht es Sinn, eine hypothetische Wirklichkeit ans Licht zu zerren, die sich – wie die Quantenmechanik zeigt – immer mehr entzieht, je näher man ihr rückt? Oder geht es um eine wirkliche Erkenntnis wie die, welche der Buddhismus als Erleuchtung beschreibt?

T. Nun, auch dieser Standpunkt wurde wissenschaftsgeschichtlich formuliert. Thomas Kuhn[6] weist die Vorstellung von einem Ziel, an das man sich annähert, zurück. Aber ich denke, dass es so ein Ziel durchaus gibt. Für mich ist das die vollständige und detaillierte Erklärbarkeit aller unbelebten und belebten

Phänomene. Die Wissenschaft strebt diesem Ziel zu, und ihr Fortschritt ist unbestreitbar: Unser heutiges Wissen über die Welt ist unendlich viel breiter als zur Zeit der Renaissance. Aber natürlich beschreibt dieser Fortschritt keine wirklich gerade Asymptote (eine Gerade, der sich eine Kurve ins Unendliche verlaufend nähert, ohne sie je zu erreichen), da es manchmal ein paar Schritte vorwärts und dann wieder zurück geht. Und die Wissenschaft verfügt nicht über die nötigen Mittel, die letztendliche Erkenntnis zu erreichen, von welcher der Buddhismus spricht.

Aber kommen wir doch auf unsere Diskussion über wissenschaftliche Methodik zurück. Es genügt einfach nicht, von einer Theorie überzeugt zu sein: Die Beobachtungen und Messergebnisse, die zu ihrer Aufstellung führten, müssen für alle nachvollziehbar und reproduzierbar sein. Das heißt, dass andere Forscher sie unabhängig und unter Umständen mit anderen Techniken »nachkochen«, um sie zu überprüfen. Dieser Schritt ist von grundlegender Bedeutung, vor allem wenn neue Ergebnisse eine allgemein anerkannte Theorie widerlegen und – wie Kuhn das nennt – das »wissenschaftliche Paradigma« verändern. Wissenschaftler sind von Grund auf konservativ. Sie mögen es nicht, wenn neue Theorien von einem Tag auf den anderen Erkenntnisse vom Tisch fegen, die mit so viel Mühe und Schweiß gewonnen wurden. Zum Glück, würde ich sagen, denn es genügt ja nicht, vorhandene Theoriegebäude einfach zu zerstören. Man muss auch neue aufbauen. Und auf Ruinen zu arbeiten, ist nicht eben einfach.

Kurz zusammengefasst: Die wissenschaftliche Methode besteht im Wesentlichen aus drei Stufen: die Hypothese, das Experiment und die Verifizierung oder Überprüfung der gewonnenen Ergebnisse.

Du sprichst vom Buddhismus ja häufig als kontemplativer Wissenschaft. In welchem Sinne benutzt du diesen Begriff »Wissenschaft«? Lassen sich die von mir beschriebenen methodischen Schritte auch auf die Kontemplation anwenden?

M. Unter »Wissenschaft« verstehe ich ein exaktes, kohärentes und überprüfbares Wissen, das sich nicht nur auf die Erscheinungswelt bezieht, sondern die Gesamtheit der Erfahrung umfasst. Es gibt keinen Grund, weshalb man diesen Begriff nur auf jene Dinge anwenden sollte, die mit Apparaten überprüft oder in Gleichungen ausgedrückt werden können. Ein wissenschaftliches Ergebnis muss überprüft werden können. Es muss sich durch Erfahrung bestätigen lassen, und zwar von jedem, der sich dies zur Aufgabe macht. Das bedeutet natürlich nicht, dass jeder so einfach Zugang zu diesem Wissen hat, so wie man etwa einen Fernseher einschaltet. Das trifft weder auf die Naturwissenschaft noch auf die kontemplative Wissenschaft zu. Auch der Physiker braucht Jahre der Ausbildung, bevor er die Gleichungen, die das Universum beschreiben, verstehen kann. Genauso braucht ein Meditierender Zeit, um seinen Geist wirklich und dauerhaft zu zähmen. Daher kann man auch nicht argumentieren: »Alle, die sich auf den Weg der Kontemplation begeben, geben vor, sie würden das Bewusstsein genau kennen. Das ist leicht gesagt, wo andere doch zu diesen Kenntnissen keinen Zugang haben und sie daher nicht überprüfen können!« Der Großteil dieser Leute wäre auch nicht in der Lage zu erklären, weshalb sie die Ergebnisse der Schrödinger'schen Wellengleichung[7] akzeptieren oder den Wissenschaftlern glauben, welche die Lichtgeschwindigkeit mit einem bestimmten Wert angeben. Ob es sich nun um wissenschaftliche oder kontemplative Erfahrungen handelt: Wer auch immer die Ergebnisse direkt überprüfen will, braucht dazu eine Ausbildung und einige Zeit der Erfahrung. Wichtig sind nicht sofortige Resultate, sondern die Tatsache, dass die Erkenntnisse unter Einsatz angemessener Mittel nachgeprüft werden können.

Die Gültigkeit einer wissenschaftlichen Theorie beruht also auf den Ergebnissen einiger Wissenschaftler, die auf die Bestätigung ihrer Hypothesen ausreichend Zeit und Energie verwendet haben. Sind sie sich dabei einig, dann kann man ihnen vernünftigerweise vertrauen und ihr Wissen in den Rang einer

»Wissenschaft« erheben. Die kontemplative Wissenschaft gründet sich dagegen im Wesentlichen auf die persönliche Erfahrung, sodass nur der, der sich einer solchen unterzieht, sie wirklich teilen kann.

T. Man muss hier unterscheiden zwischen intersubjektivem Wissen, das die kontemplative Tradition des Buddhismus prägt, und objektivem Wissen, wie es die Naturwissenschaft (zumindest früher einmal) sammelte. Im ersten Fall heißt das: »Stell dich dorthin, wo ich stehe, und du siehst dasselbe, was ich sehe.« Im zweiten Fall: »Diese Markierung hier wird immer gleich wahrgenommen, egal, wo man steht.« Ein schönes Beispiel liefert uns hier die so genannte Müller-Lyer'sche Täuschung, eine optische Illusion mit zwei Pfeilen (nach dem deutschen Psychiater und Soziologen F. Müller-Lyer).

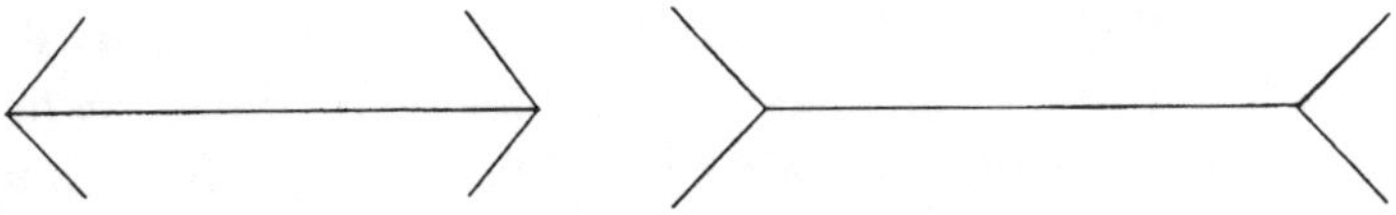

Das objektive Wissen ergibt sich in diesem Fall aus einer Regel: Legt man an beide Pfeile ein Lineal an, so wird jede Person, die diese Messung unternimmt, feststellen, dass die beiden Geraden genau gleich lang sind. Das intersubjektive Wissen gewinnen wir nun dadurch, dass wir verschiedene Personen fragen, für wie lang sie diese Geraden jeweils halten. Wir werden feststellen, dass sie durchweg der Auffassung sind, die beiden Geraden seien unterschiedlich lang, und zwar werden sie die rechte für etwa fünf Prozent länger halten. In beiden Fällen erzielen wir unter den Personen einen enormen Grad an Übereinstimmung, nur wird das erste Ergebnis mit einem Instrument (dem Lineal) erzielt, das zweite beruht auf persönlicher Erfahrung.

M. Was nun unsere persönliche Erfahrung angeht, so macht der Buddhismus einen Unterschied zwischen relativer, aber irriger Anschauung und relativer, aber korrekter Sicht der Dinge. Der erste Fall wäre gegeben, wenn man beispielsweise eine Luftspiegelung für Wasser hält. Der zweite, wenn man einen See als Wasser erkennt. Vom Standpunkt der absoluten Wahrheit sind beide frei von Eigenexistenz, und die einzige wirklich gültige Wahrheit ist die, dass Erscheinungen und Leerheit eins sind.

In unserem Vergleich von buddhistischer und wissenschaftlicher Methode haben wir bisher das Ziel beider Vorgehensweisen noch nicht betrachtet. Was also sucht die Wissenschaft?

T. Die Naturwissenschaften versuchen den Aufbau, die Entwicklung, die Beschaffenheit und das Verhalten der Dinge zu ergründen: Entwicklung und Geschichte des Universums, chemische Zusammensetzung der Galaxien, Reproduktionsmechanismen der lebenden Zelle und so weiter.

M. Diese Zielsetzung bestimmt letztlich den Wirkungsbereich der Wissenschaft und setzt den möglichen Erkenntnissen bereits bestimmte Grenzen. Wenn du dich dem Messbaren widmest, wird dir das Nichtmessbare immer entgehen. Wenn du das objektive Erfassbare studierst, vernachlässigst du die subjektive Erfahrung. Wenn du dich mit dem Sichtbaren beschäftigst, interessiert das Unsichtbare dich nicht…

T. Tatsächlich hängt die »Realität«, die man entdeckt, immer von den Fragen ab, die man sich stellt, und von den Instrumenten, die man zu ihrer Beantwortung einsetzt. Wenn man sich also ein Forschungsgebiet »absteckt«, sieht man nicht mehr, was außerhalb vorgeht.

M. Aber es geht nicht nur um unterschiedliche Instrumente. Wenn man zum Beispiel zum Gegenstand der Naturwissenschaft alles macht, was physikalisch erforscht, berechnet oder gemessen werden kann, bleibt von Anfang an alles außen vor, was nur auf subjektiver Erfahrung beruht und nicht materiell erfassbar ist. Diese Begrenzung gerät nur allzu leicht in Vergessenheit, sodass man am Ende glaubt, dass das *ganze* Universum nur aus materiellen Phänomenen besteht, die unabhängig von ihrem Beobachter existieren. Und dies ist eine bestimmte metaphysische Stellungnahme, ob man sich dessen nun bewusst ist oder nicht.

T. Ja, das ist ärgerlich. Damit riskiert man letztlich auch, dass bedeutsame Entdeckungen nicht gemacht werden. Aber der Ausschluss aller immateriellen Phänomene war in der Entwicklungsgeschichte der Naturwissenschaften sicher auch notwendig. Welche Ziele setzt sich denn die kontemplative buddhistische Wissenschaft? Sie interessieren sich ja wohl kaum für die Funktionsweise der Erscheinungswelt oder das Funkeln der Sterne.

M. Das Ziel der kontemplativen Wissenschaft des Buddhismus liegt zunächst einmal darin, unsere irrige Wahrnehmung der Realität aufzudecken und die wahre Natur des Geistes zu entdecken. So wird den fühlenden Wesen ein Weg gewiesen, wie sie ihren Wunsch nach Glück und nach Vermeidung von Leiden erfüllen können. Das Glück, das hier angesprochen ist, ist keine einfache Glücksempfindung, die sofort wieder verfliegt. Dieses Glück beruht auf dauerhaftem inneren Reichtum, der anfangs aus der Erkenntnis erwächst, dass unser Leben einen Sinn hat und dass wir im Augenblick des Todes nichts bedauern müssen.

T. Das ist sicherlich ein hohes Ziel, aber kann es tatsächlich auch von Menschen erreicht werden, die ständig um ihr tägliches Brot kämpfen müssen? Ein Minimum an materiellem Komfort muss ja wohl gesichert sein, damit genügend freie Zeit bleibt, in der man sich mit der Analyse seiner Gedanken und Handlungen beschäftigen und Gutes tun kann. Das ist ganz ähnlich wie in den Wissenschaften: Nur die wirklich reichen Länder wie die USA, Japan oder die europäischen Länder können es sich leisten, Grundlagenforschung zu betreiben, die – wie die Astrophysik – keinen sichtbaren Nutzen für das Alltagsleben hat. Mit leerem Bauch verliert man schnell das Interesse an der Entwicklung von Galaxien!

M. Natürlich steht die Arbeit an der inneren Entwicklung für den Großteil der Menschheit nicht gerade an erster Stelle. Ich bin aber nicht sicher, ob dies wirklich mit Reichtum oder Armut zusammenhängt. Denn häufig sind es gerade schwierige Bedingungen wie Verfolgung, Hungersnot oder andere Tragödien wie zum Beispiel der Völkermord in Tibet unter dem kommunistischen Regime, die dazu führen, dass die Spiritualität sich tief im Bewusstsein der Menschen verankert. Es gibt so viele Arten, diesen Schwierigkeiten zu begegnen! Doch wie auch immer die Umstände sein mögen, es ist wirklich wichtig, seinen Geist zu zähmen und zu verstehen, wie er die Welt wahrnimmt. Und genau dies ist das Forschungsgebiet der Kontemplation.

T. Welche Hypothesen stellt der buddhistische Wissenschaftler auf?

M. Seine Hypothesen basieren auf einigen grundlegenden Beobachtungen. Man fängt zunächst an, den Geist zu beobachten. Die Zielsetzung ist dabei, zu verstehen, was im Geist ein Gefühl von tiefer Zufriedenheit hervorruft und was ihn im Gegensatz dazu aus seiner Gelassenheit reißt. Dabei stellt man fest, dass Gefühle wie Gehässigkeit, Eifersucht, Begehren und Neid keine dauerhafte Befriedigung bewirken. Da sie einem egozentrischen Impuls entspringen, nähren sie unsere Tendenz, alles abzulehnen, was uns unangenehm erscheint, und allem hinterherzulaufen, was wir angenehm finden. So machen wir uns auf die illusorische Suche nach Glück, die jedoch nichts als Leid verursacht. Wenn wir uns dieser Täuschung bewusst werden, wird uns auch klar, dass wir die geistigen Faktoren, die unser Urteilsvermögen trüben, verändern müssen. Die Arbeitshypothese ist also die Folgende: Das Leiden entsteht aus negativen Gedanken, die ihrerseits der Anhaftung ans Ich entspringen. Lösen wir uns mehr und mehr von diesem Hängen am Ich, befreien wir uns Schritt für Schritt von der ersten Ursache des Leidens.

T. Und wie sieht das experimentelle Stadium aus?

M. Im experimentellen Stadium analysiert man die vorgeblichen Eigenschaften des Ichs, bis man versteht, dass dieses Ich nur ein mentales Etikett ist. Dann stellen wir fest, was passiert, wenn sich jede Form der Anhaftung an ein Ich auflöst. Im Versuchsstadium stellen wir des Weiteren fest, welche positiven Auswirkungen bestimmte Geisteshaltungen wie Großzügigkeit, Geduld oder Liebe haben und wie negativ die gegenteiligen Gefühle wirken. So entdecken wir Schritt für Schritt die Gesetzmäßigkeiten des Geistes. Darüber hinaus untersuchen wir die verschiedenen Methoden zur Befreiung von den »Geistesgiften« und setzen diese in die Praxis um.

T. Kann man die erzielten Ergebnisse tatsächlich als Gesetze in dem von uns vorher beschriebenen Sinn betrachten, das heißt als Beschreibung konstanter Beziehungen und Regularitäten zwischen verschiedenen Phänomenen?

M. Diese Ergebnisse sind kohärent, das heißt, sie sind durchgehend feststellbar. Hass beispielsweise führt wirklich niemals zu dauerhaftem Glück. Sicher gibt es Menschen, die bei einem Hassgefühl eine gewisse sadistische Befriedigung empfinden, aber jeder weiß, dass man mit derartigen Gefühlen nicht in Frieden leben kann. Diese Mechanismen sind den Gesetzen von Ursache und Wirkung unterworfen. Wut und Neid zerstören unweigerlich jedes Glücksgefühl, während Liebe und Mitgefühl es hervorbringen. Auch wenn wir vor dieser Wahrheit die Augen verschließen, so werden wir ihr doch nicht entkommen. Dies ist auch kein abstrakter Gedankengang, sondern ein Ergebnis eingehender experimenteller Untersuchung, deren Reflexionsprozess mindestens genauso lang, methodisch und exakt verläuft wie der des Wissenschaftlers, der physikalische oder mathematische Daten analysiert. Das Resultat lässt sich vielleicht nicht in Gleichungen darstellen, aber die Monate und Jahre, die man damit zubringt, seinem Geist bei der Arbeit zuzusehen, machen diesen klar, stabil und gelassen.

T. Am Anfang stammen die ersten Daten aus der Beobachtung anderer, aber am Ende wendet man sich nur noch sich selbst zu und studiert den eigenen Geist, oder?

M. Das geht Hand in Hand. Die Beobachtung anderer kann uns zwar die Augen öffnen, doch am wichtigsten ist es nach wie vor, den Blick nach innen zu wenden und den eigenen Geist zu studieren. Denn wenn es uns auch gelingt, die anderen hinters Licht zu führen, so ist es doch ungleich schwieriger, uns selbst zu belügen. Aus diesem Grunde sollten wir uns ständig im Spiegel unseres Geistes betrachten. Die kontemplative Erfahrung lässt unsere vorgefassten Ideen über die Welt und uns selbst in nichts aufgehen und konfrontiert uns mit der wahren Natur des Geistes. Sie zeigt uns klar, dass das Ich nichts weiter ist als ein geistiges Konstrukt. Diese Entdeckung aber verändert unsere Art der Weltwahrnehmung und damit unser ganzes Sein.

T. Wenden wir uns der Schlussphase der experimentellen Überprüfung zu. In der Wissenschaft sind Beobachtung und Experiment objektiver Natur, das heißt, dass sie nicht von dem Forscher abhängen, der sie durchführt. Ein vietnamesischer oder amerikanischer Forscher würde dieselben Ergebnisse erzielen wie sein französischer Kollege, wenn diese korrekt sind. Diese Objektivität ist die Grundlage wissenschaftlichen Arbeitens. Ein wissenschaftliches Resultat wird, vor allem wenn es die bisherigen Ergebnisse in Frage stellt, von der wissenschaftlichen Welt nur dann akzeptiert, wenn es von verschiedenen, voneinander unabhängigen Gruppen mit anderen Instrumenten und Methoden ebenfalls erzielt werden kann. Der buddhistische Erkenntnisweg hingegen beruht in erster Linie auf Meditation und Introspektion, die beide vor allem subjektiv und persönlich sind. Kann diese Art von Wissen jemals universelle Gültigkeit beanspruchen?

M. Die introspektive Wissenschaft litt lange unter den Vorurteilen im Westen, der mit dieser Form einfach nichts anfangen konnte. Es hieß, der Geist sei kein zuverlässiges Instrument und die Untersuchungen, die ihn selbst zum Gegenstand hatten, seien nicht reproduzierbar. Dies lag wohl daran, dass die Menschen im Westen, die sich damals mit introspektiven Methoden befassten, subjektiven Erfahrungen keinen besonderen Wert beimaßen und dass sie von dem ungeheuren kontemplativen Erfahrungsschatz des Ostens damals noch nicht profitieren konnten.

Die innere Erfahrung aber ist für den, der sie erlebt hat, unbestreitbar real, und ihre Ergebnisse sind auf lange Sicht auch objektiv erkennbar. Unsere Art, zu sein, zu sprechen und zu handeln, verändert sich. Wir entwickeln mehr Mitgefühl, Gelassenheit, Toleranz und Seelenstärke. Das sind die wichtigsten Erfolgskriterien dieser Erfahrung. Und auch wenn ein äußerer Beobachter die Auswirkungen bestimmter buddhistischer Übungen auf meinen Geist nicht selbst zu verifizieren vermag, so kann er sie doch an sich selbst überprüfen, wenn er sich nur die Mühe macht, die Übung auszuführen.

T. Welche Methode wird dabei eingesetzt?

M. Du hast erzählt, dass in Physik und Astrophysik die Instrumente immer besser und exakter werden. Beim kontemplativen Ansatz ist der Geist das Instrument. Anfangs ist er unbeständig, kapriziös, wenig stabil und ziemlich verwirrt. Er ist so schwer zu bändigen wie ein wildes Tier, das sich im Netz verfangen hat. Wir müssen ihn also besser einstellen und seinen Erkenntnisbereich erweitern, wie man beispielsweise den Durchmesser eines Teleskops erweitert. Diese Übung dient nicht zum Selbstzweck, sondern ist dazu da, das Instrument der Innenschau immer stärker zu verfeinern. Kontinuierliche Anstrengung macht unseren Geist also stabiler und ruhiger, sodass wir besser mit ihm umgehen können. Zuerst beruhigen sich die Wogen der Gefühle, dann lässt die Brandung unseres Denkens nach, und mehr Raum entsteht. Und plötzlich erkennen wir die Mechanismen der Anziehung und Abneigung, der Verdunkelung oder der Klärung des Geistes. Wir können sehen, wo wir zwanghaft und wo mit innerer Freiheit handeln.

T. Ich möchte gerne wissen, ob es nötig ist, die analytische Meditation hinter sich zu lassen, und wenn ja, wie man das macht. Heißt das, dass man störende Gedanken neutralisieren muss?

M. Es geht nicht darum, sie zu blockieren. Man verfolgt sie einfach an ihre Quelle zurück und betrachtet ihre wahre Natur. Dort entdeckt man, dass sie keineswegs so viel Macht über uns haben, wie wir gewöhnlich denken. Wenn man sie genauer betrachtet, haben sie weder Form noch Farbe. Sie haben keinen Ort, und wenn man ihnen Aufmerksamkeit schenkt, entschlüpfen sie uns. Sie kommen nirgendwoher und gehen nirgendwohin, wenn sie verschwinden. Ihre angebliche Festigkeit schwindet wie Raureif in der Sonne. Dann können wir in der ursprünglichen Einfachheit des Geistes verharren, in der natürlichen Klarheit des Augenblicks, der unerschütterlichen Heiterkeit, mit der uns die letztendliche Transparenz des Geistes umgibt. Wir denken weder an die Vergangenheit noch an die Zukunft, hegen weder Hoffnung noch Furcht. Doch auch diese Übung hat ein Ziel, nämlich jenes, am Ende den ungreifbaren Charakter unserer Gedanken zu erkennen. Denn die Erkenntnis ihrer Leerheit befreit uns von ihrer Herrschaft. Die störenden Gedanken verlieren Schritt für Schritt die Macht, in uns innere Stürme und negative Haltungen unserer Umwelt gegenüber auszulösen. Mit der Zeit wird man ein wahrer Experte für den Prozess der Befreiung, sodass man, wenn Gedanken aufkommen, sie kommen und gehen lässt wie ein alter Mann, der Kindern beim Spielen zusieht.

T. Wie lange dauert dieser Prozess für einen »gewöhnlichen Sterblichen«? Ein ganzes Leben lang?

M. Das hängt von den Fähigkeiten und dem Einsatz des Einzelnen ab. Anfangs ist das Erkennen eines Gedankens im Moment seiner Entstehung etwa so, als würde man ein Gesicht in der Menge erkennen. Später befreien die Gedanken sich selbst – wie eine Schlange, die ohne äußere Hilfe einen Knoten in ihrem Körper löst. Diese »Befreiung« hat allerdings nichts damit zu tun, dass wir nun plötzlich all unseren Launen nachgeben sollen. Befreiung heißt, dass unsere Gedanken aufhören, sich ohne Pause zu verketten und unseren Geist in Verwirrung zu stürzen. Im dritten Stadium schließlich hat man die Gedanken gezähmt, sodass sie uns nicht mehr schaden können. Man sagt, dass sie wie ein Dieb in einem leeren Haus sind: Der Dieb hat nichts zu gewinnen, der Hausbesitzer nichts zu verlieren. Die Gedanken entstehen und lösen sich auf, ohne Spuren zu hinterlassen, so als würde man mit dem Finger auf der Wasseroberfläche zeichnen.

T. Aber unterscheidet sich diese Erfahrung nicht stark von Mensch zu Mensch? Ein wissenschaftliches Experiment hingegen muss reproduzierbar sein.

M. Die persönliche kontemplative Erfahrung ist für einen Außenstehenden nicht nachvollziehbar. Anders als ein mit klassisch wissenschaftlichen Methoden gewonnenes Ergebnis kann sie nicht objektiv überprüft werden. Manchmal läuft sogar der Meditierende selbst Gefahr, seine Erfahrung falsch einzuschätzen. Mit der inneren Erfahrung geht jedoch eine dauerhafte äußere Veränderung einher, die sehr wohl objektiven Charakter hat.

Darüber hinaus kann man sagen, dass die Innenschau eine hohe Kohärenz in der Verwirklichung aufweist. Ob es sich nun um inneren Frieden, die Befreiung von der Anhaftung oder die Entwicklung von Liebe und innerer Stärke handelt, die Auswirkungen all dieser Eigenschaften ähneln sich, auch wenn sie sich bei völlig unterschiedlichen Menschen zeigen. Mittel und Techniken der Übenden sind ebenfalls ähnlich. Die Texte beschreiben den Weg bis ins kleinste Detail. Natürlich sind wir für diese Disziplinen unterschiedlich begabt, sodass die Zähmung unseres Geistes verschiedene Grade erreicht. Man könnte sagen, dass die einen ein »geistiges Teleskop« von einem Meter Durchmesser haben, während andere über eines von zehn Metern verfügen. Aber jeder, der sich auf diesen Weg begibt, erlebt mehr oder weniger dieselben Auswirkungen.

T. Stimmen die Beschreibungen in den verschiedenen Texten überein?

M. Hier sollten wir uns noch einmal den Unterschied zwischen objektivem und intersubjektivem Wissen vergegenwärtigen. Korrekt ausgeführt, bringt der kontemplative Ansatz bemerkenswerte intersubjektive Übereinstimmungen, die sich über Jahrhunderte hinweg bei allen Generationen von Übenden zeigen. Die Beschreibungen benutzen zwar nicht immer dieselben Bilder, aber die verschiedenen Stufen der Praxis und ihre jeweiligen Resultate stimmen überein. Einige Autoren meinen zum Beispiel, dass das Denken anfangs einem tosenden Wasserfall gleiche, dann einem Fluss mit einzelnen Stromschnellen darin, schließlich wandle es sich zu einem breiten, tiefen Strom, der hin und wieder von einem Windstoß aufgewühlt wird, und dann zum Ozean, dessen Tiefen auch im heftigsten Sturm unbewegt bleiben. In anderen Werken wiederum finden sich technischere Beschreibungen mit zahlreichen Details, die man allesamt überprüfen kann, vorausgesetzt, man macht sich die Mühe. Diese Texte beschreiben auch die einzelnen Stufen der nicht konzeptuellen Meditation, der reinen Kontemplation der Natur des Geistes, an deren Ende die Erleuchtung, die letzte Stufe innerer Erkenntnis steht.

T. Die Erleuchtung Buddhas?

M. Die des Buddha und all derer, die seinen Spuren folgen. Es gibt aber auch geringere Verwirklichungsebenen, deren Erreichen uns ebenfalls schon heitere Gelassenheit vermittelt. Der Erleuchtungszustand des Buddha ist umfassender als der eines Anfängers auf dem Weg. Das wäre etwa so, als würde man die Grenzenlosigkeit des Himmels mit dem winzigen Ausschnitt Blau vergleichen, den man durch ein Nadelöhr erspähen kann. Trotzdem ist das, was man sieht, immer derselbe Himmel. Wir können auch verschiedene erleuchtete Aspekte erfahren, ohne vollständige Erleuchtung erreicht zu haben. Man könnte vielleicht sagen, dass die kontemplative Wissenschaft qualitativer Natur ist, während die Naturwissenschaften eher quantitative Ziele haben.

T. Wenn du mit »quantitativ« meinst, dass es sich dabei um eine Wissenschaft handelt, die exakt misst und zählt, dann bin ich einverstanden. Aber »quantitativ« ist nicht gleichbedeutend mit »viel«. Es ist nicht das Ziel der Wissenschaften, eine große Anzahl von Fakten zu sammeln, ohne sie miteinander zu verbinden. Ganz im Gegenteil, auch die Wissenschaft ist darum bemüht, sie in einer ganzheitlichen Lesart zu vereinen. Es mag vielleicht stimmen, dass der Großteil der Wissenschaftler ein bruchstückhaftes Bild von der Realität hat, weil sie nur noch einzelne Facetten derselben studieren und schließlich den Wald vor lauter Bäumen nicht mehr sehen. Aber es gab immer auch Forscher mit enormem Weitblick, die den Wald auch in seiner Gesamtheit betrachteten. Sie konnten das große Ganze sehen und die Einheit hinter den Dingen wahrnehmen. Im 19. Jahrhundert beispielsweise vereinte der Schotte James Clerk Maxwell die Forschungsbereiche von Elektrizität und Magnetismus. Er zeigte, dass Lichtwellen elektromagnetische Wellen sind, und schuf so eine Verbindung zwischen Optik und Elektromagnetismus. Anfang des 20. Jahrhunderts vereinte Einstein Zeit und Raum. Und im Moment arbeiten die Wissenschaftler der Welt fieberhaft daran, eine große vereinheitlichte Theorie zu entwerfen, welche die vier Fundamentalkräfte[8] widerspruchsfrei aufeinander bezieht. Auch die Physik strebt also mehr der Einheit als der Vielfalt zu.

M. Genau diese grundlegenden Aspekte der Forschung sind es, welche die Physiker eigentlich dazu bringen müssten, den metaphysischen Auswirkungen ihrer Entdeckungen nachzugehen und ihr Bild von der Wirklichkeit in Frage zu stellen.

T. Das mag schon sein, aber kehren wir doch noch einmal zum Thema »Erleuchtung« zurück. Buddha ist also nicht der Einzige, der sie erlangt hat, nicht wahr? Kann denn wirklich jeder von uns zur Erleuchtung kommen?

M. Der Buddha bestätigt uns aus seiner Erfahrung, dass alle, die dem von ihm vorgezeichneten Weg getreulich folgen, dasselbe Resultat erzielen werden wie er selbst. Hat er nicht gesagt: »Ich habe euch den Weg gewiesen, nun ist es an euch, ihn zu beschreiten«? Jedes Wesen hat das Potenzial, die vollkommene Erkenntnis von der Natur des Geistes zu erlangen. Der Buddhismus glaubt an die ursprüngliche Güte im Menschen. Der Mensch, der sich von den negativen Faktoren befreit, die seinen Geist verdunkeln, erfährt einen unzerstörbaren inneren Frieden und ebensolches Mitgefühl. Erleuchtung ist kein Aufgehen in Gleichmut und Apathie. Auch unsere Sinne und all das, was das Leben so reich macht, werden dabei nicht ausgelöscht. Dieser Akt der Befreiung wird ganz im Gegenteil von unermesslich positiven Qualitäten begleitet – Liebe, Mitgefühl, Freude am Glück der anderen und Gleichmut allen Wesen gegenüber. Diese Qualitäten werden mit der Erleuchtung zu einem natürlichen Bestandteil unserer Geisteshaltung. Wir sind nicht mehr länger Sklaven unseres Egos und Spielball der widersprüchlichen Gefühle, die uns angesichts der Wechselfälle des Lebens überfallen. Schmerz oder Freude, Gewinn oder Verlust, Lob oder Kritik, Berühmtheit oder Anonymität lassen uns nicht mehr auf den Wogen unserer Emotionen auf und ab tanzen.

T. Aber woher weiß man denn, ob man sich nicht täuscht? In den Naturwissenschaften vergleicht man die Vorhersagen, die eine Theorie zulässt (zum Beispiel eine bestimmte Planetenbahn), mit den beobachteten Fakten. Stimmt beides überein, kann unsere Hypothese stolzen Hauptes in das Reich des anerkannten Wissens eintreten. Ist dies nicht der Fall, wird sie geändert oder gar zurückgewiesen. Das geozentrische Weltbild des Ptolemäus wurde vom heliozentrischen kopernikanischen Modell abgelöst, weil Ersteres nicht in der Lage war, die Planetenbewegungen hinreichend zu erklären.

M. Wenn die wissenschaftlichen Entdeckungen einer Landkarte gleichen, dann sind die Lehren Buddhas eine Art Reiseführer. Je weiter man vorankommt, umso klarer wird der Weg. Man stellt fest, dass man auf Schwierigkeiten trifft und langsamer wird, wenn man von den gegebenen Anweisungen abweicht. Diese Hindernisse können uns entmutigen, Zweifel, Verwirrung und Abscheu hervorrufen; geschickt eingesetzt, können sie aber auch rasche Fortschritte ermöglichen. All diese Fälle werden ausführlich in den verschiedenen Traktaten erläutert.

T. Die enge Verbindung zwischen Theorie und Erfahrung, die wir bereits aus den Naturwissenschaften kennen, wiederholt sich also hier. Die Theorie ist die Tatsache, dass die Anhaftung an ein Ich die Quelle unseres Leidens ist. Die Methode ist die Analyse dieser Ich-Vorstellung und ihrer Auswirkungen. Der Versuch ist die Anwendung dieser Methode in der Kontemplation. Und das Resultat ist das Sichauflösen dieser Anhaftung mit all den negativen Gefühlen, die sich daraus ergeben. Wenn man auf diesem Weg auf ein Hindernis trifft, werden andere kontemplative Mittel eingesetzt, um es zu überwinden. Man setzt die unterschiedlichsten Techniken ein, um sich vom Ego zu befreien, bis man schließlich diejenige herausgefunden hat, welche die besten Ergebnisse für die eigene Persönlichkeit verspricht. Jetzt verstehe ich besser, weshalb du immer wieder den Begriff »kontemplative Wissenschaft« benutzt. Dem Geiste nach stehen die Methoden des Buddhismus denen der Wissenschaft tatsächlich nahe. Was mich vor allem überrascht, ist die Tatsache, dass Innenschau reproduzierbar, also wiederholbar, ist.

M. Die Forschungsarbeiten der Psychologen zum Thema »Introspektion« sind meist deshalb fehlgeschlagen, weil sie sich nicht lange genug Zeit ließen, um Ergebnisse zu erzielen, und weil sie die Erfahrungen jahrtausendealter Traditionen nicht mit einbezogen. Daraus schloss man dann übereilt, dass die Resultate nicht reproduzierbar seien. Innenschau verlangt Ausdauer. Andernfalls durchdringt man das Phänomen nicht und lässt in seinen Bemühungen nach. Und den Naturwissenschaften schien die Introspektion bis vor kurzem noch verdächtig, eben weil sie qualitativer Natur war. Immer wenn man in den Naturwissenschaften ein neues Forschungsgebiet entdeckt, will man Daten sehen, Graphen, Bilder.

T. Die Neurologen arbeiten auch mit quantitativen Methoden, um das Phänomen des Bewusstseins zu erforschen.

M. Natürlich, die Technik hat enorme Fortschritte gemacht. Nun können wir unseren »Bilderstellungsmechanismus« genauestens untersuchen. Man weiß heute schon, dass im Gehirn unterschiedliche Regionen aktiv sind, je nachdem, ob wir eine Geste aktiv ausführen oder nur an sie denken. Auch beim Hören eines abstrakten und eines konkreten Begriffs werden verschiedene Zonen aktiviert. Erst kürzlich hat Francisco Varela mit seinem Team nachgewiesen, welcher Mechanismus die verschiedenen Teile des Gehirns verbindet, wenn es ein Objekt erkennt.[9] Er würde zu gerne ein Forschungsprogramm zur Neurologie der Meditation durchführen. Aber werden die Neurologen tatsächlich einmal die reine Innenschau beschreiben können, die Beobachtung der letztendlichen Natur des Geistes, die für jeden Meditierenden unverzichtbar ist? Im besten Fall werden sie doch herausfinden, welche Bereiche im Gehirn dabei angesprochen werden, was uns ja nichts über die *erlebte Qualität* der Meditation sagt. Denn wenn wir mittels neuester Messungen feststellen können, welche Hirnzonen bei der Wahrnehmung der Farben Rot und Blau angesprochen werden, so bleibt uns die gelebte Erfahrung der jeweiligen Farbe doch ein Rätsel.

T. Dazu muss man sagen, dass wir noch weit davon entfernt sind, sagen zu können, was im Gehirn geschieht, wenn wir lieben, hassen, etwas Neues schaffen oder Freude beziehungsweise Schmerz empfinden. Dabei sollten wir uns hüten, die quantitativen Methoden der Naturwissenschaft zu imitieren, wenn es um die Kognitionswissenschaft geht. Dies könnte nämlich durchaus zu Exzessen wie dem Behaviorismus führen, der Anfang dieses Jahrhunderts aus dem Bemühen entstand, die Psychologie in den Rang einer »objektiven« Wissenschaft zu erheben. Der Behaviorismus studierte das Verhalten der Menschen, indem er ausschließlich ihre Reaktionen auf einen externen Reiz beobachtete. Da die Behavioristen alles ablehnten, was nicht beobachtbar war, leugneten sie mitunter sogar die Existenz des Geistes, was einfach absurd ist.

M. Selbst wenn Menschen, die sich auf den kontemplativen Weg begeben haben, keine messbaren äußeren Anzeichen erkennen lassen, stellt dies ja nicht die Gültigkeit ihrer inneren Erfahrung und ihr Wandlungsvermögen in Frage. Ein Naturwissenschaftler kann ja auch alle möglichen seelischen Qualitäten oder Defekte haben, und trotzdem ändert sich nichts an den Messergebnissen, die er erzielt, wenn er die chemische Beschaffenheit eines Sterns oder die Wellenlänge von Sternenlicht untersucht.

Das erste und wesentliche Ziel der kontemplativen Wissenschaft ist es, ein besserer Mensch zu werden. Der dazu nötige Lebensstil mag entmutigend wirken, denn all seine Fehler aufzuspüren und sich von ihnen zu befreien, ist harte Arbeit. Die Vorstellung, unser eigenes Ich abzulegen, gefällt uns nicht. Lieber verharren wir in einer relativen Trägheit, die eines der schwerwiegendsten Hindernisse auf dem spirituellen Pfad ist.

T. Geht es in der Psychologie und in der Kognitionswissenschaft nicht um dieselben Themen?

M. Die Psychologie untersucht Gefühle, Verhaltensweisen, Erinnerungen, also all die Mechanismen, die unser Bewusstsein prägen. Die Kognitionswissenschaft hingegen studiert die mentalen Prozesse der Wahrnehmung, des Gedächtnisses, des Lernens … Doch all diese Forschungsarbeiten zielen nicht auf die innere Wandlung des Menschen ab.

T. Aber setzen sich denn nicht gerade Psychologie und Psychoanalyse dies zum Ziel?

M. Theoretisch wäre die Psychologie dazu in der Lage, wenn sie ihren Wirkungsbereich ausweitete und einige meditative Techniken in ihr Programm aufnähme. Bei der Psychoanalyse hingegen geht es um etwas anderes. Die Psychoanalyse versucht einen Kompromiss mit dem Ego zu schließen, einen Status quo herzustellen, mit dem das Ich ein »normales«, das heißt alltägliches Leben führen kann. Es geht dabei um eine Art Vergleich zwischen den Impulskräften des Egos und den Anforderungen der Gesellschaft, denen es genügen muss. Die kontemplative Wissenschaft zielt ja darauf ab, das Ego aufzulösen. In der Psychoanalyse hingegen wird das Ich zum Hauptthema. Man stärkt es sogar noch und verstrickt sich dabei immer mehr in diese Illusion. Mich erinnert das immer an das Bild eines Mannes, der versucht ein Heftpflaster abzuschütteln, ohne es aber loswerden zu können. In der kontemplativen Wissenschaft lässt man das Ich ohne Rückstände in Flammen aufgehen. Es geht also um weit mehr als nur die Stabilisierung unseres Geisteszustands, damit wir in der Gesellschaft nicht auffallen. Die Erleuchtung stellt keine Normalisierung unserer störenden Gefühle dar. Wir rekonstruieren unser Ego nicht mühselig, sondern befreien uns aus seinem Würgegriff. Außerdem führt die Erleuchtung auch zu einem Zustand intensiver Freude und inneren Reichtums. Diese Dimension scheint in der Psychoanalyse völlig zu fehlen.

Die kontemplative Wissenschaft hat ja zwei Ziele: Sie hilft uns nicht nur, die Natur des Geistes zu verstehen. Mit ihr begreifen wir auch die Erscheinungswelt besser, weil wir die innere Abhängigkeit zwischen Bewusstsein und der von ihm wahrgenommenen Welt klar erkennen.

T. Für einen Wissenschaftler hat die Vorstellung von einem intellektuellen Glück, das sich auftut, wenn man einen Schleier entfernt, der bisher ungekannte Geheimnisse der Natur verdeckt, etwas ausgesprochen Stimulierendes. Aber das genügt ja nicht, um ein menschliches Leben auszufüllen. Die Augenblicke, in denen die Wahrheit sich enthüllt, sind umwerfend, aber leider sehr kurz. Seit der Geburt der modernen Wissenschaften im 16. Jahrhundert hat unser Wissen exponentiell zugenommen – weiser sind wir dadurch nicht geworden. Diese Weisheit könnten wir durch die kontemplative Wissenschaft erreichen. Dies ist umso dringlicher geworden, weil wir mittlerweile die Macht entwickelt haben, das ökologische Gleichgewicht des gesamten Planeten und somit uns selbst zu zerstören. Die damit in Zusammenhang stehenden Probleme der Ethik stellen sich jeden Tag dringender, weil auch die Kluft zwischen Arm und Reich auf der Erde immer größer wird.

17

Das Bild im Spiegel

Der Beobachter und die Welt

Wie weit beeinflussen metaphysische Grundannahmen die Visionen der Wissenschaftler? Kann man denn die »Wirklichkeit« wirklich je fassen? Jede Beobachtung hängt notwendig vom Bewusstsein ab, das die aufgenommenen »Daten« interpretiert. Kann es unter diesen Voraussetzungen überhaupt eine absolute Erkenntnis geben?

THUAN Wie wir festgestellt haben, liegt der Unterschied zwischen Naturwissenschaften und kontemplativer Wissenschaft darin, dass der Blick des Beobachters sich bei Ersterer nach außen richtet, während er sich in der Kontemplation nach innen richtet, um sich selbst und die Wirklichkeit der Phänomene durch einen inneren Prozess zu erforschen. Das macht die Naturwissenschaften aber nicht »objektiver« als den kontemplativen Ansatz, denn im naturwissenschaftlichen Bereich gibt es ebenfalls eine subjektive Komponente. Auch als denkendes Wesen kann der Wissenschaftler die Natur nicht vollkommen objektiv betrachten. Einstein formulierte dies einmal so: »Physikalische Begriffe sind freie Schöpfungen des Geistes und ergeben sich nicht etwa, wie man sehr leicht zu glauben geneigt ist, zwangsläufig aus den Verhältnissen in der Außenwelt. Bei unseren Bemühungen, die Wirklichkeit zu begreifen, machen wir es manchmal wie ein Mann, der versucht hinter den Mechanismus einer geschlossenen Taschenuhr zu kommen. Er sieht das Zifferblatt, sieht, wie sich die Zeiger bewegen, und hört sogar das Ticken, doch hat er keine Möglichkeit, das Gehäuse aufzumachen. Wenn er scharfsinnig ist, denkt er sich vielleicht irgendeinen Mechanismus aus, dem er all das zuschreiben kann, was er sieht, doch ist er sich wohl niemals sicher, dass seine Idee die Einzige ist, mit der sich seine Beobachtungen erklären lassen. Er ist niemals in der Lage, seine Ideen anhand des wirklichen Mechanismus nachzuprüfen.«[1]

Wenn es mehrere plausible, sich aber gegenseitig ausschließende Theorien gibt, die ein Phänomen erklären, dann hat die Entscheidung für eine dieser Theorien meist metaphysische Gründe.

So konnte Einstein die wahrscheinlichkeitsorientierte Beschreibung der atomaren und subatomaren Wirklichkeit von Seiten der Quantenmechanik nie akzeptieren, weil er sich nicht von seinem erkenntnistheoretischen Realismus lösen konnte. Er hat viele Jahre damit zugebracht, nach den Fehlern in dieser Theorie zu suchen, ohne damit jemals Erfolg zu haben. Aus diesem Grund zog er sich dann ganz aus der Teilchenphysik zurück und zeigte nur ein sehr begrenztes Interesse an den großen Entdeckungen, die in den 50er-Jahren dieses Forschungsgebiet revolutionierten.

MATTHIEU Tatsächlich sind wissenschaftliche Ideen sehr viel häufiger von metaphysischen Grundannahmen beeinflusst, als man normalerweise glaubt. Der westliche Forscher neigt einfach dazu, hinter dem Schleier der Erscheinungen eine wirkliche, reale Welt anzunehmen und eine erste Ursache für das Universum zu suchen. Ein Wissenschaftler, der sich mit östlichem Gedankengut auseinander gesetzt hat, stellt die Solidität der Wirklichkeit viel eher zur Disposition. Er ist für die Idee einer wechselseitigen Abhängigkeit der Phänomene viel offener und kann sich eine Welt ohne konkreten Anfang durchaus vorstellen. Schon indem er innerhalb einer bestimmten Kultur aufwächst, »lernt« der Wissenschaftler, auf eine bestimmte Art zu denken. Diese steckt dann den metaphysischen Rahmen ab, innerhalb dessen er seine Theorie formuliert.

Alan Wallace, Wissenschaftsphilosoph und Übersetzer für buddhistische Texte, schreibt: »Vor miteinander unvereinbaren Theorien, die eine bestimmte Menge experimenteller Daten gleichermaßen zu erklären vermögen und zu identischen Vorhersagen führen, verliert der Wissenschaftler schnell den Mut und wendet sich anderen Dingen zu. Oder er stellt die Hypothese auf, dass eine und nur eine von diesen Theorien (oder gar eine Theorie, die noch nicht formuliert wurde) die physische Wirklichkeit erklärt. [...] Doch allein der Glaube daran, dass die physische Wirklichkeit letzten Endes von einer und nur einer Theorie erklärt werden kann, stellt bereits eine metaphysische Hypothese dar, die von den meisten Wissenschaftlern unserer Zeit geteilt wird. [...] Wenn es nichts Außergewöhnliches ist, dass verschiedene, miteinander nicht kompatible Theorien ein und dasselbe Phänomen erklären, was sagt uns dies über die Natur des objektiven Universums? Es scheint doch so, als bestünde die Aufgabe der Physik darin, einen Fächer von Möglichkeiten auszubreiten, aus dem dann jeder, je nach metaphysischer Neigung, dann die aussucht, die ihm am realistischsten erscheint! [...] Kann man die Anzahl von möglichen Theorien, die dieselbe Datenmenge erklären sollen, irgendwie reduzieren? Aber wer wollte denn die Kreativität menschlichen Vorstellungsvermögens einschränken oder gar die Anzahl der Theorien, die dieses übersteigen? [...] Wenn es am Ende doch die Metaphysik ist, die uns veranlasst, eine Erklärung des Universums für wahrscheinlicher zu halten als die andere, warum begrenzen wir dann unsere Auswahl an Möglichkeiten überhaupt nur auf das, was uns die Wissenschaft anbietet?«[2]

Im Laufe unserer Unterhaltung haben wir diese Frage schon einmal gestreift: bei den parallelen Universen, deren Existenz niemals bewiesen werden kann, und bei dem Problem, was vor dem Urknall oder wenigstens vor der Planck'schen Zeitgrenze geschehen ist, die ja den ersten bisher von der Physik formulierbaren Moment darstellt.

T. Selbst der objektivste Forscher hat also bestimmte Grundannahmen, die im Übrigen auch der eigentliche Motor wissenschaftlicher Forschung sind. Denn wie sollte der Wissenschaftler ohne jede vorgefasste Meinung, ohne jedes Paradigma also, in der Lage sein, unter den unzähligen Informationen, welche die Natur ihm liefert, gerade jene herauszufinden, die am bedeutungsvollsten sind und sich folglich am besten dazu eignen, neue Gesetzmäßigkeiten und Prinzipien zu enthüllen? Das Aussortieren der Fakten ist nämlich ein wichtiger Teil der wissenschaftlichen Arbeit. Die größten Wissenschaftler sind jene, welche die Kunst beherrschen, aus einem Wust von unwichtigen Daten das Wesentliche herauszufiltern. Wir haben bereits gesehen, wie Newton sich ausschließlich auf lineare Systeme stützte, um seine allgemeine Gravitationstheorie zu formulieren, und alle chaotischen Systeme beiseite ließ. Das Bewusstsein prägt die Realität also ganz unvermeidlich. Und der Wissenschaftler sieht nur das, was er sehen kann oder will.

M. Einstein sagte auch. »Es ist prinzipiell falsch, eine Theorie einzig auf die beobachtbaren Größen zurückführen zu wollen, denn in Wirklichkeit geschieht genau das Gegenteil. Die Theorie entscheidet darüber, was wir beobachten können.«[3]

T. Der Vater der Evolutionstheorie, Charles Darwin, erzählt dazu eine aufschlussreiche Anekdote. Auf einer Reise brachte er einmal einen ganzen Tag am Ufer eines Flusses zu und sah dort nur Steine und Wasser. Elf Jahre später kam er an diesen Ort zurück, um dort nach Gletscherspuren zu suchen. Die entsprechenden Strukturen fielen ihm sofort ins Auge. Nicht einmal ein erloschener Vulkan hätte deutlichere Spuren hinterlassen können als dieser alte Gletscher. Darwin fand, was er suchte, erst in dem Moment, als er wusste, wonach er suchte. Und ähnliche Beispiele gibt es viele.

M. Wissenschaftler versuchen generell, neue Phänomene in einen bereits vorhandenen konzeptuellen Rahmen zu integrieren. Diesen metaphysischen Rahmen, in dem sie operieren, stellen sie nicht gerne in Frage.

T. Eine wissenschaftliche Neuorientierung ergibt sich meist

dann, wenn eine größere Anzahl Fakten bekannt wird, die sich nicht mit dem alten Schema verrechnen lässt. Diese zwingen uns dann, den Rahmen unseres Denkens zu erweitern. Häufig geschieht dies, wenn geniale Denker plötzlich Verbindungen zwischen vorher getrennt betrachteten Phänomenen erkennen. Der Wissenschaftshistoriker Norwood Russell Hanson meint dazu: »Der modellhafte Beobachter ist nicht jener, der sieht, was alle in den beobachteten Phänomenen sehen, sondern derjenige, der in bekannten Objekten und Ereignissen plötzlich etwas erkennt, was vor ihm noch niemand entdeckt hat.«[4] Newton hat die allgemeine Gravitation entdeckt, als er den Fall eines Apfels mit der Bewegung des Mondes um die Erde in Zusammenhang brachte. Die Relativitätstheorie wurde geboren, als Einstein die Verflechtung von Raum und Zeit erkannte. Diese Heldentaten auf dem Gebiet der Kreativität und Imagination sind aber kein purer Zufall. Sie reifen innerlich, nähren sich von anderen Konzepten und verbinden schließlich äußere Elemente, die dem Augenschein nach getrennt sind, zu einem Ganzen. Die experimentelle Methode und die immer weiter fortschreitende Perfektionierung der Messgeräte erlaubte dem Menschen, die Phänomene zuerst zu beobachten und sie dann anhand von vernunftgeborenen Gesetzmäßigkeiten zu erklären. Kann denn ein Buddha wirklich nur mithilfe des erleuchteten Geistes, also ohne komplexe Geräte die Wirklichkeit erfassen?

M. Zur Beantwortung dieser Frage müssen wir zunächst einmal klären, was der Buddhismus unter »Wirklichkeit« versteht. Dabei geht es nämlich nicht um die Wirklichkeit eines gewöhnlichen Sterblichen, der alle Phänomene als real wahrnimmt. Die buddhistische Realität ist die Leerheit, die wechselseitige Bedingtheit. Unwissenheit steckt in der Kluft zwischen der tatsächlichen Seinsweise der Dinge und der Art, in der sie uns erscheinen. Ein Buddha begreift die Welt ohne jedes andere Instrument als dem seines eigenen Geistes. Durch Analyse und kontemplative Erfahrung erkennt er, dass sowohl das Ich als auch die Eigenschaften, die wir gewöhnlich den Phänomenen zuordnen, nur eine begriffliche Existenz haben. Man sagt, dass die Erleuchtung eines Buddha zur Allwissenheit führt, da die Erkenntnis der letztendlichen Wahrheit der Dinge natürlich auch das Wissen um die unendliche Vielfalt der Erscheinungen umfasst.

T. Können wir aber die Realität ohne Konzepte wirklich wahrnehmen? Ich möchte hier als Beispiel die verschiedenen Phasen erwähnen, die in meinem Fachgebiet vor dem Zugang zur Wirklichkeit liegen. In der Astronomie ist es das Licht, das uns die Kommunikation mit dem Universum erlaubt, weil es uns Informationen aus den weit entfernten Teilen des Kosmos bringt. Bevor sie von den Teleskopen aufgefangen und dann in Bilder umgesetzt wird, macht die Lichtbotschaft eine lange intergalaktische Reise. Das Bild wird schließlich von unserem Auge aufgenommen und an unser Gehirn weitergeleitet, das es in vielerlei Hinsicht interpretiert. Erst in dieser Phase wird die Wirklichkeit tatsächlich wahrgenommen.

M. Der Buddhismus geht davon aus, dass das normale Bewusstsein die Wirklichkeit (oder das, was wir Wirklichkeit nennen, weil wir es noch nicht korrekt analysiert haben) niemals wahrnimmt. Im ersten Moment des Wahrnehmungsprozesses erfassen unsere Sinne ein Objekt. Dann wird daraus ein nicht begriffliches geistiges Bild von einer Form, einem Ton, einem Geschmack, Geruch oder einer Tasterfahrung. Von diesem Moment an klinken sich dann unsere begrifflichen Mechanismen ein. Das Gedächtnis tritt auf den Plan, unsere karmischen Tendenzen, sodass letztlich eine Vielzahl aufeinander folgender Bewusstseinsmomente das Bild des Objekts als dies oder jenes identifiziert. Diese interpretieren das Bild und weisen ihm positive oder negative Gefühle zu. In der Zwischenzeit ist das Objekt, das ja der Vergänglichkeit unterworfen ist, schon nicht mehr das, was es zu Anfang war. Unser gewöhnliches begriffliches Denken ist daher *niemals* in der Lage, ein Objekt ohne Zeitverzögerung wahrzunehmen. Es hat nur mit geistigen Bildern von bereits nicht mehr existierenden Phänomenen zu tun. Außerdem ist das geistige Bild, von einer Blume beispielsweise, trügerisch, denn wenn wir an die Blume denken, sehen wir gewöhnlich nicht, dass sie vergänglich und ohne Eigenexistenz ist. Der Buddhismus bezeichnet dies als »unrichtige Wahrnehmung«. Es ist aber möglich, diese durch eine korrekte Wahrnehmung zu ersetzen, welche die wahre Seinsweise der Blume (die Leerheit) erkennt und sich vom gewöhnlichen Denken nicht beeinflussen lässt. Es heißt deshalb, dass ein Erleuchteter die reine, nicht begriffliche Wahrnehmung vom geistigen Bild unterscheiden kann.[5]

T. Also hat der Buddhismus bereits 2000 Jahre vor Kant und der Kognitionswissenschaft erkannt, dass das, was wir wahrnehmen, nur eine geistige Rekonstruktion der Außenwelt ist und dass sich die Welt niemals völlig vom Bewusstsein trennen lässt. Diese Zeitverzögerung zwischen Wahrnehmung und Wirklichkeit erreicht in der Astronomie enorme Werte, da zwischen der Erde und den astronomischen Objekten eine ziemliche Wegstrecke liegt, die nicht einmal das Licht schnell zurücklegen kann. Obwohl nichts schneller ist als Licht (etwa 300 000 Kilometer pro Sekunde, das bedeutet, dass es siebeneinhalbmal um die Erde rasen könnte, während wir einmal die Augen schließen), kann es trotzdem nicht ohne Zeitverzögerung »reisen«. In den Weiten des Universums wird es gar zur Schildkröte. Auf der Erde erblicken wir den Mond so, wie er vor einer Sekunde war. Das Sonnenbild, das uns erreicht, ist bereits acht Minuten alt, und das vom nächstliegenden Stern vier Jahre. Das Licht, das uns vom Andromedanebel, der nächsten Galaxie, erreicht, hat seine Reise begonnen, als auf der Erde gerade der erste Mensch erschien, also vor etwa zwei Millionen Jahren. Der Blick in weite Fernen ist in der Astronomie immer auch ein Blick in die Vergangenheit. Teleskope sind also wahre Zeitmaschinen. Die größten unter ihnen erlauben uns einen Blick in die Zeit von vor etwa zwölf Milliarden Jahren, also zwei oder drei Milliarden Jahre nach dem Urknall. Einige der Sterne, die wir sehen, sind vielleicht schon längst ausgebrannt und am aktuellen Himmel gar nicht mehr sichtbar. Aber die Nachricht von ihrem Verschwinden wird uns erst in Millionen oder Milliarden Jahren erreichen.

Doch genau diese Zeitverzögerung ist es auch, die uns sozusagen an die Quellen des Nils vorzudringen erlaubt. Wir können bis an den Beginn der Zeit zurückgehen und die Geschichte des Universums rekonstruieren.

Nehmen wir zum Beispiel das Sternenlicht: Bevor es unser Auge erreicht, wird es auf seiner Reise durch Sternenwelten und Galaxien natürlich verändert. Stellen wir uns einmal vor, dass Licht von einer weit entfernten Galaxie ausgeht. Dieses Licht ist die Summe aller Strahlungen, die von Abermilliarden Sternen ausgeht, welche diese Galaxie bilden. Zuerst verlässt es den heißen Mittelpunkt dieser Sterne, wo es durch Kernreaktionen entstanden ist. Dann durchquert es die Atmosphäre der Sterne und wird von deren chemischen Elementen absorbiert.[6] Dann durchmisst es den interstellaren Raum innerhalb der Galaxie. Dort trifft es auf Staubwolken, die mehr blaues als rotes Licht absorbieren, weshalb das Licht dort rot erscheint.[7] Nun reist es einige Milliarden Jahre lang durch den intergalaktischen Raum, wo wieder ein wenig von den vorhandenen Wasserstoffwolken absorbiert wird. Schließlich dringt es in unsere Galaxie, die Milchstraße, ein und wird vom interstellaren oder interplanetaren Staub erneut rot »gefärbt«. Wenn es dann in die Erdatmosphäre eintritt, lenken die Luftmoleküle es ab, sodass die Bilder, die uns auf der Erde erreichen, verzerrt erscheinen.[8] Das Licht, das wir am Ende wahrnehmen, ist also im Vergleich zu seinem Ausgangszustand wesentlich verändert. Wenn wir seinen Weg zurückverfolgen, können wir mit statistischen Mitteln (das heißt nicht wirklich, denn wir kennen ja die Anzahl der Gas- und Staubwolken nicht, die es durchquert hat) seine ursprünglichen Charakteristika rekonstruieren.

M. Und sobald das Licht auf der Erde eintrifft, wird es von den Astronomen »aufgefangen«, registriert und interpretiert.

T. Das menschliche Auge mit seinen 2,5 Millimeter Pupillendurchmesser ist ein sehr schwacher Lichtrezeptor, obwohl es in der Lage ist, einen Stern wahrzunehmen, der 25 Millionen Mal schwächer leuchtet als der Mond. Für einen Astronomen ist das

Auge also ein kaum brauchbares Instrument. Hier kommen ihm die Teleskope zu Hilfe, und das in zweifacher Hinsicht: Sie vergrößern die Bilder, wodurch mehr Details sichtbar werden. Aber sie sind auch lichtempfindlicher als das Auge und können lichtschwächere, also weiter entfernte Objekte besser darstellen. Das erste historisch belegte Teleskop wurde 1609 von Galilei aufgestellt und hatte eine Linse von etwa 10 Zentimetern Durchmesser. Das im 20. Jahrhundert gebaute Keck-Teleskop, das auf dem erloschenen Vulkan Mauna Kea auf Hawaii steht, hat eine Linse von 10 Meter Durchmesser. Für mich sind Teleskope die Kathedralen unserer Zeit. Wie die Turmspitzen der Kathedralen wenden sie sich in jeder klaren Nacht dem Himmel zu, um das Licht aus dem Kosmos zu empfangen.

Aber die Astronomie hat auch Teleskope erfunden, mit denen man für das menschliche Auge unsichtbares Licht aufnehmen kann. Oberhalb der Erdatmosphäre hat man Teleskope in eine Umlaufbahn gebracht, die Gamma-, Röntgen- und ultraviolette Strahlung empfangen. Auf diese Weise können wir Phänomene von ungeheurer Energie und Gewalt beobachten. Das Hubble-Weltraumteleskop zum Beispiel umfliegt in einigen hundert Kilometern Höhe die Erde. Du kannst dir vielleicht vorstellen, dass ich den Teleskopsatelliten nicht selbst steuere, wie ich es mit einem Teleskop auf der Erde machen würde. Ich schreibe ein Beobachtungsprogramm und schicke es per Internet an die zentrale Steuerung in Baltimore, die dann für mich die Beobachtungen mit dem Teleskop durchführt. Diese Beobachtungen werden in Zahlen konvertiert und gespeichert. Schließlich erhalte ich ein Magnetband mit den vom Satelliten aufgenommenen Bildern, die ich mir in aller Ruhe in meinem Büro betrachte. Der Computer macht aus den Zahlen wieder Bilder und zeigt mir auf dem Bildschirm die Galaxien in all ihrer Schönheit – und in einer Farbigkeit, die letzten Endes gar nicht existiert.

Je komplizierter und ausgefeilter sein Instrumentarium ist, desto mehr entfernt sich der Astronom von der nackten Wirklichkeit, die er nur noch durch die Filter einer Technik von albtraumhafter Vielschichtigkeit betrachten kann – manipuliert, in Zahlenreihen konvertiert und von Maschinen mit gewaltiger Rechenleistung wieder in Bilder zurückverwandelt.

Galilei hatte zu seiner Zeit enorme Schwierigkeiten, seinen Kollegen klarzumachen, dass die wunderbaren Dinge, die seine astronomische Linse ihm offenbarte, tatsächlich existierten. Sie dachten nämlich, dass die Jupitersatelliten und die Mondberge, die er entdeckte, nichts weiter seien als von der Linse verursachte optische Täuschungen! In der modernen Astronomie hat dieses Problem jedoch weit gravierendere Formen angenommen. Die einzelnen Zwischenstufen zwischen der Aussendung des optischen Signals und seines Empfangs auf der Erde sind so zahlreich und vielfältig, dass man sich fragen kann, wie viel »Realität« denn an dem empfangenen Bild noch dran ist. Der moderne Astronom muss also ständig auf der Hut sein und überprüfen, ob die Signale, die er empfängt, tatsächlich aus dem Kosmos kommen und nicht vom Menschen oder von elektronischen Fehlleistungen seiner Messgeräte stammen. Und trotz aller Vorsichtsmaßnahmen passiert es immer wieder, dass neue, Aufsehen erregende Entdeckungen sich als Messfehler herausstellen!

M. Nun, das verleiht der Forschung doch ein wenig Würze! Aber folgen wir doch weiter der Reise des Lichts. Wir waren im Auge angekommen…

T. Die Netzhaut des menschlichen Auges besteht aus mehr als hundert Millionen Zellen. Von diesen Zellen gibt es zwei Typen: etwa fünf Millionen Zäpfchen, die hohe Lichtstärken verarbeiten können und für das Farbsehen bei Tageslicht verantwortlich sind, und etwa hundert Millionen Stäbchen, die auf schwache Lichtstärken ausgelegt sind und das monochrome Sehen bei Nacht begünstigen. In jedem Zäpfchen und jedem Stäbchen finden sich Pigmente. Die Moleküle dieser Pigmente empfangen das Licht in einem seltsamen Tanz. Im Ruhezustand, wenn sie nicht vom Licht aktiviert werden, sind die Pigmentmoleküle eng mit einem Protein verbunden und quasi »zusammengefaltet«.

Sobald ein Lichtpartikel es aber streift, befreit es sich von dem Protein und stellt sich auf. Nach einer gewissen Zeit faltet es sich wieder zusammen und wartet auf das nächste Lichtteilchen. Diese zeitweise Inaktivität führt dazu, dass jedes Bild unvermeidlich lichte Zonen (mit aktiven Pigmenten) und dunkle Zonen (mit inaktiven Pigmenten) enthält. Die Bilder aber, die wir in unserem Gehirn enthalten, haben keine dunklen Punkte. Die Zäpfchen und Stäbchen arbeiten nämlich so zusammen, dass die Signale, die in unserem Gehirn ankommen, uns den Eindruck eines kontinuierlichen Lichtstromes vermitteln. Wie du siehst, wird die Wirklichkeit auch beim Sehen verformt. Die Veränderungen, die das Licht auf seinem Weg vom Stern zum Auge erfährt, könnte man im Prinzip umgehen, doch was im Gehirn des Menschen geschieht, unterliegt nicht unserem Einfluss. Der Sehprozess ist nämlich äußerst komplex. Das Gehirn verarbeitet die Lichtsignale und lässt dabei die in unserem Gedächtnis gespeicherten Erfahrungen einfließen. Außerdem spielt noch eine Rolle, worauf wir unsere Aufmerksamkeit richten. Das aus dieser Synthese entstehende Bild ist daher immer subjektiv gefärbt.

M. Also landen wir am Ende unserer langen Reise doch wieder beim Bewusstsein. Ob ein Ereignis sich also direkt vor unseren Augen abspielt oder ob es mehrere Milliarden Jahre zurückliegt, am Ende hält doch das Bewusstsein die Zügel in der Hand. Also ist es doppelt wichtig, sich über die Natur des Bewusstseins und dessen, was es wahrnimmt, klar zu werden. Das Bewusstsein der Vergangenheit existiert nicht mehr, das Bewusstsein der Zukunft noch nicht, und wenn wir das Bewusstsein der Gegenwart einmal gründlich unter die Lupe nehmen, stellen wir fest, dass es nichts gibt, was tatsächlich eine reale Existenz besitzt. Das Bewusstsein existiert nicht als unabhängige Einheit, sondern in Form dynamischer und kontinuierlicher Wechselbeziehungen, die für uns eine bestimmte Funktion übernehmen. Und dasselbe gilt letztlich für die Wirklichkeit, die ebenfalls keine unabhängige Existenz hat.

Ganz egal, wie kompliziert und subtil die Instrumente, Theorien und Berechnungen auch sein mögen, am Ende ist es allein das Bewusstsein, das die Interpretation übernimmt. Und in diese Interpretation fließen seine bisherigen Kenntnisse ebenso ein wie die Vorstellungen, die es sich von dem wahrgenommenen Phänomen macht. Man kann die Schlüsse, die es aus seinen Beobachtungen zieht, nicht von seiner Funktionsweise trennen. Die unterschiedlichen Aspekte, die wir an den Phänomenen wahrzunehmen glauben, werden nicht nur von den Mitteln der Beobachtung beeinflusst, sondern auch von den Konzepten, mit denen man an dieselbe herangeht. Wir denken beispielsweise, dass Größe und Leuchtkraft eines Sterns diesen notwendig charakterisieren, doch letztendlich sind dies nur Zuordnungen, die wir selbst vornehmen.

Wenn diese Zuordnungen immer präziser und zahlreicher werden, wenn sie reproduzierbar sind und sich dabei als unabhängig von Versuchsanordnung, Ort, Zeit und Individuum erweisen, glauben wir schließlich, dass ihre Gesamtheit eine eigenständige Wirklichkeit beschreibt.

Kommen wir doch noch einmal auf das Licht zurück, dessen langen Weg du so eingehend beschrieben hast. Nehmen wir einmal an, wir könnten seine ursprüngliche Gestalt rekonstruieren, welche Realität würde es dann aufweisen? Entspricht das Licht einem Photon, einer von einem Apparat gemessenen Wellenlänge, einer mithilfe mathematischer Operationen errechneten Zahl, einer vom Auge wahrgenommenen Farbe, einer von der Haut aufgenommenen Wärme oder einem Ausschlag am Messgerät? Seine Qualitäten können also nur in Bezug auf etwas anderes enthüllt werden. Sie hängen somit von den Beobachtungsmethoden und vom Beobachter ab. Man kann folglich kaum eine dieser Qualitäten herausnehmen und sie als wahre Natur des Lichts hinstellen. Stattdessen könnte man sagen, dass sie die Kenntnis beschreiben, die wir mittels verschiedener Methoden von diesem Phänomen erlangt haben.

Außerdem hätte eine von unseren Sinnen und unserem Denken unabhängige Realität für uns nicht die geringste Bedeutung.

Welche Theorie könnte denn eine Realität beschreiben, die unabhängig von unserem Intellekt existiert? Wie sollten uns die Eigenschaften dieser Realität erscheinen – unabhängig von der Tatsache, dass wir sie erkunden wollen? Diesen Gesichtspunkt hat Henri Poincaré erkannt, als er schrieb, dass eine Realität niemals unabhängig von dem Geist ist, der sie erkennt, sieht oder fühlt. Er meinte, dass eine uns solchermaßen fremde Welt, sollte sie denn existieren, uns für immer unzugänglich bliebe.[9]

Alan Wallace weist genau auf dieses Problem hin; er schreibt: »Wenn man in Kenntnis aller Fakten ungerührt weiter dem wissenschaftlichen Realismus anhängt, bedeutet dies, dass man ganz bestimmte Prämissen akzeptiert. Diese wären: 1) Die Welt der Materie existiert unabhängig von der menschlichen Erfahrung. 2) Sie ist dem menschlichen Denken (dem mathematischen oder anderen Formen) trotzdem zugänglich. 3) Unter den vielen potenziellen Möglichkeiten zur Erklärung der Erscheinungswelt ist eine und nur eine richtig. 4) Die Wissenschaft sollte sich der Erforschung dieser einen für wahr gehaltenen Theorie widmen. 5) Die Wissenschaftler werden diese Theorie mit Sicherheit anerkennen.«[10]

Das Bild, das die Naturwissenschaften von der Welt liefern, bezieht sich auf Beobachtungen, die in dem Versuch, ihre weitere Entwicklung vorherzusagen, interpretiert werden. Es beweist also nicht, dass es eine autonome Realität gibt. Daher scheint es legitim, sich die Frage zu stellen, ob tatsächlich eine sich selbst definierende Wirklichkeit existiert. Man kann schließlich nicht sagen, dass es »nichts« wirklich gibt, denn die Phänomene erscheinen ja, und wir können ihre beobachtbare Realität nicht leugnen. Wir können also weder behaupten, dass die Erscheinungswelt eine unveränderliche Wirklichkeit darstellt, noch, dass sie nur in unserem Geist existiert.

T. Samuel Johnson, der extravagante, aber mit gesundem Menschenverstand begabte Arzt und Essayist, antwortete Bischof George Berkeley, der gemeinhin als Begründer des Idealismus gilt, einmal, dass es genüge, mit dem Fuß kräftig gegen einen Stein zu stoßen, um sich seiner Wirklichkeit schmerzhaft bewusst zu werden. Johnson war für seine Bonmots bekannt!

M. Nun, in diesem Fall hat Johnson zwar dem Idealismus einen kräftigen Rempler versetzt, ist dabei aber gleichzeitig seinem Gegenteil, dem Realismus, aufgesessen. Um diesen loszuwerden, ist ein Tritt gegen einen Stein wohl kaum ausreichend. Hier müssen wir die Realität bis in ihre letzten Bestandteile gründlich analysieren. Wie wir bereits gesehen haben, können vom buddhistischen Standpunkt aus betrachtet diese Bestandteile keine Eigenexistenz haben. Unsere dinghafte Wahrnehmung der makroskopischen Welt ist nur das Resultat unserer karmischen Tendenzen, die wir in zahllosen Leben angesammelt haben. Die Erscheinungswelt ist ein Spiel von ständig wechselnden Beziehungen, die sich ausschließlich in Abhängigkeit von anderen Phänomenen kundtun. Kurz gesagt sind die Erscheinungen nichts weiter als ein Konglomerat von »Verhältnissen«, die von unserer Gewohnheit, die Dinge als autonom und mit einer Eigenexistenz behaftet anzusehen, in Einzelteile zerlegt werden. Die Tatsache, dass diese Beziehungen eine gewisse zeitliche Kontinuität zu haben scheinen, verleiht ihnen noch keinen Realitätscharakter. Die Dauer einer Illusion ändert nichts an ihrem Charakter. Kann man unter diesen Umständen noch von einer Wirklichkeit sprechen?

M. Ich vertrete hier wieder den platonischen Standpunkt. So wie die Mathematik in der Welt der Ideen unabhängig vom Gehirn des Menschen existiert, so gibt es meiner Ansicht nach auch eine Wirklichkeit, die vom Wissenschaftler und seinen Instrumenten unabhängig ist und dem Menschen auch nicht unbedingt zugänglich ist. Um das berühmte Höhlengleichnis, das wir bereits erwähnt haben, wieder aufzunehmen: Wir sind wie Platons Menschen. Wir sitzen in einer Höhle und sehen an den Wänden nur die Schatten der Außenwelt. Und wie die Höhlenmenschen halten wir diese Schatten für die wirkliche Welt. Auch ich glaube, dass es eine letzte Wirklichkeit gibt, aber dass sie uns

»verhüllt« ist, wie Bernard d'Espagnat sagt. Unsere Sinne und unsere Messinstrumente können sie nicht direkt erfahren.

M. Aber eine letzte Wirklichkeit, die tatsächlich existiert, ist doch ein Trugbild. Die Realität, die wir mit unseren Sinnen und Instrumenten erfassen, ist eine »konventionelle« Realität, die am Geist des Beobachters teilhat und mit seiner Funktionsweise eng verbunden ist. Daher kann man auch nicht behaupten, dass die Eigenschaften, die man an einem Objekt wahrnimmt, diesem wesentlich zugehören. Man kann sie von ihrer Konzeptualisierung im Geist überhaupt nicht trennen. Genau darum geht es dem Buddhismus, wenn er sagt, dass die charakteristischen Eigenschaften, die wir den Dingen zuschreiben, diesen nicht innewohnen. Es gibt keine Objekte, die sich selbst definieren.

T. Dann gäbe es aber auch keine absolute Erkenntnis?

M. Nicht was die Wahrnehmung der Erscheinungswelt angeht. Wenn ein Objekt für sich selbst und aus sich selbst heraus existiert, dann würden seine Eigenschaften in unsere Sinne »eindringen«. Jeder würde sie gleich wahrnehmen. Diese Wahrnehmung wäre nicht von unserer Intelligenz, Ausbildung, Sprache und Denkweise geprägt. Doch die Eigenschaften der Objekte unserer täglichen Wahrnehmung haben keine absolute Eigennatur, weil man sie unter tausend verschiedenen Aspekten erfahren kann und ihre Natur sich trotzdem in keiner dieser Facetten ganz ausdrückt. Welche Intelligenz die Phänomene auch immer wahrnimmt, sie drückt ihnen unweigerlich ihren Stempel auf.

Trotzdem ist es möglich, die letzte Wirklichkeit zu erkennen, die wahre Natur der Phänomene, deren einer Aspekt die wechselseitige Abhängigkeit ist, ein Synonym für die Leerheit oder die Abwesenheit fest zu den Phänomenen gehöriger Eigenschaften. Die Phänomene haben keine unabhängig existierenden Charakteristika. Die letztendliche Wirklichkeit geht über Eigenschaften wie Form, Größe, Masse, elektrische Ladung et cetera hinaus.

T. Aber gerade diese Unterscheidung erinnert mich stark an

die zwischen der Welt der Ideen und der Schattenwelt. Die Schattenwelt entspräche dann der sichtbaren Welt der Phänomene. Die Welt der Ideen hingegen wäre die »verhüllte« Welt, in der die letztendliche Wirklichkeit der Dinge ihre Leerheit ist.

M. Aber nein! Denn für Platon besitzen die Ideen eine autonome Existenz, was gerade das Gegenteil der Leerheit ist. Wir haben bereits gesehen, mit welchen Argumenten der Buddhismus die Vorstellung von den platonischen Ideen ablehnt. Wenn man unter der »verhüllten« Welt die Leerheit versteht, die der alltäglichen Wahrnehmung entgeht, dann würde ein buddhistischer Gelehrter wohl zustimmen. Aber ich glaube kaum, dass die Ideenwelt Platons oder die »verhüllte Wirklichkeit« d'Espagnats von ihren Schöpfern als leer betrachtet wurden.

Der Buddhismus sagt ebenfalls, dass Beobachter und beobachtetes Objekt grundlegend eins sind. Sie beeinflussen einander im Schoße der wechselseitigen Bedingtheit. Wie zwei Messer, die man zum Schleifen aneinander reibt, wirken sie aufeinander ein. Wir werden von unserer Umgebung geprägt und prägen sie durch unsere Projektionen, Vorstellungen und karmischen Tendenzen. Jeder Versuch, diese beiden Komponenten zu trennen und eine Welt zu beschreiben, die unabhängig vom Bewusstsein existiert, ist von vornherein zum Scheitern verurteilt. Im *Avatamsaka-Sutra* findet man folgende, dem Buddha zugeschriebene Worte:

»Das Bild ist nicht im Geist,
So wie der Geist nicht im Bild ist.
Aber: Gibt es denn ein Bild
Außerhalb des Geistes?«

18

Die Schönheit liegt im Auge des Betrachters

Gibt es auch in der wissenschaftlichen Theoriebildung den Begriff der Schönheit? Was bedeutet Schönheit im Buddhismus?

THUAN Sehr häufig sind diejenigen Theorien, welche die Natur am besten beschreiben und mit den experimentellen Befunden am besten übereinstimmen, auch die schönsten. Ich werde versuchen die paradoxe Vorstellung von einer »schönen Theorie« ein wenig zu erläutern. Ich sage paradox, denn gewöhnlich gilt die Wissenschaft als rational, kalt und ohne jeden Sinn für Ästhetik. Trotzdem aber haben die Wissenschaftler immer wieder von Schönheit gesprochen.

Zuerst gibt es da natürlich die den Erscheinungen der Natur innewohnende Ästhetik, die Schönheit einer Rose, eines Sonnenunterganges, eines Sternes oder einer Galaxie. Ich bin immer noch hingerissen, wenn ich auf dem Computerbildschirm, auf dem ich die Aufzeichnungen der Teleskope betrachte, plötzlich einen Blick in die Kinderstube der Sterne tun kann oder wenn sich mit einem Mal die exakte Präzision eines Milliarden Lichtjahre entfernten Spiralnebels enthüllt.

Aber über diese mehr physische Anmut hinaus gibt es noch eine subtilere und abstraktere Form: die Schönheit der Theorien. Eine Theorie gilt dann als »schön«, wenn sie notwendig und unvermeidlich ist und nach ihrer Ausarbeitung so zwingend wirkt wie ein schlagender Beweis. Angesichts einer solchen Theorie würde ein Physiker sagen: »Sie ist so schön, sie muss einfach wahr sein. Warum habe ich das nicht schon früher erkannt?« Die Relativitätstheorie Einsteins zum Beispiel hat diesen vollkommenen Charakter. Sie ist so perfekt wie eine Bach'sche Fuge. Man könnte an ihr nicht einen Strich ändern, ohne dass alles in sich zusammenfiele. Auch das Lächeln der Mona Lisa ist so vollkommen, dass es unweigerlich an Glanz verlöre, wäre auch nur ein Pinselstrich anders. Das erste Merkmal einer schönen Theorie ist also ihr zwingender Charakter.

Ihre zweite Qualität ist eine verblüffende Einfachheit. Das bedeutet nicht, dass die Gleichungen einfach sind, in denen sie ausgedrückt wird. Aber die Idee, die dahinter steht, ist simpel. Das Modell des heliozentrischen Universums, in dem alle Planeten um die Sonne kreisen, ist einfacher als das ptolemäische, das die Erde in den Mittelpunkt des Kosmos rückt, während alle Planeten auf konzentrischen Bahnen dahinziehen, deren Zentrum wiederum auf Kreisbahnen (so genannten Epizyklen) wandert. Das kopernikanische Modell ist schön, weil es mit weniger Hypothesen auskommt, um die Planetenbewegung zu erklären. Auf dieselbe Weise kann man Einstein und Newton vergleichen. Für Newton existierten Zeit und Raum völlig getrennt voneinander, während sie für Einstein eng verbunden waren. Newton braucht die Gravitationskräfte, die zeitgleich auf alle Objekte im Universum einwirken, um die Planetenbahnen zu erklären. Einstein macht mit diesen Kräften ein für alle Mal Schluss: Der Mond dreht sich um die Erde, weil die Erde auf Grund ihrer Masse den Raum um sich herum krümmt. Der Mond sucht einfach die kürzeste Bahn um diese Krümmung und zeichnet eine Ellipse nach. Eine schöne Theorie kommt ohne Schnörkel aus. Auf diese Weise wird sie auch dem Ockham'schen Rasiermesser gerecht: »Alles, was nicht notwendig ist, ist überflüssig.«

Die letzte und unverzichtbare Eigenschaft einer schönen Theorie ist natürlich ihre Wahrheit. Ihre Gültigkeit misst sich daran, ob sie die Erscheinungen der Natur zu erklären vermag und ob sie neue Denkwege eröffnet, die bisher unbekannt waren.

MATTHIEU Vielleicht sollte man hier einhaken: Um welche »Wahrheit« handelt es sich denn? Wenn du davon sprichst, dass sie mit der Natur übereinstimmen muss, ist die Wahrheit wohl empirischen Zuschnitts. Denn die letzte Natur der Phänomene enthüllt sich nicht im wissenschaftlichen Experiment.

T. Ich spreche hier von der Wahrheit, die uns unsere Instrumente enthüllen, oder – in buddhistischen Worten – von der »konventionellen« Wahrheit. Betrachten wir beispielsweise einmal die allgemeine Relativitätstheorie Einsteins. Die Wissenschaftler betrachten sie als die schönste Theorie, als das am kunstvollsten gebaute intellektuelle Gebäude, das es je gegeben hat. Nicht genug damit, dass sie bislang getrennt Fundamentalkonzepte der Physik wie Raum, Zeit, Materie, Energie, Bewegung, Beschleunigung und Gravitation vereinigte, sie enthüllte auch Aufsehen erregende Phänomene, die bis dato nicht erkannt worden waren. Die allgemeine Relativitätstheorie hat uns noch Jahrzehnte nach ihrer Aufstellung immer und immer wieder durch ihre Treffsicherheit verblüfft. Im Jahre 1915, als sie veröffentlicht wurde, glaubte alle Welt noch an ein statisches Universum. Tatsächlich bewiesen aber Einsteins Gleichungen, dass der Kosmos dynamisch ist und sich entweder ausdehnt oder zusammenzieht. Einstein setzte selbst nicht genügend Vertrauen in seine Theorie, sonst hätte er schon damals, also vierzehn Jahre vor der Entdeckung Hubbles, klarstellen können, dass es sich ständig ausbreitete.

Schwarze Löcher sind ein anderes Phänomen, das implizit in der Relativitätstheorie enthalten war. Auch hier glaubte Einstein nicht an sein »Kind«. Er behauptete, dass die Natur Raum-Zeit-Singularitäten, wie schwarze Löcher es sind, nicht zuließe und dass die Relativitätstheorie solche also auch nicht vorhersagen könne. Abermals hätte er nur seiner Schöpfung vertrauen müssen, denn mittlerweile wurden schwarze Löcher in der Milchstraße und in anderen Galaxien bereits zweifelsfrei festgestellt.

Ein drittes Beispiel sind so genannte Gravitationslinsen. Die Relativitätstheorie sagt uns, dass es Stellen gibt, an denen sehr massereiche Galaxien den Raum so krümmen, dass sie das von anderen Objekten kommende Licht brechen und so eine kosmische »Fata Morgana« schaffen. Diese Galaxien nennt man »Gravitationslinsen«, weil sie die an ihnen vorbeiziehenden Lichtstrahlen bündeln und brechen wie die Gläser in unseren Brillen. Dieses Faktum wurde 1979 entdeckt.

Zwingend, einfach und der Wahrheit entsprechend: Das sind die Anforderungen an eine schöne Theorie.

M. Ich glaube, dass der Anspruch an die Wahrhaftigkeit am besten das trifft, was man im Buddhismus unter Schönheit versteht. Natürlich bezieht sich »wahr« im buddhistischen Sinne auf die letztendliche Natur des Menschen.

Die einfachste Definition besteht darin, dass die Schönheit uns ein Gefühl der Zufriedenheit verschafft, das – den Umständen entsprechend – als Glück oder Freude wahrgenommen wird. Daraus ergeben sich verschiedene Ebenen der Schönheit, die mit jeweils unterschiedlichen Graden von Zufriedenheit und Glück verbunden sind. Relative Schönheit verleiht uns eine vorübergehende Befriedigung, während absolute Schönheit ein dauerhaftes, ja unumstößliches Glück bedingt.

Spirituelle Schönheit, die sich beispielsweise im Gesicht eines Buddha ausdrückt, ist hier besonders fruchtbringend, weil sie uns einen Hauch von Erleuchtung erahnen lässt und uns daran erinnert, dass auch wir sie erreichen können. Alles hängt also von dem Vergnügen ab, das uns bestimmte Formen, Farben, Gefühle und Ideen einflößen. Daher hat jedes Individuum, jede Gesellschaft eigene Vorstellungen von Schönheit.

T. Die Schönheitsvorstellung ist vom kulturellen, sozialen, psychologischen, in manchen Fällen sogar vom biologischen Hintergrund geprägt. Das Schönheitsideal zu Renoirs Zeiten war eben eine recht üppig gebaute Frau, während in den 60er-Jahren der superschlanke Twiggy-Typ dominierte. Van Gogh starb im Elend, weil er seine Bilder nicht verkaufen konnte. Ein halbes Jahrhundert später erzielen seine Bilder auf Versteigerungen Höchstgebote. Die Schönheit einer wissenschaftlichen Theorie hingegen hängt weniger vom kulturellen Kontext ab: Die Schönheit der Relativitätstheorie leuchtet einem amerikanischen Physiker ganz genauso ein wie einem französischen oder vietnamesischen Kollegen.

M. Weil die betroffenen Personen eine ähnliche Ausbildung besitzen. Ich bezweifle, dass ein Mitglied eines indigenen Stammes die Schönheit dieser Theorie je zu schätzen wüsste!

Man kann Schönheit natürlich auch als Harmonie des Ganzen mit seinen Teilen betrachten. In der buddhistischen Kunst beispielsweise gibt es eine ganz exakte Ikonographie, welche die idealen Proportionen für eine Buddhadarstellung festlegt. Man benützt dazu ein Schema, mit dessen Hilfe man den Schwung der Augenbrauen, die Züge des Gesichts und die Teile des Körpers genauestens aufeinander abstimmt. Diese Maße entsprechen der vollkommenen äußeren Harmonie, welche die innere Harmonie der Erleuchtung widerspiegelt.

T. Die Tatsache, dass jede Darstellung eines Buddha, sei es in einer Statue oder auf einem Bild, so viel Ausgeglichenheit und heitere Gelassenheit ausstrahlt, hat mich schon immer fasziniert.

M. Aber ob es sich nun um unwesentliche oder essenzielle Aspekte handelt, letztlich hängt Schönheit doch einzig davon ab, was man für ein ästhetisches Vergnügen hält. Bestimmte Vorstellungen in Bezug auf Glück und Zufriedenheit findet man allerdings bei allen fühlenden Wesen: Liebe und Mitgefühl sind schön, während Hass und Neid hässlich sind. Du brauchst nur einmal daran zu denken, wie viel schöner unsere Gesichtszüge im Lächeln sind, während eine wütende Grimasse sie verzerrt. So wird wahre Schönheit zum Ausdruck der inneren Natur des Menschen. Für den Buddhismus eignet dieser Natur eine ihr innewohnende Vollkommenheit, die aus Liebe und Mitgefühl entspringt und für das absolut Schöne steht. Je mehr wir in Einklang mit unserer inneren Natur handeln, umso deutlicher wird uns die innere Schönheit, die in jedem von uns liegt. Die absolute Schönheit ist die vollkommene Übereinstimmung mit der Buddhanatur, die vollkommene Erkenntnis, die Erleuchtung. Wenn man beispielsweise einen spirituellen Meister sieht, ein erleuchtetes Wesen, einen Weisen, erkennt man seine große spirituelle Schönheit auf den ersten Blick: In diesen Augen wohnt die wieder gefundene innere Harmonie.

Die Merkmale der relativen Schönheit liegen nicht im Objekt selbst, sondern gehören zum Beobachter. Dass dasselbe Objekt einem Menschen schön, dem anderen hässlich erscheinen kann, ist eine altbekannte Tatsache. Ein Phänomen wird als schön wahrgenommen, wenn es den eigenen Erwartungen entspricht. Ein Mathematiker ist fasziniert von der Schönheit einer Gleichung, ein Ingenieur bewundert eine Maschine. Jemand, der innere Ruhe anstrebt, kann sich voller Vergnügen einem Präludium von Bach hingeben. Der Einsiedler hingegen, der über die letztendliche Klarheit meditiert, hat dieses Bedürfnis nicht. Seine Harmonie mit der Natur des Geistes und der Erscheinungen ist auf einer anderen Ebene angesiedelt. Er nimmt alle Formen als Manifestationen der ursprünglichen Reinheit wahr, alle Töne werden ihm zum Echo der Leerheit, und alle Gedanken sind nicht mehr als das Spiel der Erkenntnis. Er macht keinen Unterschied mehr zwischen dem Harmonischen und dem Disharmonischen, dem Schönen und dem Hässlichen. Ihm ist die Schönheit allgegenwärtig, wodurch sein Glück unumstößlich wird. Wie geschrieben steht: »Auf einer goldenen Insel gibt es keinen Kieselstein.«

19

Von der Meditation zur Aktion

Sich selbst wandeln, um die Welt zu verändern: So könnte man das Motto buddhistischer Praxis knapp formulieren. Wie aber wird der Übergang zum aktiven Handeln vollzogen? Für einen buddhistischen Meditierenden heißt dies vor allem, wie lange und wie intensiv er sich der Praxis widmen muss, bis er in der Welt sinnvoll wirken kann. Wäre es denn nicht besser, er würde das Leiden der fühlenden Wesen handelnd lindern? Und sind die Leistungen des Buddhismus auf humanitärem Gebiet ausreichend?

THUAN Sieht der Buddhismus denn auch ein Wirken in der Welt vor? Aktives Handeln zur Beseitigung von Leid sollte doch in unserem Leben mindestens denselben Stellenwert haben wie spirituelle Entwicklung. Inneren Frieden und Glück nur für sich selbst zu suchen, während rund um uns das Leid überhand nimmt, wäre wirklich der Gipfel des Egoismus. In den Nachrichten hört man nur noch von Kriegen, Hungersnöten, Epidemien und Toten. Was nützt schon eine Insel der Zufriedenheit inmitten eines Ozeans von Leid? Einige westliche Interpreten sehen im Buddhismus eine passive und defätistische Religion, die predigt, dass wir uns von der Welt zurückziehen und unsere Lebensumstände akzeptieren sollen, weil man ja angeblich »gegen sein Karma nichts tun kann«. Wie denkst du über diese Aussage? Ist es nicht im Gegenteil so, dass der Buddhismus das Mitgefühl in den Mittelpunkt seiner Betrachtungen stellt?

MATTHIEU Auf den ersten Blick scheinen Kontemplation und aktives Handeln zwei gegensätzliche Lebenspole zu sein. Auf der einen Seite der kontemplative Mensch, dessen einziges Handeln in Meditation und Gebet besteht. Auf der anderen die Welt der ununterbrochenen Aktionen, die manchmal von Erfolg gekrönt, manchmal aber auch Quelle tiefer Enttäuschungen sind und die ohne Pause aufeinander folgen wie die Wellen in der Brandung. Da dieser »Handlungswahnsinn« keine wirkliche Suche nach innerer Veränderung ist, die man im weitesten Sinne Spiritualität nennen könnte, sind seine Ergebnisse häufig recht mäßig. Weil die Momente des Innehaltens und Standortbestimmens fehlen, wird häufig das Falsche getan. Die potenziellen Wohltaten für die Gesellschaft sind weniger effizient, als der Aufwand vermuten lässt.

Ich halte es daher für notwendig, Handeln und Kontemplation zu verbinden. Die Erfahrung zeigt außerdem, dass eine egoistische Haltung die wirkliche innere Wandlung, die letztlich in altruistisches Handeln mündet, verhindert. Diesen inneren Reichtum findet man weder durch meditative Konzentration auf das eigene Wohl noch durch simplen äußeren Aktionismus.
Mitgefühl ohne entsprechendes Handeln ist pure Heuchelei. Es gibt denen, die leiden, ziemlich mageren Trost. Es ist also durchaus sinnvoll, zu handeln, wenn sich die Gelegenheit ergibt. Noch besser ist es, dem Leiden zuvorzukommen. Denn unser eigenes Glück ist eng verbunden mit dem der anderen: Der Großteil unserer Schwierigkeiten rührt daher, dass wir so wenig Interesse an unseren Mitwesen zeigen. Das Glück, das der Einzelne sich aufbaut, ohne auf das Leid der anderen zu achten, oder schlimmer noch, das Glück, das er sich gar auf ihrem Leiden baut, ist nur ein schwacher Abglanz des wahren Glücks. Shantideva schreibt dazu:

»Die unglücklich sind in der Welt,
sie alle sind es durch das Verlangen nach eigenem Glück.
Die glücklich sind in der Welt,

sie alle sind es durch das Verlangen nach dem Glück der anderen.

Wozu viele Worte?
Betrachtet doch diesen Unterschied zwischen dem Toren,
der seine eigenen Zwecke verfolgt,
und dem Weisen, der für die Zwecke der anderen wirkt.«[1]

Wichtig ist hier die Unterscheidung in unmittelbar wirksame und dauerhaft wirksame Hilfe. Mein Meister Khyentse Rinpoche sagte einmal: »Wenn man an all die Wesen denkt, die hilflos leiden, empfindet man spontan starkes Mitgefühl, das sich auf jeden von ihnen, Freund oder Feind, erstreckt. Natürlich genügt das noch nicht: Die Wesen brauchen Hilfe. Doch wie nötig unmittelbare Hilfe in Form von Nahrung, Kleidung, finanziellen Mitteln oder liebevoller Unterstützung auch sein mag, so kann sie doch das Leid bestenfalls kurzzeitig lindern. Möchte man den Wesen aber dauerhaftes Glück schenken, dann ist es wichtig, sich selbst zu ändern.«

Sofort handeln zu wollen, ohne sich darauf vorzubereiten, wäre so, als würde man Kranke dort versorgen, wo sie sich gerade befinden, ohne sich die Mühe zu machen, für sie ein Krankenhaus zu bauen. Es ist richtig, dass die Arbeiten am Bau dieses Krankenhauses für sich genommen die Kranken nicht heilen, doch sobald sie abgeschlossen sind, wird den Leidenden viel effizienter geholfen.

Wenn man von Naturkatastrophen einmal absieht, wird der größte Teil menschlichen Leidens verursacht von Feindseligkeit, Gier, Neid und Gleichgültigkeit, kurz gesagt von unserer egoistischen Haltung, die verhindert, dass wir an das Wohl anderer denken. Daher besteht eine der grundlegenden Übungen im Buddhismus darin, andere als ebenso wichtig zu betrachten wie sich selbst, sich dann an ihre Stelle zu versetzen und ihre Interessen schließlich sogar über die eigenen zu stellen.[2] Den eigenen Egoismus abzubauen, ist ein starkes Mittel, um das Leiden der anderen zu lindern. In allen buddhistischen Traktaten über das kontemplative Leben heißt es, dass derjenige, der sich in die Einsamkeit der Berge zurückzieht, um dem Hin und Her des Alltagslebens zu entfliehen, sich in nichts von den wilden Vögeln und Tieren unterscheidet, die an diesen Orten ihr ganzes Leben zubringen. Diese Art von Verzicht bringt uns der Erleuchtung nicht einen Schritt näher. Jemand, der sich tatsächlich dem kontemplativen Leben widmet, stellt fest, dass er das Leiden um sich herum nicht dauerhaft lindern kann, und versteht, dass er zu diesem Zweck zuerst seinen eigenen Geist zähmen und die Mechanismen, aus denen Glück und Unglück entstehen, kennen muss. Erst nachdem man eine ausreichende innere Kraft erreicht hat, ist man in der Lage, den anderen Wesen wahrhaft zu nutzen. Man kann ihre Leiden direkt erleichtern oder Veränderungen in der Gesellschaft hervorrufen, in der man lebt.

T. Die Erleuchtung für sich selbst erreichen zu wollen, ist also nicht ausreichend. Wir brauchen ein gewisses Verantwortungsgefühl gegenüber den lebenden Wesen, Menschen sowie Tieren, und gegenüber der Erde, die unser aller Wiege ist.

M. Die Erleuchtung zu erlangen, ohne dabei an andere zu denken, ist ein Widerspruch in sich. Im Buddhismus ist Mitgefühl unabdingbar nötig, um den Weg der Erkenntnis überhaupt gehen zu können. Im *Dharmasamgiti-Sutra* (dem Sutra, das auf authentische Weise den Dharma wiedergibt) liest man:

»Wer die Buddhaschaft erlangen will, muss sich dazu nicht in vielen Disziplinen üben. Es genügt eine einzige. Welche? Großes Mitgefühl.

Wer großes Mitgefühl hegt, erfährt alle Lehren des Buddha, so als würde er sie in der Hand halten.«[3]

Außerdem empfindet ein Mensch, der die Erleuchtung erreicht hat, spontan ein enormes Mitgefühl für alle Wesen. Mitgefühl ist es also, das am Anfang und am Ende des buddhistischen Weges steht. Es allein lässt uns Hass, Gier, Neid und andere Geistesgifte überwinden, sodass wir dem höllischen Kreislauf des Leidens ein Ende setzen können – für unser Wohl und das der anderen.

T. Natürlich muss das Übel an der Wurzel bekämpft werden, aber ist diese Sicht nicht ein wenig zu idealistisch? Kann man bei monströsen Verbrechern wie Hitler, Stalin oder Pol Pot tatsächlich noch an eine innere Wandlung glauben? Sollte man nicht eingreifen, um sie an weiteren Untaten zu hindern?

M. Es wäre wohl kaum sinnvoller, bei Kriminellen, deren zerstörerische Tendenzen jeder menschlichen Regung widerstehen, auf schnelle Hilfe durch eine innere Wandlung zu warten. Übersteigt die Mordlust eines Menschen gewisse Schwellen, ist sie der Vernunft nicht mehr zugänglich. Dann sind radikalere Mittel vonnöten. Das ändert aber nichts an der Wirksamkeit und Wichtigkeit der persönlichen Wandlung auf lange Sicht. Diese zu bestreiten, wäre nur eine andere Form geistiger Beschränktheit, ähnlich der eines Arztes, der nur Schmerzmittel verschreibt, ohne sich um die zu Grunde liegende Krankheit zu kümmern. In der Geschichte gibt es einige, leider viel zu seltene Fälle, in denen das Streben nach persönlicher Veränderung eine ganze Gesellschaft veränderte. Ich denke dabei an Tibet.

T. Die politische Position des Dalai-Lama ist ja die einer absoluten Gewaltlosigkeit. Ich bewundere zutiefst, dass er daran festhält, obwohl in seinem Land so entsetzliche Dinge geschehen. Sicher ist eine enorme geistige Kraft nötig, um auf Gewalt nicht mit Gegengewalt zu antworten. Ich weiß, dass diese Haltung in der Welt große Sympathien hervorruft. Unglücklicherweise aber – und das ist der Haken – leben wir in einer Welt, in der wir von anderen Gesellschaften umgeben sind, die weniger pazifistisch denken, und so können wir Krieg und Unterdrückung nicht vermeiden. Ist es wirklich richtig, alles hinzunehmen, auf das Risiko hin, sein eigenes Land, seine Kultur oder sein Leben zu verlieren? Einige Tibeter zweifeln ja die gewaltfreie Politik des Dalai-Lama öffentlich an, weil die chinesische Unterdrückung inzwischen gnadenlos weitergeht und die buddhistische Kultur systematisch ausgerottet wird.

M. Sich mit Gewalt so schnell wie möglich aus einer ungerechtfertigten Unterdrückung befreien, also das kleinere Übel zu wählen, um ein größeres zu vermeiden, ist ein Risiko. In den meisten Fällen ruft Gewalt Hass hervor und dieser neue Gewalt. Der Pazifist befindet sich dann im Zwiespalt mit sich selbst, und vielleicht ergeht es ihm so wie dem kolumbianischen Armeechef, der kürzlich erklärte: »Wir wollen den Frieden, aber die einzige Art, Frieden zu erlangen, ist, diejenigen zu zerstören, die ihn gefährden.«[4] Das erinnert auf traurige Weise an die Gräuel der Französischen Revolution, in denen das Motto galt: »Keine Freiheit für die Feinde der Freiheit.«

Hält man hingegen an seiner gewaltfreien Auffassung fest und schafft es, einen Frieden auszuhandeln, dann wird dieser Frieden dauerhaft sein. Gewaltfreiheit ist ja nichts Passives. Denjenigen nicht anzugreifen, der uns angreift, bedeutet ja nicht, dass man nicht alles tut (Dialog, politische Willensbildung, ökonomische Mittel), um dem Übel abzuhelfen und das Leid auf der ganzen Welt zu verringern. Gandhi hat mit gewaltfreien Mitteln eine ganze Nation in die Freiheit geführt. Das Leid, das aus einer bestimmten Situation entsteht, muss also in einem globalen Zusammenhang betrachtet werden. Gewalt ist nur dann sinnvoll, wenn sie sicher Leiden verhindert, nicht wenn sie neue Probleme hervorruft.

Eine wahre Karikatur der Gewaltfreiheit ist in meinen Augen hingegen die nachsichtige und naive Haltung der europäischen Staatsoberhäupter gegenüber den Despoten der Welt – im Falle Tibets gegenüber den chinesischen Machthabern. Sie ist typisch für die lasche und gutgläubige Auffassung der Europäer, die durch nichts zu rechtfertigen ist, ob es nun um Menschenrechte oder Völkerrechte geht. Eine ähnliche Schwäche führte in den 30er-Jahren dazu, dass die europäischen Regierungen dem Aufkommen des Nazitums tatenlos zusahen oder dass sich nach dem Krieg so viele westliche Intellektuelle dem Kommunismus verschrieben.

Aber die Geschichte wird den Stab auch über jene brechen,

welche heute die Existenz der Laogai, der chinesischen Lager, einfach hinnehmen. Von diesen Lagern gibt es tausende. Dort werden die Produkte hergestellt, die wir, ohne etwas zu ahnen, billig im Kaufhaus erstehen, und das Spielzeug, das wir zu Weihnachten unseren Kindern unter den Baum legen. Aber die Staatsoberhäupter der »freien« Welt fürchten das zukünftige Urteil der Geschichte wahrscheinlich weniger als eine mutige Tat in der Gegenwart.

T. Ich glaube nicht, dass diese Haltung der europäischen Regierungschefs auf Naivität beruht. Vielmehr sehe ich sie als perverse Konsequenz der Globalisierung, von der man heute so viel spricht. Die Wirtschaft jedes Landes ist unauflöslich mit der Weltwirtschaft verknüpft. Aus diesem Grund wagt man den menschenverachtenden Praktiken Chinas in Tibet nicht offen entgegenzutreten. Die Regierenden fürchten, sonst den immensen Markt zu verlieren, den China mit seinen mittlerweile anderthalb Milliarden Einwohnern darstellt. Jeder vierte Erdenbürger ist schließlich Chinese. Trotzdem ist diese Form der »Realpolitik« unentschuldbar.

M. Um auf die Wirkung in der Welt zurückzukommen: Zunächst einmal ist es also nötig, die entsprechenden *Fähigkeiten* zu erwerben. Das Erste, was ein Mensch feststellt, der sich auf diesen Weg begibt, ist seine eigene Ohnmacht gegenüber dem Leid. Er kann sich selbst nicht helfen, da er die Mechanismen von Glück und Unglück nicht erkannt hat. Um wie viel weniger kann er da erst anderen beistehen? Am Anfang gleicht der Meditierende einem verwundeten Hirsch, der sich in die Berge zurückzieht, um seine Wunden zu lecken und seine Kräfte wieder zu finden. Doch er nimmt seine Übel ja dorthin mit: Unwissenheit, Hass, Gier, Hochmut, Neid und alle anderen negativen Emotionen, die seine innere Ruhe und die der anderen Menschen zerstören.

Innerer Friede aber verweist unsere egoistischen Befindlichkeiten auf die hinteren Ränge und macht uns so auf ganz natürliche Weise sensibler für das Leiden anderer. Wenn wir Schritt für Schritt verstehen, dass alle Wesen auf der Welt miteinander verbunden sind, betrachten wir die Welt mit anderen Augen und verhalten uns dementsprechend. Ein Wesen, das sich in den Dienst der anderen gestellt hat, strahlt Harmonie und Zufriedenheit aus. Wenn wir uns nur einen Augenblick in der Nähe des Dalai-Lama befinden, treten plötzlich all unsere guten Eigenschaften hervor. Ich habe gesehen, wie innerhalb einer halben Stunde Journalisten, blasierte Politiker oder Berühmtheiten, die vor Wichtigkeit nur so strotzen, zu einnehmenden, freundlichen Menschen wurden. Der Kontakt mit einem Wesen, das jeden Augenblick seines Lebens der Liebe und der Sorge um andere widmet, hatte sie inspiriert und verändert.

T. Ja, das ist tatsächlich so. Auch ich hatte ja bereits das Glück, den Dalai-Lama kennen zu lernen. Er strahlt so viel Kraft, Gelassenheit und ruhige Sicherheit aus, dass man sich wirklich zutiefst berührt fühlt. Ist dies für dich buddhistisches Handeln: die Harmonie auszustrahlen, zu der man gefunden hat?

M. Ja, denn einen anderen Weg gibt es nicht. Man kann anderen Menschen jede nur mögliche Disziplin auferlegen, aber wenn man ihren Geist nicht gewinnt, bleibt alles nur leere Hülle. Die Geschichte kennt genügend Beispiele, in denen große Geister durch die Kraft ihres Mitgefühls in anderen Menschen das Verantwortungsgefühl geweckt haben. Mahatma Gandhi, Martin Luther King, der Dalai-Lama, Mutter Teresa (die sich ohne Unterschied um alle Sterbenden in den Straßen Kalkuttas kümmerte) sind inspirierende Beispiele.

T. Gandhi und Martin Luther King sind beide durch Mörderhand umgekommen. Die Gewaltbereitschaft der Menschen hat sie schließlich doch noch eingeholt. Aber ihre eigene Gewaltlosigkeit hat ihre Botschaft viel eindringlicher vermittelt, als Gewalt es vermocht hätte. Das Gewissen der Menschheit wurde davon tief berührt. Eines möchte ich noch wissen: Engagieren sich die buddhistischen Glaubensgemeinschaften genauso stark auf humanitärem Gebiet, wie die christlichen es beispielsweise tun?

M. Auf diesem Gebiet gibt es noch eine Menge zu tun. Nehmen wir zum Beispiel die Gemeinde der Exiltibeter. Jetzt, wo sie die Schrecken der Vertreibung aus ihrem eigenen Land überwunden hat, mahnt der Dalai-Lama unaufhörlich, dass sie sich nun selbst humanitären Werken widmen möge. Er sorgt dafür, dass in den Ländern, welche die tibetischen Flüchtlinge aufgenommen haben und dies immer noch tun, Krankenhäuser und Schulen gebaut werden. Die Buddhisten müssten dem Beispiel ihrer christlichen Brüder und Schwestern folgen, die das Leiden mit unendlicher Geduld und Entschlossenheit verhindern wollen.

In Indien trat Doktor Bhimrao Ramji Sakpal, genannt Ambedkar, ein Freund und Verbündeter Gandhis, der zu den Schöpfern der indischen Verfassung gehörte, zum Buddhismus über. Er selbst stammte aus der Kaste der Unberührbaren und widmete sich mit aller Macht der Verbesserung ihrer Lebensbedingungen. Sein Übertritt belebte den Buddhismus in Indien neu. In Thailand gehören die buddhistischen Klöster mit zu den größten Rehabilitationszentren für Drogenabhängige. Auch Aidskranke finden dort Zuflucht. Abt Prajak Kutajitto kämpfte 1991 zusammen mit den Einwohnern eines Walddorfes darum, einen großen Wald zu erhalten, der den Interessen großer Finanziers zum Opfer fallen sollte. Er ging dafür sogar ins Gefängnis und erduldete vielfach andere Repressalien. In Birma leistet Aung San Suu Kiy, die ebenfalls den Friedensnobelpreis erhalten hat, seit 1988 unermüdlich gewaltlosen Widerstand gegen die Militärjunta in ihrem Land. Und in New York hat Bernard Glasmann ein buddhistisches Netzwerk zur Hilfe für Obdachlose und zum Schutz der Umwelt ins Leben gerufen.[5] Für ihn sind Sozialarbeit und spirituelle Praxis eins. Das Kloster, in dem ich lebe, weiht im Oktober dieses Jahres eine Klinik ein, die allen Menschen offen steht. Wie du siehst, ist gegenseitige Hilfe in buddhistischen Gemeinschaften eine Selbstverständlichkeit. Das reicht bis zu den Regierungen der einzelnen Länder hinauf. Trotzdem sollte man niemals vergessen, dass innere Disziplin wichtig ist. Man vernachlässigt sie oft, weil sie keine so offenkundigen und schnellen materiellen Vorteile bringt wie die Technik, die aus der Wissenschaft hervorgeht. Die Wissenschaft übt eine solche Faszination aus, dass man sich ihr gerne mit Haut und Haaren widmet. Dieser Zauber aber lässt uns glauben, dass unser Innenleben etwas Nebensächliches ist, um das wir uns nicht kümmern müssen. Manche betrachten eine solche Beschäftigung sogar als Luxus.

T. Viel zu viele Menschen glauben, dass Spiritualität etwas mit Religion zu tun hat, mit Glauben oder – schlimmer noch – mit abergläubischen Kulten.

M. Wie der Dalai-Lama kürzlich bemerkte, ist mehr als die Hälfte der Menschheit nicht gläubig. Viele betrachten sich als Katholiken, Protestanten, Hindus oder Moslems, weil sie in dieser Tradition erzogen wurden. Aber im Alltagsleben oder vor großen Entscheidungen halten sie sich nicht an die Ratschläge, die ihre Religion ihnen gibt. Menschen, die in Übereinstimmung mit ihrem Glauben denken und handeln, sind heute in der Minderheit.

Zwischen Spiritualität im weiteren Sinne, die darauf abzielt, uns zu besseren Menschen zu machen, und Religion gibt es einen Unterschied. Ob man einer Religion anhängt, ist weiter nicht wichtig. Doch ein besserer Mensch zu werden, ist für uns alle eine Notwendigkeit. Daher spricht der Dalai-Lama von einer »Laienspiritualität«, auch wenn dies die Vertreter anderer Religionen manchmal schockiert. Für ihn ist es klar, dass man nicht die Hälfte der Menschheit aus der Welt der Spiritualität ausschließen kann, nur weil diese nicht gläubig ist. Von der Geburt bis zum Tod sind wir auf Liebe und Mitgefühl angewiesen, ob wir sie nun geben oder empfangen. Auf authentische Weise praktiziert, öffnen uns alle Religionen und spirituellen Traditionen den Weg zur Entwicklung von Liebe, Mitgefühl, Geduld und Toleranz. Aber wir dürfen Menschen, die sich mit keiner Religion identifizieren können, nicht von diesem Ziel ausschließen.

T. Wie siehst du die Entwicklungsmöglichkeiten dieser Laienspiritualität im Westen?

M. Dazu müssten zunächst einmal humanitäre und ethische Werte, die eine innere Wandlung fördern, wieder Teil unserer persönlichen Erziehung und Bildung werden. Eltern und Lehrer, die angesichts dieser Thematik häufig genauso orientierungslos sind wie ihre Kinder, denken meist, dass Spiritualität eine persönliche Sache ist, die in der Erziehung nichts zu suchen hat. Ich denke aber, man sollte Kindern die Möglichkeit geben, in den Schulen sämtliche großen spirituellen Traditionen der Welt kennen zu lernen. Dabei sollte man nicht nur Wert auf ihre Geschichte legen, sondern auch versuchen das Wesen ihrer Lehren und ihrer Ethik zu vermitteln. Wenn wir religiöse Offenheit mit fehlender spiritueller Bildung gleichsetzen, dann erlegen wir unserem Geist Grenzen auf. Da sie niemals mit Ideen konfrontiert wurden, die sie vielleicht hätten inspirieren können, denken viele junge Menschen heute, dass das Leben keinen Sinn hätte.

T. Aber diese Sinngebung rechtfertigt doch nicht, dass man aus der Schule einen spirituellen Selbstbedienungsladen macht, oder? Natürlich besteht die Gefahr des Werteverlustes, aber andererseits würde ein solches Vorgehen die Vermischung von Staat und Religion fördern. Und hier hat die religiöse Offenheit, die heute durch den mangelnden Unterricht an unseren Schulen herrscht, durchaus ihr Gutes. Denn Erziehung und Religion vermengen zu wollen, ist ein gefährliches Unterfangen! Es kann zu seltsamen Exzessen führen, bei denen man Kindern die unmöglichsten »Wahrheiten« eintrichtert, wie es das Beispiel der Verteidiger der Schöpfungsgeschichte in Amerika zeigt.

M. Worum geht es dabei?

T. Im Jahre 1999, also kurz vor dem Beginn des 21. Jahrhunderts, hat der Bundesstaat Kansas in den USA die Lehren Darwins und die Theorie vom Urknall vom Lehrplan gestrichen, weil sie angeblich den Lehren der Bibel widersprechen!

M. Natürlich geht es dabei nicht darum, die verschiedenen Religionen in einen Wettkampf um die meisten Anhänger zu schicken! Ganz im Gegenteil: Wenn man jeden missionarischen Eifer außen vor lässt, dann würde ein solches Vorgehen den jungen Leuten sämtliche Möglichkeiten aufzeigen, welche die großen spirituellen Strömungen zu bieten haben. Sie könnten ihre Gemeinsamkeiten und Unterschiede erkennen, und jeder Standpunkt hätte seine Berechtigung, auch der Agnostizismus. Das aktuelle Problem ist doch, dass wir keine Werte mehr haben, auf die wir uns beziehen können.

T. Nun, die Vorstellung von einer Laienspiritualität scheint mir für die westliche Welt sehr geeignet. Mich persönlich jedenfalls überzeugt sie. Ich versuche nach bestimmten Prinzipien zu leben, die ich in der buddhistischen Traditionen kennen gelernt habe, und bleibe Astrophysiker. Dein Beispiel dagegen ist wirklich extrem. Du hast die westliche Gesellschaft und die wissenschaftliche Forschung hinter dir gelassen, um Mönch in einem tibetischen Kloster in Nepal zu werden. Es versteht sich von selbst, dass nicht jeder diesem Weg folgen kann.

M. Genau das wollte ich sagen. Spiritualität richtet sich ebenso an die, welche einen meditativen Weg gewählt haben, wie an jene, die »in der Welt« leben. Wenn Spiritualität nur für Mönche und Nonnen reserviert wäre, dann wären nicht nur die Hälfte der Menschheit, sondern 99,99 Prozent ausgeschlossen! Spiritualität beginnt bei der Arbeit am Geist, zu der wir alle fähig sind. Aber wenn wir uns dabei nur auf Theorien verlassen, so stimmig sie auch sein mögen, dann gehören wir bald zu den Menschen, denen alles klar ist – bis auf das Wesentliche!

Conclusio des Wissenschaftlers

Ich möchte am Ende unserer Gespräche meine wachsende Bewunderung für die Art und Weise ausdrücken, in der das buddhistische Denken die Welt der Phänomene analysiert. Ich gestehe, dass ich zu Anfang eher skeptisch war. Ich kannte und schätzte vor allem den praktischen Aspekt des Buddhismus, der uns hilft, uns selbst zu erkennen, uns spirituell weiterzuentwickeln und bessere Menschen zu werden. Anders gesagt, der Buddhismus war für mich in erster Linie ein Pfad der Erleuchtung, ein kontemplativer Pfad, auf dem man seinen Blick zuallererst nach innen richtet. Außerdem kommen Wissenschaft und Buddhismus auf völlig unterschiedlichen Wegen zu ihren Erkenntnissen. In der Wissenschaft sind vor allem der Intellekt und die Vernunft maßgeblich. Man kategorisiert, analysiert, unterteilt, vergleicht und misst – so drückt der Wissenschaftler die Gesetze der Natur in der hochabstrakten Sprache der Mathematik aus. Freilich spielt auch die Intuition eine gewisse Rolle, aber nur, wenn sie in einen kohärenten mathematischen Ausdruck gebracht werden kann. Der kontemplative Ansatz hingegen setzt ausschließlich auf Intuition und innere Erfahrung. Er versucht nicht die Realität in ihre Einzelteile zu zerlegen, sondern sie in ihrer Gesamtheit wahrzunehmen. Der Buddhismus greift nicht auf Messinstrumente und ausgedehnte Beobachtungen zurück, die der Wissenschaft ihre experimentelle Basis liefern. Daher sind seine Aussagen eher qualitativer als quantitativer Natur. Ich war mir also nicht sicher, ob ein Gespräch über die Zusammenhänge und Verschiedenheit zwischen Buddhismus und Wissenschaft überhaupt einen Sinn hatte. Ich bezweifelte, dass der Buddhismus viel über die Erscheinungswelt würde aussagen können, da das ja nicht sein vordringliches Anliegen ist. Für die Wissenschaft hingegen ist gerade dies das zentrale Ziel. Wenn es so gewesen wäre, hätten wir aneinander vorbeigeredet. Jeder wäre auf seinem Kurs geblieben, der sich mit dem des anderen niemals geschnitten hätte – eine ewige Parallele.

Doch je weiter unsere Gespräche fortschritten, umso klarer wurde mir, dass meine Befürchtungen unbegründet waren: Die buddhistischen Denker hatten sich nicht nur Gedanken über die Natur der Phänomene gemacht. Sie waren dabei auch noch besonders tief vorgedrungen und hatten einen ausgesprochen originellen Denkansatz entwickelt. Im Mittelpunkt stand dabei nicht die Kenntnis der Welt an sich, wie das im wissenschaftlichen Denken der Fall ist, sondern die Tatsache, dass ein grundlegendes Verständnis der Natur der Dinge – ihrer gegenseitigen Abhängigkeit und ihrer Leerheit von Eigenexistenz – die Schleier der Unwissenheit lüftet und den Weg zur Erleuchtung freimacht. Unsere Diskussion hat uns beide zutiefst bereichert. Sie hat neue Fragen aufgeworfen, dazu beigetragen, dass wir die Dinge in einem neuen Licht sahen. Darüber hinaus zeitigte sie viele unerwartete Ergebnisse, die weiterer Klärung bedürfen.

Unser Gespräch steht in einer langen Reihe fruchtbarer Diskussionen, die der Buddhismus mit der modernen Wissenschaft führt. Die wichtigste Lehre, die ich aus unseren Unterhaltungen gezogen habe, war die, dass die buddhistische und die wissenschaftliche Vision von der Welt durchaus ihre Berührungspunkte haben, in denen sie einander ergänzen können. Einige der buddhistischen Aussagen über die Erscheinungswelt erinnern in verblüffender Weise an bestimmte Ideen aus der modernen Physik, vor allem aus den beiden Theorien, die zu den Säulen des heutigen Weltverständnisses geworden sind: die Quantenmechanik (die Theorie des unendlich Kleinen) und die

Relativitätstheorie (die das unendlich Große erklärt). Obwohl unser Blick auf die Welt nicht unterschiedlicher hätte sein können, stellte sich im Lauf unserer Gespräche heraus, dass Buddhismus und Wissenschaft keineswegs in strengem Gegensatz stehen, sondern dass sie sich ganz im Gegenteil sogar gegenseitig befruchten. Dies liegt wohl daran, dass sich die Wahrheitssuche in beiden Disziplinen auf Authentizität, Exaktheit und Logik gründet.

Betrachten wir also zunächst einmal das für den Buddhismus grundlegende Konzept vom bedingten Entstehen, also von der wechselseitigen Abhängigkeit der Phänomene. Nichts existiert für sich und kann seine eigene Ursache sein. Jedes Phänomen kann nur in Beziehung zu anderen sein. Diese wechselseitige Bedingtheit ist grundlegend für die Entstehung der Erscheinungen. Ohne sie würde es keine funktionierende Welt geben. Ein Phänomen kann also nicht in Erscheinung treten, wenn es nicht mit anderen Phänomenen verbunden ist. Die Realität ist nicht mehr lokal und fragmentiert, sondern ganzheitlich und global.

Diese Vernetztheit der Wirklichkeit zeigt sich auch in verschiedenen physikalischen Experimenten. In der atomaren und subatomaren Welt können wir an den so genannten EPR-Versuchen ablesen, dass die Realität »unteilbar« ist, dass zwei Lichtpartikel, die miteinander interagiert haben, weiterhin Teile einer einzigen, unteilbaren Welt sind, auch wenn sie sich wieder trennen. Wie weit sie auch voneinander entfernt sein mögen, ihr Verhalten ist miteinander korreliert, obwohl keinerlei Information zwischen ihnen fließen kann. In der makroskopischen Welt ist es das Foucault'sche Pendel, das uns beweist, dass wir untrennbar mit dem ganzen Universum verbunden sind. Was sich auf unserer winzigen Erde abspielt, wird letztlich in den Weiten des Weltraums entschieden.

Das Konzept vom bedingten Entstehen besagt, dass nichts sich in absoluter Weise aus sich selbst heraus definieren kann, sondern immer nur in Bezug auf etwas anderes. Genau diese Vorstellung drückt sich im Prinzip von der Relativität der Bewegung aus, das zuerst von Galilei und dann – auf einem höher entwickelten Niveau – von Einstein formuliert wurde. »Bewegung für sich ist nichts«, sagte Galilei. Damit wollte er ausdrücken, dass die Bewegung eines Objektes niemals absolut ausgedrückt werden kann, sondern nur in Bezug auf die Bewegung eines anderen Objektes. Keine Person an Bord eines mit konstanter Geschwindigkeit fahrenden Zuges, in dem alle Vorhänge geschlossen sind, kann letztlich sagen, ob sie sich wirklich bewegt. Auch eine Messung wäre nicht in der Lage, dies festzustellen. Erst wenn wir ein Fenster öffnen und die Landschaft vorbeiziehen sehen, wird uns klar, dass wir fahren. Ohne einen Bezugspunkt außerhalb des Systems ist Bewegung gleich der Nichtbewegung. Die Dinge haben keine absolute Eigennatur, sie existieren nur in Bezug auf andere, lehrt der Buddhismus. Die Bewegung hat keine eigene Realität, sie existiert nur in Bezug auf die Landschaft, die sie durchquert, lehrt die Relativitätstheorie.

Auch Zeit und Raum haben den absoluten Charakter verloren, den Newton ihnen beimaß. Einstein hat uns gezeigt, dass ihre Natur von der Bewegung des Beobachters abhängt und von dem Gravitationsfeld, in dem dieser sich befindet. An den Rändern eines schwarzen Loches, einer Raum-Zeit-Singularität, in der die Schwerkraft so stark ist, dass nicht einmal mehr das Licht ihr entkommen kann, ist eine Sekunde genauso lang wie die Ewigkeit. Wie der Buddhismus, so lehrt uns auch die Relativitätstheorie, dass das Verstreichen der Zeit nur Illusion ist. Die Vergangenheit besteht nicht mehr, die Zukunft hat noch nicht begonnen. Daher kann meine Zukunft die Vergangenheit eines anderen und die Gegenwart einer dritten Person sein: Letztlich hängt alles von unseren jeweiligen Bewegungen ab. Die Zeit vergeht nicht. Sie ist einfach da.

Von der Vorstellung der wechselseitigen Bedingtheit leitet sich das Konzept der Leerheit ab, die keineswegs als ein Nichts zu verstehen ist. Leerheit bedeutet: leer von einer absoluten Eigennatur. Da alles voneinander abhängig ist, kann nichts nur für sich und aus sich selbst heraus existieren. Das bedeutet, dass die

Phänomene keine exakten Eigenschaften mehr haben, die ihnen eindeutig zuzuordnen sind. Auch dieses Prinzip wurde in der Physik formuliert. Die Quantenmechanik sagt uns hier dasselbe. Nach Bohr und Heisenberg können wir von Atomen oder Elektronen nicht als von real existierenden Einheiten sprechen, die ganz bestimmte, messbare Eigenschaften wie einen Ort im Raum oder eine Geschwindigkeit haben. Unsere Welt besteht nicht mehr aus kleinsten dinghaften Elementen, sondern aus Möglichkeiten und Wahrscheinlichkeiten. Die Natur der Materie und des Lichts wird zum Spiel gegenseitiger Interdependenzbeziehungen: Sie ändert sich in Abhängigkeit von der Interaktion zwischen Beobachter und beobachtetem Phänomen. Sie ist nicht mehr eindeutig und definierbar, sondern wird in ihrer Struktur zweiwertig und komplementär. Das Phänomen, das wir »Teilchen« nennen, stellt sich als Welle dar, wenn wir es nicht beobachten. Sobald aber eine Messung oder Beobachtung im Spiel ist, nimmt es Teilchencharakter an. Daher hat es keinen Sinn, von der »Natur« oder vom »Wesen« des Teilchens zu sprechen, da dieses ohne Beobachtung keine wahrnehmbare Realität hat. Die Quantenmechanik deutet die Dinge als »Ereignisse« und ähnelt damit der buddhistischen Vorstellung von Samskara, was genau dasselbe bedeutet. Die Quantenphysik relativiert also die Vorstellung von einem »Objekt« radikal und ordnet sie dem Messvorgang, das heißt einem Ereignis, unter. Außerdem stellt die Quantenunbestimmtheit eine grundlegende Grenze für die Präzision unserer Messungen dar. Ein Rest von Unsicherheit bleibt immer: entweder im Hinblick auf die Position im Raum oder im Hinblick auf die Geschwindigkeit des Teilchens. Die Materie hat ihre Substanz verloren.

Die buddhistische Idee von der gegenseitigen Bedingtheit ist gleichbedeutend mit der Leerheit, diese wieder kann als Synonym für die Vergänglichkeit gelten. Die Welt ist wie ein dynamischer Strom von Ereignissen, die alle miteinander verbunden sind und ständig interagieren. Diese Vorstellung von ununterbrochener Veränderung findet sich in der modernen Kosmologie wieder. Die aristotelische Unbewegtheit des Himmels, die statische Welt, an die auch Newton noch glaubte, gibt es nicht mehr. Alles bewegt sich, alles wandelt sich, alles ist vergänglich – vom kleinsten Atom bis hin zum gigantischen Universum, Galaxien, Sterne und Menschen eingeschlossen.

Das Universum dehnt sich aus – angetrieben von den Kräften eines gigantischen Urknalls. Diese Dynamik wird in den Gleichungen zur Relativitätstheorie berücksichtigt. Mit der Urknalltheorie erlangt das Universum endlich eine Geschichte. Es bekommt einen Anfang, eine Vergangenheit, eine Gegenwart und eine Zukunft. Eines Tages wird es in einem infernalischen Feuer verglühen oder in eisiger Kälte einfrieren. Alle Strukturen des Universums bewegen sich ununterbrochen. Planeten, Sterne, Galaxien oder Galaxienhaufen führen ein enormes kosmisches Ballett auf: Sie drehen sich um sich selbst, wandern kreisförmig um andere Objekte, bewegen sich aufeinander zu oder voneinander weg. Und sie haben eine Lebensgeschichte: Sie werden geboren, entwickeln sich und sterben. Das Leben eines Sterns misst sich in Millionen, manchmal sogar in Milliarden Jahren.

Auch die atomare und subatomare Welt steht nicht still. Hier ist alles ebenso von Vergänglichkeit geprägt. Die Teilchen ändern sich. So kann ein Quark zu einer anderen Familie »übergehen« oder seinen »Flavor« wechseln. Ein Proton kann sich zum Neutron wandeln, indem es ein Positron und ein Neutrino ausstößt. Wenn sie von der Antimaterie annihiliert wird, kann Materie sich in reine Energie verwandeln. Die Bewegung eines Teilchens wird so selbst zum Teilchen und umgekehrt. In anderen Worten: Die Eigenschaft eines Teilchens kann zum Objekt werden. Auf Grund der Quantenunbestimmtheit der Energie ist der Raum um uns herum von einer unvorstellbaren Anzahl so genannter »virtueller« Teilchen bevölkert, die eine gespensterhafte, äußerst flüchtige Existenz führen. Geboren werden und sterben in einem Lebenszyklus von unendlicher kleiner Dauer – virtuelle Teilchen sind sozusagen das Paradebeispiel für den Begriff der Vergänglichkeit.

Die Wirklichkeit kann also auf unterschiedliche Weise wahrgenommen, die Wahrheit auf verschiedenen Wegen erfahren werden – der eine geht von der äußeren, der andere von der inneren Welt aus. Für den Buddhismus sind diese Übereinstimmungen vielleicht weniger überraschend. Da die Erscheinungswelt immer durch den Filter des Bewusstseins erfahren wird, ist es klar, dass Welt und Bewusstsein eng miteinander verknüpft sind. Aus diesem Grund kann auch die wahre Natur der Erscheinungen nichts anderes sein als der erleuchtete Buddhageist.

Einen Einwand allerdings habe ich gegen die buddhistische Weltsicht. Es geht dabei um das so genannte »anthropische Prinzip«. Dieses geht davon aus, dass die Feinabstimmung der Ausgangsbedingungen des Universums so exakt erfolgte, um die nötigen Umstände für Leben und Bewusstsein im Kosmos zu schaffen. Ich vertrete in dieser Hinsicht die Meinung, dass es ein schöpferisches Prinzip gibt, wie Einstein oder Spinoza es formuliert haben. Dieses Prinzip zeigt sich in den Naturgesetzen und bewirkt, dass die Welt rational erfassbar ist. Meine Auffassung steht der des Buddhismus entgegen, für den es keine Form eines schöpferischen Prinzips (oder eines Uhrmachergottes, um diese alte Metapher zu benutzen) geben kann. Buddhistisches Denken geht davon aus, dass gar keine Feinabstimmung nötig war, um das Bewusstsein erscheinen zu lassen: Da diese beiden Faktoren seit anfangsloser Zeit koexistieren, kann das eine nicht ohne das andere sein. Auch hier liegt der Grund im bedingten Entstehen aller Phänomene. Ich gebe zu, dass diese Erklärung der Feinabstimmung zutreffen könnte. Doch meiner Ansicht nach erklärt dieses Konzept die Frage Leibniz', weshalb das Etwas wahrscheinlicher sei als das Nichts, nicht ausreichend. Daher möchte ich dem eine zweite Frage hinzufügen: »Warum sind die Naturgesetze so, wie sie sind, und nicht anders?« Man könnte sich zum Beispiel sehr gut vorstellen, in einem von den Newton'schen Gesetzen regierten Universum zu leben. Aber das ist nicht der Fall. Das uns bekannte Universum kann nur mithilfe der Relativitätstheorie und der Quantenmechanik erklärt werden.

Und es gibt – aus wissenschaftlicher Sicht – noch weitere fragliche Punkte im buddhistischen Weltbild. Wenn es keinen Schöpfer gibt, dann kann das Universum nicht geschaffen worden sein. Es hat also keinen Anfang und kein Ende. Das einzige Weltmodell, das mit dem buddhistischen vereinbar ist, ist ein zyklisches Universum, in dem Urknall und Endknall immer wieder aufeinander folgen und neue Lebensphasen hervorbringen. Für die Wissenschaft ist die Theorie, dass das Universum eines Tages in sich zusammenfällt und im Endknall erstirbt, aber noch nicht stichhaltig bewiesen. Letztlich hängt diese Frage von der Menge der unsichtbaren, »dunklen« Materie im Universum ab, die wir noch nicht kennen. Die letzten Beobachtungen ergeben jedenfalls, dass das Universum keineswegs genügend »dunkle« Materie erhält, um seine Ausdehnung zu stoppen und umzukehren. Nach aktuellem Kenntnisstand scheint diese Tatsache ein zyklisches Modell des Universums auszuschließen. Was die Vorstellung angeht, dass das Bewusstsein schon wenige Sekundenbruchteile nach dem Urknall existiert haben soll, so ist die Wissenschaft derzeit weit davon entfernt, diese These überprüfen zu können. Einige Neurobiologen vertreten aber die Ansicht, dass das Bewusstsein keineswegs von Anfang an neben der Materie existiert haben muss, weil es sehr wohl aus der Materie hätte hervorgehen können, sobald diese eine gewisse Komplexitätsschwelle überschritten hatte.

Wir sind Sternenstaub – wie alle Lebewesen. Wir teilen dieselbe kosmische Geschichte wie der Löwe in der Savanne und der Lavendel auf dem Feld. Durch Zeit und Raum miteinander vernetzt, sind wir alle bedingte Existenzen. Schon der simple Vorgang des Atmens verbindet uns mit der gesamten menschlichen Art: Die Milliarden von Sauerstoffatomen, die wir einatmen, waren mit Sicherheit schon einmal in den Lungen eines der Milliarden Menschen, die bisher auf der Erde gelebt haben. Dieser kosmische und planetare Blickwinkel unterstreicht nicht nur unsere wechselseitige Verbundenheit, sondern zeigt auch, wie verwundbar dieser Planet ist und wie isoliert wir unter all den

Sternen sind. Die Umweltprobleme, die unseren sicheren Hafen in der Unendlichkeit der kosmischen Weite bedrohen, betreffen alle Menschen – unabhängig von Staatsangehörigkeit, Kultur und Religion. Industriegifte, radioaktive Abfälle und die Gase, die den Treibhauseffekt verursachen, kennen keine Grenzen. Diese und andere Probleme der Menschheit – Armut, Hunger, Krieg – können gelöst werden, wenn wir uns vor Augen halten, dass wir alle miteinander vernetzt sind, dass unsere Interessen und unser Glück mit dem der anderen untrennbar verbunden sind. In anderen Worten: Wenn wir uns vom Mitgefühl leiten lassen und das entwickeln, was der Dalai-Lama die »universelle Verantwortung« nennt, haben wir eine Chance.

Zu diesem Zweck muss die Wissenschaft ihren Platz in unserer Kultur einnehmen. Ihr bisheriges mechanistisches, auf Einzelaspekte ausgerichtetes und reduktionistisches Weltbild verhindert das. Wie die Gespräche zeigten, hat hier ein Umdenken stattgefunden. Es gibt keinen Zweifel, dass die Wissenschaft auf unser Leben weiterhin großen Einfluss haben wird. Doch Probleme ethischer und moralischer Natur, wie sie in der Genforschung auf uns zukommen, zeigen, dass die Wissenschaft einen Weggefährten braucht, wenn sie nicht ihre Menschlichkeit verlieren will: Spiritualität. Ziel und Zweck wissenschaftlichen Forschens ist es, die Welt der Erscheinungen besser zu verstehen. Ihre technischen Anwendungen können unser äußerliches Wohlbefinden verbessern oder verschlechtern. Spiritualität aber zielt darauf ab, zum Wohle aller Wesen unser inneres Heil zu steigern. Einige Wissenschaftler, der Nobelpreisträger Steven Weinberg zum Beispiel, wollen mit Spiritualität nichts zu tun haben. Weinberg denkt, dass die Religionen die Wurzel allen Übels auf der Welt seien. Provokant schreibt er: »Mit oder ohne Religion – der gute Mensch tut Gutes, der schlechte Mensch Böses. Doch nur die Religion bringt gute Menschen dazu, Böses zu tun. Eine der großen Leistungen der Wissenschaft ist es, dass sie intelligenten Menschen den Glauben zwar nicht unmöglich gemacht hat, aber dass sie wenigstens die Möglichkeit schuf, nicht gläubig zu sein.«[1] Und Weinberg zögert nicht, die im Namen der Religion begangenen Untaten zu benennen: Kreuzzüge, Pogrome, moslemische und andere Glaubenskriege, ja sogar die Sklaverei wurden religiös gerechtfertigt. Ich denke, dass er Unrecht hat. Zunächst einmal vergisst er, welch ungeheuren Schäden am Menschen und an der Umwelt wissenschaftliche Ergebnisse in den falschen Händen bereits angerichtet haben. Hiroshima, Nagasaki, die fortschreitende Klimakatastrophe, das sich ständig vergrößernde Ozonloch, die Experimente der Nazi-»Ärzte« – es gibt wahrlich genügend Beispiele. Außerdem ist die Religiosität, von der Weinberg spricht (und die ich ohnehin lieber als Spiritualität bezeichne), nur ein Zerrbild echten religiösen Empfindens.

Menschen, die an Religionskriegen teilnehmen, werden sicher nicht von einer Haltung des Mitgefühls anderen Wesen gegenüber angespornt. Aber genau dieses Gefühl ist der Grundstein jeder wirklichen Religiosität. Ich jedenfalls ziehe Weinbergs religionsfeindlicher die kosmische Vision Einsteins vor: »Die Religion der Zukunft wird eine kosmische Religion sein. Sie wird über die Idee eines personifizierten Gottes hinausgehen und keine theologischen Dogmen kennen. Sie wird natürliche und spirituelle Triebe gleichermaßen akzeptieren, weil sie auf einer Religiosität gründet, die aus der Erfahrung aller Dinge, spiritueller und natürlicher, als sinnvolles Ganzes herrührt.« Diese Aussage bestätigt letztlich den Kernpunkt unserer Gespräche. Und Einstein wird noch deutlicher: »Der Buddhismus passt zu dieser Definition. [...] Wenn es eine Religion gibt, die sich mit wissenschaftlichen Bedürfnissen vertragen kann, dann ist dies der Buddhismus.«[2] Besser könnte man es gar nicht ausdrücken. Die Wissenschaft funktioniert ohne Spiritualität, so wie die Spiritualität ihre Ziele auch ohne Wissenschaft erreicht. Der Mensch aber braucht, um ganz zu werden, beides.

Conclusio des Mönchs

Viele Menschen glauben, dass jede Annäherung zwischen Wissenschaft und Spiritualität ohnehin verlorene Liebesmüh ist. Die einen halten Spiritualität für Humbug, die anderen denken, dass Wissenschaft viel zu materialistisch ausgerichtet ist. Bestenfalls ist man der Ansicht, es gehe dabei um zwei vollkommen fremde Bereiche menschlichen Handelns. Wollte man aber annehmen, zwischen Wissenschaft und Spiritualität existierten keinerlei Berührungspunkte, so würde dies bedeuten, dass es zwischen Wissen und Erfahrung, Objekt und Subjekt, Materie und Bewusstsein eine unüberwindbare Mauer gäbe. Dieser Dualismus hält sich hartnäckig in den Köpfen und schafft dort durch nichts gerechtfertigte Denkbarrieren. Doch der kontemplative Ansatz muss sich gar nicht gegen die Wissenschaft durchsetzen, denn zunächst einmal geht es hier nur um verschiedene Wege der Erkenntnis, die auf unterschiedliches Terrain führen.

Die Wissenschaft untersucht »beobachtbare« Phänomene, und die Physik erweist sich als mehr oder weniger geeignet, diese zu interpretieren. »Das Ziel der Wissenschaft ist es, unser Erfahrungswissen zu vergrößern und zu ordnen«[1], schreibt Niels Bohr, und er fährt fort: »Sie zielt nicht auf die Erklärung der wirklichen Essenz der Phänomene ab.«[2] Die Hoffnung der Basiswissenschaften, die Natur der Wirklichkeit zu begreifen, scheint daher unbegründet, denn die wissenschaftliche Methode führt letztlich nur zu einer bestimmten Lesart der Phänomene, die uns erlaubt, ihr experimentelles Verhalten vorherzusagen. Die Wissenschaft stößt also an Grenzen, die zeigen, dass die Natur der Wirklichkeit nicht der Annahme entspricht, von der sie ausgeht. Gerade diese Grenzen aber, die sich in der Relativitätstheorie und der Quantenmechanik so deutlich zeigen, veranlassen die Wissenschaftler heute, den Dialog mit dem Buddhismus zu suchen. Der Buddhismus, der die letztendliche Natur der Phänomene und des Bewusstseins gründlich analysiert hat, kann dem Wissenschaftler helfen, sich aus seinem Dilemma zu befreien: einerseits die offenkundig »feste« Realität der makrokosmischen Phänomene und andererseits die dynamische Welt der Teilchenphysik. Doch das ist noch nicht alles, denn der Buddhismus hat aus seinen Erkenntnissen auch eine praktische Umsetzung gewonnen, die uns Hilfestellung im täglichen Leben bietet.

Die Technik ihrerseits sieht die theoretische Wissenschaft meist nur als Mittel, ihren alten Traum von der Beherrschung der materiellen Welt zu erfüllen. Kurz gesagt könnte man die Grundlagenforschung als theoretische Wissenschaft, die Technik als angewandte Wissenschaft und den kontemplativen Ansatz als Wissenschaft von der Befreiung des Geistes bezeichnen. Diese drei können sich gegenseitig befruchten, ohne sich ständig zu befehden.

Die Wissenschaft hat ihre größten Erfolge dort erzielt, wo sie darauf verzichtet hat, eine allgemeine, vereinheitlichte Theorie zu finden, die alles erklären kann. Wo sie sich dagegen auf das Studium der materiellen Welt konzentriert hat, hat sie effektive Methoden entwickelt, um diese zu erforschen, zu messen, zu beschreiben und dann auf sie einzuwirken. Die Gesamtheit des Wissens, welche aus diesen Aktivitäten hervorgegangen ist, ist so unglaublich vielfältig und weit reichend, dass man manchmal vergisst, wie wenig die Wissenschaft in der Lage ist, auf grundlegende Fragen der Existenz zu antworten. Diese Unfähigkeit stellt kein Scheitern dar, weil die Wissenschaft ihren Forschungsbereich ja klar absteckt und begrenzt. Sie hat sich niemals zum Ziel gesetzt, uns zu zeigen, wie man Glück und Frieden erlangt.

Aber für uns zählt ja nicht die Menge der angesammelten Informationen. Wir brauchen Antworten auf Fragen wie: Weshalb leben wir? Warum sterben wir? Weshalb müssen wir leiden? Unter welchen Umständen sind wir glücklich? Warum lieben wir? Weshalb empfinden wir Hass? Daher fragen wir uns, ob unsere Studien uns entsprechende Antworten verschaffen und ob sie all der Mühe wert sind, die wir darauf verwenden.

Diese Fragen richten sich an beide Zweige der Wissenschaft, an die Grundlagenforschung und an die Technik, die deren Erkenntnisse für den Anwender umsetzt. Wie wir bereits erläutert haben, hat die Grundlagenforschung die Beschreibung und Erklärung der Natur zum Ziel. Obwohl dies natürlich ein lobenswertes Unterfangen ist, bringt uns das Wissen über die chemische Zusammensetzung der Himmelskörper oder die Artenzugehörigkeit bestimmter Insekten den Antworten auf die grundlegenden Fragen des Lebens nicht näher. Wenn wir uns fragen, in welchen Augenblicken unseres Lebens wir die größte Erfüllung gefunden haben, dann werden wir an Momente der Liebe, der Freundschaft, der Zärtlichkeit, der Lebensfreude denken. An unsere Bewunderung angesichts der Schönheit einer Landschaft oder an den inneren Frieden, der einer altruistischen Handlung entspringt. Im Allgemeinen haben wissenschaftliche Erkenntnisse damit wenig zu tun.

Führen wir uns die Segnungen der Technik vor Augen, so stellen wir fest, dass sie vor allem unsere Gesundheit, unsere Lebensdauer, unseren Komfort und unsere Handlungsfreiheit fördern. Unsere Lebenserwartung hat sich beträchtlich erhöht. Die medizinische Versorgung aller Menschen wird ständig besser, obwohl es hier natürlich gravierende Unterschiede gibt. (2760 Dollar pro Jahr werden im öffentlichen Sektor für die Gesundheit eines Amerikaners ausgegeben, ganze drei Dollar für einen Vietnamesen.) Doch mögen auch unsere materielle Bequemlichkeit, unser Komfort und unsere Handlungsfreiheit immer mehr anwachsen, so gibt es doch einige Aspekte unserer Existenz, die sich zunehmend verschlechtern. Mittlerweile haben wir schon fast jeden Winkel der Erde und der Atmosphäre verschmutzt und damit eine Menge neuer Plagen geschaffen, die den Planeten und seine Bewohner dahinraffen. Man kann sich also durchaus fragen, welchen Sinn ein Leben in einer von Umweltgiften, Plastik, Stress, Überbevölkerung und anderen Seuchen des modernen Lebens vergifteten Stadt hat. Ist das Dogma der wirtschaftlichen Entwicklung um jeden Preis auf dem Podest, auf das wir es gestellt haben, wirklich am richtigen Platz? Schon die Frage allein zeigt, wie wenig wir zwischen dem Möglichen und dem Wünschenswerten unterscheiden können.

Und doch ist die Wissenschaft neutral. Sie hat keine eigenen Absichten. Was wir daraus machen, hängt ausschließlich von unserer Motivation ab, von der Richtung, die wir unserem Leben geben und dem Schwerpunkt, den wir setzen – zwischen der Beherrschung der äußeren Welt und der Entwicklung einer inneren Zufriedenheit, die uns im Augenblick des Todes ohne Reue weitergehen lässt.

Die faszinierendsten Aspekte dieser Begegnung zwischen Buddhismus und Naturwissenschaft liegen für mich in der Analyse der letzten Natur der Dinge. In dieser Hinsicht habe ich viel aus den Gesprächen mit Thuan gewonnen. Sie haben neue Fragen aufgeworfen, vor allem bezüglich der Natur des Bewusstseins und der wechselseitigen Abhängigkeit der Phänomene, einem Kernthema sowohl im Buddhismus als auch in der modernen Physik. Die Natur des Bewusstseins bleibt ein faszinierendes Phänomen. Kann man es auf die Funktionen des Gehirns reduzieren? Ist es ein emergentes Phänomen der Materie? Kann es – wie der Buddhismus glaubt – unabhängig von einer materiellen Basis existieren? Buddhistische Meditierende haben auf Grund ihrer inneren Erfahrung, die man auch als Testreihe betrachten kann, verschiedene Ebenen des Bewusstseins erkannt. Ihre Methode ist dabei für Wissenschaftler, die einen empirischen Ansatz verfolgen, durchaus von Interesse. Man könnte sich also vorstellen, dass Neurobiologen und erfahrene Meditierende auf dem kontemplativen Weg zusammen neue Wege der Forschung beschreiten.

Was gibt es nun zu Thuans Glaubensbekenntnis für ein schöpferisches Prinzip zu sagen, das unser Universum organisiert? Natürlich fordert die Frage nach unseren Ursprüngen es heraus, dass wir metaphysisch Position beziehen. François Jacob schreibt dazu. »Nur ein Gebiet ist von der wissenschaftlichen Forschung vollkommen ausgeschlossen, und das ist die Frage nach dem Ursprung der Welt.«[3] Aber eine metaphysische Antwort auf diese Frage bedeutet doch nicht automatisch, dass wir dem Problem mit analytischen Mitteln nicht beikommen können. Der Buddhismus jedenfalls versucht das. Wenn man sich mit der Fragestellung des Anfangs beschäftigt, dann ergibt eine gründliche Analyse, dass es keinen Anfang gibt. Jede andere Möglichkeit führt unweigerlich zu der Vorstellung von einer Ursache, die selbst keine weitere Ursache hat, oder zu einem unbewegten Ewigen, das sich trotzdem verändert, und zu einem Nichts, aus dem das »Etwas« entsteht. Glaubt man aber an eine finalistische Orientierung der Welt, wie es das Bekenntnis für ein schöpferisches Prinzip tut, dann müssen zuerst diese logischen Probleme gelöst werden.

Was nun die Frage Leibniz' angeht, auf die Thuan in diesem Fall verweist, so macht diese nur Sinn vor dem Hintergrund eines erkenntnistheoretischen Realismus. Sie setzt voraus, dass die Phänomene eine Eigennatur besitzen. Ein schöpferisches Prinzip aber löst diese Frage auch nicht. Es formt sie nur um in: »Warum ist die Existenz eines schöpferischen Prinzips wahrscheinlicher als das Nichts?« Antwort: »Nur weil alles leer ist, kann alles erscheinen.« Zweiter Versuch: »Warum sollte es das Nichts geben, wo doch das Etwas möglich ist?« Antwort: »Da es weder existiert noch nicht existiert, ist das Nichts nicht wesensmäßig verschieden vom Etwas.« Für den Buddhismus gab es niemals eine feste Realität mit einer ihr innewohnenden Eigenexistenz. Die Erleuchtung bedeutet nur, dass wir uns aus dem Schlaf der Unwissenheit erheben, der den Dingen eine unveränderliche Existenz zuordnet.

Wie sagt doch Thuan selbst. »Die letzten Beobachtungen ergeben jedenfalls, dass das Universum keineswegs genügend ›dunkle‹ Materie enthält, um seine Ausdehnung zu stoppen und umzukehren. Nach aktuellem Kenntnisstand scheint diese Tatsache ein zyklisches Modell des Universums auszuschließen.« Dieses Problem kann im Augenblick also nicht gelöst werden. Die Wissenschaftler entwickeln dazu ununterbrochen neue Ideen. Die französische populärwissenschaftliche Zeitschrift *Science et Vie* hat das Jahr 2000 mit einer neuen Nummer begrüßt, die den Titel trug: »Vor dem Urknall«. In diesem Heft präsentieren prominente Wissenschaftler aus aller Welt ihre Ideen von der Entstehung des Kosmos. Andrej Linde spricht von einem Kaskadenuniversum, in dem sich ein Urknall an den anderen reiht. Martin Reese tritt für ein so genanntes »Multiversum« ein, das aus verschiedenen Universen besteht, die sich ständig regenerieren und kein Ende kennen. Für Gabriele Vaneziano ist der Urknall keineswegs der Beginn des Universums, er markiert nur eine seiner zahlreichen Etappen. Die Vielfalt, Widersprüchlichkeit und Inkompatibilität dieser einzelnen Szenarien (die sicher nicht die letzten zu diesem Thema sind) zeigt, wie schwierig die Theoriebildung ist, wenn es um den Ursprung des Universums geht.

Der Buddhismus geht davon aus, dass das westliche Denken – sei es nun philosophischer, religiöser oder wissenschaftlicher Natur – sich nur deshalb nicht von der Vorstellung eines Anfangs trennen kann, weil es so fest an die dinghafte Existenz der Phänomene glaubt: Die Dinge sind so, wie wir sie wahrnehmen, daher muss es auch einen Anfang geben. Diese Grundannahme zwingt die Wissenschaftler zu allen möglichen theoretischen Verrenkungen, um die Erkenntnisse der Quantenphysik mit ihrer Weltsicht so zu vereinbaren, dass die gewöhnliche Wahrnehmung der Dinge nicht in Frage gestellt wird. Die Anstrengungen der Physiker, bestimmte klassische Ideen aufrechtzuerhalten (wie die von materiellen Körpern, die unabhängig existieren und ganz bestimmte Eigenschaften haben), treffen natürlich dort auf Probleme, wo sie mit Tatbeständen konfrontiert sind, die aus ihren eigenen Entdeckungen hervorgehen. Diese Probleme hängen nicht mit der Trägheit zusammen, die aus der Zugehörigkeit zu einer bestimmten Forschergruppe mit bestimmten wissenschaftlichen Prämissen resultiert. Sie gehen auf eine viel grundlegendere Schwierigkeit zurück: Die meisten Forscher wollen ihr Bild von der Wirklichkeit und dem Subjekt, das sie wahrnimmt, nicht in Frage stellen. Michel Bitbol meint, dass die philosophische Debatte der modernen Physik von folgendem Grundsatz geprägt scheint: »Sobald im Bereich der theoretischen Physik eine realistisch-materialistische Interpretation möglich ist, lasst uns sie aufnehmen, ganz egal, was daraus wird.«[4] Es würde also schon genügen, dass die Physiker die Fakten der Quantenmechanik endlich in ihr Denken aufnähmen. Dann würde ihre Weltsicht sich schnell verändern.

Auf die Äußerung des Physiknobelpreisträgers Steven Weinberg, dass nur die Religion gute Menschen dazu bringen könne, Böses zu tun, könnte man ebenso dogmatisch antworten: »Nur die Spiritualität kann böse Menschen dazu bringen, Gutes zu tun.« Und wenn man die Grausamkeiten betrachtet, welche die Wissenschaft im Laufe ihrer Geschichte zu verantworten hat (wir haben darüber gesprochen), dann fühlt man sich versucht anzufügen, dass nur die Wissenschaft absolut normale Menschen dazu bringen kann, Böses zu tun und sich trotzdem für respektable Bürger zu halten. Aber diese Haltung wäre ebenso extrem wie die Weinbergs. Sinnvoller ist es, zu sagen, dass der Wert unserer Handlungen, auch wenn man ihnen das achtbare Mäntelchen der Wissenschaft oder Religion umhängt, einzig und allein von unserer Motivation abhängt.

Ich glaube nicht, dass das, was ich »kontemplative Wissenschaft« nenne, sich in erster Linie aus Intuition speist. Dieser Begriff ist viel zu vage, um damit die ziemlich klare Erfahrung der Meditation zu bezeichnen, die keinerlei Wert hätte, wenn sie sich nicht ebenso auf Vernunft und Logik gründete. Natürlich geht es auf einer bestimmten Ebene der Kontemplation darum, den Verstand hinter sich zu lassen, aber das bedeutet nicht, dass Meditation und Erkenntnisvermögen außerhalb dieses Stadiums zueinander im Widerspruch stehen: Die Meditation überschreitet nur einfach die Grenzen des begrifflichen Denkens, einen Prozess, den Thuan mit dem Gödel'schen Unvollständigkeitssatz theoretisch untermauert hat. Buddhistische Philosophie und Praxis haben nicht den Anspruch, ein großartiges Theoriegebäude zu errichten und damit alles zu erklären. Sie haben eine ganz praktische Zielsetzung, und ihre Resultate sind an dem Grad persönlicher Veränderung messbar, den sie mit sich bringen.

Dilgo Khyentse Rinpoche rät uns dazu Folgendes: »Das äußere Zeichen von Weisheit ist, dass wir uns selbst kontrollieren können. Spirituelle Reife hingegen zeigt sich in der Abwesenheit von konfliktbringenden Emotionen. Wenn jemand klug und weise geworden ist, dann ist er im selben Maße auch heiterer, friedlicher und disziplinierter geworden – also nicht arroganter, hochmütiger und nachlässiger. Überprüft also immer, ob eure spirituelle Praxis euch hilft, eure negativen Gefühle zu meistern. Wenn eine spirituelle Übung das nicht tut, sondern stattdessen euren Egoismus, eure Verwirrung und eure unheilsamen Gedanken verstärkt, dann lasst ihr sie besser fallen. Sie ist nicht die richtige Praxis für euch.«

Wenn es auf der einen Seite nötig ist, auf die Anweisungen spiritueller Meister zu vertrauen, deren meditative Erfahrung unsere übersteigt (so wie man auf hoher See den Ratschlägen eines erfahrenen Matrosen folgt), so sollte man doch niemals eine Wahrheit einfach so akzeptieren, weil jemand sie äußert, den man respektiert. Der Wert von Buddhas Lehre liegt nämlich darin, dass jeder sie überprüfen kann.

François Jacob schreibt: »Die Gefahr liegt für den Wissenschaftler [und für den Meditierenden, Anmerkung des Autors] nicht darin, dass er die Grenzen seiner Disziplin, also die Grenzen seiner Erkenntnis, falsch einschätzt. Sie ist vielmehr dort gegeben, wo man – ohne es zu merken – Glauben und Wissen vermischt. Und in der Sicherheit, im Recht zu sein.«[5]

Im Bereich der Naturwissenschaften zeigen die immer wieder neuen Entdeckungen, dass die Vorstellung von einem »sicheren Wissen« äußerst prekär ist. Ich aber wage hier die Aussage, dass die Erkenntnis der letztendlichen Natur des Geistes, der Mechanismen von Glück und Leid beziehungsweise der Realität der Phänomene, uns ganz sicher Erleuchtung bringt und uns damit auf eine andere Ebene des Wissens hebt. Diese Phänomene sind durch innere Erfahrung gesichert. Diese lässt sich in jedem Augenblick neu überprüfen. Die Erleuchtungserfahrung kommt vom Verständnis für die wahre Natur der Dinge und zeigt sich deutlich in menschlichen Qualitäten, die wir alle gerne besäßen.

Denn wozu wäre es gut, unendliche Wissenskonstrukte aufzubauen wie ein Schloss auf einem gefrorenen See? Genauso wie das Schloss versinkt, sobald das Frühjahr Tauwetter bringt, genauso wenig würde ein rein intellektuelles Wachstum den Anforderungen des Lebens standhalten, wenn es nicht von wirklichen inneren Veränderungen getragen ist.

Der Buddhismus geht davon aus, dass das Verständnis der Leerheit der Phänomene sich in tiefer Liebe und grenzenlosem Mitgefühl ausdrückt. Der tibetische Einsiedler Shabkar schrieb dazu:

> »Wer Mitgefühl hat, hat alle Lehren verwirklicht.
> Wer kein Mitgefühl empfindet, hat nichts verstanden.
> Sogar der Praktizierende, der über die Leerheit meditiert,
> Braucht Mitgefühl, denn dies ist das Herz der Leerheit.«[6]

Ich möchte hier eine Metapher aufnehmen, die in buddhistischen Texten häufig gebraucht wird: Nur die Wärme des Mitgefühls, das sich mit der Weisheit verbindet, schmilzt das Gestein unseres Geistes und setzt das Gold unserer wahren Natur frei.

Anmerkungen

Einführung

1 Frédéric Lenoir, *La Rencontre du bouddhisme et de l'Occident* und *Le Bouddhisme en France,* Fayard 1999

2 Jean-François Revel und Matthieu Ricard, *Der Mönch und der Philosoph,* Köln 1999

3 Zu den zahlreichen Teilnehmern an diesen Seminaren möchten wir hier nennen: Richard J. Davidson, Anne Harrington, Jerome Engel, Paul Ekman, Robert Livingstone, Eliot Sober und Francisco J. Varela für die Kognitionswissenschaft und die Biologie; David Finkelstein, Arthur Zajonc und Anton Zeilinger für die Physik; Owen Flannagan, Daniel Goleman, Charles Taylor und Lee Yearly für die Philosophie

4 *Passerelles,* Albin Michel, 1995 (in Französisch). *Die heilende Kraft der Gefühle – Gespräche mit dem Dalai-Lama,* hrsg. von Daniel Goleman, München 1998. *Traum, Schlaf und Tod – Grenzbereiche des Bewusstseins – Der Dalai-Lama im Gespräch mit westlichen Wissenschaftlern,* München 1998. *Gewagte Denkwege. Wissenschaftler im Gespräch mit dem Dalai-Lama,* hrsg. von Francisco Varela, München 1996. *Die heilende Kraft der Gefühle – Gespräche mit dem Dalai-Lama über Achtsamkeit, Emotion und Gesundheit,* hrsg. von Daniel Goleman und Robert A. F. Thurnman, München 1998

5 B. Alan Wallace, *Science et Bouddhisme,* Calmann-Lévy, Paris 1998

6 Thubten Jinpa, »Science as an Ally or a Rival Philosophy? Tibetan Buddhist Thinker's Engagement with Modern Society«, in: B. Alan Wallace, *Science et Bouddhisme,* Calmann-Lévy, Paris 1998

7 Werner Heisenberg, *Across the Frontiers,* Harper and Row, New York, 1974, Kapitel 3, »Wolfgang Pauli's Philosophical Outlook«

8 Trinh Xuan Thuan, *La Mélodie secrète,* Fayard, 1988, Taschenbuchausgabe: Gallimard, Folio-Essais, 1991; *Le Chaos et l'Harmonie,* Fayard, 1998; *Un astrophysicien,* Champs-Flammarion, 1995; *Le Destin de l'univers,* Découvertes-Gallimard, 1992

Kapitel 1

1 Die »allgemeine Relativitätstheorie« wird so genannt, um sie von der »speziellen Relativitätstheorie« zu unterscheiden. Sie beschreibt die Auswirkungen der Schwerkraft auf Bewegung, Zeit und Raum, wohingegen die spezielle Relativitätstheorie die Auswirkungen der Gravitation nicht berücksichtigt.

2 Dilgo Khyentse, *Das Herzjuwel der Erleuchteten,* Berlin 1994, S. 34

3 Die Zahlen sind dem offiziellen Bericht der Vereinten Nationen über den Stand der Entwicklung in den einzelnen Ländern der Welt entnommen. Stand: 1998

4 Genauere Erläuterungen zum bedingten Entstehen und der wechselseitigen Abhängigkeit der Phänomene finden Sie in Kapitel 4.

5 Literatur über das Konzept der Leerheit im Buddhismus (Auswahl): *Comprendre la vacuité,* Padmakara 1993; Patrick Carré, *Éloge de la vacuité,* Pauvert 2000; Geshe Wangyal, *Tibetische Meditationen,* Zürich 1975; Dalai-Lama, *Die Lehre des Buddha vom abhängigen Entstehen,* Dharma Edition, Hamburg 1996

6 Die Geschichte dieser Vernachlässigung hat Roger-Pol Droit in *Le Culte du Néant* aufgezeichnet, Le Seuil, Paris 1997.

7 Zitiert nach: Gampopa, *Der Juwelenschmuck der Befreiung,* München 1989

8 Roger-Pol Droit, *L'Oubli de l'Inde, une amnésie philosophique,* Livre de Poche, PUF 1989

9 Es geht dabei um das EPR-Experiment, das in Kapitel 4 beschrieben wird.

10 Die Aspekte der buddhistischen Lehre und die entsprechenden Zitate sind nicht spezifisch auf den tibetischen Buddhismus bezogen. Sie spiegeln vielmehr den frühen indischen Buddhismus wider, der sich auf die Lehren des Buddha Shakyamuni (569–489? vor Christus) und die großen indischen Kommentare, vor allem auf die zum Mittleren Weg (Madhyamika), gründet. Zu den berühmten Kommentatoren gehören: Nagarjuna (2. Jahrhundert nach Christus, anderen Quellen zufolge wurde er 212 vor Christus geboren), Chandrakirti (7. Jahrhundert nach Christus) und Shantideva (685–763?).

11 Die Lebensdaten Buddha Shakyamunis lassen sich nicht mit letzter Sicherheit bestimmen. Wenn man den Berechnungen folgt, die sich auf die Register des Vinaya gründen, die in Sri Lanka aufbewahrt werden, hätte der Buddha von 483–403 vor Christus gelebt. Nimmt man aber an, dass der Buddha 200 Jahre vor der Regierungszeit des König Ashoka (268–231 vor Christus) gelebt hat, dann erhält man folgende Daten: 569–489 vor Christus. Andere Studien geben wieder andere Daten an.

Kapitel 2

1 Die starke und die schwache Kernkraft, die elektromagnetische Energie und die Schwerkraft. Jedes physikalische Phänomen kann durch die Interaktion dieser vier Fundamentalkräfte erklärt werden.

2 Zur Planck-Zeit war das Universum so komprimiert und wies eine so hohe Dichte auf, dass die Schwerkraft, die auf subatomarer Ebene gewöhnlich zu vernachlässigen ist, genauso wichtig wird wie die starke und die schwache Kernkraft beziehungsweise die elektromagnetische Energie.
3 Eine klare und detaillierte Beschreibung der Theorie von den Superstrings findet sich in: Brian Green, *Das elegante Universum,* XXX 2000.
4 Die Gesetze der Physik konnten bisher nur oberhalb einer zeitlichen Grenze von einem millionstel einer millionstel Sekunde (10^{-12}) nach dem Urknall experimentell überprüft werden. Vor diesem Zeitpunkt ist die Energie der Elementarteilchen im Universum zu hoch. Dieser Zustand kann nicht einmal in den größten und effektivsten Teilchenbeschleunigern reproduziert werden. Daher können die unter diesen extremen Bedingungen geltenden physikalischen Gesetze noch nicht erforscht werden.
5 Jeder Augenblick unserer Existenz wird von einem wahren Kaleidoskop an Wellen begleitet. Dabei sind die Radiowellen die am wenigsten energiereiche Form. Ein winziges Drehen am Knöpfchen genügt, und die Wunder der modernen Elektronik wandeln sie in unserem Radio in eine Symphonie von Beethoven und in unserem Fernseher in eine Kultursendung um. Mit den Radiowellen vermischt sind die Wellen des sichtbaren Lichts, die von der Sonne kommen und von der Oberfläche der Objekte zurückprallen, dann in unser Auge eindringen, sodass wir diese Objekte sehen können. Dazu kommen noch die unsichtbaren ultravioletten Strahlen der Sonne und die Röntgenstrahlung aus dem All.
6 Genaueres zur Geschichte des Universums finden Sie in: Trinh Xuan Thuan, *La Mélodie secrète,* Gallimard 1991; und: Paul Davies, *Die Unsterblichkeit der Zeit,* München 1995
7 Shantideva, *Eintritt in das Leben zur Erleuchtung – Poesie und Lehre des Mahayana-Buddhismus,* München 1989, IX, Vers 147–148
8 Gottfried Wilhelm Leibniz, *Principes de la Nature et de la Grace fondés en Raison,* Paris 1714, § 7, dt. Übersetzung: ders., »Vernunftprinzipien der Natur und der Gnade, in: *Monadologie,* Hamburg, [2]1982, S. 13–15

Kapitel 3

1 Blaise Pascal, *Gedanken,* Sammlung Dieterich Verlagsgesellschaft, 1992
2 Jacques Monod, *Zufall und Notwendigkeit,* München Zürich 1996, S. 157
3 Steven Weinberg, *Die ersten drei Minuten,* München 1997
4 Freeman Dyson, *Disturbing the Universe,* HarperCollins, San Francisco 1981
5 Matthieu Richard hat den amerikanischen Superstring-Spezialisten Brian Greene dazu während eines Gespräches detailliert befragt: »Die Antwort darauf liegt in der Kosmologie. In den ersten Augenblicken unseres Universums manifestiert seine Energie sich in der Schwingung der Strings. Warum aber schwingt ein Teil der Strings auf diese Weise, der andere auf jene? Wir den-

ken, dass es hier zu einer Art ›Wettkampf‹ kommt zwischen Entropie (der physikalische Begriff für das Maß der Unordnung in einem System: Das Universum versucht immer, den Zustand der größten Unordnung zu erreichen) und Energie (das Universum versucht immer das niedrigste Energieniveau zu erreichen; Beispiel: der Ball, der einen Abhang hinunterrollte). Und dieser ›Wettstreit‹ bestimmt, wie viele Strings auf eine bestimmte Art schwingen.«

6 Brandon Carter hat die starke und schwache Version des anthropischen Prinzips formuliert: *Confrontation of Cosmological Theories with Observation,* M. S. Longai Reidel, Dordrecht, 1974, S. 291

7 Nichtdestotrotz kann der wahre Zufall nicht bewiesen werden, weil ein deterministisches Chaos genau dieselben Auswirkungen hätte wie der Indeterminismus.

8 Ein Schwarzes Loch ist eine Singularität im Raum. Es entsteht durch einen Stern mit einer kritischen Masse, der am Ende seiner »Lebenszeit« in sich selbst zusammenfällt. Die enorme Masse hat eine starke gravitative Wirkung, sodass nicht einmal das Licht diesen Stern mehr verlassen kann. Er bleibt schwarz.

9 Siehe Trinh Xuan Thuan, *Le Chaos et l'Harmonie,* Fayard 1998, Kapitel 2 bis 6

10 In seinem Kommentar zur Logik *(Pramana-vartika)* schreibt Dharmakirti: »Wer oder was sollte verhindern, dass die entsprechende Wirkung entsteht, wenn sämtliche Ursachen vollständig gegeben sind?«

11 Minyak Kunsang Sönam, Kommentar zum 9. Kapitel des *Bodhicharyavatara,* in: *Comprendre la vacuité,* Padmakara 1993, S. 201

12 Minyak Kunsang Sönam, Kommentar zum 9. Kapitel des *Bodhicharyavatara,* in: *Comprendre la vacuité,* Padmakara 1993, S. 202

13 Dalai-Lama, *Das Herz aller Religionen ist eins – Die Lehre Jesu aus buddhistischer Sicht,* Hamburg 1997, S. 150

14 Ebenda, S. 152

15 Ebenda, S. 152

16 Ebenda, S. 153

Kapitel 4

1 Genauer erläutert wird das Konzept des abhängigen Entstehens in: Joanna Macy, *Mutual Causality in Buddhism and General Systems,* State University of New York Press, Albany 1991; Dalai-Lama, *Die Lehre des Buddha vom abhängigen Entstehen,* Dharma Edition, Hamburg 1996; Ayya Khema, *Das Geheimnis von Leben und Tod – Das Wesen der Buddha-Lehre aus weiblicher Sicht,* München 1995

2 Fabrice Midal, *Les mythes et dieux tibétains,* Le Seuil, Paris 2000

3 Shantideva, *Eintritt in das Leben zur Erleuchtung – Poesie und Lehre des Mahayana-Buddhismus,* Diederichs 1989, IX, 147

4 Erwin Schrödinger, *Geist und Materie,* Braunschweig 1959, S. 28

5 E. R. Harrison, *Cosmology: The Science of the Universe,* Cambridge University Press, New York 1981, S. 2

6 B. Alan Wallace, *Science et Bouddhisme,* Calmann-Lévy, 1998, Kapitel 14 und 15

7 Eine ähnliche Begrifflichkeit hat übrigens Kant entwickelt, der die konventionelle Erscheinungwelt »objektiv« nannte und die autonome Existenz als Sein »an sich« bezeichnete.

8 Oder, genauer gesagt, um damit einer ontologischen Bestimmung der Teilchen, wie sie später kritisiert wird, aus dem Weg zu gehen: »Die Eigenschaft der Phänomene A und B stehen in unverzüglicher Korrelation zueinander.«

9 Einem Gespräch zufolge, das wir mit Michel Bitbol geführt haben, sagt die Quantenmechanik nichts über die Realität aus: In erster Linie gibt sie sich damit zufrieden, bestimmte Phänomene vorauszusagen. Wir sind es, die dann versuchen diese Phänomene auf Grund metaphysischer Annahmen zu interpretieren. Wir haben hier einen Standpunkt präsentiert, den die Mehrheit der Physiker teilt. Nur einige wenige wie der Amerikaner David Bohm haben andere Interpretationen des Quantenphänomens versucht, die zu anderen Lesemöglichkeiten des EPR-Effektes führen.

10 Bernard d'Espagnat, *Le Réel voilé,* Fayard 1994

11 Werner Heisenberg, *Physik und Philosophie,* Stuttgart 1959, S. 96

12 William Blake, »Weissagungen der Unschuld« (Auguries of Innocence), in: William Blake, *Werke,* hrsg. v. G. Klotz, übersetzt von W. Wilhelm, Berlin 1958, S. 238

13 *Avamtasaka Sutra: The Flower Ornament Scripture,* übersetzt von Thomas Cleary, Shambala Publications, Boston/London 1993, S. 959

14 Asvaghosa, *The Awakening of Faith,* Hakeda (Übersetzer), Columbia University Press, S. 55

15 *Comprendre la vacuité,* Padamkara 1993, S. 86

16 Nagarjuna, *Madhyamaka Pranjnamula,* übersetzt nach dem Original des vorliegenden Textes

17 Sutra, das von Sagara erfragt wurde (Saganagaraja-paripriccha Sutra, catalogue Tohoku, Bd. 152)

18 Nagarjuna, *Madhymakakarika,* Kap. XVIII, Vers 10, zitiert nach: Erich Frauwallner, *Die Philosophie des Buddhismus,* Berlin 1994, S. 186

Kapitel 5

1 Wenn man den Bohr'schen Gedanken der Komplementarität ganz begreifen will, darf man seine Hauptthese nicht außer Acht lassen: »Wie wir gesehen haben, ist in der Quantenphysik eine Beschreibung der Funktionen der Messgeräte unentbehrlich, und wir müssen sozusagen zwischen Subjekt und Objekt in einer Weise unterscheiden, die in jedem einzelnen Fall die unzweideutige Anwendung der in der Beschreibung benutzten elementaren physi-

kalischen Begriffe sicherstellt.« Niels Bohr, *Atomphysik und menschliche Erkenntnis*, Braunschweig 1958, S. 92

2 Sir James Jeans schreibt: »Wir werden nie verstehen, was Ereignisse wirklich sind. Wir müssen uns darauf beschränken, Ereignisschemata mathematisch zu beschreiben. Jede andere Zielsetzung wäre sinnlos. Die Physiker, die sich der Erforschung der Natur widmen, arbeiten in unterschiedlichen Bereichen mit unterschiedlichen Methoden. Man kann sein Feld bearbeiten, säen und schließlich auch etwas ernten, doch am Ende wird immer das Gleiche stehen: ein Blatt mit mathematischen Formeln, die niemals die Natur selbst beschreiben. [...] Deshalb bringen unsere Studien uns nie in wirklichen Kontakt mit der Realität.« *Physics and Philosophy*, Cambridge University Press, 1931, S. 15–17

3 Shantideva, *Eintritt in das Leben zur Erleuchtung – Poesie und Lehre des Mahayana-Buddhismus*, München 1989, IX, Vers 145

4 Kontrapunktisch zu dieser buddhistischen Analyse und zur Quantenphysik schreibt Laurent Nottale: »Das Konzept des Teilchens würde also kein Teilchen mehr bezeichnen, das eine bestimmte Masse, einen Spin oder eine Ladung ›besitzt‹, sondern ein geodäsisches Fraktal der Raumzeit, das nicht differenzierbar wäre. Spin, Masse und Ladung wären dann nichts weiter als normale geometrische Eigenschaften.« *La Relativité dans tous ses états*, Hachette 1998, S. 238

5 Diese von Chandrakirti (8. Jahrhundert nach Christus), dem großen Kommentator Nagarjunas, entwickelte Argumentationskette wird traditionell auf einen Karren angewandt. Die sieben Gründe, weshalb ein Karren nur als geistiges Konstrukt, also qua Benennung existiert, kann man wie folgt zusammenfassen:

1) Der Karren *ist nicht eins* mit den Elementen, aus denen er besteht (die Räder, die Achsen et cetera), denn da er aus vielen Teilen gemacht ist, könnte er selbst ebenfalls nicht »eins« sein. Wollte man hingegen davon ausgehen, dass der Karren wirklich »eins« ist, dann müssten auch alle seine Teile eine Einheit sein, was nicht der Fall ist. Daraus folgt, dass der Träger (der Karren) und das, was er mit sich trägt (seine Einzelteile), niemals wirklich »eins« sein können.

2) Der Karren ist aber auch *nichts anderes* als seine Teile, denn wenn dem so wäre, müsste er eine von besagten Teilen unabhängige Existenz führen. Ontologisch voneinander unabhängige, nebeneinander existierende Phänomene können aber nicht aufeinander einwirken, können also auch nicht Teil einer Kausalkette sein. Der Karren müsste als von seinen Teilen getrennt wahrgenommen werden können, was nicht der Fall ist.

3) Ebenso wenig sind die Teile eines Karrens vom Karren selbst *nicht abhängig*. Wenn dem so wäre, müssten Karren und Einzelteile wesensmäßig voneinander verschieden sein, was dem vorhergehenden Fall gleichkäme.

4) Aus denselben Gründen aber ist der Karren auch *nicht abhängig* von seinen Einzelteilen.

5) Der Karren *besitzt* seine Teile nicht, wie ein Bauer eine Kuh besitzt oder ein Mensch seinen Körper. Denn dazu müsste der Karren ebenfalls von seinen Einzelteilen wesensmäßig verschieden (3 und 4) oder von ihnen nicht unterscheidbar (1 und 2) sein. Beide Möglichkeiten wurden bereits verworfen.

6) Die Entität »Karren« ist aber auch keine simple Zusammensetzung seiner Teile: a) Die Form der Einzelteile ist kein Karren. b) Die Form des aus den Teilen Zusammengesetzten kann kein Karren sein, da die Formen der Einzelteile weder vor noch nach dem Zusammensetzungsvorgang ein Karren sind und ihre Form sich nicht ändert.

7) Die Form des Ganzen ist kein Karren, da die Summe der Teile wiederum kein Ganzes mit einer eigenen Existenz ergibt. Das Ganze existiert nicht außerhalb seiner Teile, sonst könnte man das Ganze wahrnehmen, ohne die einzelnen Elemente wahrzunehmen. Das Ganze ist aber auch nicht identisch mit seinen Teilen, denn sonst wäre das Ganze kein »Ganzes«, sondern ein »Zusammengesetztes«, beziehungsweise die Einzelteile wären nicht mehrere, sondern ebenfalls nur »Eines«. Die Form des Ganzen existiert also nur als geistiges Konstrukt.

6 B. Alan Wallace, *Science et Bouddhisme,* Calmann-Lévy, 1998, S. 232

7 Werner Heisenberg, *Physik und Philosophie,* Stuttgart 1959, S. 32

8 Ebenda, S. 134–136

9 Niels Bohr, *Atomic Theory and the Description of Nature,* Ox Bow Press 1987, S. 18

10 François Jacob, *La Souris, La Mouche et l'Homme,* Odile Jacob, Paris 1997, S. 216

11 Erwin Schrödinger, »Science et Humanisme«, in: *Physique quantitique et représentation du monde,* Le Seuil, Paris 1992, S. 47

12 Werner Heisenberg, *Physik und Philosophie,* Stuttgart 1959, S. 141

13 *Prajnaparamita-Hrdaya-Sutra – Das Sutra vom Herzen der Vollkommenen Weisheit,* hrsg. von Ven. Arcaya Jen Wen, Rheinberg 1982

14 Henry Stapp, »S-Matrix Interpretation of Quantum Theory«, Lawrence Berkeley Laboratory preprint, 22. Juni 1970 (*Physical Review,* D3, 1971, 1303)

15 Michel Bitbol, *L'Aveuglante Proximité du réel*, Flammarion, S. 218

16 Erwin Schrödinger, *La Nature et les Grecs,* mit einem Text von Michel Bitbol, *La Clôture de la représentation*, Le Seuil, Paris 1992, S. 197

17 Michel Bitbol, *L'Aveuglante Proximité du réel,* Flammarion, S. 211

18 W. V. Quine, *La Poursuite de la vérité* (ins Französische von M. Clavelin), Le Seuil, Paris 1993, S. 62, zitiert nach M. Bitbol, *Physique et Philosophie de l'Esprit,* Flammarion, Paris 2000, S. 14

19 Laurent Nottale, *La Relativité dans tous ses états,* Hachette 1998, S. 111

20 Siehe Steven Weinberg, *Dreams of a Final Theory,* Vintage 1993

21 Markus Arndt, Olaf Nairz, Julian Vos-Andreae, Claudia Keller, Gerbrand Van der Zouw, Anton Zeilinger, »Waveparticle duality of c60 molecules«, *Nature,* Band 401, Nr. 6754, S. 680–682 (1999)

22 Henry Stapp, »S-Matrix Interpretation of Quantum Theory«, Lawrence Berkeley Laboratory preprint, 22. Juni 1970 (*Physical Review,* D3, 1971, 1303)
23 Dieser Auffassung zufolge ist die Raumzeit auf mikroskopischer Ebene fraktaler Natur. Der Übergang vom fraktalen Verhalten zum nicht fraktalen (auf makroskopischer Ebene) wäre gleichbedeutend mit dem Übergang von der Quantenmechanik zum Geltungsbereich der klassischen Mechanik. Siehe dazu Nottale, *La Relativité dans tous ses états,* Hachette 1998, S. 177. Die Naturgesetze müssen in allen Koordinatensystemen gültig sein, völlig unabhängig von ihrem Maßstab (S. 219).
24 Shantarakshita, *Madhyamaka-alankara* (tib. dbu ma rgyen, Schmuck des Mittleren Weges)
25 Shantideva, *Eintritt in das Leben zur Erleuchtung – Poesie und Lehre des Mahayana-Buddhismus,* München 1989, IX, Vers 35
26 Louis Finot, *Milinda-Panha – Les Questions de Milinda,* aus dem Pali übersetzt, »Connaissance de l'Orient«, Gallimard, Paris 1992
27 Zitiert von Bernard Pullman in: *L'Atome dans l'histoire de la pensée humaine,* Fayard, Paris 1995
28 Es handelt sich hierbei um eine physikalische, nicht um eine mathematische Unteilbarkeit.
29 Werner Heisenberg, *Physik und Philosophie,* Stuttgart 1959, S. 188
30 Michel Bitbol, *L'Aveuglante Proximité du réel,* Flammarion, S. 188
31 Ebenda, S. 195

Kapitel 6

1 Ein Proton besteht aus zwei *Up*- und einem *Down*-Quark, das Neutron aus einem *Up*- und zwei *Down*-Quarks.
2 Dharmakirti, *Pramanavarttika karika* (Vollständiger Kommentar zur authentischen Erkenntnis)
3 Siehe dazu Brian Greene, *Das elegante Universum,* Berlin 2000
4 Um die Lücken zu füllen, die von der Expansion nicht gefüllt werden, postuliert diese Theorie eine ununterbrochen andauernde Schöpfung, in der Materie und Galaxien entstehen. Statt eines Urknalls, englisch *Big Bang,* setzt die Steady-State-Theorie auf viele *Little Bangs,* also kleinere Ausgaben des Urknalls.
5 Unter Physikern bekannt als »kosmologische Konstante«
6 Newton, *Optik,* übersetzt nach der vorliegenden Ausgabe

Kapitel 7

1 »Le temps, des équations aux mots«, in: *Les Espaces,* Dezember 1999
2 Bernhard d'Espagnat, *Le Réel voilé,* Fayard, Paris 1994
3 Siehe: »Ways of coloring: Comparative color vision as a case study for cogni-

tive science«, E. Thompson, A. Palacios und F. Varela, in: *Behavioral and Brain Sciences*, 1992, Band 15, S. 1–74

4 Thomas Nagel, *Quel effet cela fait d'être une chauvesouris?*, PUF 1984

5 Dieses Thema wurde in einem tibetischen Text von Lama Mibham (1846–1912) genauestens behandelt, den man auch *Das Leuchtfeuer der Gewissheit* nennt (nicht zu verwechseln mit *Das Licht der Gewissheit* von Jamgon Kongtrul). Zu diesem Text existieren zahlreiche Kommentare. In englischer Übersetzung liegt er vor als *The Beacon of Certainty*, Wisdom Publications, Boston 1999, übersetzt von John W. Pettit.

6 Dilgo Khyentse Rinpoche, *Les Cent Conseils de Padampa Sangye aux gens de Tingri (Die einhundert Ratschläge von Padampa Sangye an das Volk von Tingri)*, übersetzt von M. Ricard und der Übersetzergruppe Padmakara, Padmakara 2000

7 Werner Heisenberg, *Der Teil und das Ganze*, München 1996, S. 96

8 W. H. Zurek, *Quantum, Classical and Decoherence*, Los Alamos Preprint, 1992

9 Werner Heisenberg, *Physik und Philosophie*, Stuttgart 1959, S. 197

Kapitel 8

1 Bis heute sind etwa 1,4 Millionen lebende Arten bekannt, aber es gibt noch so viele zu entdecken, dass man sie auf 10 bis 100 Millionen schätzt. Der überwiegende Teil sind Insektenarten (751 000 verschiedene Arten) und Pflanzen (280 000 Arten), andere Tierarten gibt es ebenfalls etwa 280 000. Der Rest sind Bakterien, Viren, Algen, Protozoen (Urtierchen) und Pilze. Siehe E. O. Wilson, *The Diversity of Life*, Harvard University Press, Cambridge 1992

2 Louis Finot, Milinda-Panha, *Les Questions de Milinda*, aus dem Pali übersetzt, »Connaissance de l'Orient«, Gallimard, Paris 1992

3 Norbert Wiener, *The Human Use of Human Beings – Cybernetics and Society*, Avon Books, New York 1967

Kapitel 9

1 Augustinus, *Bekenntnisse*, eingeleitet, übersetzt und erläutert von Joseph Bernhart, Frankfurt 1987, 11. Buch, S. 629

2 Die zweite Definition lautet heute: die Dauer von 9 192 631 770 Schwingungen zwischen zwei Energieniveaus eines Cäsium-133-Atoms

3 Kant, *Kritik der reinen Vernunft*, 2. Auflage 1787, Bd. 51, in: *Kants gesammelte Schriften*, Berlin 1904/11, S. 60 f.

4 Diese Zeitspanne dauert 100 Millisekunden, siehe: Francisco Varela, *Annals of the New York Academy of Sciences*, Bd. 879, S. 143, 1999

5 Ebenda

6 Nagarjuna, *Srulekha*, Übersetzung nach dem vorliegenden Text

7 *Udanavarga* (Bewusst gelehrte Strophen)

8 Aristoteles, »Physik – Vorlesung über die Natur«, aus: ders. *Philosophische Schriften*, Bd. 6, Hamburg, S. 103

9 Nun fluens facit tempis, nunc stans facit aeternitatem, aus: Boethius, *Trost der Philosophie – De Consolatione Philosophiae*, Bremen 1964, S. 153

10 Die einzige Ausnahme zu dieser Regel ist ein subatomares Teilchen mit Namen »Kaon«, aber das ist für unsere Betrachtung nicht weiter wichtig, da das Kaon nur im Teilchenbeschleuniger auftaucht, also nicht zur gewöhnlichen Materie unseres Körpers und der Sterne gehört.

11 Wenn wir das Phänomen, das wir Teilchen nennen, nicht genau beobachten können, manifestiert es sich als Welle, die überall zugleich sein kann. Die Wellenfunktion von Schrödinger erlaubt nun, die Wahrscheinlichkeit zu berechnen, mit der ein Teilchen sich an einem bestimmten Ort im Raum befindet. Diese Funktion ist in der Zeit umkehrbar. Also gibt es, a priori, keinen Zeitpfeil. Aber dies gilt nur so lange, wie keine Messung vorgenommen wird. Sobald eine solche begonnen wird, reduziert sich die Wellenfunktion auf eine einzige Möglichkeit, das heißt, es kommt zu einer in der Zeit irreversiblen Markierung des Systems. Damit wir uns vorstellen können, weshalb das so ist, sehen wir uns nun einmal das Gedankenexperiment an, bei dem die Schrödinger'sche Wellenfunktion in der Zeit umgekehrt wird. Bis zum Augenblick der Messung ist alles reversibel. Doch sobald die Messung vorgenommen wird, muss das Teilchen sich zwischen den verschiedenen Möglichkeiten entscheiden, so als hätte es vorher die Auswahl zwischen verschiedenen Formen der Zukunft gehabt. Es kann sich aber ebenso frei für eine Vergangenheit entscheiden. Diese muss nicht seiner »wahren« Vergangenheit entsprechen, da diese ja nicht markiert ist. Sobald die Markierung durch die Messung geschieht, wird die Reversibilität aufgehoben. Die Zeit wird unumkehrbar, und so gibt es einen Zeitpfeil in der Quantenzeit.

Kapitel 10

1 Werner Heisenberg, *Physik und Philosophie*, Stuttgart 1959, S. 152 f.

2 Hier muss man einschränken, dass die Unmöglichkeit, schneller zu sein als das Licht, nur für Phänomene gilt, die Information tragen. Nichtinformationsträger können sich im Prinzip auch schneller bewegen als das Licht. Nehmen wir einmal das Beispiel eines Laserstrahls, der auf der Erde erzeugt wird und den man dann sehr schnell auf die Oberfläche des Mondes richtet. Obwohl die Photonen im Innern des Laserstrahls nicht schneller als das Licht sind, scheint der Lichtkegel, der auf die Oberfläche des Mondes fällt (oder die Grenze zwischen Licht und Schatten), sich mit einer Geschwindigkeit von 600 000 Kilometer pro Sekunde vorwärts zu bewegen, also zweimal so schnell wie die Lichtgeschwindigkeit. Das liegt am Rotationswinkel, dem der Strahl unterliegt, während er zum Mond eilt, und an der enormen Distanz zwischen Erde und Mond. Astronomen haben dieses Phänomen an verschiedenen Ra-

diogalaxien (Himmelsobjekte, die den Hauptteil ihrer Energie als Radiowellen ausstrahlen) bemerkt. Dabei hat man Phänomene mit »Superlichtgeschwindigkeit« festgestellt, also Geschwindigkeiten, die höher sind als die Lichtgeschwindigkeit. Aber diese Phänomene können keine Informationen tragen und daher keine Kausaleffekte bewirken.

3 Roland Omnés meint, dass man die Reduktion der Wellenfunktion nicht als Phänomen auffassen sollte, sondern als pure Rechenhilfe. Roland Omnés, *The Interpretation of Quantum Mechanics,* Princeton University Press 1994, S. 339 f.

4 In diesem Zusammenhang sollte man auch auf die so genannten »Dekohärenz-Theorien« hinweisen, die davon ausgehen, dass das Messgerät unter allen Möglichkeiten der globalen Wellenfunktion nur eine auswählt. Nach dem Physiker Wojcech Zurek wird diese Auswahl von der Tatsache bestimmt, dass die Ereignisse in unserer Welt kontinuierlich und zusammenhängend ablaufen und nicht auf diskontinuierliche und unvorhersehbare Weise.

5 Pierre-Simon Laplace, *Philosophischer Versuch über die Wahrscheinlichkeit,* Frankfurt a. M. 1996, S. 1 f.

6 Friedrich Hegel, *Vorlesungen über die Philosophie der Geschichte,* in: ders., *Sämtliche Werke,* hg. v. H. Glockner, Stuttgart 1928, S. 89

7 Henri Poincaré, *Science and Method,* Dover University Press, 1997

8 Mehr Details über nicht lineare und chaotische Phänomene finden Sie in: Trinh Xuan Thuan, *Le Chaos et l'Harmonie,* Fayard 1998, Kapitel 2 bis 6, und: John Briggs und F. David Peat, *Die Entdeckung des Chaos,* München 1999

9 Werner Heisenberg, *Physik und Philosophie,* Stuttgart 1959, S. 75 f.

10 »Wir haben bewiesen, dass die Selbstvorhersage unmöglich ist, auch wenn der unwahrscheinliche Fall einträte, dass wir es mit einer Intelligenz zu tun hätten, wie Laplace sie sich vorstellte, [...] das heißt, wenn der Vorhersagende ein physikalisches System ist, dessen deterministischer Charakter allgemein anerkannt ist. [...] Wenn aber die Selbstvorhersage unmöglich ist, dann folgt daraus, dass der Vorhersagende die Folgen seines Handelns auf eine bestimmte Umwelt nicht erkennen kann.« Karl Popper, *L'Univers irrésolu,* Hermann 1984, S. 66, übersetzt nach der vorliegenden Ausgabe

11 Michel Bitbol, persönliche Mitteilung

12 Obwohl der philosophische Kontext sehr unterschiedlich ist, finden sich ähnliche Vorstellungen auch bei Hermes Trismegistos: »Alles Ding ist der Zerstörung geweiht; denn ohne Zerstörung gibt es keine Schöpfung. Alles, was geboren wird, beruht auf dem, was zerstört wurde. Und darum muss alles, was geboren wird, wieder zerstört werden, damit die Schöpfung (oder die ›Zukunft‹) sich fortsetzen kann. [...] Doch wird dasselbe Ding nie ein zweites Mal geboren; und wie kann etwas, das nicht dasselbe ist wie das, was es war, wirklich sein?« (Übersetzung aus dem Französischen nach dem hier vorliegenden Text)

13 Nagarjuna, *Mulamadhyamakarika,* zitiert nach: Erich Frauwallner, *Die Philosophie des Buddhismus,* Berlin 1994, S. 192

14 Nagarjuna *Madjyamakakarika*, zitiert nach: Erich Frauwallner, *Die Philosophie des Buddhismus*, Berlin 1994, S. 191

15 *Prajnaparamita-Sutra* (*Prajnaparamita* bedeutet »Vollkommenheit der Einsicht«)

Kapitel 11

1 Jean-Pierre Changeux, *The Neuronal Man*, Princeton University Press, 1996

2 Hier bezieht der Dalai-Lama sich auf die Ebene der relativen Wahrheit, also unsere illusorische Sicht der Erscheinungswelt. Er geht nicht davon aus, dass Ursache und Wirkung eine Eigenexistenz haben, weshalb seine Ausführungen auch dem vorher Gesagten nicht widersprechen. Was in Kapitel 10 dargestellt wurde, bezieht sich darauf, dass es unmöglich ist, von einer Ursache zur Wirkung zu kommen, wenn beide Phänomene mit einer ihnen innewohnenden Eigennatur sind.

3 Francisco Varela, *Traum, Schlaf und Tod – Grenzbereiche des Bewusstseins*, München 1998, S. 108 f.

4 Hier geht es um das Konzept der »verkörperten Erfahrung« (englisch *embodied cognition*). Siehe dazu: F. Varela, E. Thompson, E. Rosch, *Der Mittlere Weg der Erkenntnis*, München 1992

5 Erwin Schrödinger, *Geist und Materie*, Braunschweig 1959, S. 38

6 Henri Bergson beispielsweise dachte, dass eine »Lebenskraft« biologische Systeme antreibt, sich selbst zu organisieren und sich kreativ und aktiv zu entwickeln.

7 Die Theorie des »unterbrochenen Gleichgewichts« wird nicht allgemein anerkannt. Kritisiert haben sie zum Beispiel Biologen wie Richard Dawkins und andere.

8 Siehe: M. J. Meany et al., »Early Environmental Regulation of Forebrain Glucocorticoid Receptor Gene Expression: Implications for Adrenocortical Responses to Stress«, in: *Developmental Neuroscience*, 18, S. 49–72, 1996

9 F. Varela, E. Thompson, E. Rosch, *Der Mittlere Weg der Erkenntnis*, München 1992

10 Raymond Moody, *Leben nach dem Tod*, Hamburg 1999; Michael Sabom, *Recollections of Death*, Harper & Row, New York 1982; Kenneth Ring, *Im Angesicht des Lichts*, München 1999; siehe dazu auch die Hinweise auf diese Studien in: *Traum, Schlaf und Tod*, a. a. O., und in: Sogyal Rinpoche, *Das tibetische Buch vom Leben und Sterben*, München 1993

11 Siehe dazu: Lonnerstrand Sture, *I had lived before – The true story of the reincarnation of Shanti Devi*, Pocket 1998; L. D. Gupta, N. R. Sharma, T. C. Mathur (Mitglieder der von Gandhi eingesetzten Kommission), *An Inquiry into the Case of Shanti Devi*, International Aryan League, Delhi 1936; und den Artikel von Patrice Van Eersel (Clés, Nr. 22, été 1999), den wir hier zusammengefasst haben.

12 Ian Stevenson, *Reinkarnation – 20 wissenschaftlich bewiesene Fälle,* München 1994

13 J.-F. Revel, M. Ricard, *Der Mönch und der Philosoph,* Köln 1999; Über das Leben von Khyentse Rinpoche siehe: M. Ricard, *Journey to Enlightenment – The Life and World of Khyentse Rinpoche, Spiritual Teacher from Tibet,* 1996

14 Francisco Varela, *Traum, Schlaf und Tod – Grenzbereiche des Bewusstseins,* München 1998

Kapitel 12

1 Siehe dazu das Werk von Marvin Minsky, einem anerkannten Spezialisten für künstliche Intelligenz: *Mentopolis,* Stuttgart 1990

2 Interview mit Francisco Varela in *La Recherche,* Nr. 308, S. 109, April 1998

3 Francisco Varela teilte mir einmal persönlich mit, dass die Unterscheidung in Hard- und Software keinen Sinn mehr hätte, wenn man das Bewusstsein als untrennbar von seiner dynamischen Grundlage (Körper und gelebte Erfahrung) betrachtete.

4 Jean-Pierre Changeux, *The Neuronal Man,* Princeton University Press, 1996

5 Alan Turing, »Computing Machinery and Intelligence«, in: *Mind,* Nr. 59, S. 433–460, 1950

6 John R. Searle, »Minds, Brains and Programs«, in: *Behavioural Science,* 1980

7 Interview mit Francisco Varela in *La Recherche,* Nr. 308, S. 109, April 1998

8 R. A. Brooks, »Intelligence without Reason«, in: *Proceedings of the 1991 International Joint Conference on Artificial Intelligence,* S. 569–595; »Intelligence without Representation«, in: *Artificial Intelligence Journal,* Nr. 47, S. 139–160; R. A. Brooks et al., »Alternative Essences of Intelligence«, in: *Proceedings of American Associations of Artificial Intelligence,* 1998

9 Pflanzen bewegen sich ebenfalls, um Sonnenlicht einzufangen oder Beute zu erwischen, aber diese Bewegung findet ohne Bewusstsein statt. Auch für den Buddhismus verfügen Pflanzen nicht über Bewusstseinsfunktionen.

10 Interview mit Francisco Varela in *La Recherche,* Nr. 308, April 1998, S. 109

11 Ebenda

12 Siehe: Luc Steels, »The artificial life roots of artificial intelligence«, in: *Artificial Life Journal,* Bd. I, 1, MIT Press, Cambridge 1994; »The Homo Cyber Sapiens, the Robot Homonidus Intelligens and the artificial life approach to artificial intelligence«, Burda Symposium on Brain-Computer Interfaces, München 1995

13 In: *An East-West Dialogue – the Dalai-Lama and Participants in the Harvard Mind Science Symposium,* hrsg. v. Daniel Goleman and Robert A. F. Thurnman, Wisdom Publications, Boston 1991

14 Siehe: Stevan Harnad, »Consciousness: an afterthought«, in: ders., *Cognition and Brain Theory,* Kapitel 5, S. 19–47, 1982

Kapitel 13

1 Shantideva, *Eintritt in das Leben zur Erleuchtung – Poesie und Lehre des Mahayana-Buddhismus,* München 1989, X, Vers 55
2 François Jacob, *La Souris, La Mouche et l'Homme,* Odile Jacob, Paris 1997, übersetzt nach der vorliegenden Ausgabe
3 Francisco Varela, *Traum, Schlaf und Tod – Grenzbereiche des Bewusstseins,* München 1998
4 Ebenda

Kapitel 14

1 Einer persönlichen Mitteilung von Michel Bitbol zufolge kann man sogar sagen, dass der Ausdruck »objektive Realität«, wie ein Kantianer ihn gebrauchen würde, mit dem buddhistischen Begriff der »konventionellen oder relativen Wirklichkeit« gleichbedeutend ist. Bei Kant, dessen Ideen einen Großteil des konzeptuellen Apparats der Wissenschaftsphilosophie geliefert haben, ist die inhärente Existenz die des Dinges »an sich«, die nicht erkannt werden kann. Die objektive Existenz besteht aus Reihungen von Phänomenen, die durch bestimmte Betrachtungsweisen und die ihnen zugehörigen Kategorien aneinander gekettet sind: durch das Prinzip der Subsistenz (mit der Kategorie der Substanz), das Prinzip der regelhaften Dependenz / Abhängigkeit (verbunden mit der Kategorie der Kausalität).
2 W. Heisenberg, *Philosophical Problems of Quantum Physics,* Woodbridge, Ox Bow Press 1979, S. 23, übersetzt nach dem Original des vorliegenden Textes
3 Aryadeva, *Werk in vierhundert Strophen* (sanskr. Chatuhshakra; tib. Bzhi brgya pa), übersetzt nach der vorliegenden Ausgabe

Kapitel 15

1 Wie unterscheidet sich der ebene Raum vom gekrümmtem? Man kann dies am besten erklären, indem man den nicht gekrümmten Raum mit einer planen Oberfläche vergleicht. Die Analogie ist zwar nicht ganz perfekt, da unsere Oberfläche nur zweidimensional ist, während der Raum ja drei Dimensionen hat, aber zumindest hilft dieses Beispiel unserer Intuition auf die Sprünge. Wir alle haben in der Schule gelernt, dass wir an einem Punkt außerhalb einer Geraden eine und nur eine Parallele zu dieser Geraden ziehen können. Wir haben auch gelernt, dass die Summe der Winkel in einem Dreieck immer 180 Grad ergibt. Dies ist die euklidische Geometrie. Stellen wir uns nun einmal eine gekrümmte Oberfläche vor. Sie kann positiv gekrümmt sein wie die Oberfläche einer Kugel oder negativ wie der Sattel eines Pferdes. Auf einem Körper mit positiver Krümmung laufen Gerade, die am Äquator parallel verlaufen, an den Polen zusammen. Und die Summe eines auf dieser

Oberfläche liegenden Dreiecks würde mehr als 180 ergeben. Außerdem lassen sich auf einer Oberfläche mit negativer Krümmung viele Parallelen durch einen Punkt außerhalb einer Geraden ziehen (wobei eine Parallele immer eine Linie ist, die sich mit der Geraden niemals schneidet). Außerdem ist auf einer solchen Oberfläche die Summe der Winkel im Dreieck niedriger als 180 Grad.

2 Mehr Details über Fraktale finden Sie in T. X. Thuan, *Le Chaos et l'Harmonie,* Fayard 1998, S. 149–157, und in John Briggs, *Chaos – Neue Expeditionen in fraktale Welten,* München 1993

3 René Descartes, *Meditationen,* Hamburg 1954, Fünfte Meditation, Abschn. 5, S. 54

4 Roger Penrose, *Computerdenken,* Verlag Spektrum der Wissenschaft, Heidelberg 1991

5 Ebenda

6 Henri Poincaré, in: *Bulletin de l'Institut général de psychologie,* 8e année, Nr. 3

7 Primzahlen sind Zahlen, die sich nur durch die Zahl 1 oder durch sich selbst teilen lassen, zum Beispiel 1, 2, 3, 5, 7, 11, 13... Andere »Genies« können sich Zahlen sehr gut merken, wie beispielsweise der Japaner, der die Zahl Pi auf 40 000 Stellen genau hersagen konnte.

8 Siehe dazu den zusammenfassenden Artikel »La biologie des maths«, in: *Science et Vie,* Nr. 984, September 1999, S. 46

Kapitel 16

1 Die im Zen-Buddhismus verwendeten Koans haben den Zweck, für einen kurzen Moment die unaufhörliche Verkettung des begrifflichen Denkens beim Schüler außer Kraft zu setzen, sodass – im Intervall zwischen zwei Gedanken – die wahre Natur des Geistes aufscheinen kann, die jenseits der alltäglichen Konzepte steht. Ein Beispiel dafür wäre: Nachdem er in die Hände geklatscht hat, fragt der Meister den Schüler: »Wie klingt das Klatschen einer Hand?«

2 Der Gödel'sche Beweis beruht auf autoreferenziellen Aussagen, also solchen, die über sich selbst sprechen. Auch die Antike kannte bereits die logischen Paradoxa, die in autoreferenziellen Aussagen lagen. Nehmen wir zum Beispiel den Satz: »Dieser Satz ist falsch.« Wenn er wahr ist, ist er falsch. Ist er falsch, dann ist er wahr. Oder »Ich bin ein Lügner.« Wenn ich wirklich ein Lügner bin, dann sage ich mit diesem Satz die Wahrheit. Sage ich aber die Wahrheit, dann bin ich ein Lügner. Die Logik ist hier aufs *quia* (weil) reduziert. Auch das folgende, von Bertrand Russell ersonnene Problem lässt keine Antwort zu: »Ein Einwohner von Sevilla wird vom Barbier von Sevilla dann und nur dann rasiert, wenn er sich nicht selbst rasiert.« Rasiert er sich selbst, kann er nicht vom Barbier von Sevilla rasiert werden, also rasiert er sich nicht selbst. Aber wenn er sich nicht selbst rasiert, wird er vom Barbier von Sevilla rasiert, rasiert sich also selbst.

3 CERN, Conseil Européen pour la Recherche Nucléaire (Europäisches Kernforschungszentrum) an der Grenze zwischen Frankreich und der Schweiz.
4 David Bohm, Konferenz an der Universität von Berkeley, Kalifornien, 1977
5 A. N. Whitehead, *Dialogues of Alfred North Whitehead, as Recorded by Lucien Price,* New York, New American Library, 1956, S. 109; zitiert nach: B. Alan Wallace, *Science et Bouddhisme;* übersetzt nach dem vorliegenden Original
6 Thoma Kuhn, *Die Struktur wissenschaftlicher Revolutionen,* Frankfurt a. M. 1996
7 Die Gleichung Schrödingers erlaubt, die Wahrscheinlichkeit zu berechnen, mit der ein Teilchen sich an diesem oder jenem Ort befindet.
8 Die starke und die schwache Kernkraft, die elektromagnetische Kraft und die Gravitation, siehe Kapitel 14
9 E. Rodriguez, N. George, J. P. Lachaux, J. Martinerie, Francisco Varela, »Perceptions Shadow – Long-distance synchronization in the human brain«, in: *Nature,* 397, S. 340–343

Kapitel 17

1 Albert Einstein und Leopold Infeld, *Die Evolution der Physik,* Wien 1950, S. 43 f.
2 B. Alan Wallace, *Science et Bouddhisme,* Calmann-Lévy, 1998, S. 31 f.
3 Bemerkung gegenüber Heisenberg, die dieser zitiert in: *Physics and Beyond: Encounters and Conversations,* Harper and Row, New York 1971, S. 63, übersetzt nach dem vorliegenden Original
4 Norwood Russell Hanson, *Patterns of Discovery – An Inquiry into the Conceptual Foundations of Science,* Cambridge University Press, 1968, übersetzt nach der vorliegenden Ausgabe
5 Ein Mensch, der die erste Stufe *(Bhumi)* auf dem Weg zum Bodhisattva erreicht und seine Anhaftung an das Ich und die Realität der Phänomene aufgelöst hat, nimmt die Welt rein, das heißt nicht durch Vermittlung begrifflicher Konzepte wahr. Eine Analyse der buddhistischen Wahrnehmungstheorie finden Sie in: George B. J. Dreyfus, *Recognizing Reality – Dharmakirtis Philosophy and its Tibetan Interpretations,* State University of New York Press, 1997
6 Mithilfe der auf verschiedenen Energieniveaus stattfindenden Absorption misst der Astrophysiker Distanz und chemische Zusammensetzung von Sternen und Galaxien.
7 Dieser Staub schenkt uns übrigens unsere berauschenden Sonnenuntergänge, denn wenn die Sonne flach über dem Horizont steht, durchmessen ihre Lichtstrahlen mehr Staubwolken, durch die das Licht gestreut und gebrochen wird.
8 Daher ist es von Vorteil, die Teleskope in eine Umlaufbahn um die Erde zu schicken, wie das Hubble-Weltraumteleskop, das seine Bilder oberhalb der Erdatmosphäre aufnimmt, wodurch sie nicht verzerrt werden.

9 Henri Poincaré, *La Valeur de la science,* Flammarion, Paris 1990
10 B. Alan Wallace, *Science et Bouddhisme,* Calmann-Lévy, 1998, S. 187

Kapitel 19

1 Shantideva, *Eintritt in das Leben zur Erleuchtung – Poesie und Lehre des Mahayana-Buddhismus,* München 1989, IX, Vers 129, 130, S. 107
2 Dieses Kapitel wird im 8. Buch von Shantidevas *Eintritt in das Leben zur Erleuchtung,* a. a. O., ausführlich behandelt.
3 Das Sutra, das authentisch den Dharma zusammenfasst (Dharmasamgiti-Sutra, V. 238)
4 General José Bonett, zitiert 1998 während einer Sendung der BBC
5 The Peacemaker Order; auch im Internet vertreten: peace-maker@zpo.org

Conclusio des Wissenschaftlers

1 *The New York Review of Books,* 21. Oktober 1999, S. 46 ff.
2 Worte Albert Einsteins, zitiert nach Mandalyn O'Hair, *All the Questions You Ever Wanted to Ask American Atheists,* Bd. 2, American Atheist Press, Austin/Texas 1982, S. 29

Conclusio des Mönchs

1 Niels Bohr, *Atomphysik und menschliche Erkenntnis,* Braunschweig 1958, S. 98
2 Niels Bohr, *Atomic Theory and the Description of Nature,* Ox Bow Press 1987, S. 18, übersetzt nach dem vorliegenden Original
3 François Jacob, *La Souris, La Mouche et l'Homme,* Odile Jacob, Paris 1997
4 Michel, Bitbol, »A Cure of Metaphysical Illusions, Kant, quantum mechancis and the Madhyamaka«, in: B. Alan Wallace, *Buddhism and Science,* in Vorbereitung
5 François Jacob, *La Souris, La Mouche et l'Homme,* Odile Jacob, Paris 1997
6 *Shabkar – autobiographie d'un yogi tibétain,* traduit du tibétain par M. Ricard et C. Busquet, Albin Michel, Paris 1999

Glossar wissenschaftlicher Fachbegriffe

Animismus: Denkströmung, die natürlichen Objekten und Phänomenen eine Seele zuschreibt.

Anthropisches Prinzip: vom griechischen ánthropos = »Mensch«. Die Vorstellung, das Universum sei in seinen physikalischen Konstanten und Ausgangsbedingungen so abgestimmt gewesen, um das Entstehen von Leben und Bewusstsein zu ermöglichen.

Antiteilchen: Materieteilchen, das dieselben Eigenschaften besitzt wie ein normales Teilchen, nur dass die Ladung umgekehrte Vorzeichen trägt.

Atom: kleinstes Teilchen eines Elementes, an dem die Eigenschaften dieses Elements nachweisbar sind.

Atomkern: der massereichste Teil des Atoms, bestehend aus Protonen und Neutronen. Im Raum um den Atomkern halten sich die Elektronen auf. Der Atomkern ist etwa 100 000-mal kleiner als das Atom selbst, sodass die Materie fast ausschließlich aus leerem Raum besteht.

Ausgangsbedingungen: Zustand eines dynamischen Systems vor seiner Entwicklung.

Behaviorismus: vom amerikanischen *behavior* = »Verhalten«. Strömung innerhalb der Psychologie, die als Forschungsgegenstand nur das Verhalten und als Methode einzig die Beobachtung zulässt. Dies hat zur Folge, dass alle nicht direkt beobachtbaren Phänomene nicht studiert werden.

Chaos: Eigenschaft eines dynamischen Systems, dessen Verhalten in starkem Maß von seinen Ausgangsbedingungen abhängt.

Demiurg: Platon zufolge ein höheres Geschöpf, das innerhalb von Zeit und Raum existiert und nach den in der Welt der Ideen vorhandenen Bauplänen die materielle Welt formt. Die Welt der Ideen wird vom Guten beherrscht, das ewig und unveränderlich außerhalb von Zeit und Raum ist.

Determinismus: philosophisches Konzept, dem zufolge es zwischen den physikalischen Phänomenen Ursache-Wirkung-Beziehungen gibt, deren Ergebnis vorhersehbar ist, wenn man die Ausgangsbedingungen kennt.

Dualität (von Welle und Teilchen): die Tatsache, dass Licht beziehungsweise Materie sich manchmal verhält wie eine Welle, manchmal wie ein Partikel.

Dunkle Materie: Materie unbekannter Natur, die keinerlei Strahlung aussendet, deren Präsenz sich aber durch Gravitationseffekte auf die Bewegung von Sternen und Galaxien erschließen lässt. Man rechnet damit, dass 90 bis 98 Prozent der gesamten Masse im Universum dunkle Materie ist.

Elektromagnetische Kraft: bindet Atome und Moleküle aneinander und bewirkt, dass Teilchen mit entgegengesetzter Ladung sich anziehen beziehungsweise solche mit gleicher Ladung sich abstoßen.

Elektron: das am wenigsten massereiche stabile Elementarteilchen. Es trägt eine negative Ladung und ist – zusammen mit Neutronen und Protonen – wesentlicher Bestandteil des Atoms.

Emergente Eigenschaft: Das Phänomen der Emergenz tritt bei komplexen Systemen auf, deren Charakteristika sich nicht vollständig aus den Eigenschaften ihrer Teile erklären lassen. Anders gesagt: Das Ganze ist mehr als die Summe seiner Teile.

Endknall: Theorie, nach der die Ausbreitung des Universums schließlich von der Masse seiner Materie gebremst und umgekehrt wird, sodass der Kosmos in sich selbst zusammenstürzt. Man weiß allerdings noch nicht, ob das Universum überhaupt ausreichend Materie enthält, damit die Schwerkraft einen kritischen Wert erreicht.

Fossile Hintergrundstrahlung: Mikrowellenstrahlung im Niedertemperaturbereich, die sich im ganzen Universum findet und aus der Zeit stammt, als das Universum erst 300 000 Jahre alt war. In gewisser Weise ist dies die Restwärme vom Urknall. Auf Grund der Ausdehnung des Universums hat die Wärme stark nachgelassen. Heute beträgt die Temperatur nur noch –270° C.

Fraktale (Objekt): Objekt, dessen Dimension sich nicht mit einer ganzen Zahl ausdrücken lässt.

Galaxie: Gruppe von durchschnittlich 100 Milliarden Sternen, welche durch die Gravitation zusammengehalten werden. Die Galaxie ist die grundlegende Einheit aller größeren Strukturen im Universum.

Ganzheitlichkeit: philosophisches Konzept, Gegenteil des Reduktionismus. Während der Reduktionismus davon ausgeht, dass alles in seine als grundlegend betrachteten Komponenten zerlegt und analysiert werden kann, hält ein ganzheitlich denkender Mensch das Ganze für wichtiger als seine Teile. Der Holist glaubt, dass die Bedeutung des Ganzen nicht vollständig aus der Summe seiner Teile erschließbar ist da dieses größer ist als jene.

Gravitation: im Deutschen auch »Schwerkraft« genannt. Bewirkt, dass Objekte sich gegenseitig anziehen. Sie steigt proportional zum Produkt der Masse dieser Objekte an und nimmt proportional zum Quadrat der Distanz dieser Objekte ab.

Idealismus: philosophische Richtung, die alle Phänomene außerhalb des Menschen seinem Denken unterordnet.

Ideenwelt (Platon): auch »Welt der Form«. Nach Platon ist die sinnlich erfahrbare, veränderliche, flüchtige und illusorische Welt nur der Abglanz der ewigen, wahren, unveränderlichen Welt der Ideen.

Komplementaritätsprinzip: wurde vom dänischen Physiker Niels Bohr formuliert. Es besagt, dass Materie und Strahlung einander komplementär sind und sich entweder als Teilchen oder als Welle zeigen können, wobei die beiden Aspekte sich ergänzen.

Lichtjahr: Distanz, die das Licht (das sich mit etwa 300 000 Kilometer pro Sekunde bewegt) in einem Jahr zurücklegt. Entspricht 9460 Milliarden Kilometer.

Lineares System. System, in dem Änderungen an den Ausgangsbedingungen zu genau berechenbaren proportionalen Änderungen im Endzustand führen.

Mach'sches Prinzip: Hypothese des österreichischen Physikers Ernst Mach, die besagt, dass die natürliche Trägheit eines Objekts von der gesamten Materie im Universum bestimmt wird.

Materialismus: philosophische Doktrin, die davon ausgeht, dass es nichts gibt, was außerhalb der Materie existiert, und dass der Geist selbst im Wesentlichen Materie ist.

Meson: Teilchen aus einem Quark und einem Antiquark.

Molekül: Kombination von zwei oder mehreren Atomen, die durch elektromagnetische Kräfte zusammengehalten werden.

Neutrino: Elementarteilchen ohne elektrische Ladung und von sehr geringer Masse. Es interagiert kaum mit der gewöhnlichen Materie.

Neutron: neutrales Teilchen aus drei Quarks, das zusammen mit dem Proton den Atomkern bildet. In nicht gebundenem Zustand zerfällt es nach etwa fünfzehn Minuten, in einem Atomkern hingegen ist es ebenso stabil wie das Proton.

Nicht lineares System: System, bei dem Veränderungen der Ausgangsbedingungen zu nicht proportionalen, nicht vorhersehbaren Änderungen des Endzustands führen.

Ockham'sches Rasiermesser: die Idee, dass die einfache Erklärung eines Phänomens wahrscheinlicher ist als die komplizierte.

Ökosphäre: Umwelt, in der sich alle Lebewesen auf Erden entwickeln und die durch das Vorhandensein von Erde, Luft und Wasser charakterisiert ist.

Ontologie: Die Wissenschaft vom Wesen des Seins. Der ontologische Materialismus sieht den Urgrund des Seins in der materiellen Existenz.

Periodensystem: Auflistung chemischer Elemente in horizontaler Ordnung nach der Kernladungszahl und in vertikaler Ordnung nach ihrem Reaktionsverhalten. Diese Ordnung wurde von dem russischen Forscher Dimitrij Mendelejew entdeckt.

Photon: Lichtpartikel. Ohne Masse und Ladung bewegt es sich immer mit Lichtgeschwindigkeit, das heißt mit zirka 300 000 Kilometern pro Sekunde.

Planck'sche Länge: entspricht 10^{-33} Zentimeter. Jenseits dieser Grenze gelten die bisher bekannten Gesetze der Physik nicht mehr. Dieses Maß gilt auch als Länge der Superstrings.

Planck'sche Zeit: entspricht 10^{-43} Sekunden. Das kürzest mögliche Zeitintervall.

Planet: der Himmelskörper eines Sonnensystems, der um einen Stern kreist. Ein Planet hat keinerlei eigene innere Energiequelle, und die von ihm ausgesandte Strahlung stammt deshalb ausschließlich aus der Reflexion des Lichts vom Stern.

Proton: Teilchen von positiver Ladung, das aus drei Quarks besteht. Bildet zusammen mit dem Neutron den Atomkern.

Quantengravitation (Theorie der): eine physikalische Theorie, die noch nicht aufgestellt wurde. Sie soll versuchen die beiden Grundpfeiler moderner Physik, die allgemeine Relativität und die Quantenmechanik, in Einklang zu bringen. Diese Theorie würde uns erlauben, die Planck'sche Schwelle zu durchbrechen, die aktuell die Grenzen unserer Erkenntnis markiert.

Quantenmechanik: Zweig der Physik, der die Struktur und das Verhalten von Atomen und ihre Interaktion mit Licht beschreibt. Darin spielt die Wahrscheinlichkeit eine zentrale Rolle. In dieser Theorie können Energie und andere Eigenschaften eines Teilchens sich nur diskontinuierlich, das heißt sprunghaft, verändern. Diese Veränderung geschieht in vielen festgelegten »Quanten«, die von einer Konstante, dem so genannten Planck'schen Wirkungsquantum, bestimmt werden. Phänomene, welche die Quantentheorie richtig vorhersagte, sind unter anderem die Quantenunbestimmtheit, der Welle-Teilchen-Dualismus und die virtuellen Partikel.

Quantenunbestimmtheit: siehe *Unschärferelation (Heisenberg'sche).*

Quantenvakuum: Raum, der mit virtuellen Teilchen und Antiteilchen gefüllt ist, die eine sehr kurze Lebensdauer haben und mit der energetischen Unschärfe in Zusammenhang stehen.

Quark: hypothetisches Teilchen, das neuesten Forschungen zufolge das elementarste bisher bekannte zu sein scheint. Es besitzt eine elektrische Ladung, die sich nur in positiven oder negativen Bruchteilen ganzer Zahlen ausdrücken lässt, also zum Beispiel $1/3$ oder $2/3$ der Ladung eines Elektrons. Es gibt sechs Arten von Quarks *(up, down, strange, charme, bottom, top)*, und jedes davon hat drei »Farben« (Gelb, Rot, Blau), die allerdings keine »wirklichen« Farben sind, sondern nur für bestimmte Eigenschaften stehen.

Quasar: gehört zu den am weitesten entfernten und am hellsten leuchtenden Himmelskörpern im Universum. Man nimmt an, dass seine Energie von einem besonders massereichen schwarzen Loch kommt, das mindestens eine Milliarde Sonnenmassen enthält, da es die Sterne einer darunter liegenden Galaxie verschlungen hat und verschlingt.

Radioaktivität: Prozess, bei dem unter dem Einfluss der schwachen atomaren Wechselwirkung bestimmte Typen von Atomkernen zerfallen und subatomare Partikel oder gesundheitsschädliche Gammastrahlung freisetzen.

Reduktionismus: Forschungsmethode, die darin besteht, ein physikalisches System in seine elementarsten Teile zu zerlegen und diese als wesentlichen Bestandteil zu betrachten.

Relativität, allgemeine: von Einstein 1915 formulierte Theorie, die eine beschleunigte Bewegung mit der Gravitation und der Geometrie der Raumzeit in Einklang bringt.

Relativität, spezielle: von Einstein 1905 formulierte Theorie der Relativität von Bewegung, die eine besonders enge Verbindung zwischen Raum und Zeit offenbarte. Beide sind nun nicht mehr universell, sondern hängen von der Bewegung des Beobachters ab. Die Theorie formulierte auch die Umwandlung von Masse in Energie.

Schmetterlingseffekt: die Tatsache, dass auch eine noch so winzige Veränderung der Ausgangsbedingungen in einem nicht linearen, dynamischen System dessen Endzustand vollkommen anders gestalten kann.

Schwache Kernkraft: auch »schwache Wechselwirkung«. Ist für die Radioaktivität verantwortlich.

Schwarzes Loch: Objekt, das in sich selbst zusammengestürzt ist. Seine Schwerkraft ist so stark, dass weder Materie noch Strahlung sich von dem Objekt lösen können.

Singularität: Werte in einer Gleichung, die ins Unendliche gehen. Eine Raum-Zeit-Singularität tritt zum Beispiel bei schwarzen Löchern auf, an deren Rand die Schwerkraft gegen Unendlich geht, die Zeit also unendlich gedehnt wird. Dort endet die Gültigkeit der Naturgesetze.

Starke Kernkraft: auch »starke Wechselwirkung«. Sie bindet Quarks zu Protonen und Neutronen aneinander und vereint wiederum Protonen und Neutronen zu Atomkernen.

Supernova: explosionsartiges Absterben eines massereichen Sterns (mehr als 1,4 Solarmassen), der sein Kernbrennmaterial aufgebraucht hat.

Superstring-Theorie: Diese Theorie geht davon aus, dass unsere bekannten Elementarteilchen aus den Schwingungen winziger (10^{-33} Zentimeter) zweidimensionaler Strings oder Saiten entstanden sind.

Tachyon: hypothetisches Teilchen, das schneller ist als Licht.

Teilchenbeschleuniger: Apparatur, die elektrische und magnetische Felder zum Beschleunigen von Teilchen mit elektrischer Ladung auf ein extrem hohes Energieniveau benutzt.

Turing-Test: Test, den der englische Mathematiker Alan Turing entwickelte, um festzustellen, ob eine Maschine mit Intelligenz begabt ist oder nicht.

Universum, paralleles: Universum, das parallel zu unserem, aber völlig von diesem getrennt existiert und daher keiner Beobachtung zugänglich ist. Die Quantenmechanik und einige Urknalltheorien sagen die Existenz solcher Universen voraus.

Universum, stationäres: auch »Steady-State-Theorie«. Theorie von der Entstehung des Universums, die annimmt, dass dieses sich an jedem Ort und zu jeder Zeit selbstähnlich ist. Um die Leere zwischen den Galaxien zu füllen, die durch die Ausdehnung des Universums entsteht, setzt diese Theorie die ständige Neuschaffung von Materie voraus.

Universum, zyklisches: Universum ohne Anfang oder Ende, das mehrfache Zyklen zwischen Urknall und Endknall erlebt.

Unschärferelation (Heisenberg'sche): Dieses Theorem wurde von dem deutschen Physiker Werner Heisenberg formuliert. Es besagt, dass Geschwindigkeit und Ort eines Teilchens niemals gleichzeitig präzise (also »scharf«) gemessen werden können, so perfekt das Messgerät auch immer sein mag. Diese Tatsache nennt man auch »Quantenunbestimmtheit«. Die Unschärfe erstreckt sich ebenfalls auf die Energie und Lebensdauer eines Teilchens. Die Unbestimmtheit der Energie liegt der Existenz virtueller Teilchen und Antiteilchen zu Grunde.

Unvollständigkeitssatz (Gödel'scher): Das Theorem des österreichisch-amerikanischen Mathematikers Kurt Gödel besagt, dass jedes arithmetische System Aussagen enthält, die innerhalb des Systems nicht entscheidbar sind, das heißt, sie können mit den Axiomen (Grundannahmen) des Systems weder bewiesen noch zurückgewiesen werden.

Urknall: auch »Big Bang«: Theorie über die Entstehung des Kosmos, die davon ausgeht, dass das unendlich heiße und dichte Uruniversum in einer riesigen Explosion entstanden sei, die an jedem Ort des Raumes gleichzeitig stattgefunden habe. Der Zeitpunkt des Urknalls wird vor etwa fünfzehn Milliarden Jahren angesetzt.

Virtuelle Teilchen: entstehen durch das Borgen von Energie an benachbarte Raumregionen. Dieser »Energieaustausch« ist durch die energetische Unschärfe begründet *(siehe Unschärferelation)*. Die geborgte Energie muss quasi sofort wieder »rückerstattet« werden, daher haben virtuelle Partikel eine so geringe Lebensdauer und können von unseren Messapparaten nicht erfasst werden. Ein virtuelles Teilchen taucht immer zusammen mit seinem virtuellen Antiteilchen auf.

Vitalismus: philosophische Vorstellung, der zufolge biologische Systeme nicht auf eine Sammlung von Molekülen und deren Interaktion reduziert werden kann, sondern durch eine Lebenskraft, ein vitales Prinzip, erhalten werden, das von der Seele und dem Organismus wesentlich verschieden ist.

Glossar buddhistischer Fachbegriffe

Anhaftung: Die beiden grundlegenden Formen der Anhaftung sind das Hängen an der Vorstellung von einem Ich und die Idee von der Eigenexistenz der äußeren Phänomene.

Bardo: tibetisches Wort für »Zwischenzustand«. Man unterscheidet verschiedene Bardos, unter anderem das Bardo des Traumes, des Erleuchtungszustandes, des Todesmoments et cetera. Meist aber bezieht dieser Begriff sich auf die Zeit zwischen Tod und nächster Wiedergeburt.

Befreiung: bezeichnet die Befreiung vom Leiden und vom Kreislauf der Wiedergeburten. An diesem Punkt ist aber die Buddhaschaft noch nicht erreicht.

Begriffliches (diskursives oder lineares) Denken: unsere alltägliche Art des Denkens, in dem ein Gedanke in den anderen greift. Von der relativen Wirklichkeit geprägt.

Bewusstsein: Der Buddhismus unterscheidet verschiedene Ebenen des Bewusstseins: das grobe, das subtile und das sehr subtile Bewusstsein. Das erste entspricht der Arbeitsweise unseres Gehirns, das zweite dem, was wir instinktiv Bewusstsein nennen, nämlich unter anderem die Fähigkeit, den freien Willen auszuüben und sich über seine eigene Natur zu befragen. Die dritte, wesentlichste Ebene nennt man das »grundlegende klare Licht des Geistes«.

Bodhisattva: ein Wesen auf dem Weg zur Erleuchtung. Ein Bodhisattva hat das Gelübde abgelegt, nicht eher in den erleuchteten Zustand einzugehen, bis nicht alle Wesen den Kreislauf der Existenzen, *Samsara* genannt, verlassen haben.

Buddha: ein Wesen, das die beiden Schleier durchtrennt hat, den Schleier der verdunkelnden Gefühle und den Schleier, der die Erkenntnis verhüllt. Er hat die zwei Formen des Wissens verwirklicht: das Wissen um die letztendliche Natur des Geistes und das Wissen um die Vielfalt der Phänomene.

Buddhanatur: Die Buddhanatur ist keine »Wesenheit«, sondern bezeichnet die grundlegende Natur des Bewusstseins, wenn sie von den Schleiern der Unwissenheit befreit ist. Jedes Wesen hat das Potenzial, diesen Zustand der vollkommenen Erkenntnis der Natur des Geistes zu erreichen. Im Buddhismus nennt man dies auch die »ursprüngliche Güte«.

Dharma: Dieses Wort hat mehrere Bedeutungen. Zum einen umfasst es alles Wissbare. Meist jedoch bezeichnet es die Lehren der Buddhas und der vollendeten Meister. Der Dharma hat zwei Aspekte: den Dharma der Schriften, auf den die Lehren sich stützen, und den Dharma der Verwirklichung, der das Resultat spiritueller Übung ist.

Dualität/Dualismus: bezeichnet im Buddhismus die Zweiteilung von Subjekt (Bewusstsein) und Objekt (geistige Bilder und äußere Welt), in sich und andere. Das Verschwinden dieser dualen Einteilung ist eines der Kennzeichen der Erleuchtung.

Eigenexistenz, inhärente: Eigenschaft, die man gewöhnlich den Phänomenen zuordnet. Man sieht sie als unabhängige Objekte, die aus sich selbst heraus existieren und ganz bestimmte ihnen zugehörige Eigenschaften haben.

Erleuchtetes Gewahrsein: nicht duale Natur des Geistes, die völlig frei von Verwirrung ist.

Erleuchtung: gleichbedeutend mit »Buddhaschaft«. Die Erleuchtung ist das Endziel geistiger Übung, die letztendliche innere Erkenntnis, die mit unendlichem Mitgefühl einhergeht. Ein vollkommenes Verständnis der relativen Existenz (der Art und Weise, in der die Dinge uns erscheinen) und ihrer wahren Natur, unseres Geistes und der Erscheinungswelt. Diese Erkenntnis ist das grundlegende Gegenmittel gegen die Unwissenheit und somit auch gegen das Leiden selbst.

Erscheinungswelt: die Welt der äußeren Phänomene. Obwohl diese Phänomene uns als unabhängig existierende Einheiten erscheinen, ist ihre wahre Natur doch die Leerheit. Die Art und Weise, wie sich unsere Sicht dieser Welt zunehmend wandelt, entspricht den verschiedenen Stufen auf dem Weg zur Erleuchtung.

Gefühle, negative oder verdunkelnde: im Sanskrit »Klesha« genannt. Jedes geistige Ereignis, das aus der Anhaftung an unser Ich entstammt und unseren Geist stört, ihn verdunkelt und uns die Kontrolle verlieren lässt. Vor allem Begehren, Hass, Unwissenheit, Stolz und Eifersucht sind die Ursachen für unser Leiden.

Geist (siehe auch *Bewusstsein*): Der Buddhismus betrachtet den Geist in seiner alltäglichen Form als von Illusionen gefangen. Eine ununterbrochene Folge von Bewusstseinsmomenten verleiht ihm den Anschein von Kontinuität. In seiner absoluten Form hingegen ist der Geist von drei grundlegenden Merkmalen gekennzeichnet: Leerheit, Klarheit (Fähigkeit zur allumfassenden Erkenntnis) und spontanes Mitgefühl.

Handlungen, unheilsame und heilsame: Eine Handlung gilt als positiv, wenn sie dem Handelnden und anderen hilft, beziehungsweise als negativ, wenn sie dem Handelnden oder anderen Personen schadet. Jede körperliche, geistige oder verbale Handlung wird als Samenkorn betrachtet, das bestimmte Früchte bringt – eine Erfahrung, die später gelebt werden muss, manchmal in einem folgenden Leben.

Ich, Ego: Obwohl unser Bewusstseinsstrom sich ununterbrochen verändert, weil er in ständigem Austausch mit anderen und der gesamten Welt steht, stellen wir uns vor, dass in uns ein »Wesen« existiert, das sich nicht verändert und das wir schützen und zufrieden stellen müssen. Eine gründliche Analyse enthüllt uns jedoch sogleich die fiktive Natur dieses »Wesens«.

Idealismus: erkenntnistheoretischer Standpunkt, nach dem die Welt der Erscheinungen nur ein Produkt des Geistes ist.

Illusion: jede Wahrnehmung auf der relativen Ebene, die von der Unwissenheit verzerrt ist.

Karma: das Sanskritwort für »Handlung«. Wird normalerweise mit »Wirkung von Handlungen« übersetzt. Den Lehren Buddhas zufolge ist das Schicksal der Wesen, ihre Freude, ihr Leid, ihre Weltsicht, weder zufällig entstanden noch durch das Wirken einer allmächtigen Instanz. Der Buddhismus betrachtet dies als Ergebnis früherer Handlungen. Daher bestimmt die positive oder negative Qualität unseres gegenwärtigen Handelns unsere gesamte Zukunft. Es gibt ein kollektives Karma, das unsere generelle Sicht der Dinge bestimmt, und ein individuelles Karma, das unsere persönlichen Erfahrungen steuert.

Leerheit: die Irrealität der belebten und unbelebten Phänomene, ihre wahre Natur, keinesfalls aber ein wie auch immer geartetes Nichts. Die klare Erkenntnis der Leerheit und das spontane, unterschiedslose Mitgefühl gegenüber allen Wesen entstehen im selben Augenblick.

Leiden: die erste der Vier Edlen Wahrheiten, als da sind: 1) die Wahrheit vom Leiden, dessen Allgegenwärtigkeit im Zyklus der Wiedergeburten man erkennt; 2) die Wahrheit vom Ursprung des Leidens – der negativen Emotionen, die es zu überwinden gilt; 3) die Wahrheit vom Weg (der spirituellen Übung), den man beschreiten muss, um die Befreiung zu erlangen; 4) die Wahrheit vom Ende des Leidens, das man – wie der Buddha – durch spirituelle Übung erreicht.

Logik: Mittel zur korrekten Erkenntnis (»Pramana« in Sanskrit, »Tsema« in Tibetisch). Man unterscheidet eine gültige »relative« oder »konventionelle« (auf Vereinbarung beruhende) Erkenntnis und eine absolute Erkenntnis. Erstere lässt uns die Erscheinungswelt korrekt wahrnehmen, Letztere enthüllt uns die wahre Natur der Phänomene. Beide sind in ihrem jeweiligen Bereich gültige Formen der Erkenntnis. Dieser Bereich erstreckt sich auf alles, was direkt erfahren, aus Beobachtungen geschlossen oder auf Grund vertrauenswürdiger Zeugenaussagen erkannt werden kann.

Meditation: sich vertraut machen mit einer neuen Sicht der Dinge. Man unterscheidet eine analytische und eine kontemplative Meditation. In Ersterer denkt man über ein bestimmtes Thema (zum Beispiel die Vergänglichkeit) oder eine Qualität nach, die man entwickeln möchte (wie Liebe und Mitgefühl). Letztere führt uns zur Erkenntnis der wahren Natur des Geistes, in der wir sodann verweilen, jenseits allen begrifflichen Denkens.

Mitgefühl: der Wunsch, alle Wesen vom Leid und den Ursachen des Leidens (das heißt von den negativen Handlungen und der grundlegenden Unwissenheit) zu befreien. Es geht einher mit der Liebe (dem Wunsch, dass alle Wesen das Glück und die Ursachen des Glückes kennenlernen mögen), der Mitfreude (die sich an den Qualitäten des anderen erfreut) und der Gleichmut, welche die drei vorgenannten Gefühle auf sämtliche Wesen ohne Unterschied ausdehnt, auf Freunde ebenso wie Feinde.

Nirwana: das Ende der Unwissenheit oder der Illusion und somit auch das Ende des Leidens. Die einzelnen buddhistischen Richtungen unterscheiden verschiedene Ebenen des Nirwanas.

Phänomene: was Sinne und Geist wahrnehmen.

Realismus, verdinglichender: siehe *Eigenexistenz.*

Samsara: der Kreislauf der Wiedergeburten, in dem Verwirrung und störende Gefühle uns in Leiden und Frustration stürzen. Erst wenn man die Leerheit erkannt und alle negativen Gefühle aufgelöst hat, kann man die Natur des Geistes erkennen und sich aus dem Samsara befreien.

Schleier (zwei): dualistisches Denken, das die wahre Natur des Geistes verhüllt. Da ist zum einen der Schleier der negativen Gefühle, der von den drei Geistesgiften (Unwissenheit, Begehren und Hass) stammt und unsere Befreiung vom Kreislauf der Wiedergeburt verhindert. Und zum anderen der intellektuelle Schleier der grundlegenden Unwissenheit, der verhindert, dass wir die letztendliche Natur der Phänomene vollkommen erfassen.

Sehen, Meditieren, Handeln: Das Sehen ist das direkte, nicht begriffliche Verstehen, dass alles leer ist. Die Meditation verhilft uns dazu, uns an diese Tatsache zu gewöhnen und sie in unseren Geist aufzunehmen. Und die Handlung ist das tätige Mitgefühl, das dieser Geisteshaltung entspringt.

Sutra: Lehrreden des Buddha, die von seinen Schülern festgehalten wurden.

Universum, zyklisches: Vorstellung von einem in Zyklen aufgebauten Universum. Jeder Zyklus zerfällt in vier Phasen: die Entstehung des Universums, seine Entwicklung und seine Zerstörung. Die vierte Phase ist eine Zeit der Leere zwischen zwei Universen. Die Kontinuität zwischen zwei Universen wird durch ein Manifestationspotenzial aufrechterhalten, das man »Raumteilchen« nennt. Die Zyklen folgen aufeinander, wiederholen sich aber nicht.

Unwissenheit: unzutreffende Art, Wesen und Dinge zu sehen. Man ordnet ihnen eine wirkliche, unabhängige und bestimmte Existenz mit ihnen innewohnenden Eigenschaften zu.

Vergänglichkeit: Es gibt zwei Arten der Vergänglichkeit: grobstofflicher und subtiler Natur. Die grobstoffliche Form zeigt sich in sichtbaren Veränderungen. Die subtile Vergänglichkeit besagt, dass nichts sich je selbst gleich bleibt – nicht einmal für einen noch so winzigen Zeitraum.

Wahrheit, relative und **absolute:** Die relative oder konventionelle (auf Vereinbarung beruhende) Wahrheit entspricht unserer alltäglichen Erfahrung der Welt, die absolute Wahrheit hingegen ist Resultat einer letztendlichen Erkenntnis, in der wir realisieren, dass alle Phänomene keine inhärente Eigenexistenz haben.

Weg, Mittlerer (Madhyamika): höchste Philosophie des Buddhismus, die so bezeichnet wird, weil sie die beiden erkenntnistheoretischen Extreme des Nihilismus und des Realismus, das heißt des Glaubens an die materielle Existenz der Phänomene, vermeidet.

Weg: spirituelle Übung, die uns erlaubt, uns aus dem Kreislauf der Wiedergeburten zu befreien und dann den Zustand der Buddhaschaft zu erreichen.

Weisheit (fünf Formen der): Die fünf Aspekte der Erleuchtung – die Weisheit der »Gleichheit«; die »spiegelgleiche« Weisheit; die »allunterscheidende« Weisheit, die »vollendende« Weisheit und die Weisheit des »absoluten Raumes«. Die fünf Formen der Weisheit zeigen sich, wenn die beiden Schleier, welche die Erleuchtung verhüllen, durchtrennt sind: der Schleier der störenden Gefühle und der Schleier, der die Erkenntnis der letztendlichen Natur des Geistes verhüllt.

Wiedergeburt, Reinkarnation: die aufeinander folgenden Zustände, die unser Bewusstsein erfährt. Getrennt sind sie durch Tod, Bardo (siehe *Bardo*) und Geburt.

Danksagung

Wir möchten zuerst jenen danken, die dieses Werk inspiriert haben: Maria-Angels Vilana, die uns beide zur Sommeruniversität in Andorra eingeladen hat und so zur ersten Ursache unserer Begegnung und unserer Dialoge wurde; und unseren Lektoren Nicole Lattès und Claude Durand, die uns zu diesem Buch ermutigt haben und immer wieder dazu beitrugen, dass es zum Gewinn für den Leser wird.

Weiterhin danken wir Christian Bruyat (der unsere Gespräche aufgezeichnet und bearbeitet hat), Carisse Busquet und Dominique G. Marchal (welche die verschiedenen Fassungen immer wieder gelesen und überarbeitet haben). Mit Sophie Landowski, Gérard Godet, Yahne Le Toumelin und Hubert Decleer haben sie aufmerksam über die Entstehung unseres Werkes gewacht.

Aber auch allen Freunden, welche die Güte hatten, die Geburt dieses Buches mit Interesse zu verfolgen und uns immer wieder Hilfestellung und Kritik anzubieten, möchten wir von Herzen danken: Michel Bitbol, Francisco Varela, Jean-François Revel, Wulstan Fletcher, Abel Gerschenfeld und Miguel Benasayag. Ebenso kostbar war die Unterstützung von Informatikerseite von Nguyen Tan Nam.

Schließlich sollen noch all jene Menschen Erwähnung finden, die uns halfen, unsere Wissenslücken zu füllen, wenn wir Fragen hatten, und jene, die das Buch hergestellt und in den Vertrieb gebracht haben. Sie haben uns immer ermutigt: Brian Greene,

Laurent Nottale, Catherine Bourgey, Anne Favier, Christine Morin, Susanna Lea, Vivian Kurz, Mark Tracy, Françoise Grandgirard, Jeanne Gruson, Hélène Boullet, Laurence und Bruno Bardèche, Raphaële Demandre, Jean Staune und René Dubois.

Der Wissenschaftler dankt ganz besonders Georges Alecian, Chantal Balkowski und François Hammer für ihre Gastfreundschaft am Département d'astronomie extragalactique et de cosmologie am Observatorium von Paris-Meudon sowie Bernard Fort und Bruno Guiderdoni, die ihn während seines Sabbatjahres am Institut d'astrophysique von Paris zu Gast hatten.